V&R unipress

Zeitgeschichte im Kontext

Band 19

Herausgegeben von Oliver Rathkolb

Die Bände dieser Reihe sind peer-reviewed.

Daniela Apaydın

Stop Nagymaros!

Die Geschichte einer Grenzüberschreitung

Mit einem Vorwort von Oliver Rathkolb

Mit 13 Abbildungen

V&R unipress

Vienna University Press

universität
wien

Historisch-
Kulturwissenschaftliche
Fakultät

MIX
Papier aus verantwortungsvollen Quellen
FSC
www.fsc.org
FSC® C083411

Bibliografische Information der Deutschen Nationalbibliothek
Die Deutsche Nationalbibliothek verzeichnet diese Publikation in der Deutschen Nationalbibliografie; detaillierte bibliografische Daten sind im Internet über https://dnb.de abrufbar.

Veröffentlichungen der Vienna University Press erscheinen bei V&R unipress.

Gedruckt mit freundlicher Unterstützung des Dekanats der Historisch-Kulturwissenschaftlichen Fakultät und des Rektorats der Universität Wien.

Umschlagabbildung: Protestplakat, gestaltet von Péter Bokros, inconnu.
Druck und Bindung: CPI books GmbH, Birkstraße 10, D-25917 Leck
Printed in the EU.

Vandenhoeck & Ruprecht Verlage | www.vandenhoeck-ruprecht-verlage.com

ISSN 2198-5413
ISBN 978-3-8471-1544-1

Inhalt

1. Vorwort

Daniela Apaydin hat mit diesem Buch ein wichtiges trilaterales Thema der jüngeren Umweltgeschichte aufgegriffen und einen bisher vernachlässigten Aspekt des Kalten Krieges auf der Basis eines neuen diplomatiegeschichtlichen Ansatzes untersucht. Im Zentrum ihrer Arbeit, der ihre Dissertation zu Grunde liegt, steht die 1977 zwischen der Tschechoslowakei und Ungarn paktierte gemeinsame Staustufe Gabčíkovo–Nagymaros Vízlépcső (GNV). Da auch österreichische Investoren an diesem Staustufenprojekt beteiligt waren, gab es eine über die Grenzen des Eisernen Vorhangs hinweg reichende Debatte, an der auch österreichische Aktivistinnen und Aktivisten beteiligt waren.

Die Autorin analysiert sowohl politische als auch ökonomische Interessen von institutionellen Akteurinnen und Akteuren dieser drei Länder als auch jene von NGOs. Beeindruckend ist, dass es Daniela Apaydin gelungen ist, einerseits eine Reihe neuer Primärquellen in ihre Studie zu integrieren, andererseits auch 15 Oral-History-Interviews aus dem Bereich der Zivilgesellschaft.

Minutiös rekonstruiert und reflektiert die Autorin die aktive Medienarbeit, aber auch die Kooperation zwischen österreichischen und ungarischen Aktivistinnen und Aktivisten. Softpower und transnationaler Austausch sind wichtige Modelle in ihrer Darstellung, die einen wichtigen Beitrag zu einer kritischen, grenzüberschreitenden Transformationsforschung zur Umweltgeschichte in Zentraleuropa darstellt.

Sehr lesenswert ist diese Publikation auch deswegen, weil es Daniela Apaydin gelungen ist, die Mikro- und Mesoebene dieser vielschichtigen Protestbewegung gegen das Staustufenprojekt zu erforschen, wobei sie immer einen interdisziplinären Ansatz zwischen Zeitgeschichte, Politikwissenschaft und Soziologie in spannender Weise verfolgt.

Wien, Dezember 2022 Oliver Rathkolb

2. Einleitung

Grenzübergreifender Aktivismus gehört heute zum Repertoire jeder größeren Umweltbewegung. Die Selbstverständlichkeit dieses Ansatzes zeigte sich etwa bei der »Klimastreikbewegung«, die ab dem Frühjahr 2019 unter dem Leitspruch »Die Klimakrise kennt keine Grenzen – wir auch nicht!« zu ersten länderübergreifenden Streiks aufrief. Inspiriert von der Klimaaktivistin Greta Thunberg formierten sich ab 2018 zahlreiche junge zivilgesellschaftliche Gruppen wie *Fridays for Future* und *Extinction Rebellion* zu einer globalen Bewegung für Klimagerechtigkeit (Climate Justice Movement). Die folgenden Protestwellen brachten nicht nur die Politik in Zugzwang, sondern ließen auch etablierte Umweltorganisationen angesichts der starken Resonanz staunen. Der Bewegung gelang es, einen Kristallisationspunkt für unterschiedlichste Formen des lokalen Aktivismus zu bieten und zugleich als transnational agierender Akteur aufzutreten.

Die Anfänge grenzüberschreitender Umweltbewegungen reichen in eine Zeit zurück, die weitaus weniger Vernetzungsmöglichkeiten und Mobilitätschancen bot als heute. Schon vor dem Fall des Eisernen Vorhanges, als eine Zweiteilung Europas das Denken Vieler dominierte, waren AkteurInnen[1] lokaler Umweltbewegungen im kommunistischen Ungarn davon überzeugt, dass sie nur mit grenzübergreifenden Mitteln der Umweltzerstörung entgegentreten könnten. 1988 fanden zum ersten Mal seit der blutigen Niederschlagung des Volkaufstandes 1956 in der ungarischen Hauptstadt der Ungarischen Volksrepublik wieder Massenproteste statt. Am 12. September 1988 versammelten sich mehrere zehntausend Menschen vor dem Parlamentsgebäude, um gegen das bilaterale Staustufenprojekt an der Donau, Gabčíkovo-Nagymaros Vízlépcső – GNV, zu demonstrieren. Der kostenintensive Megabau geriet in der zweiten Hälfte der 1980er Jahre zu einem starken Symbol sämtlicher Missstände im Land und bil-

1 Im Folgenden wird der Akteurs-Begriff mit einem Binnen-I versehen, wenn dieser als Sammelbegriff für Organisationen und Personen benutzt wird. Ist lediglich von Bewegungen bzw. Bewegungsorganisationen die Rede, so wird auf diese Kennzeichnung verzichtet.

dete eines der zentralen Streitthemen am Vorabend des Systemwechsels in Ungarn. Dass sich am 12. September auch zahlreiche ÖsterreicherInnen unter den DemonstrantInnen befanden, war kein Zufall, sondern das Ergebnis jahrelanger Kooperation über die Systemgrenzen hinaus. Gemeinsam gelang es der »Donaubewegung«[2], internationale Aufmerksamkeit für die befürchteten Umweltschäden von GNV zu erregen. 1989 zog sich Ungarn aus dem Projekt zurück. Der Fall GNV kann damit als ein zentrales Kapitel mitteleuropäischer Protestgeschichte betrachtet werden. Die Geschichte dieser Grenzüberschreitung steht im Zentrum dieses Buches.

2.1 Forschungsfragen und Aufbau

Das bilaterale Staustufenprojekt Gabčíkovo-Nagymaros, auf das sich tschechoslowakische und ungarische Verhandler im Jahr 1977 geeinigt hatten, bildet einen vielschichtigen Rahmen zur Untersuchung grenzüberschreitender Proteste. Das Bauprojekt erlangte spätestens durch die Involvierung österreichischer Investoren Aufmerksamkeit im »Westen«. Die spätere Aufkündigung des bilateralen Vertrages mit der Tschechoslowakischen Sozialistischen Republik (Československá socialistická republika - ČSSR)[3] seitens Ungarns sowie die darauffolgenden jahrelangen Auseinandersetzungen der einstigen Brüderstaaten geben dem Projekt eine zusätzliche Brisanz. Im Detail wird der Fragestellung nachgegangen, auf welchen Ebenen die Grenzüberschreitung erfolgte, welche Ursachen damit verbunden waren, wie sich Konflikte und Kooperationen gestalteten und welche Entwicklungen sie beeinflussten. Wie wirkten sich die unterschiedlichen politischen und gesellschaftlichen Kontexte in den jeweiligen Ländern auf die Transnationalisierung der Proteste aus? Können die Liberalisierungsschritte der Ära János Kádár als Auslöser betrachtet werden oder war es vielmehr der Tatsache geschuldet, dass die Planung und Finanzierung des GNV-Projekts bilaterale Zusammenarbeit zwischen den beteiligten Staaten erforderte und damit auch die Türen für zivilgesellschaftliche Kooperation öffnete? Welche Wechselwirkungen zwischen den Ebenen Zivilgesellschaft, Staat und Wirtschaft beein-

2 An manchen Stellen ist gleichbedeutend auch von »Blue Danube Movement« die Rede. Vgl. u. a.: Szabina Kerényi/Máté Szabó, Transnational influences on patterns of mobilisation within environmental movements in Hungary, in: Environmental Politics, 15 (2006) 5, 803–820.

3 Nach der Wende 1989 wurde die Tschechoslowakische Sozialistische Republik in Tschechoslowakische Republik umbenannt. Im März 1990 erhielt sie den Zusatz »föderativ« (Československá federativní republika) und hieß ab April desselben Jahres Česká a slovenská federativní republika (ČSFR). Aus der Föderation entstanden am 1. Januar 1993 schließlich die beiden selbstständigen Staaten, die Tschechische Republik und die Slowakische Republik.

flussten den Protestverlauf? Und warum waren es ausgerechnet AkteurInnen der Donaubewegung, die den Eisernen Vorhang überwinden konnten?

Mithilfe von interdisziplinärer Herangehensweise an diese Fragen und Annahmen wird die Geschichte der Grenzüberschreitung auf mehreren Ebenen erzählt. Die ProtagonistInnen bestehen sowohl aus GegnerInnen als auch aus BefürworterInnen des Kraftwerksprojekts. Ihre unterschiedlichen Interessen und Konfliktlinien hinsichtlich der Natur-Mensch-Beziehung tragen damit auch zum Verständnis aktueller Debatten bei. Die Untersuchung umfasst aus diesem Grund einerseits die staatliche und wirtschaftliche Ebene, andererseits die Ebene der beteiligten zivilgesellschaftlichen AkteurInnen. Die Wechselwirkungen und Interdependenzen zwischen den Ebenen ergaben die Eigendynamik dieser vielschichtigen Geschichte. Diese Herangehensweise ermöglicht es, zivilgesellschaftliche Entwicklungen im Zuge gesellschaftlichen Wandels zu untersuchen, Prozesse und zentrale Akteure der Transnationalisierung zu identifizieren sowie Verflechtungen, aber auch den Zerfall von Netzwerken über nationalstaatliche Grenzen hinaus nachzuzeichnen. Die Untersuchung umfasst dabei die damit in Verbindung stehenden Ereignisse und Entwicklungen der späten 1970er und der 1980er Jahre. Der 1984 gegründete Duna Kör (Donaukreis) bildete das bekannteste Sammelbecken der Donaubewegung und damit die wichtigste Plattform für grenzüberschreitende Kontakte mit AktivistInnen und Medien außerhalb Ungarns. In der internationalen Berichterstattung bildete der Duna Kör den Kern der Bewegung. Auch wenn die slowakische Umweltbewegung in diesem Zeitraum keine vorrangige Rolle in der Transnationalisierung einnahm, ergänzen Perspektiven aus Bratislava diese Untersuchung und tragen damit zu einer differenzierten Rekonstruktion der GNV-GegnerInnenschaft bei.

Der Aufbau des Buches folgt einer chronologischen Logik, die durch analytische Unterkapitel ergänzt wird: Nach einem ausführlichen Überblick über den Forschungsstand und die Quellenlage steht die methodische Herangehensweise im Fokus. Dabei werden neben Ansätzen kulturhistorischer Forschungen auch die Einbindung von Oral History-Interviews diskutiert. Konzepte und Begriffe wie Europäisierung, Transnationalisierung, Zivilgesellschaft und Ökologisierung werden erläutert und interdisziplinäre Berührungspunkte zwischen den Sozial- und Geisteswissenschaften ausgelotet. Im Anschluss daran stehen Umweltproteste und ihre Kontexte im Vordergrund. Ausführungen zu den Nachbarschaftsbeziehungen zwischen den beteiligten Ländern veranschaulichen die Beweggründe hinter dem staatlichen Handeln sowie die wirtschaftlichen und historischen Faktoren von Konflikten und Kooperation. Die Wasserkraft bildet einen gemeinsamen Nenner staatlicher Interessen in der Region. Die Donau, mit ihrem Potential der energiewirtschaftlichen Nutzung, bildet das verbindende Element dieser Staaten und somit auch den roten Faden dieses Kapitels. So werden die LeserInnen auf eine Reise stromabwärts geführt, beginnend in

Österreich, wo sich mit dem gescheiterten Kraftwerkprojekt bei Hainburg ein Lehrstück für den Donauraum bereithält. über Stationen in Bratislava und Budapest, wo zentrale Protestereignisse die einzelnen Länder prägten und damit den Kontext für den Fall GNV eröffnen. Daraufhin widmet sich ein Abschnitt der Entstehung und dem Verlauf des Staustufenprojektes, in das auch die zwischenstaatlichen Verhandlungen Eingang finden. Es folgen Perspektiven der KritikerInnen des Projekts, angefangen von der frühen Fachkritik bis zur Gründung der Donaubewegung bzw. des Duna Kör. Dieses Wissen ist notwendig, um sich im nächsten Schritt uneingeschränkt dem Aspekt der Transnationalisierung zuwenden zu können. Nach einer Übersicht der Entwicklung dieser Grenzüberschreitung stehen die AktivistInnen selbst im Zentrum der Auseinandersetzung. Ihre Motive, Eindrücke und persönlichen Netzwerke bieten eine wichtige Ergänzung zu den Informationen aus Archiven und Medienberichten. Die Stärken und Schwächen jener Netzwerke werden in der Analyse von gemeinsamen Deutungsrahmen und Praktiken sichtbar. Danach erfolgt eine Einordnung der Protestgeschichte in verschiedene Phasen der Transnationalisierung. Den Abschluss des Buches bildet eine Zusammenfassung der wichtigsten Erkenntnisse. Ein kurzer Ausblick zeigt zudem wichtige Forschungsdesiderata auf.

2.2 Forschungsstand

2.2.1 Das Jahrzehnt der Ökologisierung

Um die Hintergründe der Proteste gegen das Kraftwerksprojekt zu verstehen, müssen die damaligen Ereignisse mit den gesamtgesellschaftlichen Veränderungen jener Zeit, also den Europäisierungs- und Transnationalisierungstendenzen sowie der Ökologiebewegung in Bezug gesetzt werden. Ein Blick auf den Forschungsstand veranschaulicht, warum eine Synthese von Ansätzen aus der Protest- und Bewegungsforschung, der Umwelt- und Technologiegeschichte sowie der historischen und soziologischen Auseinandersetzung mit Umweltbewegungen in der Region nötig ist, um die historischen Grenzüberschreitungen strukturiert zu untersuchen und für künftige komparatistische Studien aufzubereiten. Eine Grundlage bilden die Transformationen der 1970er Jahre, die vom Umwelthistoriker Joachim Radkau eingängig beschrieben wurden.[4] Unter Berufung auf Max Nicholsons »Environmental Revolution« verortet Radkau in dem Jahrzehnt nicht nur einen demografischen Wendepunkt, sondern auch den Be-

4 Vgl. Joachim Radkau, Die Ära der Ökologie. Eine Weltgeschichte, München 2011.

ginn einer »großen Kettenreaktion«.[5] Gesteigertes Bewusstsein für Umweltprobleme, Wachstumskritik und die Hinterfragung bisheriger Denkmuster[6] zeichneten die ökologische Wende jener Jahre aus. Ihre Eigenschaft der Prozesshaftigkeit hielt mit dem Begriff der Ökologisierung Eingang in den bundesdeutschen Diskurs.[7] Die Wurzeln dieser gesellschaftlichen Durchdringung von Umweltfragen reichten natürlich weiter zurück. Die Wende äußerte sich nun darin, dass »das neue Umweltengagement seine Adressaten bekam und nicht im leeren Raum verpuffte«.[8] Wurde die Öko-Szene oft mit Stereotypen behaftet, bezeugten die 1970er Jahre eine größere Vielfalt an AgitatorInnen, die nicht mehr zwangsläufig mit der neomarxistisch dominierten Studierendenbewegung des Jahres 1968 gleichgesetzt werden konnte. Die VertreterInnen der ökologischen Wende kamen nun aus unterschiedlichen gesellschaftlichen Bereichen.[9] »Was sich vielerorts als Subkultur präsentierte, war in Wahrheit ein Segment der neuen Hochkultur.«[10]

Aktives Umweltengagement bildete sich in Europa vorwiegend als Reaktion auf die rapide Industrialisierung im 19. Jahrhundert. In Folge der Luft- und Wasserverschmutzung sowie der Urbanisierung gründete sich schon im Jahr 1865 die Commons Preservation Society[11] in Großbritannien, deren Nachfolgeorganisation bis heute aktiv ist.[12] Auch in Österreich lassen sich Praktiken des Naturschutzes auf das späte 19. und frühe 20. Jahrhundert zurückführen. Ein bekannter Vorläufer des offensiven Umweltprotests war Josef Schöffel, der in den Jahren 1870–1892 Widerstand gegen die Zerstörung des Wienerwalds leistete. Assoziationen wie der Österreichische Naturschutzbund – ÖNB, gegründet 1913, »Die Naturfreunde in Österreich«, gegründet 1895, oder der »Alpenverein«, gegründet 1862, bildeten die ersten InteressensvertreterInnen für naturbewusste ArbeiterInnen und BürgerInnen.[13]

5 Max Nicholson, The Environmental Revolution: A Guide for the New Masters of the World, London 1970.

6 Siehe dazu u.a.: Erich Hörl, Die Ökologisierung des Denkens, in: Zeitschrift für Medienwissenschaft 8 (2016) 1, 33–45; Dieter Mersch, Ökologie und Ökologisierung, in: Internationales Jahrbuch für Medienphilosophie 4 (2018) 1, 187–220.

7 Vgl. Radkau, Ära, 126 (ebook).

8 Ebd., 134.

9 Vgl. ebd., 131.

10 Ebd.

11 Großbritanniens älteste Naturschutzorganisation wurde 1865 als »Commons Preservation Society« gegründet. Heute heißt die Organisation »Open Spaces Society« und hat ihren Sitz in Henley-on-Thames, England.

12 Vgl. Our History – Three Key People, URL: https://www.oss.org.uk/about-us/our-history/ (abgerufen 12.1.2021).

13 Vgl. Dieter Pesendorfer, Paradigmenwechsel in der Umweltpolitik. Von den Anfängen der Umwelt- zu einer Nachhaltigkeitspolitik: Modellfall Österreich?, Wiesbaden 2007.

> »Ging es den konservativen Naturschützern darum, Einzelobjekte, Arten und Denkmäler vor dem Menschen zu schützen und zu bewahren, so ging es den Sozialdemokraten um die Erschließung der Natur für die Arbeiter und um den damit assoziierten Erholungswert im Rahmen einer kulturellen Arbeiterbewegung. War diese Kulturbewegung Anfang des 20. Jahrhunderts noch relativ stark, so verlor sie in den Kriegsjahren und in der anschließenden Phase der nachholenden Modernisierung weitgehend an Bedeutung in der Arbeiterbewegung, ohne gänzlich verloren zu gehen.«[14]

Die unterschiedlichen Sichtweisen und Traditionen der NaturschützerInnen – Radkau nennt sie die verschiedenen Arten der Naturliebe – trugen auch in den später aufkommenden Umweltbewegungen der 1970er Jahre zur heterogenen Beschaffenheit und zu Abgrenzungsversuchen ihrer VertreterInnen bei. Diese äußerten sich etwa in Konfliktlinien hinsichtlich der Kompromissbereitschaft gegenüber politischen Lösungsvorschlägen, aber auch in den Selbst- und Fremdbildern der EinzelakteurInnen und Gruppen selbst. Schon nach dem Zweiten Weltkrieg setzten sich in Europa erneut namhafte Autoren wie der amerikanische Historiker John W. Dower oder der britische Pflanzenökologe Arthur George Tansley für Fragen des Umwelt- und Naturschutzes ein. Zweifellos kennzeichnete die »ökologische Dekade«[15] der 1970er Jahre jedoch ein verändertes Selbstverständnis in den Mensch-Natur-Beziehungen. Gehörten ökologische Fragen bis dahin eher zu den gesellschaftlichen Randthemen[16], formten Publikationen wie Rachel Carsons »Silent Spring«[17] (1962) und »The Limits to Growth report«[18] (1972) zentrale »milestones of modern international environmentalism«[19]. Gemeinsam mit Aktionen, wie dem ersten »Earth Day« 1970 oder der Stockholm-Konferenz der Vereinten Nationen 1972 in Helsinki, trugen sie zu einem global gesteigerten Bewusstsein für Umwelt und Ökologie bei.[20] Anstöße für diese neuen Sichtweisen bildeten die zunehmende Kritik an neoliberalen Dogmen innerhalb der kapitalistischen Industriegesellschaften und – in Bezug auf Osteuropa – steigende Unzufriedenheit mit den privilegierten Eliten kommunistischer Regimes. Die Ökologisierung reiht sich damit auch in die globalen Entwicklungstendenzen der 1970er Jahre ein – ein Jahrzehnt des Überganges, das

14 Ebd., 49.

15 Radkau, Ära, 27.

16 Für einen genaueren Überblick siehe: Simo Laakkonen/Viktor Pál/Richard Tucker, The Cold War and environmental history: complementary fields, in: Cold War History 16 (2016) 4, 2.

17 Vgl. Rachel Carson, Silent Spring. Encyclopedia of Toxicology,1.Aufl., Boston/New York 1962.

18 Vgl. Donella H. Meadows/Dennis L. Meadows/Randers Jorgen/William W. III Behrens, The Limits to Growth: A Report for the Club of Rome's Project on the Predicament of Mankind, New York 1972.

19 Vgl. Laakkonen/Pál/Tucker, Cold War, 2; vgl. ebenso: John McNeill, Something New Under the Sun: An Environmental History of the 20th-Century World, New York 2000.

20 Vgl. Laakkonen/Pál/Tucker, Cold War, 2.

Radkau auch als »Sattelzeit« bezeichnete.[21] Auch wenn die Naturschutzbewegungen des frühen 20. Jahrhunderts mit jenen der späteren Jahrzehnte die Absicht teilten, bestehende Werte und Logiken der Industriegesellschaft zu verändern, so unterschieden sie sich hinsichtlich ihrer Gesellschaftsvisionen und konkreten Zielsetzungen.[22] Standen bislang der Schutz von Arten oder der Erhalt von beeindruckenden Landschaften im Blickfeld der NaturschützerInnen, wurde die Debatte nun um den »Diskurs über komplexe Nutzungsansprüche und den damit verbundenen Konflikten und ihren Akteuren« erweitert.[23] ForscherInnen wiesen eindringlich auch die negativen Folgen eines ungebremsten technischen Fortschrittes hin und warnten unter dem Titel »Die Grenzen des Wachstums« vor dem zunehmenden durch Menschenhand verursachten Druck auf die Umwelt.[24] Vereinfacht gesagt argumentieren die AutorInnen dafür, dass der Mensch bzw. eine Gesellschaft sich eigene Grenzen setzen soll, anstatt so lange weiterzuwachsen bis eine neue natürliche Grenze erscheint, in der Hoffnung, bis dahin eine technologische Lösung zu ihrer Überwindung gefunden zu haben.[25] Durch ihr Ziel, gesellschaftlichen Wandel zu ermöglichen, wurden Umweltbewegungen zu einem Sammelbecken für AgitatorInnen des beschränkten Wachstums und der Technik-Kritik. Mit der Entstehung von Sozialen (Umwelt-) Bewegungen als »New Politics«[26] erhielt die Ökologie als rein naturwissenschaftlicher Begriff eine Kategorie, die fortan auch mit politischer Macht in Verbindung stand. Als eine Form von Sozialen Bewegungen zielen ihre AkteurInnen darauf ab, gesellschaftlichen Wandel hinsichtlich des Schutzes der Umwelt herbeizuführen. Sie setzten sich für die Reduktion oder Vermeidung von Umweltschäden ein und fordern eine nachhaltige Nutzung von natürlichen Ressourcen.[27] Im zweigeteilten Europa der 1970er und 1980er Jahre bedeuteten Umweltbewegungen zwangsläufig auch die Infragestellung bestehender Machtverhältnisse. Die Autoren Simo Juhani Laakkonen, Viktor Pál und Richard Tucker sehen folglich

21 Radkau, Ära, 57; siehe ebenso: Niklas Perzi/Václav Šmidrkal, Die langen 1970er Jahre: Die Sattelzeit an der Systemgrenze zwischen »Ost« und »West«, in: Niklas Perzi/Hildegard Schmoller/Ota Konrád/Václav Šmidrkal (Hg.), Nachbarn. Ein Österreich-Tschechisches Geschichtsbuch, Weitra 2019, 265–290.

22 Vgl. Fagan, Environment, 27.

23 Pesendorfer, Paradigmenwechsel, 50. Siehe ebenso: Harald Payer, Der Nationale Umweltplan (NUP) für Österreich, in: Martin Jänicke/Alexander Carius/Harald Payer (Hg.), Nationale Umweltpläne in ausgewählten Industrieländern, Berlin/Heidelberg/New York 1997, 121–139; sowie: Fagan, Environment, 26.

24 Vgl. Meadows/Meadows/Jorgen/Behrens, Limits to Growth (1972).

25 Vgl. ebd., 152f.

26 Zit.n. P. Koopmans, New Social Movements and Changes in Political Participation in Western Europe, in: West European Politics 19 (1996), 28–50. Zitiert in: Fagan, Environment, 38.

27 Angelehnt an den Eintrag auf Oxford Reference: »Environmental movements«. URL: https://www.oxfordreference.com/view/10.1093/oi/authority.20110803095753651 (abgerufen 22.2.2021).

klare Wechselwirkungen zwischen ökologischen Fragen und Aspekten des Kalten Krieges (1946–1991).[28]

> »On the one hand, concerns over environmental contamination or destruction called into question the meaningfulness of the Cold War itself. A growing number of people across the globe realised that the Cold War endangered not only individual freedom, democracy, and the sovereignty of states, but also the state of the environment, the existence of the human race, and even the viability of Planet Earth. On the other hand, the specific socio-political structures of the Cold War deeply affected the physical and mental environment and emergence of related ideas, ideals, organisations and activities. [...] Cold-War-dominated political discourse framed the agendas and set the parameters of policy that strongly affected the kind of environmental politics that emerged.«[29]

Die Beschäftigung mit Umweltbewegungen stellt daher nicht nur für die Umweltgeschichte ein wichtiges Feld dar, sondern führt auch VertreterInnen der *Cold War history* durch neues Terrain. Mit Blick auf Österreichs Rolle im Kalten Krieg weisen etwa Maximilian Graf und Agnes Meisinger auf Forschungsdesiderata zum »ökologischen Paradigmenwechsel« hin.[30] Forschungen, die bewusst nationalstaatliche Grenzen überblicken, zeigen das erstarkende Interesse von HistorikerInnen an Umweltprotesten. Die deutsche Historikerin und Kulturwissenschaftlerin Astrid Mignon Kirchhof und der US-amerikanische Umwelthistoriker John McNeill versammeln in ihrem 2019 erschienen Sammelband »Nature and the Iron Curtain«[31] mehrere Fallstudien aus kapitalistischen und kommunistischen Ländern und zeigen darin auf, wie unterschiedlich die jeweiligen lokalen Bedürfnisse, politischen Spielräume und Dynamiken von Umweltbewegungen waren. Zugleich weisen die HerausgeberInnen aber auch auf die Wichtigkeit transnationaler Perspektiven hin, indem sie die Durchlässigkeit des Eisernen Vorhanges hinsichtlich der AktivistInnen und ihrer Ideen hervorheben.[32]

> »Despite the resonance of Churchill's phrase, the Iron Curtain was never watertight. People, goods, and ideas seeped through. Ideas need mediators such as activists, poli-

---

28 Mehrere Fallstudien, nachzulesen bei: Astrid Mignon Kirchhof/John R. McNeill (Hg.), Nature and the Iron Curtain: Environmental Policy and Social Movements in Communist and Capitalist Countries, 1945–1990, Pittsburgh 2019.

29 Laakkonen/Pál/Tucker, Cold War, 3.

30 Maximilian Graf/Agnes Meisinger (Hg.), Österreich im Kalten Krieg. Neue Forschungen im internationalen Kontext, Wien 2016, 18.

31 Kirchhof/McNeill (Hg.), Nature and the Iron Curtain: Environmental Policy and Social Movements in Communist and Capitalist Countries, 1945–1990 Pittsburgh 2019.

32 Vgl. Astrid Mignon Kirchhof/John R. McNeill, Introduction: Environmentalism, Environmental Policy, Capitalism, and Communism, in: Astrid Mignon Kirchhof/John R. McNeill (Hg.), Nature and the Iron Curtain: Environmental Politcy and Social Movements in Communist and Capitalist Countries, 1945–1990, Pittsburgh 2019, 3–14, hier: 8.

ticians, experts, social organizations, and the media. All act as transmitting agents for relevant information, ideas, and values. But the successful transmission of ideas needs more than a mere placing of ideas into a different context. A willingness to accept new ideas and values, absorb them, and adjust them to the specific circumstances is also needed. One of the arenas in which ideas seeped, and eventually flowed, through cracks in the Iron Curtain was environmentalism and environmental policy.«[33]

Für die vorliegende Studie von besonderem Interesse sind dabei die entstehenden Spannungsverhältnisse zwischen Gesellschaft, politischer Macht und wirtschaftlichen Partikularinteressen sowie die Beschaffenheit der Protestarenen und die Durchlässigkeit[34] der jeweiligen (Teil-)Öffentlichkeiten in den letzten Jahren des zweigeteilten Europas. Denn, um die Worte Radkaus zu zitieren, »erst musste sich der Bann des Kalten Krieges lösen, damit die Stunde der Ökologie schlug.«[35] Angesichts des Facettenreichtums jener Spannungsverhältnisse überrascht es nicht, dass sich zahlreiche Forschungen mit der ökologischen Wende und ihren Folgen näher befassen.[36] Im Bereich der Umweltgeschichte können hierbei wichtige wirtschaftsgeschichtliche Abhandlungen u.a. zur Energiegeschichte[37] genannt werden. Transnationalisierungstendenzen werden vorwiegend in juristischer Hinsicht (Schaffung von Umweltgesetzen) sowie im Hinblick auf Europapolitik und Governance-Ansätze untersucht,[38] wobei zugleich oftmals der Fokus auf westeuropäische Entwicklungen gelegt wird. Gerade die Erforschung von historischen Umweltbewegungen, insbesondere in Bezug auf ihre grenzüberschreitenden Aktivitäten entlang des Eisernen Vorhanges, weist nach wie vor große Lücken auf. Trotz der bereits zu nationalen Mythen aufgestiegenen Protestereignisse (Hainburg und Zwentendorf) gehören Umweltbewegun-

33 Ebd.

34 Mehr zum Thema Durchlässigkeit des Eisernen Vorhanges bei: Wlodzimierz Borodziej/Jerzy Kochanowski/Joachim Puttkamer (Hg.), »Schleichwege«, Köln 2010, doi:10.7788/boehlau.9783412213060.

35 Radkau, Ära, 118.

36 Zu den 1970er Jahren siehe u.a.: Antonio Varsori/Guia Migani, Europe in the International Arena during the 1970s. L'Europe sur la scène internationale dans les années 1970, Brüssel 2011; Aida Bosch/Helmut Fehr/Clemens Kroetsch/Gert Schmidt Hrsg/Aida Bosch/Helmut Fehr, Sozialwissenschaftliche Forschung und Praxis, Wiesbaden 1999; Duco Hellema, The Global 1970s: Radicalism, Reform, and Crisis, New York 2018.

37 Vgl. u.a.: Christopher Fabre, La dimension environnementales des politiques énergétiques française et allemande de 1973 aux années 2000: de l'antagonisme à la convergence des modèles? [Die Umweltdimension der französischen und deutschen Energiepolitik von 1973 bis 2000], phil. Diss., Université Sorbonne Paris IV 2017.

38 Vgl. u.a.: Jan-Henrik Meyer, Umweltpolitik, in: Éric Bussière/Piers Ludlow/Federico Romero/Dieter Schlenker/Vincent Dujardin/Antonio Varsori (Hg.), Die Europäische Kommission 1986–2000: Geschichte und Erinnerungen einer Institution, Luxemburg 2019, 403–421; Anthony Zito, Environmental Policy and Governance: Bringing the State Back In (Again)?, in: Giliberto Capano/Michael Howlett/M. Ramesh (Hg.), Varieties of Governance: Dynamics, Strategies and Capacities, London 2015, 74–100.

gen lediglich zu den Randnotizen in der Protest- und Umweltgeschichte. Umweltgeschichte ist auch in Österreich vorwiegend aus der Technik- und Wirtschaftsgeschichte entstanden. Folglich legt auch die Literatur ihren Schwerpunkt auf die wirtschaftlichen und technischen Aspekte der Mensch-Natur-Beziehungen.[39] Zu den wenigen Werken, die sich stärker auf kulturhistorische Ansätze fokussieren, aber letztlich doch auf nationale Grenzen beschränkt bleiben, gehört Martin Schmid und Ortrun Veichtlbauers Studie zur Umweltpolitik in der Zweiten Republik, in der die AutorInnen den Weg »vom Naturschutz zur Ökologiebewegung« nachzuzeichnen versuchen. Ihre erstellte Zeittafel schließt auch Protestereignisse in diese Geschichte ein.[40]

2.2.2 Umweltbewegungen im Fokus der Geschichtswissenschaft

Gesamtgesellschaftliche Phänomene wie die Ökologisierung, ebenso wie Prozesse der Globalisierung und Transnationalisierung haben einen wesentlichen Einfluss auf unsere Lebenswelt und wirken sich daher auch auf die Entwicklung von Forschungstrends aus. So gerieten in den 1970er und vor allem in den 1980er Jahren immer mehr Bürgerbewegungen in den Fokus der Forschung. Zentrale Impulse dieser Formierung rund um Bewegungsphänomene kamen vorwiegend aus dem anglo-amerikanischen Bereich. Doch auch in Westdeutschland bildeten sich erste Plattformen. Fachzeitschriften wie das US-amerikanisch Journal *Mobilization* (1996 bis heute) oder das deutsche »Forschungsjournal Soziale Bewegungen« (1988 bis heute) formierten sich rund um das Themenfeld. Der Begriff der »Sozialen Bewegung« fand u. a. durch Arbeiten von Dieter Rucht und Hanspeter Kriesi[41] Eingang in die Literatur und etablierte die Bewegungsforschung damit als Teil der politischen Soziologie. Mit den Transformationen in Osteuropa und der Europäischen Integration gerieten in den späten 1990er und frühen 2000er Jahren immer mehr die Phänomene der Globalisierung, Europäisierung und Transnationalisierung in den Fokus der Bewegungsforschung.[42] Protestereignisse wie das »Battle of Seattle« im Zuge der WTO-Konferenz 1999

39 Siehe dazu u. a. Ernst Bruckmüller/Ernst Hanisch/Roman Sandgruber (Hg.), Geschichte der österreichischen Land- und Forstwirtschaft im 20. Jahrhundert (2 Bände), Wien 2003.

40 Martin Schmid/Ortrun Veichtlbauer/Hubert Christian Ehalt (Hg.), Vom Naturschutz zur Ökologiebewegung. Umweltgeschichte Österreichs in der Zweiten Republik. Österreich-Zweite Republik. Befund, Kritik, Perspektive, 19. Aufl., Wien 2007.

41 Donatella della Porta/Hanspeter Kriesi/Dieter Rucht (Hg.), Social Movements in a Globalizing World, London 1999.

42 Vgl. dazu auch: Donatella della Porta/Manuela Caiani, Social Movements & Europeanization, Oxford, New York 2009.

in New York[43] erhöhten nicht nur die Aufmerksamkeit der Medien, sondern führten ebenso zu einer stärkeren wissenschaftlichen Auseinandersetzung mit der Transnationalisierung von Sozialen Bewegungen. Aufmerksamkeit erhielten auch Debatten zu Externalisierungseffekten. Bis heute prägende Konzepte des »political opportunity approach«[44] sowie das von Margaret Keck und Kathryn Sikkink vorgeschlagene Boomerang-Modell[45] lieferten gemeinsam mit den Arbeiten von Donatella della Porta, Mario Diani und Sydney Tarrow[46] zentrale Errungenschaften der Bewegungsforschung.[47] Zum Gelingen und Scheitern grenzüberschreitenden Handelns nehmen Christine Frantz und Holger Kolb die Europäisierung zivilgesellschaftlicher Akteure beginnend im 19. Jahrhundert bis in die 2000er Jahre in den Fokus.[48] Im Bereich der Umweltbewegungen in Europa schließt Jochen Rooses Monografie zur Europäisierung von Umweltorganisationen eine Forschungslücke, in der er aufzeigt, inwiefern nationale Bewegungen »Akteure auf europäischer Ebene direkt oder indirekt adressieren.«[49] Mit Verweis auf vorangehende Arbeiten von Christian Lahusen[50] hat Roose erkannt, dass zur Analyse von Transnationalisierungstendenzen nicht nur die Protestaktivitäten von Bewegungen, sondern das gesamte Aktionsrepertoire, darunter auch das Lobbying bei supranationalen Institutionen der EU, herangezogen werden müssen.[51] Lahusen schlägt vor, die in den späten Neunzigerjahren und jungen

43 Auführlicher dazu in: Jan Aart Schlote, Cautionary Reflections on Seattle. Millenium, in: Journal of international Studies 29 (2000) 1, 115–121.

44 Für einen Überblick der wichtigsten ersten Ansätze siehe: Doug McAdam/John D. McCarthy/Zald N. Mayer (Hg.), Comparative Perspectives on Social Movements. Political Opportunities, Mobilizing Structures, and Cultural Framings, Cambridge 1996, 27.

45 Vgl. Margaret E. Keck/Kathryn Sikkink, Activists beyond Borders: Advocacy Networks in International Politics, New York 1998 (ebook ohne Seitenangaben).

46 Siehe dazu u. a.: Della Porta/Caiani, Social Movements; Sidney Tarrow, Outsiders inside and insiders outside: Linking transnational and domestic public action for human rights, in: Human Rights Review 11 (2010) 2, 171–182.

47 Eine frühe länderübergreifende Studie von Opportunity Structures in vier westlichen Demokratien bietet: Herbert P. Kitschelt, Political Opportunity Structures and Political Protest: Anti-Nuclear Movements in Four Democracies, in: British Journal of Political Science 16 (01/27/1986) 1, 57–85, doi:10.1017/S000712340000380X.

48 Siehe dazu: Christine Frantz,/Holger Kolb (Hg.), Transnationale Zivilgesellschaft in Europa. Traditionen, Muster, Hindernisse, Chancen (Münster 2009).

49 Jochen Roose, Die Europäisierung von Umweltorganisationen. Die Umweltbewegung auf dem langen Weg nach Brüssel, Wiesbaden 2003, 30.

50 Christian Lahusen, Internationale Kampagnen. Grundmuster und Kontextfaktoren globalen kollektiven Handelns, in: Forschungsjournal Neue Soziale Bewegungen 9 (1996) 2, 42–51; Christian Lahusen, Die Organisation kollektiven Handelns – Formen und Möglichkeiten internationaler Kampagnen, in: Elmar Altvater (Hg.), Vernetzt und Verstrickt. Nicht-Regierungs-Organisationen als gesellschaftliche Produktivkraft, Münster 1997, 175–194; Christian Lahusen, Joining the Cocktail Circuit: Social Movement Organizations at the European Union, in: Mobilization: An International Quarterly 9 (2004) 1, 55–71.

51 Roose, Europäisierung, 31.

Nullerjahre augenscheinliche Internationalisierung sowie die entstehenden transnationalen Organisationsstrukturen von NGOs anhand der Charakteristika von Kampagnen zu untersuchen. Lahusen entwickelt diese »Grundzüge einer Typologie« für transnational koordinierte Kampagnen, die im Vergleich zu spontaneren Netzwerken davor seiner Ansicht nach nun über den lokalen Bezug hinaus eine »Konfliktualisierung des transnationalen Aktionsrepertoires« erreichen.[52] Selbst wenn Lahusen diese Aktionsform als bisher »unterentwickelt« bezeichnet, kann die Fokussierung auf Kampagnen bei der Analyse von Transnationalisierungstendenzen früherer Sozialer Bewegungen hilfreich sein. Sydney Tarrows[53] breitgefächerte Studien zu transnationalem Aktivismus bieten darüber hinaus wertvolle Grundlagen zur Typologisierung. Mit dem Typus des »Rooted Cosmopolitan« legt Tarrow eine Kategorie vor, die den notwendigen Konnex von der biografischen Analyse zentraler AktivistInnen zur Transnationalisierung einer Bewegung herstellt.[54] Im Zuge der vorliegenden akteurszentrierten Arbeit wird veranschaulicht, dass auch dieser Typus in der untersuchten Umweltbewegung zur Analyse hilfreich sein kann, wenn es um die Verortung und Gelegenheitsstrukturen einzelner AkteurInnen geht. Zur Untersuchung von Sozialen Bewegungen bieten die Sozialforscher Benjamin Görgen, Björn Wendt und Stephan Lessenich das »Modell der Umwelteinbindung zivilgesellschaftlicher Akteure«[55] an. Dieses akteurszentrierte Modell dient zur Analyse zivilgesellschaftlichen Handelns mit Fokus auf die Sozialisationsprozesse der Akteure, ohne dabei die Wechselwirkungen der unterschiedlichen (Beziehungs-)Ebenen zu vernachlässigen.[56] Auch wenn in der vorliegenden Arbeit mehrere Ebenen untersucht werden und nicht allein die mikrosoziologische Perspektive[57] im Vordergrund steht, bieten Ansätze wie diese Inspiration zur Untersuchung von »komplexen Formierungs- und Vergemeinschaftungsprozesse[n]«[58] Sozialer Bewegungen. Denn diese stellen neben den großen öffentlichen Protestereig-

52 Christian Lahusen, Transnationale Kampagnen Sozialer Bewegungen, in: Forschungsjournal Neue Soziale Bewegung 15 (2002) 1, 40–46, hier: 44f.

53 Vgl. u.a.: Verta Taylor/Mark Traugott (Hg.), Repertoires and Cycles of Collective Action, Durham NC. 1995; Tarrow, Outsiders (2010).

54 Vgl.Tarrow, New Transnatl. Act.

55 Vgl. Benjamin Görgen/Björn Wendt, Formierungsprozesse zivilgesellschaftlicher Initiativen. Impulse aus sozialisationstheoretischer Perspektive, in: Stephan Lessenich (Hg.), Geschlossene Gesellschaften. Verhandlungen des 38. Kongresses der Deutschen Gesellschaft für Soziologie in Bamberg 2016, Bamberg 2017, 1–10, URL: http://publikationen.soziologie.de/index.php/kongressband_2016/issue/view/17 (abgerufen: 30.8.2020).

56 Ebd., 2.

57 Vgl. Benjamin Görgen/Matthias Grundmann/Björn Wendt, Gesellschaft von unten: Grassroots-Praxis in Bewegung, in: Ingmar Hagemann/Johanna Leinius/Judith Vey (Hg.), Handbuch Poststrukturalistische Perspektiven auf soziale Bewegungen: Ansätze, Methoden und Forschungspraxis, Bielefeld 2019, 123–137.

58 Ebd., 123.

nissen ebenso die »konkreten alltäglichen Vollzugspraktiken zivilgesellschaftlicher Formierung und politischem Protest ›von unten‹«[59] ins Zentrum der Aufmerksamkeit. In den vergangenen Jahren entstanden vermehrt Arbeiten, welche die roten Fäden der Bewegungsforschung, Umweltgeschichte und Verflechtungsgeschichte miteinander zu verknüpfen versuchen. In dem Sammelband »The Environment and the European Public Sphere« von Eric Bussière, Anahita Grisoni und Hélène Miard-Delacroix kombinieren die AutorInnen entlang des Betrachtungszeitraums, angefangen von den 1970er Jahren bis zu den 2000er Jahren, und anhand von Analysen zu den Perzeptionen, AkteurInnen und Policies europäischer Umweltbewegungen verschiedene Europäisierungs- und Transnationalisierungsprozesse.[60] Rückenwind erhalten Arbeiten wie diese von neueren Klimaschutz-Bewegungen, welche insbesondere seit den Schulstreiks der schwedischen Aktivistin Greta Thunberg im Jahr 2018 die weltweite Aufmerksamkeit für Folgen des Klimawandels verstärken. Auch an den politischen Erfolgen von Grünparteien im Jahr 2019 – sowohl auf nationaler (z.B. bei den Nationalratswahlen in Österreich[61]) als auch europäischer Ebene (bei den Europäischen Parlamentswahlen[62]) – ist ein gesteigertes Interesse an Umweltthemen ablesbar. Zudem erlebt der Katastrophen-Begriff eine Themenkonjunktur, sei es im Hinblick auf grenzüberschreitende Maßnahmen des Katastrophenschutzes[63] oder hinsichtlich der Technikgeschichte, wie etwa Karena Kalmbachs Untersuchung zu den gesellschaftlichen Folgen der Tschernobyl-Katastrophe in Frankreich und Großbritannien.[64] Andere widmen sich Fragen der Europäisierung und der Europäischen Integration[65] oder untersuchen

59 Ebd., 124.

60 Christian Wenkel/Eric Bussière/Anahita Grisoni/Hélène Miard-Delacroix (Hg.), The Environment and the European Public Sphere: Perceptions, Actors, Policies, Cambridgeshire 2020.

61 Joachim Riedl, Es grünt so grün, Die Zeit, 15.11.2019, URL: https://www.zeit.de/2019/47/koalitionsverhandlungen-oesterreich-regierung-oevp (abgerufen 17.8.2020).

62 Markus Becker, Gerupfte Volksparteien, grüne Gewinner, Der Spiegel, 26.5.2019, URL: https://www.spiegel.de/politik/ausland/europawahl-2019-gerupfte-volksparteien-gruene-gewinner-a-1269390.html (abgerufen 22.1.2021); Katharina Schuler, Wie grün wird Europa?, Die Zeit, 20.5.2019, URL: https://www.zeit.de/politik/ausland/2019-05/gruene-parteien-europawahl-klimapolitik-umweltschutz-wahlkampf-eu?utm_referrer=https%3A%2F%2Fwww.google.com%2F (abgerufen 22.2.2021).

63 Vgl. dazu u.a.: Marjolein C.J. Van Eerd/Mark A. Wiering/Carel Dieperink, Solidarity in Transboundary Flood Risk Management: A View from the Dutch North Rhine–Westphalian Catchment Area, in: Climate Policy 17 (04/03/2017) 3, 261–279, doi:10.1080/14693062.2015.1075376.

64 Karena Kalmbach, The Meanings of Disaster. Chernobyl and Its Afterlives in Britain and France, New York/Oxford 2020.

65 Siehe dazu u.a.: Wim van Meurs/Robin de Bruin/Liesbeth van de Grift/Carla Hoetink/ Karin van Leeuwen/ Carlos Reijnen, The Unfinished History of European Integration, Amsterdam 2018, doi.org/10.2307/j.ctv8pzc5h.

transnational handelnde Nichtregierungsorganisationen im Bereich Umweltschutz (Environmental Non-Governmental Organization – ENGO), unter denen etwa Greenpeace International durch die eigene Geschichte und die oft kritisierte Struktur Besonderheiten aufweist.[66] Die grenzüberschreitenden Aktivitäten von UmweltschützerInnen wurden speziell in Form der Anti-Atom-Bewegungen Deutschlands und Frankreichs bearbeitet. Der britische Umwelthistoriker Andrew Tompkins hat hier wertvolle Vorarbeit geleistet.[67]

> »The circulation of ideas and concepts between different communication spheres and therefore the increasing convergence of debates may be particularly facilitated by the heritage of a centuries-long common history. One of the best examples is the Franco-German one, characterised by particularly dense and deep links, which played a twofold role in the emergence of the European public sphere as well as in the emergence of environmental movements in Europe. It is therefore not surprising that the perceptions, debates, movements and environmental policies within this Franco-German area have been particularly well researched.«[68]

Ebenso stehen militärische Auseinandersetzung und kriegerische Konflikte – hierzu zählt ebenso die Ära des Kalten Krieges – zunehmend im Zentrum der Aufmerksamkeit[69]. Arbeiten wie diese zeigen einerseits auf, wie vielfältig die Beschäftigung mit grenzüberschreitenden Transfer- und Diffusionsprozessen sowie mit der Genese und Strukturiertheit von transnationalen Kommunikationsräumen sein kann. Andererseits offenbaren sie erneut viele unterbelichtete Kapitel im Hinblick auf die Geschichte Ostmittel- und Südosteuropas.

2.2.3 Forschungen zum Fall Gabčíkovo–Nagymaros

Umweltspezifische Fragen zu Osteuropa rückten erst in den 1990er Jahren in den Fokus von meist auch westeuropäischen ForscherInnen. Aus politikgeschichtlicher Perspektive bilden Fragen nach den Ursachen und Kontexten der Herausbildung und des (Miss-)Erfolges grüner Parteien einen zentralen Punkt der wissenschaftlichen Forschung zu Osteuropa. So legt etwa die Politikwissen-

66 László Erdős (Hg.), Green Heroes. From Buddha to Leonardo DiCaprio, Basel 2019, doi:10.1007/978-3-030-31806-2_32.

67 Andrew S. Tompkins, Better Active than Radioactive! Anti-nuclear protest in 1970s France and West Germany, Oxford 2016.

68 Christian Wenkel/Eric Bussière/Anahita Grisoni/Hélène Miard-Delacroix, Editors' Introduction, in: Dieselben (Hg.), The Environment and the European Public Sphere: Perceptions, Actors, Policies, Cambridgeshire 2020, 1–16, hier: 7.

69 Laakkonen/Pál/Tucker (Hg.), Cold War (2016); siehe ebenso: Maximilian Graf, Eine Neue Geschichte des »Falls« des Eisernen Vorhangs, in: Mitteleuropazentrum an der Andrássy Universität Budapest (Hg.), Jahrbuch für Mitteleuropäische Studien 2014/2015, Wien 2016, 347–372, hier: 353f.

schaftlerin Émilie van Haute dar, wie sich in Mittel- und Osteuropa nach 1989 rasch zahlreiche Umweltparteien gründeten und Verbände ähnlich wie in Westeuropa etablierten, diese Anzahl aber ebenso schnell wieder abnahm. Als Gründe dafür können neben einer Verschiebung der Aufmerksamkeit auf wirtschaftliche Themen im Zuge der Transformation auch Schwächen im Umweltbewusstsein sowie die oftmals im Vergleich zum Westen strukturellen Hürden zur Parteigründung bzw. zur Wahlteilnahme herangezogen werden.[70]

Zu den wenigen englischsprachigen Werken über Umweltbewegungen zählen jene von Anna Vári und Pál Tamás[71] sowie Barbara Jancar Webster[72]. Nur wenige setzen sich mit den Besonderheiten in Osteuropa auseinander, etwa Margaret E. Keck und Kathryn Sikkink.[73] Studien zur Implementierung von Umweltpolitiken in Ostereuropa sind bei Péter Hardi zu finden.[74] Zu den jüngeren Werken zählt die vielzitierte Reihe »Protest, Culture and Society General« der Berghahn Books.[75] Während sich frühere Bände noch mit nationalen und komparativen Gesichtspunkten auseinandersetzen, setzt der vierte Band mit dem Titel »The Transnational Condition: Protest Dynamics in an Entangled Europe« aus dem Jahr 2010 das nicht mehr ganz so »neue« Phänomen in den Mittelpunkt.[76] Auch der Folgeband zum Thema »Protest Beyond Borders: Revisiting Social Mobilization in Europe after 1945«[77] verfestigt diese Perspektive. Oftmals sind es umweltpolitische Länderstudien wie Adam Fagans Analyse der Umweltpolitik und Demokratisierung in Tschechien[78] oder Edward K. Snajdrs Studie zu Umweltprotesten in der Slowakei.[79] Nur wenige wagen sich an komparative Studien heran, wie etwa die umfassende Arbeit von Arnošt Štanzel zur Umweltpolitik im

70 Vgl. u.a.: Giorgio Grimaldi, Will Europe Ever Become »Green«? The Green Parties' Pro-European and Federalist Turning Point since the 1990s, in: Wenkel/ Bussière/Grisoni/Miard-Delacroix (Hg.), Environment (2020), 181–194, hier: 184.

71 Richard N. L. Andrews, Environmental Policy in the Czech and Slovak Republic, in: Anna Vari/Pal Tamas (Hg.), Environment and Democratic Transition, Dordrecht 1993, 5–48.

72 Barbara Jancar-Webster, Environmental Action in Eastern Europe: Responses to Crisis, Armonk, London 1993.

73 Vgl. dazu: Keck/Sikkink, Activists (1998).

74 Péter Hardi, The Hardi Report. Summary for the Council of Ministers of an expert review concerning the ecological, environmental, technical, economic, international and legal issues of the Bos-Nagymaros Barrage System, Budapest 1989.

75 Kathrin Fahlenbrach/Martin Klimke (Hg.), Protest, Culture & Society, New York, Oxford (Englischsprachige Reihe seit 2008, 21 Bände).

76 Vgl. Simon Teune, The Transnational Condition. Protest Dynamics in an Entangled Europe, New York/Oxford 2010.

77 Hara Kouki/Eduardo Romanos (Hg.), Protest Beyond Borders. Contentious Politics in Europe since 1945, Oxford/New York 2011.

78 Siehe dazu: Adam Fagan, Environment and democracy in the Czech Republic: the environmental movement in the transition process, Cheltenham 2004.

79 Vgl. Edward K. Snajdr, Nature Protests: The end of Ecology in Slovakia, Washington 2008.

Staatssozialismus, in der auch der Fall Gabčíkovo–Nagymaros behandelt wird.[80] Auch innerhalb der ungarischen Forschungslandschaft zeigt sich in den 1990er Jahren Interesse an Umweltbewegungen.[81] Der Soziologe und Politikwissenschaftler Ferenc Miszlivetz beschäftigte sich bereits früh mit den Graswurzel-Bewegungen und zivilgesellschaftlichen Akteuren in Ungarn.[82] Miklós Persányi, der später (2003–2007) Minister für Umwelt und anschließend Minister für Umwelt und Wasser war, widmete sich in den 1980er Jahren den Wurzeln des ungarischen Umweltschutzes.[83] Hubertus Knabe knüpfte an diese Forschungen mit seiner umfassenden komparativen Studie zu Umweltkonflikten im sozialistischen Ungarn und der DDR an.[84] Der deutsche Historiker beschäftigte sich bereits Ende der 1980er und Anfang der 1990er Jahre mit lokalen Umweltprotesten, wie etwa gegen den Betrieb eines Steinbruches am nordungarischen Esztramos-Berg, der zu den ältesten Umweltkonflikten Ungarns zählt. Bereits in den 1960er Jahren wiesen hier Naturschützer auf die pflanzenkundlich wertvolle Földvári-Höhle hin, die besonderen Schutz bei Abbauarbeiten erfordere. Mitte der 1980er Jahre gelang es den NaturschützerInnen durch mehrmaliges Intervenieren, die Annahme eines Kompromissvorschlages seitens der nationalen Behörde für Umwelt- und Naturschutz (Országos Környezet- és Természetvédelmi Hivatal - OKTH) zu erreichen.[85] Doch erst die Donaubewegung gegen das Kraftwerksprojekt Gabčíkovo–Nagymaros schaffte es von einem lokalen Protest zu einer nationalen Umweltschutzbewegung.[86] Neuere Gedanken zum historischen Erbe von Umweltprotesten während des Staatssozialismus' und zur Formierung grüner Parteien nach der Wende finden sich beispielsweise bei dem ungarischen Politikwissenschaftler Viktor Glied.[87] Nur vereinzelt setzen sich AutorInnen mit den grenzübergreifenden Einflüssen und Aktivitäten des

80 Siehe dazu: Arnošt Štanzel, Wasserträume und Wasserräume im Staatssozialismus. Ein umwelthistorischer Vergleich anhand der tschechoslowakischen und rumänischen Wasserwirtschaft 1948–1989, Göttingen 2017.

81 Siehe dazu u. a.: Viktória Szirmai/György Enyedi, Environmental movements and civil society in Hungary, in: Andrew Tickle/Ian Welsh (Hg.), Environment and Society in Eastern Europe, London 1998, 146–55.

82 Vgl. Ferenc Miszlivetz, Emerging grassroots movements in Eastern Europe: toward a civil society?, in: State and Civil Society (1989), 99–113; Ferenc Miszlivetz, Civil Society in Eastern Europe? The case of Hungary, in: World Futures 29 (1990) 1–2, 81–94.

83 Vgl. u. a.: Miklós Persányi, A környezetvédelem közgazdasági, jogi eszközei – és a politikai gyarkorlat [Die wirtschaftlichen und rechtlichen Instrumente des Umweltschutzes - und die politische Praxis], in: Társadalmi Szemle 39 (1984) 2, 25–38.

84 Vgl. Hubertus Knabe, Umweltkonflikte im Sozialismus: Möglichkeiten und Grenzen gesellschaftlicher Problemartikulation in sozialistischen Systemen, Köln 1993, 178.

85 Vgl. ebd.

86 Vgl. Szirmai/Enyedi, Environmental movements, 158.

87 Viktor Glied, From the green movement to a party. The Effect of the crisis and democratic movements in Hungary, in: Politeja 11 (2014) 28, 31–61.

GNV-Falls auseinander. Szabina Kerényi und Maté Szabó beschäftigen sich in einer Studie mit den transnationalen Mustern und Einflüssen verschiedener ungarischer Umweltgruppen.[88] Auf einen Zeitraum von ca. 30 Jahren zurückblickend identifizieren die AutorInnen wesentliche Entwicklungsperioden, die den Verlauf der ungarischen Umweltbewegung darstellen sollen.[89] Sie kommen zum Schluss, dass die Phase der Transnationalisierungsprozesse und Netzwerkbildung vor allem in den 2000er Jahren verortet werden kann. Die späten 1980er Jahre seien vielmehr von »(non-violent) illegality«[90] und dem kommunistischen System als einzigem Gegner geprägt gewesen.[91] Anhand des Falls Gabčíkovo–Nagymaros zeigt sich, dass diese Einteilung allerdings relativiert werden müsse. So lassen die vorliegenden Quellen vermuten, dass bereits zwanzig Jahre früher für die Proteste relevante internationale Netzwerke zwischen UmweltaktivistInnen geknüpft und gepflegt wurden. Darüber hinaus veranschaulicht die Beschäftigung mit der Donaubewegung, dass es über die kommunistische Führung Ungarns hinaus noch weitere AdressatInnen des Protests gab.[92]

Der Jurist und spätere Staatspräsident Ungarns László Sólyom befasste sich in einem Dossier der International Foundation for Development Alternatives (IFDA) aus dem Jahr 1988 mit der Donaubewegung. Da er persönlich dem Donaukreis und dessen Anliegen nahestand hatte er Einblick in die Entwicklungen und betrachtete diesen Fall als eines der wesentlichsten Protestthemen Ende der 1980er Jahre.[93] In den 1990er Jahren beschäftigten sich zahlreiche ForscherInnen mit dem Fall Gabčíkovo–Nagymaros.[94] Allerdings stehen juristische Perspektiven im Zentrum der Auseinandersetzung. In dem bereits erwähnten Sammelband von Anna Vári und Pál Tamás behandelt Judit Galambos den Fall

88 Siehe dazu: Szabina Kerényi, Máté Szabó, Transnational influences on patterns of mobilisation within environmental movements in Hungary. Environmental Politics 15 (2006) 5, 803–820.

89 Vgl. ebd., 806.

90 Ebd., 804.

91 Vgl. ebd., 806.

92 Vgl. ebd.

93 Vgl. László Sólyom, Hungary: Citizens' participation in the environmental movement, in: ifda dossier 64 (1988) March/April, 23–34, URL: https://www.burmalibrary.org/sites/burmalibrary.org/files/obl/docs19/ifda_dossier-64.pdf (abgerufen 1.9.2022); vgl. ebenso: László *Sólyom*, Die Geschichte des Donau-Kreises, in: Michael Köcher (Hg.), Nagymaros, Wien/Budapest 1987, 33–39.

94 Auffällig ist auch, dass die Aufarbeitung jener Ereignisse und Konflikte oftmals von Personen erfolgte, die persönliche Nähe zu AktivistInnen aufwiesen bzw. sich selbst als Teil oder SympathisantIn der Bewegung verstanden. Selten jedoch werden mögliche Fragen zur eigenen Voreingenommenheit (bias) von den AutorInnen diskutiert. ForscherInnen, die sich sowohl aktivistisch als auch wissenschaftlich mit ein und derselben Bewegung beschäftigen, könnten auf ein derartiges Naheverhältnis aufmerksam machen.

Gabčíkovo-Nagymaros.[95] Als Juristin am Regional Environment Centre for Central and Eastern Europe – REC setzt sie sich in ihrer Studie nicht nur mit den völkerrechtlichen und vertragsrechtlichen Aspekten des Konfliktfalls auseinander, sondern weist auch auf grenzübergreifenden Wissenstransfer seitens der AktivistInnen, IngenieurInnen und PlanerInnen hin. In ihrer Analyse widmet sich Galambos vor allem dem Konfliktmanagement und identifiziert eines der wesentlichen Merkmale des Konfliktes in den Unterschieden der politischen Systeme, die die daraus resultierenden gegenläufigen Verhaltensweisen der »Stakeholder« erklären.[96] Galambos betrachtet in ihrer Stakeholder-Studie den Konfliktfall – eingebettet in dem sich abzeichnenden Paradigmenwechsel von wirtschaftlichem Wachstum zu ressourcenschonendem und nachhaltigerem Wirtschaften – und analysiert das Verhalten der betroffenen Parteien im Hinblick auf mögliche Lösungsalternativen. Sie identifiziert dabei nicht nur Ähnlichkeiten in der Anordnung der Kontrahenten in den drei betroffenen Ländern, sondern zeigt auch Transnationalisierungstendenzen auf beiden Seiten auf. Die Unterschiede liegen nach Galambos aber in dem unterschiedlichen politischen Verhalten, das von den Systemdifferenzen geprägt war. Zu einer Politisierung des Konflikts kam es aufgrund der Infragestellung der Legitimität des Systems.[97] Galambos weist jedoch auch auf das widersprüchliche Verhalten der österreichischen Regierung hin, wenn sie schreibt:

> »The behavior of the Austrian government in the GNBS case is very illustrative of this: while it was forced to retreat in the face of the citizens' protest in the case of ecologically risky projects on Austrian territory, it did not hesitate to finance and support similar projects in countries where the citizens' rights were suppressed.«[98]

Als Grundlage der vorliegenden Auseinandersetzung dient darüber hinaus John Fitzmaurice vielzitierte Studie »Damming the Danube«.[99] Auch zahlreiche Abschlussarbeiten und Dissertationen zu diesem Thema (so resultierte auch Hubertus Knabes Umweltkonflikte-Studie aus einem Dissertationsprojekt[100]) sind entstanden und bieten wertvolle Anknüpfungspunkte für die vorliegende Auseinandersetzung.[101] Zu den neueren Arbeiten zählt die Dissertation von Marion

95 Judit Galambos, An International Environmental Conflict on the Danube: The Gabcikovo-Nagymaros Dams, in: Anna Vari/Pal Tamas (Hg.), Environment and Democratic Transition, Dordrecht 1993, 176–226.

96 Vgl. ebd., 216ff.

97 Vgl. ebd., 217.

98 Ebd., 218.

99 Vgl. John Fitzmaurice, Damming the Danube. Gabčikovo and Post-Communist Politics in Europe, Oxford 1998.

100 Knabe, Umweltkonflikte (1993).

101 Richard von Fuchs, Comparing Environmental Protest Movements in Democratic and Non-Democratic Countries: The Gabčíkovo Nagymaros Dam System and the Hainburg Dam,

Marmorat[102], die sich mit der Kontroverse auf mikrosoziologischer Ebene beschäftigt. Ihr Beitrag besteht nicht nur in der Aufarbeitung des Personenkreises (Prosografie) des Konflikts, sondern bietet auch eine multidisziplinäre Herangehensweise an das Thema, welche Ansätze aus den Internationalen Beziehungen, der Politischen Soziologie und der Geografie verknüpft. Marmorat beschäftigt sich mit dem Fall GNV, wobei sie der Akteur-Netzwerk-Theorie[103] der französischen Soziologen Michel Callon und Bruno Latour folgend den soziotechnischen Konflikt multiperspektivisch darstellt.[104] Marmorat rekonstruiert in ihrer Arbeit akribisch die unterschiedlichen Konfliktlinien und -seiten auf der Makroebene der Internationalen Beziehungen sowie auf der Mikroebene unterschiedlicher AkteurInnen in Ungarn und der Tschechoslowakei bzw. der Slowakei und stellt die Besonderheiten der GNV-Kontroverse als Technik-Gesellschaft-Grabenkampf verschiedener Interessen heraus. Zudem zeigt sie die tiefgreifende Polarisierung bis in die Mitte der 2000er Jahre auf. In ihrer Conclusio bleibt Marmorat aber jegliche weitere Interpretation schuldig. Rückbezüge auf theoretische Ansätze aus Bewegungsforschung, Politischer Theorie und Soziologie werden lediglich wiedergegeben. Transnationalisierungstendenzen werden zwar dargestellt, bleiben von einer strukturellen Analyse aber unbedacht. Die Auseinandersetzung bietet deshalb zwar hinsichtlich ihrer umfassenden Betrachtung einen Grundstein für die vorliegende Arbeit, offenbart aber vor allem aufgrund fehlender Interviews mit ZeitzeugInnen sowie strukturierter Aufarbeitung von Primärquellen und Protestkontexten wichtige Forschungslücken, die es nun, mehr als 15 Jahre später, mit der vorliegenden Arbeit zu schließen gilt.

---

phil. Diss., Universität Wien 1995; Fitzmaurice, Danube (1998); Knabe, Umweltkonflikte (1993); zum Duna Kör und seinen Beziehungen zur DDR siehe: Niklas Wittmann, From Red to Green? The Relationship between Democratic Opposition and Environmentalism in the Hungarian People, Masterarbeit, Central European University, Budapest 2008; vgl. ebenso: Viktor Vida, A Duna Kör. A Duna Kör töténete a résztvevők emlékeiben [Der Donaukreis. Die Geschichte des Donaukreises in den Erinnerungen der Beteiligten], Dipl. Arb., Eötvös Loránd Tudományegyetem 2006.

102 Vgl. Marion Marmorat, Controverse socio-technique autour des barrages danubiens Gabčíkovo-Nagymaros 1977–2004 (Hongrie / Slovaquie), [Sozio-technische Kontroverse um die Donaudämme Gabčíkovo-Nagymaros 1977–2004 (Ungarn / Slowakei], phil. Diss., SciencesPo 2006, http://spire.sciencespo.fr/hdl:/2441/53r60a8s3kup1vc9kd4chgdj7%5Cnhttp://foxfellowship.yale.edu/marion-marmorat (abgerufen 19.8.2022).

103 Siehe dazu genauer bei: Ingo Schulz-Schaeffer, Akteur-Netzwerk-Theorie. Zur Koevolution von Gesellschaft, Natur und Technik, in: Johannes Weyer (Hg.), Soziale Netzwerke: Konzepte und Methoden der sozialwissenschaftlichen Netzwerkforschung, Oldenbourg 2000, 187–210.

104 Marmorat, Controverse, 479.

2.3 Quellenlage

Im Mittelpunkt des Forschungsvorhabens steht die Aufarbeitung von verschiedenen Quellen mittels interdisziplinärer Herangehensweise, wobei die Rekonstruktion der Entwicklungsgeschichte der ungarischen Umweltbewegung hinsichtlich ihrer Transnationalisierung im Fokus steht. Vorwiegend Sekundärquellen von Protesten gegen das Donaukraftwerk-Projekt Gabčíkovo–Nagymaros lieferten Recherchen im Open Society Archive (Budapest). Der Quellenbestand umfasst neben einer multimedialen Sammlung medialer Berichte zu den Protesten und Aktivitäten der Donaubewegung (hierzu zählen etwa die umfassenden Bestände von Radio Free Europe/Liberty Research Institute), Samisdat-Materialien[105] sowie Bestände aus persönlichen Nachlässen und Sammlungen von AktivistInnen wie János Vargha, welche jedoch noch nicht vollständig archiviert wurden.[106] Diese Archivalien liefern einen ersten Einblick in das breite Spektrum der Protestbewegung. Ebenso konnten Primärquellen zum Kraftwerksprojekt im Ungarischen Nationalarchiv gesichtet werden. Sie dienten dazu, die bilateralen Verhandlungen Ungarns mit seinen Nachbarländern, der Tschechoslowakei und Österreich, sowie die Selbst- und Fremdwahrnehmung aus zwischenstaatlicher Korrespondenz und Botschaftsberichterstattung nachzuvollziehen. Recherchen im Historischen Archiv der Ungarischen Staatssicherheit (Állambiztonsági Szolgálatok Történeti Levéltára – ÁBTL) gaben Aufschluss über die Beobachtung und staatliche Einschätzung der AktivistInnen. Allen voran die »Napi operativ jelentések és informaciók – NOIJ«, also die Informationen des Tagesreports an das Innenministerium, boten Einblicke in die Arbeit der AgentInnen.[107] Berichte und Detailreports müssen zwar mit der nötigen Distanz betrachtet werden, zeigen aber deutlich auf, wie intensiv die Beobachtung durchgeführt wurde und welche Personen von den Behörden als zentrale AkteurInnen der Bewegung identifiziert wurden. Zudem weisen Berichte im ÁBTL auf mögliche Konfliktfelder innerhalb der Bewegung hin. Im Zusammenspiel mit den Aussagen der

105 Samisdat (transliteriert aus dem Russischen »самиздат«) beschreibt die im Selbstverlag herausgegebenen nichtoffiziellen Druckschriften, welche in der UdSSR und in vielen sozialistischen Ländern Osteuropas systemkritische und nicht konforme Inhalte umfassten. Texte, die oftmals durch Schmuggelaktionen in westliche Länder gelangten und dort etwa in Exilverlagen gedruckt wurden, werden auch als Erzeugnisse des Tamisdat bezeichnet (das russische »там« steht für ›dort‹). Näheres u.a.: bei Jan C. Behrends/Friederike Kind, Vom Untergrund in den Westen: Samizdat, Tamizdat und die Neuerfindung Mitteleuropas in den Achtzigerjahren, Archiv fur Sozialgeschichte, Bd. 45, Bonn 2005, 427–448. Für Studien zu den unabhängigen Formen der Öffentlichkeit siehe u.a.: Helmut Fehr, Unabhängige Öffentlichkeit und soziale Bewegungen: Fallstudien über Bürgerbewegungen in Polen und der DDR, Wiesbaden 1996, 392.

106 Zum Quellenstand in Budapest siehe auch: Wittmann, Relationship (2008).

107 Vgl. dazu: ÁBTL 2.7.1. NOIJ – III/3-2/1/1985.I.14, Duna Kör dosszié (274 lap) (20.11.1985).

Beteiligten lassen sich damit wertvolle Aussagen zu den Dynamiken innerhalb der Bewegung treffen. Eingehende Recherchen im Ungarischen Nationalarchiv (Magyar Nemzeti Levéltár – MNL) ermöglichten die Rekonstruktion der Verhandlungen zwischen der ČSSR und der Volksrepublik Ungarn und zeigten die Schwierigkeiten der Kooperation auf. Darüber hinaus boten Archivalien des MNL einen Überblick über den Verlauf der Verhandlungen mit Österreich sowie der staatlichen Perspektiven auf Protestaktivitäten. Digitalisierte Archivalien zur Donaubewegung finden sich zudem in einem virtuellen Dossier des ÁBTL, das Dokumente und Fotos von Demonstrationen und Protestaktionen der Jahre 1988 und 1989 zur Verfügung stellt.[108] Wertvolle visuelle Eindrücke vom Protestgeschehen liefern die digitalisierten Fotos des FORTEPAN-Projekts. In Zusammenarbeit mit Arcanum, dem Archive of Modern Conflict (Toronto), dem Blinken OSA Archive und dem Forum Hungaricum Nonprofit Kft bietet diese Online-Datenbank eine aufschlussreiche Bildersammlung der Demonstrationen.[109] Um die österreichische Seite der Nagymaros-Verhandlungen mit Ungarn zu rekonstruieren, bewährte sich die Recherche im Archiv der Republik im Zentralarchiv des Österreichischen Staatsarchives (Wien). Nicht nur für den Fall GNV, sondern insgesamt für die Wirtschaftsbeziehungen der beiden Länder, waren vor allem die Archivbestände des damaligen österreichischen Handelsministeriums aussagekräftig. In Ergänzung mit interministeriellen Korrespondenzen (zwischen Handelsministerium, Außenministerium und dem Bundesministerium für Land- und Forstwirtschaft) gaben die bilateralen Korrespondenzen sowie die Briefwechsel mit VertreterInnen der Energiewirtschaft wertvolle Einblicke in die Planungs- und Umsetzungsprozesse, die Verhandlungen zum Wasserkraftausbau auf österreichischem Territorium sowie zu bilateralen Kooperationsprojekten entlang der Donau. Die Sichtung der genannten Archive ermöglichte damit die Rekonstruktion zwischenstaatlichen Handelns und bot darüber hinaus Aufschluss über wirtschaftliche und politische Interessen hinter dem Kraftwerksprojekt. Gerade im Hinblick auf die geäußerte Kritik an GNV und das Protestgeschehen in Ungarn und der Tschechoslowakei bildeten aber auch die von AktivistInnen sorgsam aufbewahrten Materialien weitere wichtige Quellen für die Untersuchung. Der österreichische Umweltaktivist Wolfgang Rehm verfügt über ein persönliches Ton-, Zeitungs- und Fotoarchiv, das zahlreiche Medienberichte, Protestutensilien und Dokumente zu GNV umfasst. Auch der ehemalige Aktivist und Medienreferent der Gruppe »Duna Kör« András Szekfü hat umfassendes multimediales Material zu den Aktivitäten der

108 Digitalisierte Archivalien des ÁBTL, »Tüntetések, demonstrációk 1988–1989«, URL: https://tuntetes-archivum.hu/ (abgerufen 8.1.2021).

109 Digitalisierte Fotografien, Schlagwort-Suche »Nagymaros«, FORTEPAN, URL: https://fortepan.hu (abgerufen 8.1.2021).

Donaubewegung gesammelt, darunter auch erhalten gebliebene handschriftliche Protokolle von Sitzungen, diverse Notizen und eine detaillierte Mitgliederliste des Duna Kör.[110] Digitalisierte Magnetbandaufzeichnungen medialer Berichterstattung sowie gegenständliche Quellen, darunter Originalplakate und -transparente von den Protesten, zählen ebenso zu seiner Sammlung. Diese geben einen umfassenden Einblick in die Aktivitäten und Struktur des Duna Kör und ermöglichen darüber hinaus eine Analyse der medialen Kommunikation sowie zentraler grenzübergreifender Aktivitäten der Gruppe. Interviews mit beteiligten UmweltaktivistInnen in Bratislava, darunter der Umweltschützer Jaromír Šíbl, die Ingenieurin und Aktivistin Ľubica Trubíniová und der Geograf und Politiker Mikuláš Huba, boten eine weitere Perspektive auf das Geschehen. Bei Besuchen bei AktivistInnen in Bratislava konnten auch Broschüren von KraftwerksbefürworterInnen sowie die Ausstellung »Liquid Horizons« der Nonprofit Organisation Tranzit.sk, die sich u. a. mit den Kraftwerksprotesten gegen Gabčíkovo beschäftigt, gesichtet werden.[111] Quellenkritisch muss festgehalten werden, dass es sich bei den oben erwähnten Privatbeständen um persönliche Selektionen handelt, die vielmals auch auf die Intention ihrer BesitzerInnen schließen lassen, sich vorrangig an die positiven und erfolgreichen Aktivitäten zu erinnern. Es kann nicht ausgeschlossen werden, dass Quellen bzw. Erinnerungen, die den Aussagen der InterviewpartnerInnen widersprechen, der Verfasserin vorenthalten bzw. verzerrt dargestellt wurden. Insgesamt wurden für die vorliegende Untersuchung 15 GesprächspartnerInnen interviewt. Während ZeitzeugInnen und BeobachterInnen wie der Direktor der Diplomatischen Akademie in Wien Emil Brix oder AktivistInnen, die weniger grenzübergreifend tätig waren, nur einmalig zu der Thematik befragt wurden, suchte die Verfasserin den mehrmaligen Austausch mit Szekfü und Rehm, welche über ein starkes Netzwerk in den beteiligten Ländern verfügten. Es handelte sich dabei um mehrstündige Gespräche, wobei die Interviews oftmals auch mit der Sichtung und Erklärungen der jeweiligen Privatbestände verknüpft wurden.[112] In einem geringeren Ausmaß wurden auch

110 Die Verfasserin hat mit A. Szekfü vereinbart, die Liste aufgrund ihrer personenbezogenen Daten nur anonymisiert zu verwenden. Eine Kopie der Liste verbleibt im Privatarchiv der Verfasserin.

111 Ausstellung »Liquid horizons« bei tranzit.sk, 2019, URL: http://www.erstestiftung.org/de/events/liquid-horizons-bei-tranzit-sk/ (abgerufen 17.8.2022).

112 Anmerkung: Alle zitierten Aussagen wurden per Audioaufzeichnungen und in handschriftlichen Notizen der Verfasserin dokumentiert. Als Ausgangspunkt wurde ein Leitfragebogen entwickelt. Die jeweils sehr unterschiedlichen Situationen, Gesprächskontexte sowie Bereitschaft der Interviewten, Fragen direkt zu beantworten, führten allerdings im Großteil zu Abweichungen vom geplanten Gesprächsverlauf. Mit steigender Erfahrung und vermehrtem Wissen zur Thematik entschied sich die Verfasserin deshalb für eine offene und informelle Gesprächsführung, um u. a. im persönlichen Austausch Informationen und Eindrücke sammeln zu können, die in dem formellen Interviewformat womöglich verschwiegen worden wären.

fremde Interviews genutzt. Wichtige Einblicke boten hierbei das ausführliche Oral-History-Interview mit dem Duna-Kör-Mitglied Gábor Pajkossy (2006, Ungarisch)[113] sowie das kürzere Interview mit der Umweltschützerin Judit Vásárhely (2006, Englisch).[114] Für die Studie waren auch Zeitungsartikel sowie -meldungen (ohne AutorInnen-Angaben) von Bedeutung. Dabei handelt es sich aus sprachlichen Gründen vorwiegend um Medienberichte aus Österreich, in denen grenzüberschreitende Aktivitäten rund um den Fall GNV thematisiert werden. Diese wurden dafür genutzt, die chronologische Abfolge von Protestereignissen zu rekonstruieren und damit lückenhafte ZeitzeugInnen-Aussagen zu ergänzen. Zudem geben Medienberichte Aufschluss über die Perzeption von Kraftwerksprojekten sowie über die Inhalte der Medienkampagne, insbesondere hinsichtlich verwendeter Deutungsrahmen und Referenzen. Das Periodikum *gegenstimmen*, welches in den 1980er Jahren von einer kleinen Gruppe im trotzkistischen Umfeld Wiens produziert und herausgegeben wurde, wurde als wichtige Textquelle für die Rekonstruktion zeitgenössischer Berichterstattung zu GNV herangezogen. Die Zeitschrift nahm eine wichtige Rolle sowohl als journalistisches Medium als auch als aktivistisches Sprachrohr der sogenannten »demokratischen Opposition« ein. Ihre Eindrücke der Geschehnisse finden sich ebenso in der Berichterstattung wieder, wie journalistische Berichte und Analysen. Durch Ergänzung mit eigenen Interviews können somit Aussagen zu den Motiven sowie Fremd- und Selbstwahrnehmungen der Beteiligten getätigt werden. Einblicke in das Protestgeschehen in und um Hainburg ermöglichten die digitalen Archive von NGOs, Vereinen und Initiativen.[115] Darüber hinaus wurden die digitalen Archive von österreichischen Medien, etwa des Österreichischen Rundfunks (ORF)[116] sowie von Samisdat-Medien[117] genutzt. Zahlreiche multimediale Quellen verzeichnet auch die Mediathek des Technischen Museums (Wien).[118] Eine Chronologie der Ereignisse rund um GNV findet sich auf der

113 Viktor Vida, Pajkossy Gábor-interjú, 19.4.2006, 1956-OS INTÉZET ÉS ORAL HISTORY ARCHÍVUM [Das Oral History Archive des 1956er Instituts], 30 Seiten.

114 John Feffer, Toward Local Resilience, [Interview with Judit Vásárhelyi] 2014, URL: https://www.johnfeffer.com/toward-local-resilience/ (abgerufen 19.8.2022).

115 Infothek zur Nationalparkgeschichte mit umfassender Chronologie der Hainburger Aubesetzung, URL: https://www.donauauen.at/nationalpark/chronologie-der-aubesetzung/19429 (abgerufen 10.9.2020); Umweltdachverband, Geschichte & Meilensteine, URL: https://www.umweltdachverband.at/ueber-uns/wer-wir-sind/geschichte/ (abgerufen 8.1.2021); 366 x grün: Weblog des Grünen Archivs zur Geschichte der Grünen und Alternativen in Österreich, URL: http://366xgruen.at (abgerufen 10.9.2020).

116 Vgl. Robert Friess, 25 Jahre Hainburg: Bevölkerung gegen Kraftwerk in der Au. ORF TVThek, 2009, URL: https://tvthek.orf.at/history/Skandale-und-Aufreger/9627284/25-Jahre-Hainburg-Bevoelkerung-gegen-Kraftwerk-in-der-Au/9497101 (abgerufen 17.8.2022).

117 Beszélő Online, URL: http://beszelo.c3.hu (abgerufen 8.1.2021).

118 Österreichische Mediathek, URL: https://www.mediathek.at (abgerufen 8.1.2021).

Webseite von Arcanum[119], einem Digitalisierungsprojekt zur ungarischen Zeitgeschichte.

119 A bős–nagymarosi vízlépcsőrendszer krónikája [Die Chronik von Bős–Nagymaros], Arcanum Adatbázis, URL: https://www.arcanum.hu/hu/online-kiadvanyok/TenyekKonyve-tenyek-konyve-1/1990-7B2E/magyarorszag-A343/a-bos-A614/?list=eyJmaWx0ZXJzIjogeyJNVSI6IFsiTkZPX0tPTllfVGVueWVrS29ueXZlXzEiXX0sICJxdWVyeSI6ICJXb2xmc3RoYWwifQ (abgerufen 8. 1. 2021).

3. Methodische Herangehensweise

3.1 Kulturhistorische Ansätze

Außenpolitik ist »als Resultat eines Mehrebenenprozesses«[120] zu verstehen, worin staatliche und gesellschaftliche AkteurInnen sowohl innerhalb eines politischen Systems als auch grenzübergreifend im internationalen Raum miteinander agieren und verhandeln.[121] Angesichts der Komplexität des vorliegenden Falls ist es also ratsam, sich der vorliegenden Thematik auf mehreren Ebenen zu nähern: Aufgrund der Genese des Kraftwerkprojektes bilden einerseits die staatlichen Kontexte und bilateralen Beziehungen der beteiligten Länder eine wichtige Untersuchungsebene. Gerade hierbei zeigen sich Verflechtungen von Diplomatie- und Wirtschaftsgeschichte sehr deutlich. Die auftretende Protestbewegung macht es andererseits nötig, die Aktivitäten zivilgesellschaftlicher AkteurInnen als eine zweite Ebene zu untersuchen, um damit Schlüsse über das grenzübergreifende Handeln, die Motive und persönlichen Gelegenheitsstrukturen der gesellschaftlichen Gruppen und Individuen ziehen zu können. Einer kulturhistorischen Perspektive der sogenannten Neuen Diplomatiegeschichte[122] folgend werden in der vorliegenden Arbeit sowohl diese beiden Ebenen betrachtet, als auch etwaige Interdependenzen und Abhängigkeiten zwischen »Politik« und

120 Ursula Lehmkuhl, Diplomatiegeschichte als internationale Kulturgeschichte: Theoretische Ansätze und empirische Forschung zwischen Historischer Kulturwissenschaft und Soziologischem Institutionalismus, in: Geschichte und Gesellschaft. Zeitschrift für Historische Sozialwissenschaft 27 (2001) 3, 394–423, hier: 395.

121 Vgl. ebd., 395f.

122 Siehe dazu ebenso die Schriftenreihe: André Krischer/Barbara Stollberg-Rilinger/Hillard Thiessen/Christian Windler (Hg.), Externa: Geschichte der Außenbeziehungen in neuen Perspektiven, Köln; Eckart Conze/Ulrich Lappenküper/Guido Müller (Hg.), Geschichte der internationalen Beziehungen: Erneuerung und Erweiterung einer historischen Disziplin, Köln 2004.

»Gesellschaft« analysiert.[123] Ursula Lehmkuhls Überlegungen zur »Diplomatiegeschichte als internationale Kulturgeschichte«[124] zeigen auf, inwiefern diese neue kulturelle Perspektive den Umgang mit Quellenmaterial und die Erkenntnisprozesse verändert. Hierzu hebt Lehmkuhl beispielsweise die Nutzung von sozial- und kulturhistorischem Quellenmaterial sowie den systematischen, und nicht mehr nur chronologischen, Aufbau von Arbeiten hervor.[125] Halten Kulturbegriffe Einzug in die politikhistorische Forschung, bedeutet dies aber auch die Abwendung von einem engen Staatsverständnis, in dem das Handeln politischer Akteure wie Nationalstaaten, nationale Parlamente oder internationale Organisationen im Vordergrund stand.[126] Oder wie Eckart Conze schreibt: »Schließlich gilt es, […] den Politikbegriff aus seiner Staats- und Regierungsfixierung zu lösen, ihn zu dynamisieren und damit für die Analyse von Politik, von politischem Handeln und des politischen Prozesses in modernen Gesellschaften tauglich zu machen.«[127] Internationale Beziehungen sollten nun vielmehr verstanden werden »als Beziehungen zwischen staatlich organisierten Gesellschaften, welche wiederum geprägt sind durch spezifische politische Kulturen, Weltbilder, Normen und Werte«.[128] Selbst nationale Interessen müssen als Produkte »sozialer Interaktion«[129] erkannt werden. Ihre Analyse macht es folglich notwendig, Einflussfaktoren wie Normen, Identitäten und Kultur mitzudenken.[130] Auch Staaten vermitteln und teilen Visionen, Träume und Vorurteile über nationale Grenzen hinweg. Am Beispiel der Wasserkraft wird in der vorliegenden Arbeit deutlich, inwiefern diese geteilten Träume auf staatlicher und wirtschaftlicher Ebene tatsächlich Einfluss auf bilaterale Infrastrukturprojekte genommen haben.[131] Als Grundlage für die historische Aufarbeitung dieser Ebene werden hierfür die Bestände aus Archiven in Budapest und Wien herangezogen. Auf gesellschaftlicher Ebene wiederum lässt sich im vorliegenden Fall beobachten, wie gemeinsame Visionen der Natur-Mensch-Beziehung die Zusammenarbeit von zivilgesellschaftlichen AkteurInnen beeinflussten. Hier bieten sich vor allem Interviews und ZeitzeugInnen-Berichte an, um einen Einblick

123 Vgl. zur kulturhistorischen Perspektive in der Diplomatiegeschichte: Akira Iriye, Culture and International History, Explaining the History of American Foreign Relations, Bd. 3 2004, 241–256; sowie: Lehmkuhl, Diplomatiegeschichte (2001).

124 Ebd.

125 Vgl. ebd., 402f.

126 Ebd., 403.

127 Eckart Conze, Abschied von Staat und Politik? Überlegungen zur Geschichte der internationalen Politik, in: Eckart Conze/Ulrich Lappenküper/Guido Müller (Hg.), Geschichte der internationalen Beziehungen, Köln/Weimar/Wien 2004, 15–44, hier: 17.

128 Lehmkuhl, Diplomatiegeschichte, 403.

129 Ebd., 408.

130 Vgl. ebd.

131 Siehe Kapitel 3.2 in diesem Buch.

in persönliche Positionen zu Fragen der Ökologisierung zu erhalten sowie Wechselwirkungen und gegenseitige Abhängigkeiten zu identifizieren. Gleichzeitig bieten Interviews eine wichtige Ergänzung zur beschränkten Quellenlage zum zivilgesellschaftlichen Engagement jener Jahre. Der Historiker Akira Iriyes prägte den Kulturansatz für die Diplomatiegeschichte[132], indem er die Bedeutung von »dreams, aspirations, and other manifestations of human consciousness«[133] für die Internationalen Beziehungen hervorhob.[134] Diese dürfen nicht nur als Zusammenspiel kultureller Produkte von Nationalstaaten begriffen werden, sondern müssen sich Iriye zufolge »transnationalisieren« bzw. »entnationalisieren«, was zur Folge hat, dass zunehmend Individuen und gesellschaftliche Gruppen hinsichtlich ihres Einflusses auf die Außenpolitik betrachtet werden sollten.[135] Genau an diesem Punkt der Transnationalisierung findet sich der Anknüpfungspunkt zur Transnationalen Geschichte sowie zur Verflechtungsgeschichte, die beide als relativ neue geschichtswissenschaftliche Perspektiven nationale Einheiten zwar als Voraussetzung ansehen (und sich daher auch auf neuzeitliche Forschungen beziehen), jedoch über den zwischenstaatlichen Vergleich hinaus Fragestellungen entwerfen.[136] Die Grundlagen dieses Denkens reichen auf die »Gegendiskurse« und Kritik der bürgerlichen Geschichtswissenschaft ab Mitte des 19. Jahrhunderts zurück.[137] Diese äußerten sich einerseits in der Bildung eines »proletarischen Gegendiskurs[es] sozialistischer Geschichtsauffassungen« und zunehmenden Einflüssen der Kultur- und Sozialwissenschaft, andererseits auch in der Einforderung eines historischen Blicks »auf längere Zeiträume und nationsübergreifende geographische Räume«, eine Forderung, die zuerst von den Vordenkern der französischen »Schule der Annales« vertreten wurde.[138] Hierzu zählt etwa auch Fernand Braudels Konzept der »longue durée«, das unter anderem in der Umweltgeschichte ihre Anwendung fand.[139] Aus der Forderung nach dem Einzug methodischer Herangehensweisen der Sozialwissenschaften in die Geschichte entwickelten sich im Zuge des 20. Jahrhunderts mehrere Debatten zu sozialhistorischen Geschichtstheorien, die

132 Iriye versteht Kultur hierbei als »the sharing and transmitting of consciousness within and across national boundaries« sowie als »the creation and communication of memory, ideology, emotions, life styles, scholarly and artistic works, and other symbols«. Vgl. Lehmkuhl, Diplomatiegeschichte, 415; Iriye, Culture and International History, 215.

133 Iriye, Culture and International History, 214.

134 Vgl. Lehmkuhl, Diplomatiegeschichte, 409f.

135 Vgl. ebd.; sowie Iriye, Culture and International History, 219.

136 Vgl. Miriam Rürup, Historikertag 2012: Transnationale Geschichte / Neue Diplomatiegeschichte. H-Soz-Kult, 12.2.2013, URL: https://www.hsozkult.de/debate/id/diskussionen-2022 (abgerufen 22.2.2021).

137 Vgl. Stefan Jordan, Theorien und Methoden der Geschichtswissenschaft, Paderborn, München, Wien, Zürich 2009, 67.

138 Vgl. ebd., 67, 80.

139 Vgl. ebd., 82.

eine Öffnung der Geschichtswissenschaften, im Fall der StrukturhistorikerInnen sogar eine »Entdisziplinierung« anstießen.[140] Mit der Konzentration auf neue Begriffe wie »Gesellschaft«, die vor allem von Hans-Ulrich Wehler betrieben wurde, sollte nach dem Zweiten Weltkrieg eine Alternative zu historischen Konzepten von »Volk« und »Nation« gefunden werden.[141] Doch schon bevor Wehler den historischen Vergleich als »Königsweg der Geschichte« proklamierte, hatten *Annales*-Vertreter wie Marc Bloch in der Zwischenkriegszeit gefordert, »die historische Forschung über die nationalstaatlichen Grenzen hinaus auszudehnen und Ähnlichkeiten der europäischen Gesellschaften [...] zu beschreiben.«[142] Die Transnationalisierung der historischen Perspektive ist daher eng mit der Genese der historischen Komparatistik verbunden.[143] Umso wichtiger ist es, an dieser Stelle eine wichtige Differenzierung vorzunehmen. Denn obwohl die Untersuchung grenzübergreifender Sozialer Bewegungen zwar dem Feld der »gruppenbezogenen Vergleiche« zuordenbar ist,[144] wendet die vorliegende Arbeit sie vorwiegend als Betrachtungsperspektive und nicht als ausdifferenzierte Methode an.[145] Beispielsweise ist es für das Verständnis der Geschichte von GNV durchaus sinnvoll, die Differenzen und Gemeinsamkeiten der länderspezifischen Protestkontexte zu analysieren bzw. gegenüberzustellen. Hierbei bietet sich ein nationalstaatlicher Vergleichshorizont an.[146] Auch auf Akteurs-Ebene lassen sich gemeinsame Praktiken, Deutungsmuster und Motive nur durch komparatistische Ansätze identifizieren. Charles Tilly bietet hierzu mit dem Vergleichstyp des variationsorientierten Vergleichs (variation-finding comparison) eine Kategorie, in der eine Gruppe mit Gemeinsamkeiten beschrieben werden kann, ohne zugleich auf die Differenzen innerhalb dieser Gruppen verzichten zu müssen.[147] Die Methoden der Komparatistik stoßen jedoch insbesondere bei transnationalen Perspektiven an ihre Grenzen. So steht die Vergleichsgeschichte seit den 1990er Jahren in der Kritik, Transfers und Wechselwirkungen außer Acht zu lassen und miteinander in Bezug stehende Vergleichsobjekte isoliert zu betrachten.[148] Auch hierbei sind die Denkanstöße der »Gesellschaftsgeschichte« von grundlegender

140 Vgl. ebd., 104f.
141 Vgl. ebd., 109.
142 Martin Langwiler, Praxisbuch Geschichte: Einführung in die historischen Methoden, Zürich 2011, 188.
143 Vgl. ebd.
144 Vgl. ebd., 191.
145 Siehe zur Unterscheidung: ebd., 177.
146 Vgl. ebd., 195.
147 Ebd.; Siehe ebenso: Charles Tilly, Big structures, large processes, huge comparisons, New York 1984, 116–43.
148 Vgl. Langwiler, Praxisbuch, 199.

Bedeutung, da diese neben »Willensbildungsprozessen«[149] auch prozesshafte und strukturelle Veränderungen in den Blick nahm und damit der Erforschung von Protestbewegungen, aber auch Entwicklungen wie Transnationalisierungen den Weg bahnte.[150] Die ProtagonistInnen der Gesellschaftsgeschichte waren beispielsweise nicht mehr einzelne Staaten, sondern »soziale Kollektive«[151] wie etwa soziale Klassen.[152] Die Bedeutung der transnationalen Herangehens- und Betrachtungsweise von historischen Themen wird unter HistorikerInnen bis heute sehr unterschiedlich bewertet. Während einerseits die konzeptionellen Probleme einer »transnational betriebene[n] Komparatistik« kritisiert werden[153], besteht darin zweifellos eine große »Innovationskraft«, die sowohl den Historismus als auch die Sozialgeschichte herausfordert.[154] Letztlich führten die oben bereits erwähnten Gegendiskurse zum Historismus und neuen Impulse, nicht zu einem Abkommen von der traditionellen hermeneutischen Methode der Geschichtswissenschaften, sondern ergänzten lediglich das Spektrum der Disziplin.[155] Es ist somit keine Frage des Entweder-Oder, sondern eine der Kombination und gegenseitigen Befruchtung. Beispielsweise können sich Fragen nach Transfers oder Verflechtungen[156] laut Miriam Rührüp durchaus auch mit Gegenständen der klassischen Diplomatiegeschichte überschneiden. In ihrer Zusammenfassung des Deutschen Historikertags 2012 stellt sie fest, dass mit der transnationalen Perspektive nicht die »(neu)modische Ablösung von Ideen wie Verflechtungsgeschichte«[157]gemeint sei, »sondern transnationale Geschichte mit den bekannten Methoden der histoire croisée, der Verflechtungsgeschichte und dem historischen Vergleich betrieben« wird, »um nationale Geschichte in ihrer internationalen und globalen Vernetztheit zu beschreiben.«[158] Dieses Deutungspotenzial erkannten auch die VertreterInnen der kulturhistorischen Perspektive der Diplomatiegeschichte, indem sie vorschlagen, den »Zusammenhang von Ideen, Kultur, Institutionen und Strukturen« genauer ins Visier zu nehmen.[159] »Die mikrogeschichtliche oder mikroanalytische Ebene individuell geprägter alltagsweltlicher Erfahrung wird korreliert mit der makrogeschichtlichen

149 Jürgen Kocka, Zivilgesellschaft aus historischer Perspektive, in: Ralph Jessen/Sven Reichardt/Ansgar Klein (Hg.), Zivilgesellschaft als Geschichte. Studien zum 19. und 20. Jahrhundert, Wiesbaden 2004, 29–44, hier: 99.
150 Vgl. Jordan, Theorien und Methoden der Geschichtswissenschaft, 114f.
151 Ebd., 117.
152 Vgl. ebd., 122.
153 Vgl. ebd., 209.
154 Vgl. ebd., 210.
155 Vgl. ebd., 122.
156 Siehe zu histoire croisée u. a.: Langwiler, Praxisbuch, 200f.
157 Rürüp, Historikertag 2012 (2013).
158 Ebd.
159 Lehmkuhl, Diplomatiegeschichte, 414.

oder makroanalytischen Ebene struktureller Einflußfaktoren und Entwicklungsprozesse (Modernisierung, Demokratisierung).«[160] Für die vorliegende Erforschung einer grenzüberschreitenden Umweltbewegung bedeutet dies, die Schnittstellen politischer, wirtschaftlicher und gesellschaftlicher Macht zu beleuchten. Umrahmt von der makrogeschichtlichen Ebene der politischen und wirtschaftlichen Transformation Ungarns stehen die zivilgesellschaftlichen Individuen und Gruppen als AkteurInnen des Wandels im Blickpunkt. Neben der multiarchivarischen Forschung integriert dieser Ansatz daher auch bewusst alltags- und mikrogeschichtliche Erfahrungen in die Analyse. Eine besondere Rolle nimmt hierbei die Oral History ein, also Quellenmaterial, »das bereits die gesellschaftliche und politische Wirklichkeit interpretiert«[161] und Schlüsse auf »dreams, aspirations, and other manifestations of human consciousness«[162] zulässt. Die Frage, ob Oral History eine Forschungsmethode oder eine historische Disziplin ist, wird in der Forschungsliteratur ausgiebig diskutiert. Abseits dieser theoretischen Diskussion rückt die Frage ins Zentrum, inwiefern Oral History für die Beantwortung der Forschungsfragen hilfreich ist. Alexander Geppert stellt grundsätzlich fest, dass »unter ›Oral History‹ gemeinhin eine geschichtswissenschaftliche Methode verstanden wird, mündliche Erinnerungsinterviews mit Zeitzeugen durchzuführen und gleichzeitig auf einen Tonträger zur späteren Auswertung durch den Historiker aufzunehmen – der Oral Historian ist an der Produktion seiner Quellen folglich selbst beteiligt.«[163] Die Wissenschaftlichkeit und Verlässlichkeit von Methoden der Oral History und der Alltagsgeschichte ist unter HistorikerInnen umstritten. KritikerInnen sehen Risiken in dem Instrumentarium der ZeitzeugInnen-Interviews bereits in der Anbahnung jener Gespräche, der eine subjektive Selektion vorausginge (vor allem bei öffentlichen Aufrufen und Annoncen).[164] Zudem könne aufgrund von Erinnerungslücken, verzerrten Wahrnehmungen oder absichtlich falschen Erzählungen wenig historischer Wahrheitsgehalt daraus bezogen werden.[165] Gerade in der Gedächtnisforschung wird das Instrumentarium aber oft und gern verwendet, da sich die

160 Ebd.

161 Ebd., 402.

162 Iriye, Culture and International History, 214.

163 Alexander C.T. Geppert, Forschungstechnik oder historische Disziplin? Methodische Probleme der Oral History, in: Hartmut Boockmann/Joachim Rohlfes/Winfried Schulze (Hg.), Geschichte in Wissenschaft und Unterricht 48 (1994) 5/6, 303–323, hier: 303, 320, ULR: http://www.geschkult.fu-berlin.de/e/fmi/arbeitsbereiche/ab_nolte/geppert/Geppert_-_Oral _History.pdf (abgerufen 30.8.2020).

164 Siehe dazu u.a.: Paul Thompson/Joanna Bornat, The Voice of the Past: Oral History. 4. Aufl., Oxford 2017; Herwart Vorländer (Hg.), Oral History: Mündlich erfragte Geschichte, Göttingen 1990; Paula Hamilton/Linda Shopes (Hg.), Oral History and Public Memories, Philadelphia 2008.

165 Vgl. Geppert, Forschungstechnik oder historische Disziplin, 320.

Aussagekraft von Interviews vorwiegend in den dadurch erkannten Wahrnehmungen und Erinnerungen der Befragten nachvollziehen lässt. In der Alltagsgeschichte bilden diese Wahrnehmungen exemplarische Einheiten, die auf das »Große« verweisen: »Das historische Individuum ist also nicht darum interessant, wie es geschichtswirksame Veränderungen leistet, wie zum Beispiel die ›großen Männer‹ im Historismus; es ist darum interessant, weil es exemplarisch für soziale Verbände steht.«[166] Zu VertreterInnen dieses Ansatzes gehören unter anderem auch Paul Thompson und Joanna Bornat, die mit »The Voice of the Past« bereits 1978 die Grundlagen für die Oral History lieferten.[167] In ihrer vierten und erweiterten Auflage zeigen sie sich nach wie vor von dem Wert der lebensgeschichtlichen Erzählungen für die Geschichtswissenschaften überzeugt. »The challenge of oral history lies partly in relation to this essential social purpose of history. This is a major reason why it has so excited some historians, and so frightened others. In fact, fear of oral history as such is groundless.«[168] Die AutorInnen heben dabei hervor, dass jede historische Erzählung eine gewisse soziale Absicht habe. Sich dieser Absicht bewusst zu sein, sei wesentlich für den Einsatz der Oral History.[169] Selbst Geppert räumt ein, dass traditionelle und etablierte Methoden nicht von Unschärfen und heuristischen Problemen ausgenommen sind.[170] Aus dem Forschungsinteresse, Erfahrungs- oder Lebenswelten in Gesellschaften zu untersuchen, entwickelte sich schließlich in Abgrenzung zur Gesellschaftsgeschichte die »Neue Kulturgeschichte«.[171] Diese kommt ähnlich wie in der historischen Anthropologie, vor allem die Oral History zur Anwendung.[172] Trotz der Schwierigkeiten und des hohen Aufwandes stellen aus Sicht der Verfasserin ZeitzeugInnen-Interviews eine wichtige Quelle für die Beantwortung der Forschungsfragen dar. Die Chance einer historischen Dokumentation von Erinnerungen und Erzählungen der handelnden AkteurInnen darf nach Ansicht der Verfasserin bei einer akteurszentrierten Untersuchung von Umweltbewegungen nicht fehlen. Während im Hinblick auf westliche UmweltschützerInnen bereits zahlreiche Oral-History-Studien vorhanden sind, mangelt es etwa in der historischen Osteuropaforschung noch an Auseinandersetzungen. Mehr Arbeiten wie jene der Journalistin Swetlana Alexijewitsch[173] sind notwen-

166 Jordan, Theorien und Methoden der Geschichtswissenschaft, 158.
167 Vgl. Thompson/Bornat, The Voice of the Past: Oral History (2017).
168 Ebd., 2.
169 Vgl. ebd., 3.
170 Vgl. Geppert, Forschungstechnik oder historische Disziplin, 320.
171 Vgl. Jordan, Theorien und Methoden der Geschichtswissenschaft, 159.
172 Vgl. ebd., 160–63.
173 Svetlana Alexievich, Voices from Chernobyl: The Oral History of a Nuclear Disaster. US edition, übersetzt von Keith Gesser, New York 2005.

dig.[174] Das Instrumentarium der Oral History wurde in der vorliegenden Arbeit nur unter gewissen Einschränkungen genutzt. Aufgrund der diskutierten Risiken wurden die Interviews mit AktivistInnen, wenn nicht anders ausgewiesen, nur dann zur Rekonstruktion von Ereignissen herangezogen, wenn die geäußerten Tatsachen von anderen Quellen unterstützt werden. Die Erkenntnisse aus den Gesprächen wurden vorrangig für Einblicke in persönliche Motivationen und Selbst- und Fremdwahrnehmungen herangezogen. Im Zentrum standen vor allem die Protestereignisse in den 1980er Jahren und persönliche Erfahrungen der Befragten in Bezug auf grenzübergreifende Aktivitäten und Netzwerke. Biografische Vorgeschichten wurden nur kurz und hierbei lediglich im Kontext ihrer persönlichen Motivation für die Teilnahme an Protestaktionen gegen GNV thematisiert. Auch wurde von der Verfasserin vorwiegend auf die inhaltlichen Aussagen der InterviewpartnerInnen Wert gelegt. Weniger Aufmerksamkeit erhielt – wie in Oral-History-Projekten sonst oft üblich – die Art, wie etwas erzählt wurde (Mimik, Gestik). Die Gespräche können folglich nicht als umfangreiche lebensgeschichtliche Interviews angesehen werden, sondern bilden lediglich einen sehr lückenhaften, auf die Protestereignisse und die grenzüberschreitenden Kontakte bezogenen, Ausschnitt der Erinnerung der Befragten. Fragen nach persönlichen Netzwerken boten darüber hinaus Einblicke, die über traditionelle historische Methoden aufgrund der eingeschränkten Quellenlage nicht möglich sind. Darüber hinaus bietet das persönliche Gespräch die Möglichkeit, sprachliche »Überreste« oder persönliche Erfahrungen der grenzüberschreitenden Zusammenarbeit (etwa gemeinsam verwendete Ausdrücke sowie nichtdokumentierte Protestparolen) zu ermitteln. Ebenso zählen »Traditionen«, die sich auf gemeinsam Erlebtes und Geisteshaltungen zurückverfolgen lassen, zu jenen Zeugnissen, welche für die Beantwortung der Fragestellung relevant sein können. Im Zusammenspiel mit Referenzen in anderen Interviews und den in den Primärquellen nachvollziehbaren Ereignissen bieten Oral-History-Interviews auch wertvolle Ergänzungen zu Berichten der Geheimpolizei, um beispielsweise vermutete interne Konfliktlinien der Bewegung zu verifizieren oder falsifizieren. Die strikte und transparente Quellenkritik umfasst hierbei die Darlegung von identifizierten Absichten der GesprächspartnerInnen, der persönlichen Verflechtungen sowie der Analyse des jeweiligen lokalen und zeitlichen Kontextes. Die Verfasserin wählte Instrumente aus dem journalistischen Repertoire, um ähnlich zur Reportage auch die unmittelbaren Bedingungen, unter denen die Interviews geführt wurden, nachvollziehbar zu machen. Die Interview-Aussagen ebenso wie die Erinnerungen aus Ego-Dokumenten oder

174 Vgl. Thompson/Bornat, Voice of the Past, 141; Vgl. ebenso: Jordan, Theorien und Methoden der Geschichtswissenschaft, 175.

Selbstzeugnissen[175] flossen aus diesem Grund vorwiegend in die Typologisierung der AkteurInnen, in die Rekonstruktion ihrer Netzwerke und in die Analyse der Praktiken und Konflikte der Bewegung sowie ihres Umfeldes ein.

3.2 Interdisziplinäre Protestforschung

Um die Perspektiven von einzelnen AkteurInnen adäquat darzustellen, hat Reinhart Koselleck die Begriffe »Erfahrungshorizont« und »Erfahrungsraum« geprägt[176] und wertvolle Grundlagen für die Diskursgeschichte gelegt.[177] Für die Erforschung von Akteursnetzwerken ist es daher wichtig, das jeweilige »semantische Feld«[178] zentraler Begriffe zu ergründen. Einerseits dienen die Darstellung und Diskussion von Definitionen und Konzepten dazu, die Untersuchung nachvollziehbar zu gestalten. Andererseits ermöglicht die Analyse von Begriffen wie »Donauraum«, »Umwelt« und »Zivilgesellschaft« auch die kritische Auseinandersetzung mit den Wirklichkeitsbezügen der InterviewpartnerInnen. Im Fall des Staustufenprojektes GNV handelt es sich grundsätzlich um einen sehr komplexen Gegenstand, der zahlreiche AkteurInnen unterschiedlicher Länder miteinschließt, welche über Jahrzehnte hinweg auf verschiedenen Ebenen aktiv waren und zum Teil bis heute noch aktiv sind. Innerhalb des Betrachtungszeitraumes änderten sich nicht nur die Erfahrungshorizonte und Gelegenheitsstrukturen der untersuchten AkteurInnen, sondern mit der Transformation 1989/90 die politischen und wirtschaftlichen Systeme selbst.Melanie Nagel, die den politischen Diskurs rund um das umstrittene Verkehrs- und Städtebauprojekt des Eisenbahnknotens Stuttgart, auch bekannt als »Stuttgart 21«, aus netzwerkanalytischer Perspektive untersucht hat[179], fasst die Komplexität eines derartigen Forschungsgegenstandes wie folgt zusammen: »Komplexe Systeme bestehen aus Mikro-Prozessen, die eingebettet sind in Meso-Ebenen, deren gemeinsame Dynamik wiederum zu einer Makro-Struktur zusammengeführt wird und somit eine Art ›System von Systemen‹ darstellen.«[180] Aus Sicht der Komplexitätstheorie handelt es sich bei Großbauprojekten (zu den auch GNV gezählt

175 Für Autobiografien und Erlebnisberichte siehe u.a.: Nick Thorpe, Die Donau: eine Reise gegen den Strom, Wien 2003; Raimund Löw (Hg.), Die Fantasie und die Macht. 1968 und danach, Wien 2007; Freda Meissner-Blau, Die Frage bleibt: 88 Lern- und Wanderjahre, Wien 2014.

176 Vgl. ebd., 125f.

177 Vgl. ebd., 128.

178 Ebd., 123.

179 Vgl. Melanie Nagel, Polarisierung im politischen Diskurs: Eine Netzwerkanalyse zum Konflikt um »Stuttgart 21«, Wiesbaden 2016, 18f.

180 Ebd., 19.

werden kann) folglich um ein komplexes System[181], in dem sowohl die Heterogenität der AkteurInnen, die Unterschiedlichkeit und Veränderbarkeit ihrer Wahrnehmungen sowie die Verhaltensoffenheit politischer AkteurInnen mitbedacht werden muss.[182] Mit dem Auftreten von ökologischen Bedenken, die vor allem von den KraftwerksgegnerInnen geäußert wurden, bildete sich ein Konflikt zwischen ökologischen Problemen und dem »Systemdenken«, weshalb ökologischer Protest auch zum Systemprotest wird.[183] Für die vorliegende Untersuchung bedeutet diese Erkenntnis, dass zur Analyse transnationaler Proteste und ihrer AkteurInnen auch ihre Beziehungen und Wechselwirkungen mit dem »System« GNV betrachtet werden müssen. Aus diesem Grund wurden sowohl Mikroprozesse wie die Kontaktaufnahme zwischen AktivistInnen in den Fokus genommen, als auch Mesoprozesse wie die politischen, wirtschaftlichen und sozialen Kontexte auf nationaler Ebene untersucht. Schließlich bilden Beobachtungen zur Wasserkraft, Ökologisierung und Transnationalisierung die Makroebene dieses komplexen Systems. In diesem Sinne verfolgt die Verfasserin dieses Buches einen der Neuen Kulturgeschichte zuordenbaren Ansatz, wonach eine akteurszentrierte Sicht auf die Geschichte von GNV mit strukturalen Aspekten verbunden wird.[184] »In der Neuen Kulturgeschichte gibt es sowohl das Handeln (von AkteurInnen) als auch das Wirken von (strukturalen) Prozessen.«[185] Die Auswahl der AkteurInnen innerhalb der dargestellten Netzwerke erfolgt auf der Grundlage mehrere Faktoren: Einerseits bilden sich die Verknüpfungen aufgrund von gegenseitigen Namensnennungen in Interviews. Diese Strategie basiert auf der sogenannten »snowballing technique« der Sozialen Netzwerkanalyse.[186] Hierbei wird eine geringe Zahl an Personen untersucht und gebeten, andere Personen zur weiteren Untersuchung zu nominieren. »In the snowballing method, the social relation itself is used as a chain of connection for building the group.«[187] Da sich dissidentische Netzwerke und oppositionelle

181 Wir können uns darunter »ein Geflecht von miteinander verbundenen Variablen« vorstellen. Zit. n. Dietrich Dörner, Die Logik des Mißlingens: Strategisches Denken in komplexen Situationen, Reinbek bei Hamburg 1989, 109; R.E. Fagen und A.D. Hall präzisieren den System-Begriff als »eine Ansammlung von Elementen und deren Eigenschaften, die durch Wechselbeziehungen miteinander verbunden sind«, zit. n. A.D. Hall/R.E. Fagen, Definition of Systems, in: L. von Bertalanffy/A. Rapaport (Hg.), General Systems I, the Yearbook of the Society for Advancement of General Systems Theory, Ann Arbor 1956, 18–28, hier: 18.

182 Vgl. Nagel, Polarisierung, 20f.

183 Zum Thema Systemdenken und Ökologisierung siehe u. a.: Anton Peskoller, Nachhaltigkeitsgruppen als Orte der Bildung und des Lernens in einer flüssigen Gesellschaft, phil. Diss., Karl-Franzens-Universität Graz 2014, 160ff.

184 Vgl. Jordan, Theorien und Methoden der Geschichtswissenschaft, 210.

185 Ebd.

186 Vgl. John Scott, Social Network Analysis: A Handbook, 2. Aufl., London/Thousand Oaks/New Delhi 2000, 56.

187 Ebd.

Gruppen oftmals entlang von informellen Beziehungen entwickeln und sich die »Mitgliedschaft« in zumeist illegalen Gruppierungen stark durch gegenseitiges soziales Vertrauen konstituiert, nehmen soziale Beziehungen eine zentrale Rolle in der Auswahl ein.[188] Beispielsweise erfolgte die »Mitgliedschaft« im Donaukreis nur durch Nominierung seitens bestehender Mitglieder.[189] Da die Snowballing-Technik auch klare Schwächen aufweist, bietet es sich an, weitere Faktoren für die Auswahl heranzuziehen.[190] Die Partizipation in zentralen Protestereignissen (Schlüsselereignissen)[191] und Teilhabe an Entscheidungsprozessen innerhalb der Akteursgruppen bilden dabei weitere Kategorien. Da sich die vorliegende Untersuchung auf AkteurInnen der Transnationalisierung konzentriert, bieten auch ausländische Medienberichte und die darin zitierten oder interviewten Personen eine wichtige Selektionsgrundlage. Mit ihrem öffentlichen Auftreten riskierten sie hinter dem Eisernen Vorhang nicht nur Repressalien, sondern arbeiteten aktiv an der Schaffung einer grenzüberschreitenden Öffentlichkeit mit. Indem wir Soziale Bewegungen als Netzwerke informeller Interaktionen verstehen,[192] zählen jene dynamischen und empirisch aufgrund der lückenhaften Quellenlage nicht immer eindeutigen sozialen Beziehungen zu den Bausteinen der grenzüberschreitenden Netzwerke. Der Netzwerk-Begriff bietet zur Rekonstruktion von Akteursbeziehungen und -konstellationen eine gern genutzte und praktikable Kategorie, die jedoch aufgrund ihrer Begriffskarriere seit den 1950er Jahre eine präzise Definition erfordert. Als Metapher nimmt der Netzwerk-Begriff Bezug auf die einem Fischernetz ähnliche Beschaffenheit sozialer Beziehungen. Dabei sind die AkteurInnen wie Schnüre miteinander verbunden und bilden Knotenpunkte eines Netzwerkes.[193] Auch wenn die Verlockung groß ist, die Geschichtswissenschaften aus dem engen Korsett der »historischen Metho-

188 Darüber hinaus ist zu bedenken, dass sich die Auswahl der AkteurInnen zwangsläufig auch durch die persönliche Bereitschaft ergibt, über die eigenen Erfahrungen jener Zeit zu sprechen. Die Verfasserin hat im Zuge der Recherchen nur eine Interview-Absage einer vormals trotzkistischen Akteurin erhalten. Alle weiteren Angefragten haben dem Interview zugestimmt.

189 Interview der Verfasserin mit dem ungarischen Duna Kör-Aktivisten András Szekfü (b), 27. 10.2018, Budapest. Sprache: Deutsch und Englisch, Tonqualität mittelmäßig, Audioaufzeichnung im Besitz der Verfasserin.

190 Vgl. Scott, Social Network Analysis: A Handbook, 56.

191 Protestereignisse wie Demonstrationen und Pressekonferenzen können hierbei vorwiegend durch die mediale Berichterstattung identifiziert werden. Informelle Treffen zwischen VertreterInnen aus AT, ČSSR und HU können anhand von Archivquellen, Interviews und Aufzeichnungen der Akteure nachvollzogen und eingeordnet werden.

192 Vgl. Mario Diani, The Concept of Social Movement, in: The Sociological Review 40 (1992) 1, 1–25, hier: 3.

193 Vgl. Heiner Keupp/Renate Höfer/Anil Jain/Wolfgang Kraus/Florian Straus, Zum Formenwandel sozialer Landschaften in der reflexiven Moderne: Individualisierung und posttraditionale Ligaturen, in: Psychologie und Gesellschaftskritik 24 (2000) 3/2, 11–34, hier: 18, URL: http://nbn-resolving.de/urn:nbn:de:0168-ssoar-287934 (abgerufen 1.9.2022).

de« zu befreien und neuere Ansätze zu nutzen, wie dies etwa VertreterInnen der Historischen Netzwerkforschung versuchen[194], so bleibt dies aufgrund der Heterogenität und Lückenhaftigkeit von Quellen oftmals ein aussichtsloses Unterfangen. Die Fragmentierung der Quellen zwingt jedoch HistorikerInnen nur scheinbar dazu, den Netzwerk-Begriff rein metaphorisch zu verwenden. Denn selbst die umfangreichste Netzwerkanalyse spiegelt kein vollständiges Abbild der Realität wider, sondern zeigt vielmehr Beziehungsmuster systematisch auf. Selbst wenn sich eine computergestützte Netzwerkanalyse aus anderen Gründen nicht anbietet, empfehlen VertreterInnen der Historischen Netzwerkforschung, die untersuchten Beziehungen und Wechselwirkungen präziser zu definieren, um so den Weg zu einer systematischen Analyse zu ebnen. Ähnlich wie in der Bewegungsforschung bietet auch die Netzwerkforschung hilfreiche Analysekategorien und eine Terminologie, die HistorikerInnen in der Beschreibung von Beziehungen (Ausmaß, Dichte, etc.) unterstützt.[195] Für die Geschichtswissenschaften eignet sich die Netzwerkanalyse für die Darstellung von »›weichen‹ sozialen Integrationsmechanismen, etwa das wechselseitige Vertrauen oder informelle Kommunikationsformen«[196]. Aus historischer Sicht eignet sie sich insbesondere für die Kombination von Mikro- und Makroperspektiven, etwa bei der Frage nach den über einen gewissen Zeitraum sich verändernden Handlungsspielräumen und Arrangements sozialer Strukturen.[197] Für die Erforschung von Gruppen, die Einfluss auf die Politik ausüben wollen, darunter Protestbewegungen und NGOs, haben Margaret E. Keck und Kathryn Sikkink den Begriff der »advocacy networks« geprägt und diesen vor allem in Bezug zu Transnationalisierungsprozessen gesetzt: »Groups in a network share values and frequently exchange information and services. The flow of information among actors in the network reveals a dense web of connections among these groups, both formal and informal.«[198] Die Untersuchung von Netzwerken liefere Aufschlüsse über die Dichte, die Stärke der Verbindungen zwischen AkteurInnen sowie die Verlässlichkeit von Informationsflüssen, so die Autorinnen. Gerade die gegenseitigen Wechselwirkungen zwischen AkteurInnen unterschiedlicher Länder könnten so identifiziert werden. In diesem Sinne werden einige Denkanstöße der Netz-

194 Johanna Bethge/Max Gawlich, Von Knoten und Kanten? Netzwerktheoretische Ansätze zur Untersuchung der osmanischen und deutschen Geschichte im 19. und 20. Jahrhundert, 2014, URL: https://www.hsozkult.de/conferencereport/id/tagungsberichte-5394 (abgerufen 17.8. 2022); Markus Gamper/Linda Reschke/Marten Düring (Hg.), Knoten und Kanten III: Soziale Netzwerkanalyse in Geschichts- und Politikforschung, Bielefeld 2015.

195 Siehe dazu insbesondere: Claire Lemercier, Formal network methods in history: why and how? Social Networks, Political Institutions, and Rural Societies, Brepols 2015, 281–310, URL: https://halshs.archives-ouvertes.fr/halshs-00521527/document (abgerufen 30.8.2020).

196 Langwiler, Praxisbuch 173f.

197 Vgl. ebd., 174f.

198 Margaret E. Keck/Kathryn Sikkink, Activists beyond Borders, eBook ohne Seitenangaben.

werkforschung in der vorliegenden Untersuchung angewandt. Vorwiegend dient der Netzwerkbegriff aber dazu, den »systemhaften Zusammenhang zwischen einzelnen Elementen«[199] zu veranschaulichen, Rückkopplungseffekte bzw. Wechselwirkungen aufzuzeigen, und darzustellen, wie »kulturelle Elemente nicht unilinear verändert werden, sondern in komplexen Netzverhältnissen stehen«[200]. Sie werden dazu genutzt, die historischen Informationen zu abstrahieren, um herauszufinden, inwiefern Bindungen entstehen, wie sie in Relation zu geografischen Orten stehen, wie die Bindungen von den AkteurInnen definiert werden und welchen Einflüssen diese Strukturen ausgesetzt sind. Im Zuge einer räumlichen Verortung der vorliegenden Arbeit ist es sinnvoll, auf wesentliche wissenschaftliche Diskurse um die Begriffe *place/Ort* und *space/Raum* hinzuweisen. In den 1960er und 1970er Jahren setzten sich zahlreiche GeografInnen zunehmend kritisch mit den gegebenen Raumkonzepten auseinander[201] und zeigten mit ihren Untersuchungen auf, dass sich geografische Orte nicht nur als fragmentierte Raumeinheiten, sondern ebenso als Ideen und Konzepte des Menschen, wie er in der Welt ist (»being in the world«) verstehen lassen. Überlegungen zu den vielfältigen Beziehungen zwischen Orten und Menschen fruchteten in den 1980er Jahren in Kooperationen mit poststrukturalen Konzepten der Soziologie, Philosophie und Kulturwissenschaften, die das Verhältnis von place-identity oder place-meaning näher untersuchten.[202] Neue Sichtweisen läuteten den sogenannten »Spatial turn« in den Geistes- und Sozialwissenschaften ein. »Als ›Spatial Turn‹, ›Topographical Turn‹ oder ›Topological Turn‹ bezeichnet man neuere Theorien innerhalb der Neuen Kulturgeschichte, die sich damit beschäftigen, was Menschen in verschiedenen Zeiten als ›Umwelt‹ im Sinne sozialer und natürlicher Lebensbezüge wahrgenommen haben.«[203] Welche weitreichenden Folgen diese Veränderung der Raumwahrnehmung für die So-

199 Jordan, Theorien und Methoden der Geschichtswissenschaft, 182.

200 Ebd., 209.

201 Yi-Fu Tuan, Topophilia: A Study of Environmental Perception, Attitudes and Values, Englewood Cliffs, N.J. 1974; Yi-Fu Tuan, Space and place: The Perspective of Experience, Minneapolis 1977; Anne Buttimer/David Seamon, The Human Experience of Space and Place, London 1980; Edward Relph, Place and placelessness, London 1976.

202 Als Grundstein für die soziologische Raumforschung gilt Henri Lefebvres Werk: Henri Lefebvre, La production d'espace, Paris 1974; darauf aubauend vgl.: Edward Casey, Getting Back into Place: Toward a Renewed Understanding of the Place-World, Bloomington 1993; Edward Casey, The Fate of Place: A Philosophical History, Berkeley 1998; Martina Löw, Raumsoziologie, Frankfurt am Main 2001; Diskussionen in der Sprach- bzw. Literaturwissenschaften und Geografie sind etwa bei: Raum Sprache. Ost-West-Differenzen in der Berichterstattung zur deutschen Einheit. Eine sozialgeographische Theorie, Stuttgart 2005; Hans-Dietrich Schultz, »Natürliche Grenzen« als politisches Programm, in: Claudia Honegger/Stefan Hradi/Franz Traxler (Hg.), Grenzenlose Gesellschaft?, 1. Aufl., Opladen 1999, 328–343.

203 Jordan, Theorien und Methoden der Geschichtswissenschaft, 212.

zial- und Geisteswissenschaften und damit ebenso für die Geschichtswissenschaften bringen würden, zeigten in den 1980er Jahren u.a. Arbeiten von Allan Pred[204], John A. Agnew sowie James S. Duncan[205], die die Raumkonzepte mit der Ausübung von Macht in Bezug setzten. Withers weist zwar darauf hin, dass es auch davor bereits, etwa in Frankreichs Schule der *Annales*, durchaus eine traditionelle Sensibilität für die Verortung historischer Entwicklungen gab.[206] Nichtsdestotrotz zeige die gesteigerte Auseinandersetzung mit »local histories« und die Debatte zur Einbettung des Lokalen in globale Triebkräfte die sogenannte Wiederentdeckung des Raumes in den 1980er und 1990er Jahren.[207] Für die vorliegende Untersuchung bedeuten diese neuen Gesichtspunkte, dass die zu untersuchenden Grenzüberschreitungen weit über die Überwindung von geografischen oder politischen Barrieren hinaus betrachtet werden müssen.[208] Durch soziale Prozesse des Protests und der Kooperation agierten die AkteurInnen der Umweltbewegung nicht nur innerhalb eines spezifischen geografischen Raumes, sondern konstruierten diesen aktiv mit. So bildete der geografische wie symbolische Aktionsradius der KraftwerksgegnerInnen und -befürworterInnen den Rahmen für die vorliegende Untersuchung. Der in diesem Kontext genutzte und beeinflusste Raum zieht sich beginnend bei den Protestorten in der Hainburger Au und Wien stromabwärts nach Bratislava, weiter entlang der mittleren Donau und der Strecke der geplanten Staustufe Gabčíkovo-Nagymaros bis nach Budapest, wo die Grenzüberschreitung mit Gründung des Donaukreises (Duna Kör) im Jahr 1984 ihren Ausgang nahm. Die folgenden Kapitel werden zeigen, in welche Richtungen, mit welchen Mitteln und über welche Netzwerke die Grenzüberschreitung und der gemeinsame Protest von statten gingen. Wie ein roter Faden zieht sich die Donau durch die vorliegende Arbeit. Während der

204 Allan Pred, Place as Historically Contingent Process: Structuration and the Time- Geography of Becoming Places, in: Annals of the Association of American Geographers 74 (1984), 279–97.

205 John A. Agnew/James S. Duncan, The Power of Place, RLE Social and Cultural Geography, London 2014, doi:10.4324/9781315848617.

206 Charles W. J. Withers, Place and the »spatial turn« in geography and in history, in: Journal of the History of Ideas 70 (2009) 4, 637–658, hier: 645.

207 Withers, Place and the »spatial turn« in geography and in history; Vgl. ebenso: John Agnew, Place and Politics, Boston 1987; Michel Foucault, Power/Knowledge: Selected Interviews and Other Writings, 1972–1977, Brighton 1980; Doreen Massey, Places and their Pasts, in: History Workshop Journal 39 (1995), 183–92.

208 »Austria being a ›second‹ or even a ›better‹ German state, in the middle of the Second World War, which saw the definite end of the concept of Austria relations with Central European neighbors to the east partly maintained in political and economic terms, and only in cultural terms were special became a ›neutral‹ country, which meant that the country looked west and, in the 1980s, slowly enlivened.« Zit. N. Emil Brix, Austria and Central Europe, in: Günter Bischof/Fritz Plasser/Anton Pelinka/Alexander Smith (Hg.), Global Austria. Austria's Place in Europe and the World, Bd. 20, Innsbruck 2011, 200–211, hier: 200.

zweitlängste und zweitgrößte Strom Europas schon allein durch seine Eigenschaft als Handels- und Transportroute von historischer Bedeutung für die Region ist, wird er durch die Proteste gegen Kraftwerkspläne in Österreich, der Tschechoslowakei und Ungarn zum Schauplatz gesellschaftlicher und grenzüberschreitender Konflikte und Kooperationen. Krista Harper hält in ihrer Untersuchung zu den Ökologisierungs-Diskursen der Umweltbewegung gegen GNV fest, welchen Mehrwert die Erforschung von Grenzfluss-Konflikten bietet: »Transboundary river issues are particularly interesting to scholars of environmental politics, not only because they provide an opportunity to reflect on what it means to be a ›good neighbor,‹ ecologically speaking, but also because they present the opportunity to reflect on how environmental issues are framed within different national political cultures and constituencies.«[209] Gemeinsame Ressourcen wie auch Umweltschäden und damit verbundenes Interesse an Umweltschutz bildeten vor allem ab den 1970er Jahren mehrere Anlässe zur Zusammenarbeit, wie auch Astrid Mignon Kirchhof und John R. McNeil hervorheben:

> »Détente in the mid-1970s provided an opening for such collaboration (as, in time, did the end of the Cold War). The same was true of the Danube River, which rises in Bavaria sic!]and flows through lands that lay on both sides of the Iron Curtain on its way to the Black Sea. The conservation of migratory birds and the limitation of regional air pollution were also impractical if not approached internationally in Europe. Thus the commuting habits of the white stork and the sulfur [sic!] content of coal encouraged cooperation across borders among environmental policymakers, including those on both sides of the Iron Curtain. Detente after 1972 provided the best opportunity for such cooperation during the Cold War.«[210]

Die Anziehungskräfte zunehmend globaler werdender Wirtschaftspolitik gepaart mit der wirtschaftlichen Liberalisierung der Ära Kádár eröffneten neben PolitikerInnen auch VertreterInnen der Energiewirtschaft und KraftwerksplanerInnen reizvolle Möglichkeiten der Zusammenarbeit in diesem Teil des Donauraums. »Im Namen des Fortschritts gehörte die kultivierende [Verbesserung der Flüsse] nicht nur zur Aufgabe der planenden Ingenieure, sondern zur moralischen Pflicht einer ›guten‹ Regierung«, schreibt die Anthropologin und Umwelthistorikerin Ortrun Veichtelbauer »über die Herrschaft der Ingenieure« am »Donau-Strom«.[211] Viele IngenieurInnen, UnternehmerInnen und PolitikerInnen verstanden die Donau bzw. den gesamten Donauraum als Ressource, die

209 Krista Harper, »Wild Capitalism« and »Ecocolonialism«: A Tale of Two Rivers, in: American Anthropologist 107 (2008) 2, 221–233, hier: 221.

210 Kirchhof/McNeill, Introduction: Environmentalism, Environmental Policy, Capitalism, and Communism, 9.

211 Ortrun Veichtlbauer, Donau-Strom. Über die Herrschaft der Ingenieure, in: Christian Reder /Erich Klein (Hg.), Graue Donau, Schwarzes Meer, Wien 2008, 171–173, hier: 172.

durch Synergieeffekte grenzüberschreitend genutzt werden sollte. Den KraftwerksgegnerInnen war die Donau wiederum ein die Völker verbindendes Naturjuwel, das es zu schützen gilt. In den Diskursen zu Mitteleuropa und dem steigenden Ökologie-Bewusstsein der 1980er Jahre fanden sie die nötige intellektuelle und normative Einbettung.[212] Die Donau galt dabei als Sinnbild für das mentale und physische Durchbrechen der damaligen Ordnung Europas und wurde auch visuell entsprechend in Szene gesetzt. Der Fall des Staustufenprojektes Gabčíkovo-Nagymaros wirft Fragen nach den Wechselwirkungen zwischen geografischen Merkmalen und sozialen Prozessen auf. Die Donau wirkt als Kontinuität eines sich wandelnden Raumes, einer »sozialen Landschaft«[213], in der die Donau als Ressource, Identitätsstifter, aber auch als Bedrohung wahrgenommen wird. Als Grenzfluss ist die Donau ein Instrument politischer Ordnung zwischen den Völkern, als Wasserstraße gilt sie als wichtiger Transport- und Handelsweg und als mäandernder und sich verändernder Wasserlauf fordert der Strom sowohl Anpassung als auch Bezwingung. In Überlegungen zu jenen Subjekten (BaumeisterInnen) kennzeichnen die PsychologInnen rund um Heiner Keupp soziale Landschaften der Moderne durch ihre starke Begrenztheit.[214]

> »Differenzen und raumzeitliche Koordinaten für kollektive Identitäten und Lebensmuster wurden geschaffen, um die angestrebte Ordnung, die die Fiktion einer basalen Sicherheit erzeugte, zu zementieren und um die Folgen von Freisetzungs- und Individualisierungsschüben, die die Moderne begleiteten, immer wieder aufzufangen. Die sozialen Landschaften der Moderne waren also durch ein hohes Maß an Abgeschlossenheit gekennzeichnet […]. Was außerhalb der eher willkürlich gezogenen individuellen wie kollektiven Grenzen und Koordinatensysteme lag, erschien bedrohlich.«[215]

Bleiben wir bei der Landschafts-Metapher, können wir den Donauraum als soziale Landschaft verstehen, in dem unterschiedliche Subjekte (darunter sowohl VertreterInnen des Staates als auch Ingenieure und KraftwerksplanerInnen) als »Baumeister« ihre sozialen Landschaften gestalten.[216] Mit den Protesten gegen Kraftwerkspläne stellen sich UmweltschützerInnen in den 1980er Jahren somit nicht nur den Baustellen entgegen, sondern fordern Partizipation in der Gestaltung der sozialen Landschaft und darüber hinaus ebenso einen Wandel an

212 Vgl. Kapitel 5.3 in diesem Buch.

213 Der Begriff der »sozialen Landschaft« (sozioscape) wurde von dem indisch-amerikanischen Ethnologen Arjun Appadurai geprägt und später von dem britischen Soziologen Martin Albrow aufgegriffen. Es handelt sich dabei um soziale »Netzwerke von Individuen und die spezifische Ausformung, in der sie kollektive Identitäten und Lebensmuster konstituieren.« Zitiert in: Keupp/Höfer/Jain/Kraus/Straus, Formenwandel, 30. Martin Albrow, The Global State and Society Beyond Modernity, Cambridge 1996; Arjun Appadurai, Disjuncture and Difference in the Global Cultural Economy, in: Theory, Culture & Society 7 (1990), 295–310.

214 Vgl. Keupp/Höfer/Jain/Kraus/Straus, Formenwandel, 13.

215 Ebd.

216 Vgl. ebd.

Gestaltungsprinzipien ein. Indem sie das bisherige »Systemdenken« in Frage stellen und über geografische, nationale und politische Grenzen hinaus agieren, bedrohen sie die vorhandene Ordnung und setzen Grenzen und Identitätsbezüge neu. Vor diesem Hintergrund kann schließlich auch der Mitteleuropa-Diskurs der 1980er Jahre betrachtet werden. Mit Bezug auf ein geteiltes kulturelles Erbe, das sich während der vierhundertjährigen Dominanz der Habsburger entlang der Donau entwickelt hatte, belegten vor allem Intellektuelle des damaligen »Ostblocks« den Mitteleuropa-Begriff mit einer neuen politischen Dimension, die nichts mehr mit Friedrich Naumanns Großmachtfantasien zur militärischen Vormachtstellung Deutschlands in der Region zu tun hatte,[217] sondern vorwiegend auf kulturelle Zusammenhänge Bezug nahm. Während österreichische VerfechterInnen der Mitteleuropa-Idee, darunter der Diplomat Emil Brix sowie der Osteuropa-Kenner und damalige ÖVP-Politiker Erhard Busek, in den 1980er Jahren darin ein »Symbol für liberale Weltläufigkeit« und »Gegenbild gegen Provinzialismus, Kleinkariertheit und Marginalisierung«[218] sahen, sprach der tschechische Essayist, Menschenrechtler und spätere Staatspräsident der Tschechischen Republik Václav Havel vom »skeptischen, nüchternen, anti-utopischen, anti-emphatischen und von der tagtäglichen Konfrontation mit der rücksichtslosen Macht zermürbten mitteleuropäischen« Geist.[219] Während der tschechisch-französische Schriftsteller Milan Kundera[220] von den »großen gemeinsamen Erfahrungen, die die Völker wieder zusammenführen« würde, und einer Region, in der »die gleiche Erinnerung, die gleiche Erfahrung, die Gemeinsamkeit einer gleichen Tradition fortlebt«, schrieb, war Mitteleuropa für den ungarischen Autor György Konrád »eigentlich nicht mehr als ein Traum«, welcher nur wenig mit der europäischen Realität der 1980er Jahre zu tun habe.[221] So sehr sich die persönlichen Sichtweisen auf die Eigenschaften der MitteleuropäerInnen und die Einschätzung der politischen Möglichkeiten unter den Intellektuellen Ungarns, Österreichs oder der Tschechoslowakei auch voneinander unterschieden, so verband die AkteurInnen des »Mitteleuropafiebers der Achtzigerjahre«[222] doch letztlich die Ablehnung eines durch den Eisernen Vorhang getrennten Kontinents ebenso wie die Hoffnung auf die Überwindung der

217 Siehe dazu: Friedrich Naumann, Mitteleuropa, Berlin 1915.
218 Erhard Busek/Emil Brix, Projekt Mitteleuropa, Wien 1987, 129.
219 Ebd., 87.
220 Milan Kundera, Un occident kidnappé ou la tragédie de l'Europe centrale, in: Le Débat 5 (1983) 27, 3–23; Milan Kundera, Un occident kidnappé oder die Tragödie Zentraleuropas, in: Kommune. Forum für Politik und Ökonomie 2 (1984) 7, 43–52.
221 György Konrád, Antipolitik: Mitteleuropäische Meditationen, Frankfurt am Main 1985.
222 Behrends/Kind, Vom Untergrund in den Westen, 442.

vorherrschenden »mental map des Kalten Krieges«[223]. Die vorwiegend über Selbst- oder Exilverlage verbreiteten Aufsätze blieben lediglich einer reduzierten LeserInnenschaft vorbehalten.[224] Selbst innerhalb der österreichischen Öffentlichkeit wurde die Mitteleuropa-Debatte nur marginal thematisiert. So erinnert sich der österreichische Diplomat Emil Brix wie folgt: »Only some liberal intellectuals and parts of the ÖVP (mainly liberal and Christian-democratic party elites), who felt that Austria loses out by turning the doctrine of ›neutrality‹ into a rejection to connect with historical traditions and into a somewhat isolationist worldview (›Schicksalslosigkeit‹), promoted Central European activities.«[225] Die jeweiligen Protestkontexte und politischen wie wirtschaftlichen Gelegenheitsstrukturen werden in den späteren Kapiteln ausgiebiger behandelt. An dieser Stelle ist es jedoch wichtig zu betonen, dass sich die Verortung des Geschehens auf den oben nachgezeichneten Abschnitt des »Donauraums« bezieht. Die Verfasserin wählt für die folgenden Kapitel bewusst den geografisch konnotierten Begriff des »Donauraums«, um damit die notwendige Distanz zum historischen, teils auch normativen Begriff »Mitteleuropa« einhalten zu können. Letzterer bleibt dennoch ein historischer Analysebegriff, dessen Genese und intellektuelle Perzeption für das Verständnis der handelnden AkteurInnen wichtig war. Nicht ohne Grund ging der Diskurs um Mitteleuropa in den 1980er zeitlich einher mit der sogenannten Wiederentdeckung des Zivilgesellschaftsbegriffs. Auch hierbei handelte es sich um den Versuch, »der Praxis des zivilen Protests in Ostmitteleuropa eine intellektuelle Basis zu verleihen und ihn so zu stärken bzw. die unterschiedlichen oppositionellen Ansätze zusammenzuführen«[226]. Im Folgenden wird daher – mit Blick auf die interdisziplinäre Erforschung von Protestereignissen und Entwicklungen im Donauraum – auf die Begriffs- und Ideengeschichte von »Zivilgesellschaft«, »Soziale Bewegung« und »bürgerlicher Öffentlichkeit« näher eingegangen.

223 Ebd., 437; ausführlicher bei: Daniela Neubacher, Mitteleuropa von unten, in: Réka Szentiványi/Béla Teleky (Hg.), Brüche – Kontinuitäten – Konstruktionen. Mitteleuropa im 20. Jahrhundert, Wien 2017, 269–292.

224 Die unterschiedlichen Reichweiten und die Rollen der Samizdat-Medien in den jeweiligen Ländern werden bei Behrends und Kind ausführlich dargestellt: Behrends/Kind, Vom Untergrund in den Westen, 431.

225 Brix, Austria and Central Europe, 201.

226 Jörg Hackmann, Zivilgesellschaft und die osteuropäische Geschichte – einführende Bemerkungen zur Forschungsdiskussion, in: Jörg Hackmann/Klaus Roth (Hg.), Zivilgesellschaft im östlichen und südöstlichen Europa in Geschichte und Gegenwart, München 2011, 9–28, hier: 11.

3.3 Zivilgesellschaft und Öffentlichkeit im Wandel

Eine gängige Definition von Zivilgesellschaft lässt sich auf Michael Walzer zurückführen.[227] Er versteht Zivilgesellschaft als eine Sphäre nicht erzwungener menschlicher Assoziation zwischen Individuum und Staat, in der Menschen relativ unabhängig von Regierung und Markt kollektive Maßnahmen ergreifen, um einen normativen oder inhaltlichen Zweck zu erreichen.[228] Auf den ersten Blick scheint diese Definition praktikabel. Auf den zweiten Blick verbirgt sich hinter dieser Annäherung ein Konvolut an Herausforderungen für die Forschung. So treffen etwa bei der Absicht, zivilgesellschaftliche AkteurInnen kurz vor und während der Transformationsprozesse Ostmitteleuropas zu untersuchen, unter anderem zwei zentrale Herausforderungen aufeinander. *Erstens* existieren zahlreiche, sich überlappende, aber teilweise auch wiedersprechende Konzepte von Zivilgesellschaft. Schnell kann ein präziser Überblick in eine komplexe ideengeschichtliche Abhandlung abdriften, die ausgehend von Konzepten der Antike (societas civilis) über aufklärerische Werke zum Thema Staatstheorie und Naturrecht (John Locke, Baron Montesquieu oder Immanuel Kant) ebenso essentielle Werke des 19. Jahrhunderts, darunter Alexis de Tocquevilles Bericht über die »Demokratie in Amerika«, bis hin zu den radikalen Kritiken an der »bürgerlichen Gesellschaft« (Karl Marx und Friedrich Engels) führen würde. Michael Edwards bringt in seinem Vorwort zum Oxford Handbook for Civil Society die Problematik auf den Punkt, wenn er schreibt: »Indeed, this is the crucial task if the promise of civil society is to be rescued from the confusion and manipulation that have grown up around it.«[229] *Zweitens* benötigt dieses Vorhaben im Hinblick auf die Anwendung im Feld der Osteuropaforschung die kritische Auseinandersetzung mit westlichen Maßstäben, die gerade im Zivilgesellschaftsdiskurs der 1980er und 1990er Jahre zum Tragen kamen und die auch als »Rückständigkeitstheorem« Eingang in die Forschungsliteratur gefunden haben.[230] Es sind Unschärfen wie diese, die gerade im deutschsprachigen Raum dazu führten, dass SozialwissenschaftlerInnen weiterhin lieber an Begriffen wie »bürgerliche Gesellschaft« festhielten oder sich neueren Terminologien wie der »Sozialen Bewegung« widmeten.[231] In den Geschichtswissenschaften

227 Vgl. dazu: Michael Edwards, The Oxford Handbook of Civil Society, Oxford/New York 2011, 4.

228 Vgl. ebd.

229 Ebd.

230 Vgl. Michael G. Müller, Die Historisierung des bürgerlichen Projekts – Europa, Osteuropa und die Kategorie der Rückständigkeit, in: Tel Aviver Jahrbuch für deutsche Geschichte 29 (2000), 163–170.

231 Vgl. Jörg Hackmann/Klaus Roth (Hg.), Zivilgesellschaft im östlichen und südöstlichen Europa in Geschichte und Gegenwart, München 2011, 10; Siehe auch: Hans-Ulrich Wehler, Die Zielutopie der »Bürgerlichen Gesellschaft« und die »Zivilgesellschaft« heute, Sozial- und

führten die definitorischen Schwierigkeiten und die »normative Aufladung« des Zivilgesellschaftsbegriffs dazu, dass das Potenzial dieser historischen Kategorie lange übersehen wurde. Ralph Jessen und Jens Reichardt diagnostizierten selbst Mitte der 2000er Jahre noch eine »Distanz der Geschichtswissenschaft«[232] zum Begriff der Zivilgesellschaft: »Ausprägung, Entwicklung, soziale Träger, Ziele und Reichweite der Zivilgesellschaft wie der ihr zugeordneten Organisationen und Praktiken sind historisch außerordentlich variabel und hängen von den durch die Institutionen moderner Gesellschaften gesetzten ›Umweltbedingungen‹ sowie von der politischen Kultur dieser Gesellschaften ab – ein weites Feld für historische Forschungen.«[233] Die Autoren verstehen Zivilgesellschaft als »Handlungsmodus«, der »auf Öffentlichkeit, Freiwilligkeit, Selbstorganisation, Anerkennung von Differenz, Zivilität und kommunikatives Handeln ausgerichtet ist.«[234] Dieser Modus habe sich vor allem durch die Konfliktlinien und Gegnerschaft zu zivilgesellschaftlichem Handeln herausgebildet. Dies erkläre die unterschiedlichen regionalen Realitäten und politischen Ansprüche an den Begriff, weshalb »Zivilgesellschaft« auch als »Konfliktbegriff« zu verstehen ist.[235] Vor dem Hintergrund der oben erläuterten Herausforderungen ist es erforderlich, die ideengeschichtlichen Entwicklungen dieses Begriffs und die damit zusammenhängenden Grundzüge der definitorischen Schwierigkeiten innerhalb der Theorien der Zivilgesellschaft im Hinblick auf die regionalen Pfadabhängigkeiten und historischen wie kulturellen Aspekte zu bedenken. Als roter Faden der Auseinandersetzung mit dem Begriff »Zivilgesellschaft« dienen, wie auch der deutsche Gesellschaftshistoriker Jürgen Kocka festhält, die Verhältnisse von Zivilgesellschaft und Markt sowie Zivilgesellschaft und Staat.[236] Im Verlauf des europäischen Aufklärungsprozesses emanzipierte sich das Verständnis von »Zivilgesellschaft« vom absolutistischen Staat. Seine Vertreter entwarfen eine utopische Vorstellung der Wirklichkeit, in der das private Individuum »selbständig und frei, kooperierend, unter der Herrschaft des Rechts, aber ohne Gängelung durch den Obrigkeitsstaat, mit Toleranz für kulturelle, religiöse und ethnische Vielfalt, aber ohne allzu große soziale Ungleichheit« als mündiger Bürger in der Öffentlichkeit stehen könne.[237] Mit der Industrialisierung erfuhr der bisher positiv besetzte Begriff neue Deutungen. Aus den deutschsprachigen

---

Kulturgeschichte des Bürgertums, Göttingen 2000, 85–92; Donatella della Porta/Mario Diani, Social Movements: An Introduction, 2. Aufl., Boulder, CO 2004.

232 Ralph Jessen/Sven Reichardt, Einleitung, in: Jessen/Reichardt/Klein (Hg.), Zivilgesellschaft, 7.

233 Ebd., 8.

234 Ebd., 9.

235 Ebd.

236 Jürgen Kocka, Zivilgesellschaft in historischer Perspektive, in: Forschungsjournal Neue Soziale Bewegungen, 16 (2003) 2, 29–37.

237 Kocka, Zivilgesellschaft aus historischer Perspektive (2003), 30.

Termini »Zivilgesellschaft« oder »Bürgergesellschaft«, welche sich auf das Bürgertum und die bürgerliche Kultur bezogen, wurde in der ersten Hälfte des 19. Jahrhunderts die »bürgerliche Gesellschaft«. Marxistische Theorien schrieben dieser Gesellschaft Partikularinteressen zu. In der Kritik Marx' und Hegels hielt die *Bourgeoisie* oftmals auch polemisch Einzug in die ideologische Auseinandersetzung.[238] Mit der Industrialisierung und dem Vormarsch des Kapitalismus machte der Begriff der Zivilgesellschaft nicht nur Abgrenzungsprozesse gegenüber dem Staat, sondern auch gegenüber den Kräften des Marktes nötig.[239] Jürgen Kocka weist allerdings darauf hin, dass auch dieses Spannungsverhältnis Ambivalenzen aufweist und der Markt unter gewissen Umständen auch stärkenden Einfluss auf die Herausbildung zivilgesellschaftlicher Strukturen haben kann.[240] Ein Blick zurück in die Ideen- und Sozialgeschichte Osteuropas zeigt gerade im Hinblick auf die Erforschung der Zivilgesellschaft wichtige regionale Unterschiede in der Entwicklung des Aktionsfeldes zwischen Staat und Individuum auf. In seinem Buch »The Idea of Civil Society« zeigt Adam Seligman unterschiedliche Entwicklungspfade zwischen dem östlichen Europa und dem nordamerikanischen und europäischen Westen auf. Mehrere Faktoren seien dafür ausschlaggebend gewesen, wie unterschiedlich sich die Idee von Zivilgesellschaft in Ostmitteleuropa und im Westen bis in die frühen 1990er Jahre entwickelte. Im Vergleich zu den USA würden sich die BürgerInnen in Osteuropa über individuelle Identitäten definieren, also als private Subjekte, deren Autonomie von Staat und Gesellschaft anerkannt werde.[241] In Westeuropa sei in Folge der Staatsbildung auch die nationale Integration ethnischer Gruppen erfolgt. Zusammen mit der Herausbildung von Massenpartizipation konnten sich somit Agenten der Umverteilung, aktive Mitgliedschaften und autonome Körperschaften bilden, die unabhängig von der Staatsmacht agierten, so Seligman.[242] Osteuropa hätte zwar nicht das »Eastern model« Russlands erlebt und infolge auch nicht die dramatische Atomisierung und Homogenisierung der Gesellschaft mitgemacht, trotzdem war es zwischen den beiden Modellen eingekesselt, so der Religionsforscher und Soziologe in den 1990er Jahren. Diese und andere Faktoren hätten die Herausbildung einer unabhängigen UnternehmerInnenschaft erschwert.[243] Für die Entwicklung der Zivilgesellschaft müssten laut Seligmann zwei zentrale Prozesse stattgefunden haben: 1) der Prozess der nationalen Integration (»national integration«) und 2) die Universalisierung der Staatsbürgerschaft innerhalb des Nationalstaats (»universalization of citizenship

238 Vgl. ebd.
239 Vgl. ebd., 31.
240 Vgl. ebd., 35.
241 Vgl. Adam Seligman, The Idea of Civil Society, New York 1992, 155.
242 Vgl. ebd., 156.
243 Vgl. ebd., 160.

within the nation-state«).[244] Der erste Prozess fand im östlichen Europa nur teilweise, und wenn, dann unter Regie der Habsburger statt, so Seligman.[245] Der zweite Prozess der Universalisierung wurde nie realisiert. Während sich im Westen Interessensgruppen bildeten, fand im Osten die Trennung zwischen Staat und Interessensgruppen nie vollständig statt. Der Staat habe das Prinzip der individuellen Autonomie und Gleichheit als Basis des Gemeinwesens niemals akzeptiert, schreibt Seligmann. Gleiches gelte für Unternehmensinteressen. Selbst die Kirche und die Religion würden in Ländern wie Ungarn nicht als Privatsache angesehen, betont Seligman.[246] Neuere kulturhistorische Forschungen distanzieren sich von Befunden, die eher dem »Paradigma der Rückständigkeit«[247] folgen. Der deutsche Gesellschaftshistoriker Joachim von Puttkamer weist darauf hin, dass das Bürgertum in der Habsburgermonarchie »als vielfältiges und distinktes soziales Geflecht« gesehen werden kann, welches »in seinen kulturellen Wertvorstellungen und Ausdrucksformen den europäischen Vergleich nicht zu scheuen braucht.«[248] So könnte man in gewissen Bereichen sogar von Prozessen »einer kulturellen Orientierung des Adels an bürgerliche Normen«[249] sprechen und liberale Vorstellungen von Partizipation, Freiheit und individueller Gleichheit vor dem Recht dem ostmitteleuropäischen Adel zuordnen.[250] Sowohl Seligman als auch Puttkamer weisen darauf hin, dass strukturelle Probleme wie die verzögerte Herausbildung autonomer Städte als eine von mehreren Ursachen des geschwächten osteuropäischen Bürgertums gedeutet werden können.[251] Während ältere Forschungen allerdings die Vielfalt an ethnischen und sozialen Mittelschichten vorwiegend als Erschwernis für die Herausbildung eines eigenständigen Bürgertums bewerteten, wird diese Diversität in jüngeren Arbeiten auch als Triebkraft der gesellschaftlichen Organisation begriffen.[252] »Die Revision europäischer Adelsgeschichte wie die Ergebnisse einer auch kulturgeschichtlich interessierten Bürgertumsforschung haben das Gespür für die Spezifika gesellschaftlicher Entwicklung in Ostmitteleuropa geschärft und das Bild vielfältiger, kulturell vergleichsweise offener und anpassungsfähiger

244 Vgl. ebd., 163.

245 So argumentiert etwa auch Pieter M. Judson, dass die Abspaltungstendenzen der Nationalitäten durch einen Mangel an nationaler Integration zum Zerfall der Habsburgermonarchie nach dem Ersten Weltkrieg beitrugen. Vgl. dazu: Pieter M. Judson, Habsburg: Geschichte eines Imperiums [aus dem Englischen übersetzt von Michael Müller], München 2017.

246 Vgl. Seligman, Idea, 164.

247 Joachim von Puttkamer, Ostmitteleuropa im 19. Jahrhundert, München 2010, 174.

248 Ebd., 175; mit Verweis auf: Ernst Bruckmüller u.a. (Hg.), Bürgertum in der Habsburgermonarchie, Wien, Köln 1990.

249 Puttkamer, Ostmitteleuropa, 173.

250 Vgl. ebd.

251 Ebd., 174.

252 Ebd., 183.

Eliten entstehen lassen.«[253] Für die Betrachtung zum Konzept der Zivilgesellschaft und Identifikation zivilgesellschaftlicher Formen richtet Puttkamer daher den Blick anstatt auf »soziale Formationen und Schichtungen« lieber auf »Prozesse gesellschaftlicher Selbstorganisation«.[254]

Überlegungen zur ständischen Gesellschaft der Habsburgermonarchie und zivilgesellschaftlichen Traditionen bieten zweifellos spannende Anknüpfungspunkte für die Analyse selbstorganisierten Handelns und Denkens sowie die Ideen der Zivilgesellschaft in den mitteleuropäischen Debatten der 1980er Jahre. Mögliche Folgen bzw. Kontinuitäten der von Seligman angesprochenen mangelnden nationalen Integration für die Entwicklung einer Zivilgesellschaft zeigten sich etwa anhand der gespaltenen sogenannten »demokratischen Opposition« in Ungarn. Damals wie heute zeichnet die politische Elite eine Kluft zwischen der ländlich geprägten, »völkischen« und der urban-jüdisch geprägten Elite aus. Nur wenigen politischen Parteien oder Sozialen Bewegungen wie der Umweltbewegung ist es bisher gelungen, die oftmals stark divergierenden Interessen und die (selten in gegenseitigem Austausch stehenden) Teile der Gesellschaft zu überbrücken.[255] Dem polnischen Soziologen Wiktor Marzec zufolge ist die Bedeutung zivilgesellschaftlichen Handelns an dieser Brückenfunktion messbar. Gelingt es zivilgesellschaftlichen AkteurInnen, über soziale Klassen hinaus Menschen für ihre Interessen hinter sich zu vereinen, verfügen sie auch über demokratisches Potential. Führen Aktivitäten jener AkteurInnen jedoch dazu, die Atomisierung einer Gesellschaft zu verstärken, etwa indem eng definierte Interessen für gewisse soziale Teilbereiche verfolgt werden, könnten sie genau das Gegenteil von Demokratisierung bewirken.[256] Es ist nicht verwunderlich, dass gerade in jener Situation Ideen von Selbstorganisation, Partizipation und individueller Freiheit über die Grenzen des Eisernen Vorhangs hinweg kursierten und Konzepte und Begrifflichkeiten rund um die Beschaffenheit und normativen Funktionen der Zivilgesellschaft (»Antipolitik«) zu lebhaften intellektuellen Debatten führten.

Mit ihrem Konzept der »proletarischen Öffentlichkeit« entwickelten Oskar Negt und Alexander Kluge in den 1970er Jahren ein marxistisch geprägtes Pendant zur »bürgerlichen Öffentlichkeit«.[257] Dahinter steht die Kritik der Au-

253 Ebd., 171.

254 Ebd., 191.

255 Siehe dazu u.a.: András Gerő, Modern Hungarian Society in the Making. The unfinished Experience, Budapest 1995.

256 Vgl. Wiktor Marzec, Civil society and the public sphere. Historical trajectories in Poland, Hungary and Bulgaria, in: Journal of Contemporary Central and Eastern Europe 28 (2020) 1, 7–28.

257 Diese ist als Pendant zum Strukturwandel der Öffentlichkeit bei Habermas zu verstehen. Vgl. Oskar Negt/Alexander Kluge, Öffentlichkeit und Erfahrung: zur Organisationsanalyse von bürgerlicher und proletarischer Öffentlichkeit, Frankfurt am Main 1972, 10f.

toren an einer nicht ausreichend dargestellten Lebenswelt der ArbeiterInnen, zu der etwa auch Elemente wie »Kindererziehung, Arbeit im Betrieb, Fernsehen in den eigenen vier Wänden« zählen.[258] Diese als privat geltenden Bereiche seien allerdings von öffentlicher Bedeutung.[259] Hintergrund dieser Debatte ist die heute veraltete Dichotomie zweier Öffentlichkeitsbegriffe, die die Problematik unzureichender Erfahrungen und Bedürfnisse der verschiedenen AkteurInnen offenbarte und schließlich auch zu einem breiteren Öffentlichkeitsbegriff führte, der in Folge auch partikulare (Teil-) Öffentlichkeiten berücksichtigt. Die damalige Kritik an einem unzureichenden etablierten Öffentlichkeitsbegriff bildete auch die Grundlage für die Entstehung von »Gegenöffentlichkeiten«. Der Medienwissenschaftler Jeffrey Wimmer definiert diese als »die Organisations- und Kommunikationsformen all jener sozialen Akteure […], die mit ihren Erfahrungen und Interessen aus der hegemonialen Öffentlichkeit ausgeschlossen bleiben«.[260] Der Begriff der »Gegenöffentlichkeit« entsprang in der Bundesrepublik vor allem in der Studierendenbewegung der 1960er Jahre, welche sich gegen die Struktur und Arbeitsweise des etablierten Mediensystems richtete. In der »Arena«[261] der Studierenden würden Themen artikuliert und Personen zu Wort kommen können, die in den herkömmlichen Medien unzureichend oder überhaupt nicht vorkommen. Ihre gesellschaftliche Funktion der Gegenöffentlichkeit bestehe Wimmer zufolge in der Verschiebung der Wahrnehmungsgrenzen, was schließlich auch die Integration dieser Teilöffentlichkeit in die Öffentlichkeit ermöglicht.[262] Überhaupt erlebte in den folgenden Jahrzenten die politische und gesellschaftliche Debatte über die Beschaffenheit und die gesellschaftlichen Einflüsse der Öffentlichkeit[263] eine erhöhte Aufmerksamkeit, die auch mit dem Aufkommen sogenannter Neuer Sozialer Bewegungen (NSB) in den 1980er Jahren zusammenhängt. In diesen »Institutionen von Gegenöffentlichkeit«[264] setzen AktivistInnen Themen, die in der Öffentlichkeit bisher nicht oder zu wenig präsent waren. Gesellschaftskritik werde so auch zu einer Kritik der Öffentlichkeit. Der Begriff der Sozialen Bewegung reicht weit länger zurück und wurde beispielsweise bereits im Zusammenhang mit den Arbeiterbewegungen des 19. Jahrhunderts gehandelt. Die Beifügung »Neu« sollte auf Eigen-

258 Ebd., 7.

259 Vgl. ebd., 10.

260 Jeffrey Wimmer, (Gegen-)Öffentlichkeit in der Mediengesellschaft. Analyse eines medialen Spannungsverhältnisses, Wiesbaden 2007, 163.

261 Vgl. Jürgen Gerhards/Friedhelm Neidhardt, Strukturen und Funktionen moderner Öffentlichkeit. Fragestellungen und Ansätze, Berlin 1990, 1–56, hier: 12, URL: http://skylla.wzb.eu/pdf/1990/iii90-101.pdf (abgerufen 30.8.2020).

262 Vgl. Wimmer, (Gegen-)Öffentlichkeit, 160.

263 Siehe u.a. zur Funktion der Öffentlichkeit im Zuge von Demokratisierungsprozessen: Gerhards/Neidhardt, Strukturen (1990).

264 Wimmer, (Gegen-)Öffentlichkeit, 193.

schaften jener Bewegungen hinweisen, zu denen ab den 1960er Jahren eine starke Autonomie der jeweiligen Gruppen sowie die Ablehnung von bürokratischen, institutionalisierten oder professionalisierten Strukturen gehörten. Die neue Generation von Bewegungen bilde sich unter anderem auf Grundlage von gemeinsamen Deutungsrahmen und einer gewissen kollektiven Identität.[265] Der Politikwissenschaftler Adam Fagan liefert eine praktikable Definition: »The activities that fall under the banner of a social movement must have a common identity, must include a non-institutionalized element enmeshed within civil society, must oppose the dominant power structure and must operate outside the formal political institutions.«[266]

In den 1980er Jahren zeigt sich unter westeuropäischen SozialwissenschaftlerInnen ein wachsendes Interesse an der Transformationskraft der Zivilgesellschaft.[267] Angeregt durch die Demokratisierungshoffnungen in Ostmitteleuropa erlebte auch die Konzeptualisierung von Zivilgesellschaft eine Renaissance. ForscherInnen versuchten auf Basis von systemtheoretischen oder akteurstheoretischen Ansätzen den Beitrag zivilgesellschaftlichen Handelns an der Transformation zu erklären.[268] Als eine zentrale Schwierigkeit sollte sich auch hier wieder die für eine in Transformation befindliche Gesellschaft einengende Perspektive auf Zivilgesellschaft entpuppen, welche sich im Kontext gefestigter Demokratien etablierte.[269] Nach Hans-Joachim Lauth und Wolfgang Merkel müsse der Begriff daher einerseits offen genug konzipiert werden, damit er »sinnvoll auf unterschiedliche Reifestadien der Demokratie angewendet werden kann«[270]. Andererseits müsse Zivilgesellschaft als »historische[s] Phänomen« betrachtet werden, welches sich »in einem ständigen Form- und Funktionswandel« befindet.[271] Im Zuge der Wende gebe es den Autoren zufolge »ganz offensichtlich phasenabhängige Konjunkturzyklen zivilgesellschaftlicher Vitalität«.[272] Der amerikanische Politikwissenschaftler Philippe C. Schmitter betont, dass es vor allem während Phasen der Liberalisierung, aufgrund der reduzierten Gewährung von individuellen Bürgerrechten und der leichten Öffnung des po-

265 Vgl. ebd., 200.

266 Fagan, Environment, 32.

267 Vgl. u.a. Jean L. Cohen/Andrew Arato, Civil Society and Political Theory, 4. Aufl., Cambridge/ London 1997, 15; Hans-Joachim Lauth/Wolfgang Merkel, Zivilgesellschaft und Transformation. Ein Diskussionsbeitrag in revisionistischer Absicht, in: Forschungssjournal Neue Soziale Bewegungen 10 (1997) 1, 12–34.

268 Vgl. u.a. Wolfgang Merkel, Struktur oder Akteur, System oder Handlung: Gibt es einen Königsweg in der sozialwissenschaftlichen Transformationsforschung?, in: Wolfgang Merkel (Hg.), Systemwechsel 1. Theorien, Ansätze und Konzepte der Transformationsforschung, Opladen 1996, 303–331.

269 Vgl. Lauth/Merkel, Zivilgesellschaft, 12.

270 Ebd., 16.

271 Vgl. ebd.

272 Ebd., 30.

litischen Systems, zu einer Differenzierung der etablierten Elite in Reformer und Hardliner sowie zu einem »Aufblühen der Zivilgesellschaft« komme.[273] Tatsächlich bildeten sich, so der Politikwissenschaftler Helmut Fehr,[274] mit den zunehmenden Legitimationsproblemen sozialistischer Regime politische Netzwerke heraus, die in der Erschaffung und Stärkung der zivilen Gesellschaft ein neues Selbstbewusstsein entdeckten:

> »Während sich in der Sowjetunion, Bulgarien, Rumänien und den baltischen Ländern auch nach der Konferenz über Sicherheit und Zusammenarbeit in Europa von Helsinki 1975 lediglich Wandlungen innerhalb der dissidentischen Intelligenz – vom marginalisierten Intellektuellen zu informellen Zirkeln wie Helsinki-Gruppen – abzeichneten, bildeten sich in Polen, Ungarn und der Tschechoslowakei bürgerschaftliche Orientierungen heraus. Diese beruhten auf Verbindungen von Ideen der Selbstorganisation, moralischer (Anti-)Politik und ethischen Maßstäben einer aufzubauenden Bürgergesellschaft.«[275]

Ihnen gemeinsam waren die »Forderungen nach Öffentlichkeit als unabhängiger Sphäre« sowie ihr Wille zu sozialem Aktivismus als Handlungsperspektive.[276] Den Erwartungen der frühen Neunzigerjahre, wonach sich mit der wirtschaftlichen Transformation auch demokratische Prozesse analog entwickeln würden, erteilten die Wirklichkeiten der 2000er Jahre aber eine desillusionierende Abfuhr.[277] Der Optimismus damaliger ForscherInnen zeigt sich auch in Jürgen Habermas' Vorwort zur 1990 erschienen Neuauflage von »Strukturwandel der Öffentlichkeit« aus dem Jahr 1962 zur gegenwärtigen »Konjunktur des Begriffs der Zivilgesellschaft«, die seiner Ansicht nach auf das gesteigerte Interesse des Westens an dissidentischen Aktivitäten im staatsozialistischen Osten zurückzuführen sei.[278] Jene Gruppen an Freiwilligen, welche für Frauen- und Menschenrechte ebenso wie für Umweltschutz einstanden, haben Habermas zufolge als »Schrittmacher der Revolution« einen »latenten Einfluß« auf die »totalitäre Öffentlichkeit« ausgeübt.[279] Habermas verweist hierbei auf Hannah Arendts[280]

273 Vgl. ebd, 13; Guillermo O'Donnell/Philippe C. Schmitter/Laurence Whitehead (Hg.), Transitions from Authoritarian Rule: Comparative Perspectives 1986.

274 Vgl. Helmut Fehr, Umbrüche – Eliten und zivile Gesellschaft in Ostmitteleuropa, in: Forschungsjournal Soziale Bewegungen 31 (2018) 1–2, 354–364, hier: 356.

275 Ebd., 355.

276 Ebd.

277 Vgl. Della Porta/Diani, Social Movements: An Introduction, 125.

278 Jürgen Habermas, Strukturwandel der Öffentlichkeit Untersuchungen 1990, 47. Der Optimismus hinsichtlich einer erstarkenden Zivilgesellschaft schrieb sich in den 2000er Jahren in Form von Ideen wie der »third-way« Politik fort. Aus der Intention des »capacity-buildings« für NGOs in der Region entsprang jedoch nicht nur Positives, sondern sie führte auch zu einer Homogenisierung und folglich einer Schwächung der Zivilgesellschaft, worauf später noch näher eingegangen wird. Vgl. Edwards, Oxford Handbook, 5,8.

279 Habermas, Strukturwandel, 47.

Totalitarismus-Konzept, welches u. a. »die politische Durchdringung einer atomisierten Gesellschaft«[281] thematisiert. »Totalitarian rule does not only rob men of their capacity to act; rather, with inexorable consistency, it makes them – as if they were really only a single man – into accomplices in all actions undertaken and crimes committed by the totalitarian regime.«[282] Inwiefern dieser Einfluss tatsächlich bestand, wird von Habermas nicht weiter ausgeführt. Konkrete Entstehungsprozesse von politischer Öffentlichkeit zeichnen erst wesentlich später Autoren wie Ray Rühle anhand von Umweltschutzgruppen in der DDR nach.[283] Nichtsdestotrotz weist der Soziologe treffend darauf hin, dass der Zivilgesellschaftsbegriff eine »Konkretisierung nicht nur im Hinblick auf Sozialisationsmuster und kulturelle Überlieferungen« erfordere, sondern auch die »Verkehrs- und Organisationsformen«, also die »Institutionalisierungen von Trägern einer nichtvermachteten politischen Öffentlichkeit« einzubeziehen sind.[284]

Da es im Ungarn der Jahre 1970er und 1980er Jahre für Umweltschutzgruppen wenige Möglichkeiten gab, die Organisationsform zu legalisieren, muss der Begriff der Institutionalisierung breiter gefasst werden. In der vorliegenden Arbeit werden folglich auch zahlreiche Formierungsprozesse im Abseits bzw. Grenzbereich staatlicher Genehmigung untersucht. Die Verfasserin versteht Zivilgesellschaft als Sphäre, deren institutionellen Kern »nicht-staatliche und nicht-ökonomische Zusammenschlüsse auf freiwilliger Basis« bilden. Dazu zählen ihr zufolge Kirchen, kulturelle Assoziationen und Akademien, unabhängige Medien, Sport- und Freizeitvereine, Debattierclubs, Bürgerforen und Bürgerinitiativen sowie Berufsverbände, politische Parteien, Gewerkschaften und alternative Einrichtungen.[285] Zivilgesellschaft wird dabei als Raum verstanden, in dem die BürgerInnen untereinander und mit den Institutionen des Marktes und des Staates interagieren. Aufgrund der in diesem Kapitel diskutierten Problematik wird in der vorliegenden Arbeit der Begriff »Zivilgesellschaft« allerdings mit der nötigen Zurückhaltung verwendet. Vielmehr wird der Fokus auf den für den Forschungsgegenstand präziseren Begriff der Neuen Sozialen Bewegung (NSB)

280 Ausführlicher bei Jürgen Habermas/Thomas McCarthy, Hannah Arendt's Communications Concept of Power, in: Social Research 44 (1977) 1, 3–24; basierend auf: Hannah Arendt, The Origins of Totalitarianism, New York 1955. Siehe auch die von H. Arendt ins Deutsche übertragene und neubearbeitete Ausgabe: Hannah Arendt, Elemente und Ursprünge totaler Herrschaft, Frankfurt am Main 2008.

281 Ulrich Rödel/Günter Frankenberg/Helmut Dubiel, Die demokratische Frage, 1. Aufl., Frankfurt am Main 1989, 84f.

282 Arendt zitiert in: Habermas/McCarthy, Hannah Arendt's Communications Concept of Power, o.S.

283 Vgl. u.a. Ray Rühle, Entstehung von politischer Öffentlichkeit in der DDR, Münster/Hamburg/London 2003, 24.

284 Habermas, Strukturwandel, 45.

285 Vgl. Ebd., 46.

gelegt.[286] Ein Teil der AkteurInnen dieser Bewegung können als AkteurInnen der Zivilgesellschaft verstanden werden. Andere AkteurInnen, wie etwa österreichische PolitikerInnen, die sich für Umweltagenden einsetzten, bewegen sich in einem Graubereich. Auch wenn jegliche Typologisierung zwangsläufig Unschärfen und Überlappungen aufweist, zeigt sich im Zuge der Auseinandersetzung, dass die Personen unabhängig von ihrer typologischen Zuordnung gewisse Wertvorstellungen teilten. Um auf Jessen und Reichardt zurückzukommen, knüpft die vorliegende Studie daher an den Vorschlag an, unter anderem die »gesellschaftliche Kontextualisierung zivilgesellschaftlicher Werte« als lohnenden Gegenstand geschichtswissenschaftlicher Forschung zu betrachten.[287] Bevor wir uns den geteilten Werten, wie Natur- und Umweltschutz und Ökologisierung gesellschaftspolitischer Themen zuwenden, muss näher ausgeführt werden, welche Konzepte von Transnationalisierung und Europäisierung zur Analyse der Praktiken und Typologien von Umweltbewegungen beachtenswert sind und unter welchen kommunikativen Bedingungen die Grenzüberschreitung in den 1980er Jahren überhaupt möglich war.

3.4 Grenzüberschreitung als Forschungsgegenstand

Im Hinblick auf die Erforschung von Grenzüberschreitungen und Tendenzen der Transnationalisierung von AkteurInnen der Umweltbewegung müssen jene Aktionsfelder in den Fokus genommen werden, die die »Arenen« aller Teilnehmenden bilden. Die Europäisierung von Kommunikationsräumen sowie die Entwicklung transnationaler (Teil-) Öffentlichkeit bilden hierbei wichtige Anknüpfungspunkte. Seit den 1990er Jahren beschäftigt sich die Forschungsliteratur mit Europäisierungsprozessen, die vor allem auf politische und institutionelle Entwicklungen im Zusammenhang mit der Geschichte der Europäischen Union untersucht werden. Erst wesentlich später gerät das Phänomen der Europäisierung in das Blickfeld breiter historischer Analysen.[288] Auch hier liegen die Gründe in der Berührungsangst vieler HistorikerInnen gegenüber Konzepten der Politikwissenschaft: »Their apparent reluctance to do so of course reflects the

286 Siehe dazu u.a.: Alberto Melucci, The new social movements: A theoretical approach, in: Social Science Information 19 (1980) 2, 199–226; Albert Melucci, The Symbolic Challenge of Contemporary Movements, in: Social Research 52 (1985) 4, 789–816; Karl-Werner Brand, Neue soziale Bewegungen: Entstehung, Funktion und Perspektive neuer Protestpotentiale. Eine Zwischenbilanz, Opladen 1982.

287 Jessen/Reichardt, Einleitung, 14.

288 Vgl. Ulrike v. Hirschhausen/Kiran Klaus Patel, Europeanization in History: An Introduction, in: Martin Conway/Kiran Klaus Patel (Hg.), Europeanization in the Twentieth Century. Historical Approaches 2010, 1–18.

instinctive distrust with which historians tend to regard concepts derived from political science or from contemporary political debates. Fears about such present-mindedness are, perhaps, particularly evident in the case of Europeanization.«[289] Für die Forschung schlagen Ulrike von Hirschhausen und Kiran Klaus Patel vor, die Europäisierung im 20. Jahrhundert nicht als Fakt zu verstehen, sondern als These, die anhand der Geschichte überprüft werden soll.[290] Ihr Verständnis von Europäisierung fassen die beiden wie folgt zusammen:

> »In short, we understand Europeanization as a variety of political, social, economic and cultural processes that promote (or modify) a sustainable strengthening of intra-European connections and similarities through acts of emulation, exchange and entanglement and that have been experienced and labelled as ›European‹ in the course of history. However, Europeanization is not limited to integrative elements such as these, but also encompasses parallel processes of delimitation and ›othering‹, as well as fragmentation and conflict.«[291]

Gerade die Betonung der Notwendigkeit, neben integrativen Prozessen ebenso Konflikte und Abgrenzungsprozesse in den Fokus von Untersuchungen zu nehmen, bereichert bisherige Annäherungen an das Phänomen der Europäisierung und bietet dabei auch für die vorliegende Untersuchung wichtige Anknüpfungspunkte. Vor allem die These, »Europeanization is not a uniform, unidirectional and teleological process« erfordert erneut nötige Distanz zu überholten, und doch latent vorhandenen Denkmodellen der »Modernisierung« und »Rückständigkeit« innerhalb westlicher Forschungsliteratur.[292] An den kommunikativen Netzwerken dissidentischer Intellektueller während des Kalten Krieges sei nach Jessica Wardhaugh, Ruth Leiserowitz und Christian Bailey ein Europäisierungsprozess zu beobachten, der vor allem die kulturelle Dimension dieses Phänomens offenlege.[293]

> »For such writers, the tracing of Europe as a mental map was also inseparable from the creation of European spaces of sociability and communication. Through their writing, meetings and networks, they contributed to the creation and strengthening of intra-European ties and to the discernment of European boundaries and values – in brief, to a process of cultural Europeanization that has ebbed and flowed with the passage of time.«[294]

289 Ebd., 1–2.
290 Vgl. ebd., 2.
291 Ebd., 2–3.
292 Vgl. ebd., 6.
293 Vgl. Jessica Wardhaugh/Ruth Leiserowitz/Christian Bailey, Intellectual Dissidents and the Construction of European Spaces, 1918–1988, in: Conway/Patel (Hg.), Europeanization, 21–43, hier: 22.
294 Ebd.

In Folge der Helsinki Konferenz von 1975, und der daran angelehnten Schriften von György Konrád, Milan Kundera und Adam Michnik zu Mitteleuropa, erlebte Europa eine »konzeptionelle Wende«[295], die die Idee eines gemeinsamen Europas ermöglichte. Prozesse der Grenzüberschreitung gingen mit der Reflektion nationaler Identität einher, ein Denk- und Findungsprozess, der AnhängerInnen von Helsinki Gruppen in Russland und im Baltikum ebenso wie ungarische und slowakische Intellektuelle, aber auch AnhängerInnen der tschechoslowakischen Menschenrechtsbewegung »Charta 77« sowie Mitglieder der polnischen Bürgerrechtsbewegung, des Komitees zur Verteidigung der Arbeiter (Komitet Obrony Robotnikow – KOR), miteinander verband.[296] Die öffentliche bzw. teilöffentliche Kritik an der geopolitischen Ordnung nach dem Zweiten Weltkrieg war nicht in allen sozialistischen Ländern der Region gleich intensiv, was durch die unterschiedlichen Spielräume der dissidentischen Zirkel erklärt werden kann. Die Gelegenheitsstrukturen einzelner AkteurInnen – dazu zählten etwa persönliche Reiseprivilegien und der Zugang zu grenzübergreifenden professionellen Netzwerken – bestimmten die Entwicklung des kommunikativen Austausches über den Eisernen Vorhang hinaus.[297] Die Relevanz zentraler AkteurInnen, die über »Zugang zu beiden Welten«[298] verfügten, findet sich später auch in Sidney Tarrows Konzept des »Transnational Activism« und seiner Typologie des »Rooted Cosmopolitan« wieder.[299] Vorhandene Sprachbarrieren konnten durch die Sprachkenntnisse Einzelner und die verstärkten gegenseitigen Übersetzungsarbeiten im Samisdat und Tamisdat ausgeglichen werden. Neben dem Verfassen offener Briefe und der Zirkulation von Solidaritätsbekundungen gehörte auch die aktive Einladungskultur westlicher Intellektueller und Wissenschaftler zu den Bildungsaktionen dissidentischer Kreise zum taktischen Repertoire, um gemeinsam Öffentlichkeit herzustellen. Persönliche Kontakte – auch zu JournalistInnen – bildeten dabei das wertvollste Gut. Hierbei ist zu erwähnen, dass nicht nur zwischen Ost und West Netzwerke gebildet wurden, sondern auch Verbindungen zwischen sozialistischen Staaten eine bedeutende Rolle einnahmen. Nicht zu unterschätzen ist etwa der Austausch polnischer KOR-AnhängerInnen mit tschechoslowakischen BürgerrechtlerInnen.[300] Ohne die konkrete Wirkungskraft jener Netzwerke zu überschätzen, sehen Historike-

295 Ebd., 33.

296 Anzumerken ist hier, dass sich die ChartistInnen selbst nicht als Gruppe oder politische Organisation bezeichneten. Vielmehr verstanden sie sich als loses Netzwerk individueller BürgerInnen, die sich weniger durch physische Treffen als durch den Austausch geschriebener Worte und ihren Einsatz für die Menschenrechte verbunden fühlten. Siehe dazu: Snajdr, Nature Protests, 65.

297 Vgl. Wardhaugh/Leiserowitz/Bailey, Intellectual Dissidents, 34.

298 Ebd.

299 Tarrow, New Transnational Activism, 2.

300 Vgl. Wardhaugh/Leiserowitz/Bailey, Intellectual Dissidents, 35.

rInnen einen expliziten Einfluss auf ihre jeweiligen Umfelder und LeserInnenschaft sowie einen »impliziten« Einfluss durch grenzüberschreitende Publizität.[301]

> »[...] intellectual dissidents succeeded in making some of their projected authority a reality. This was perhaps a by-product in the pursuit of unrealized ›dream-Europes‹, but it was nonetheless an important contribution to the uneven process of Europeanization. [...] By offering forums for the expression of alternative visions of Europe, intellectual groups and periodicals encouraged the development of intra-European ties and transnational values.«[302]

Für die Untersuchung von Sozialen Bewegungen und die Rolle der Zivilgesellschaft bei Europäisierungsprozessen haben die Bewegungsforscherinnen Donatella Della Porta und Manuela Caiani den Begriff »Europeanization from below« geprägt.[303] Auch wenn die Autorinnen dabei die Partizipation zeitgenössischer Sozialen Bewegungen in europäische Politik (hier gemeint: EU-Politik) untersuchten, kann ihre analytische Herangehensweise ebenso für die Untersuchung historischer Prozesse von Nutzen sein. So zählen die Studienautorinnen auch Konflikte innerhalb der Zivilgesellschaft über divergierende Vorstellungen von Europa zu Indikatoren der Europäisierung. Ebenso können die Referenz auf europäische, also grenzübergreifende Themen wie auch die Identifikation mit Europa unter den AktivistInnen oder Fragen der Perzeption[304] untersucht werden. Bleibt die Gruppe der Adressaten zivilgesellschaftlicher Forderungen auf nationale Kontexte reduziert oder erweitert sich der Fokus der AktivistInnen über den nationalen Horizont hinaus? Aus diesen Fragen der »Externalisierung«[305] leiten Della Porta und Caiani ein wichtiges Charakteristikum für die »Europäisierung von unten« ab. Im Fall ihrer Untersuchung zu EuroskeptikerInnen identifizieren die Autorinnen Anzeichen einer Europäischen Sozialen Bewegung, der AktivistInnennetzwerke zu Grunde lägen, die aus zahlreichen sich überlappenden assoziativen Mitgliedschaften bestünden und deren Mitglieder ein gemeinsames Wertekorsett teilten.[306] Die Autorinnen halten in ihrer Analyse allerdings auch die Grenzen des Begriffs der Europäisierung fest, indem sie darauf hinweisen, dass sich Tendenzen der Transnationalisierung von

301 Vgl. ebd., 38.

302 Ebd.

303 Vgl. dazu: Donatella della Porta/Manuela Caiani, Europeanization from below? Social movements and Europe, in: Mobilization: An International Quarterly 12 (2007) 1, 1–20; Della Porta/Caiani, Social Movements & Europeanization.

304 Siehe dazu: Till Geiger, Europeanization on the Periphery: Irish Elite Responses to European Integration, 1929–1963, in: Robert Harmsen/Thomas M. Wilson (Hg.), Europeanization: institution, identities and citizenship, Amsterdam u.a. 2016, 105–134.

305 Della Porta/Caiani, Social Movements & Europeanization, 170.

306 Vgl. ebd.

Sozialen Bewegungen selten nur auf Europa beschränken, sondern oft auch von einer »Globalisierung von unten« gesprochen werden müsse.[307] In der konzeptionellen Annäherung an die vorliegende Untersuchung ist es daher unumgänglich, auch über das Phänomen der Transnationalisierung zu sprechen. Der Begriff »transnationalism« lässt sich nach Kiran Klaus Patel auf die Identitäts- und Migrationsdiskurse in den Vereinigten Staaten von Amerika zurückführen, die nach dem Ersten Weltkrieg zu einer »Internationalisierung« der amerikanischen Politik geführt haben. Zu breiterer Aufmerksamkeit avancierte der Begriff »Transnationalismus« jedoch erst in den 1980er Jahren, als sich »multinationale« Konzerne aufgrund steigender Kritik am globalisierten Neokapitalismus für ein »Rebranding« entschieden.[308] In den Sozialwissenschaften erlangte der Begriff bereits in den 1970er Jahren Beachtung.[309] In den Geschichtswissenschaften etablierten vor allem ForscherInnen der World History und Global History den Begriff, was jedoch mit der steigender Anzahl an Studien zu einigen Unschärfen führte.[310] Bei allen Ansätzen zur Untersuchung transnationaler Phänomene geht es immer darum, in welchem Verhältnis diese mit dem Nationalstaat stehen.[311] »The value of transnationalism lies in its openness as an historical concept. Transnational history also allows us to reflect on, while at the same time going beyond, the confines of the nation. It sheds new, comparative light on the strengths and the fragilities of the nation-state and underlines the ways in which local history can be understood in relation to world history.«[312] Für die vorliegende historische Untersuchung von Transnationalisierungstendenzen im Donauraum der 1980er Jahre bedeutet dies, sich zugleich mit nationalistischen Bestrebungen in der Region und ihren Wechselwirkungen mit Prozessen der Europäisierung auseinanderzusetzen. Die Verfasserin teilt dabei die Ansicht Patels, dass es sich bei »transnationaler Geschichte« um keine Methode, sondern um eine Forschungsperspektive handelt, in der die Nation weiterhin von wichtiger Bedeutung ist.[313]

---

307 Angesichts der Besonderheiten der Geschichte europäischer Integration und der einmaligen Konstruktion von makro-regionalen Institutionen weise die Europäisierung ein besonderes Charakteristikum auf. Vgl. ebd., 183.

308 Vgl. Patricia Clavin, Defining transnationalism, in: Contemporary European History 14 (2005) 4, 421–439, hier: 433. Vgl. auch: Kiran Klaus Patel, Überlegungen zu einer transnationalen Geschichte, in: Jürgen Osterhammel (Hg.), Weltgeschichte: Basistexte, Stuttgart 2008, 67–90. Originaltext aus dem Jahr 2004.

309 Vgl. u. a.: Susan Strange, Transnational Relations, in: International Affairs 52 (1976) 3, 333–45; Clavin, Defining transnationalism.

310 Vgl. Clavin, Defining transnationalism, 424. Zur Unterscheidung der Felder siehe ebd., 436.

311 Vgl. ebd., 436; zum Thema Transnationale Kultur bzw. Neue Kulturgeschichte siehe: Jordan, Theorien und Methoden der Geschichtswissenschaft, 211 f.

312 Clavin, Defining transnationalism, 438.

313 Vgl. Patel, Überlegungen, 69.

»Sie [Transnationale Geschichte, Anm. der Verf.] ruht auf quellennaher Arbeit und eröffnet zugleich eine verfremdende Perspektive auf ihren Gegenstand. Transnationale Geschichte versteht den Raum als gleichberechtigte historische Zentralkategorie neben der Zeit. Auf der Ebene methodischer Verfahren setzt sie in besonderem Maße auf den Vergleich und die Transferanalyse. Außerdem versucht sie, den Begriff des Transnationalen von allen normativen Konnotationen zu lösen.«[314]

Für eine transnationale Forschungsperspektive hat die strikte Unterscheidung zwischen staatlichen und nicht-staatlichen AkteurInnen wenig Nutzen. Eine strenge Gegenüberstellung zwischen »internationalen« und »transnationalen« Beziehungen, wie sie etwa in der politikwissenschaftlichen Forschungsliteratur üblich ist, ist Patel zufolge für die Geschichtswissenschaften wenig sinnvoll. Einen Ansatz, wie »transnationale Geschichte« zu verstehen sei, bietet die Frage, inwiefern AkteurInnen den Nationalstaat als Rahmendeutung überwinden. Einflüsse kämen dabei vor allem aus den Sozial- und Kulturwissenschaften, etwa den Post-Colonial Studies.[315] In Anlehnung an Shalini Randerias Begriff der »geteilten Geschichte«[316] schreibt Patel: »Der transnationale Blick interessiert sich demnach für Abhängigkeiten und Transfers über (nationale) Grenzen hinweg sowie für die wechselseitigen Wahrnehmungen, auf denen Übertragungen jeder Art aufbauen. Ebenso sehr geht es um Formen der Verflechtung, das heißt um strukturelle Verbindungen, die eine nationalhistorische Perspektive per definitionem relativieren.«[317] Letztlich bedeutet die transnationale Geschichte keineswegs die Absage an die Nationalgeschichtsschreibung, sondern versteht sich vielmehr als »eine von mehreren gleichberechtigten Spielarten der Historiografie«.[318] Auch wenn es bereits in der ersten Hälfte des 20. Jahrhunderts zu einer verstärkten Transnationalisierung von Kommunikationsräumen in Europa gekommen ist[319], befand sich der Kontinent im untersuchten Zeitraum der 1980er Jahre in einer neuen Phase des Transnationalismus. Die HistorikerInnen sind sich zwar uneinig darüber, wann genau diese neue Zeit begann. Vieles spricht laut der britischen Forscherin Patricia Clavin allerdings dafür, den Übergang rund um das Jahr 1970 festzumachen. Kennzeichen dieser neuen Zeit sei der signifikante Anstieg sogenannter Non-governmental Organisations – NGOs, die sich mit gesellschaftspolitischen Themen wie Umweltproblemen, Menschenrechten oder Abrüstung (vor allem im Zuge des SALT-Abkommens

314 Ebd.

315 Vgl. ebd., 72f.

316 Shalini Randeria, Geteilte Geschichte und verwobene Moderne, Zukunftsentwürfe: Ideen für eine Kultur der Veränderung, Frankfurt am Main 1999, 87–96.

317 Patel, Überlegungen, 73.

318 Ebd., 76.

319 Vgl. dazu u.a. Christian Wenkel/Barbara Lambauer, Entstehung und Entwicklung transnationaler Kommunikationsräume in Europa zu Kriegszeiten, 1914–1945, in: Special issue of Comparative 28 (2018) 1.

1972[320]) auseinandersetzten. Auch die Erfahrungen des grenzüberschreitend agierenden organisierten Terrorismus, welche sich u.a. im gleichen Jahr durch den Anschlag der palästinensischen Gruppe »Schwarzer September«[321] äußerten, seien Anzeichen neu erlebter Grenzenlosigkeit.[322] »However, the emergence of a genuine European communication sphere, as described by Hartmut Kaelble, started only after the reconstruction of Europe following World War II, the first steps in European integration and the establishment of a climate of détente in East-West relations.«[323] Anhand von dissidentischen Aktivitäten und Protestbewegungen zeigt sich, wie die Transnationalisierung von Kommunikationsräumen mit Transferprozessen von Waren, Wissen und kulturellen Praktiken verbunden ist. Die Bewegungsforschung unterscheidet hierbei zwischen drei Prozessen: *Diffusion*, *Domestication* und *Externalization*. Der Prozess der *Diffusion* bezeichnet einen Vorgang, bei dem AktivistInnen eines Landes die Organisations- und Aktionsformen oder Deutungsrahmen (Frames) oder Ziele aus anderen Ländern übernehmen oder anpassen. Unter *Domestication* bzw. *Internalization* versteht man die Austragung eines Konfliktes auf lokaler Ebene, obwohl dessen Ursache extern, etwa auf der supranationalen Ebene der EU-Institutionen, zu finden ist. Wenn Bewegungsorganisationen bewusst supranational aktiv werden, um ihre Interessen durchzusetzen (Stichwort Alliance-building), spricht man auch von *Externalization*.[324] »As for externalization, the ›vertical‹ experience of individual national movements operating internationally has placed many actors in contact with others like themselves and thus encouraged them to develop a more globalized framing of their messages and their domestic appeals.«[325] Für die Analyse von Transnationalisierungsprozessen liefert Christopher Rootes nützliche Forschungsfragen an die Beschaffenheit einer Bewegung: Welche Organisationsformen wurden entwickelt, um die AktivistInnen-Netzwerke zu verbinden? Welches Protestrepertoire wurde übernommen? Inwiefern konnten neue öffentliche Räume/Öffentlichkeit geschaffen werden? Wie haben sich Identitäten durch die Transnationalisierung in ihrem Inhalt und in ihrer Struktur verändert? Wie verändert sich die Toleranz zu inneren Differenzen? Entwickelt sich ein Master-Frame in Opposition zum Adressaten? Auf welche Ressourcen wird bei der Mobilisierung zurückgegriffen?

320 Gespräche zur Begrenzung strategischer Rüstung zwischen der UdSSR und den USA, auf Englisch: Strategic Arms Limitation Talks – SALT.

321 Die palästinensische Terrorgruppe »Organisation des Schwarzen Septembers« verübte u.a. das Münchner Olympia-Attentat im Jahr 1972.

322 Vgl. Clavin, Defining transnationalism, 429.

323 Wenkel/Bussière/Grisoni/Miard-Delacroix, Editors' Introduction, 3.

324 Vgl. Christopher Rootes, A Limited Transnationalization? The British Environmental Movement, in: Donatelle della Porta/Sidney Tarrow (Hg.), Transnational Protest and Global Activism, Lanham u.a. 2005, 21–44, here: 3–5.

325 Ebd., 9.

Welche nationalen und lokalen Gelegenheitsstrukturen beeinflussen die Strategien der Bewegung? Welche Allianzen werden gebildet (u. a. auch zu Parteien)?[326] Obwohl der Umweltprotestforscher diese Fragen auf zeitgenössische Bewegungen zugeschnitten hat, spricht nach Ansicht der Verfasserin nichts dagegen, einige davon als Inspiration für die historische Bewegungsforschung zu nutzen. Die Forschungsliteratur weist bereits bestehendes Potential in der Untersuchung von Transnationalisierungsprozessen auf. Schon in den 1960er und 1970er Jahren ist es, wie Jakob Tanner zeigt, gegenkulturellen Strömungen gelungen, den Eisernen Vorhang zu überwinden:

> »The Iron Curtain, serving as the political-military line of demarcation in the Cold War, was also a big hurdle for the international diffusion of countercultural practices. But the infiltrating powers of the counterculture, and especially pop music, supported by mass media, proved to be so strong that they even reached a wide audience in Eastern Europe, and in East Germany they provoked phenomena such as ›rowdies,‹ long-haired youths, and ›loafers.‹«[327]

Selbst im stark isolierten Rumänien der 1970er Jahre konnten sich Transfer- und Diffusionsprozesse in der Jugendkultur durchsetzen.[328] Auch auf Seiten der IngenieurInnen und KraftwerksplanerInnen ebenso wie im Bereich der Umweltpolitik konnten Diffusionsprozesse identifiziert werden, wie in den Arbeiten von Jiří Janáč oder Arnošt Štanzel nachzuverfolgen ist.[329] Besonders deutlich zeigen sich jene Transferprozesse anhand der Ökologie- bzw. Umweltbewegung und deren Themenkonjunktur in den 1970er und 1980er Jahren.

326 Vgl. ebd., 11.

327 Jakob Tanner, Motions and Emotions, in: Martin. Klimke/Joachim Scharloth (Hg.), 1968 in Europe: A History of Protest and Activism, 1956–1977, New York 2008, 71–80.

328 Vgl. dazu u.a. Andra-Octavia Cioltan-Draghiciu, »Gut gekämmt ist halb gestutzt«: Jugendliche im sozialistischen Rumänien, Münster 2019.

329 Jiří Janáč, European Coasts of Bohemia: Negotiating the Danube-Oder-Elbe Canal in a Troubled Twentieth Century, Amsterdam 2012; Štanzel, Wasserträume (2017).

4. Umweltproteste und ihre Kontexte

4.1 Koexistenz *with benefits:* Nachbarschaftsbeziehungen im Donauraum

Die Nachbarschaft im Dreiländereck Österreich, Tschechoslowakei und Ungarn war in den 1980er Jahren von den dramatischen Umwälzungen der vorangegangenen Weltkriege und ihren Folgen geprägt. Um die Brisanz des GNV-Projektes zu verstehen, ist es notwendig, auch die Geschichte der slowakisch - ungarischen Beziehungen insbesondere im Hinblick auf die ungarische Minderheit in der Slowakei ins Gedächtnis zu rufen. Während eines Großteils des 18. Jahrhunderts war »Oberungarn« das politische Zentrum des ungarischen Königreiches mit Pozsony (deutsch: Pressburg/slowakisch: Bratislava) als seiner Hauptstadt und dem Primat in Esztergom. Die im 17. Jahrhundert von Jesuiten gegründete Universität in Trnava (deutsch: Tyrnau, ungarisch: Nagyszombat) bildete ein frühes Zentrum slowakischer Nationenbildung. Die nationalen Agitationen der Magyaren, der »Deutschen« und der Slawen brachten auch die slowakische Nationalbewegung in Schwingung. Das Konzept des »nationalen Erwachens«, so etwa die slowakische Historikerin Ewa Kowalská, könne jedoch nicht punktgenau zur Beschreibung des slowakischen Falls angewendet werden.

> »The elements of a common consciousness, the decisive bond for the majority of developed national collectives, had a different quality in the Slovak case: the Protestant intelligentsia clung to the Czech literary language in public official presentations; in writing and in their liturgy, they emphasized the traditions and myths which they held in common with the Czech ethnic group, not least the tradition of Hussite influence in Slovakia. This does not mean, however, that they doubted the existence of a single Slovak ethnic group as a distinct or specific whole.«[330]

330 Eva Kowalská, The Enlightenment and the beginnings of the modern Slovak nation, in: Mikulas Teich/Dusan Kovac/Martin D. Brown (Hg.), Slovakia in history, Cambridge, London 2011, 87–100, hier: 88.

Die Reichweite und Rezeption jener protestantischen Akteure der Nationalbewegung blieb limitiert. Kowalská zeigt auf, wie durch die Schulreformen (Ratio educationis) des Jahres 1777 und die Einführung des Slowakischen als Schulfach in Volksschulen auch die slowakische Sprache und mit den gedruckten Handbüchern auch die Kodifizierung durch den katholischen Geistlichen und Philologen Anton Bernoláks (1762–1813) aus dem Jahr 1787[331] Eingang in die Bildung der breiten Bevölkerungsschicht fanden.[332] Langsam bildeten sich slowakischsprachige Formen der Massenkommunikation wie Zeitungen und Bücher sowie erste professionelle und regionale Vereinigungen, die sich in aufklärerischer Tradition um Bildungsanliegen kümmerten.[333]

> »The members of these associations discussed not only the requirements of the national movement, but also more general possibilities for spreading Enlightenment values, such as education, to a broad spectrum of the population. The Slovaks' incomplete social structure and their position as a non-dominant ethnic group bereft of full rights meant that these concerns would remain relevant for some time to come. These same issues were acknowledged by generations of actors in the national movement well into the nineteenth century. In this sense, the Enlightenment was not only an inspirational process, but one that remained an integral part of the national movement.«[334]

Das Interesse an der slowakischen Sprache, Literatur und Geschichte beflügelte in der zweiten Hälfte des 18. Jahrhunderts die politischen Agitationen slowakischer Eliten und kulminierte in einer Nationalbewegung, die durch die auch im Rest Europas umgehenden Ideen und Konzepte von Nationalstaaten beeinflusst war. In der Mitte des 19. Jahrhunderts entwickelte sich das erste politische Programm der Nationalbewegung.[335] Doch das Manifest vom 10. Mai 1848, in dem die Slowaken eine Autonomie innerhalb Ungarns sowie die Zurücknahme zuvor in Kraft getretener rigoroser Sprachgesetze forderten, stieß bei den Ungarn nicht auf Gehör. Im Neoabsolutismus der zweiten Hälfte des 19. Jahrhunderts nahm die politische Bedeutung »Oberungarns« innerhalb Österreich-Ungarns zunehmend ab. Mit dem Ausgleich 1867 verlor das gemeinsame Reich zusätzlichen Spielraum für Reformen.[336]

---

331 Die Handbücher wurden von lutherischen Schulen jedoch mit Verweis auf das von Kaiser Joseph II. im Jahr 1781 erlassene Toleranzpatent, welches religiösen Minderheiten wie den Protestanten sowie nichtunierten Griechisch-Orthodoxen gewisse Freiheiten in der Religionsausübung zugestand, abgelehnt. Vgl. ebd., 94.

332 Vgl. ebd., 91 f.

333 Vgl. ebd., 100.

334 Ebd.

335 Vgl. Dusan Kovac, The Slovak political programme: from Hungarian patriotism to the Czecho-Slovak state, in: Mikulas Teich/Dusan Kovac/Martin D. Brown (Hg.), Slovakia in history, Cambridge/London 2011, 120–136, hier: 121.

336 Vgl. Fitzmaurice, Damming the Danube, 5–8.

»The Emperor could not intervene to respond to the pressure of Slav nationalities such as the Slovaks, Croatians and Slovenians in Hungary. Nor could a solution be found to the problem of nationalities that lived in both halves.«[337]

Zugleich erlebten die SlowakInnen durch die Maßnahmen der Magyarisierung unterschiedliche Formen der Unterdrückung.

»As a result [of the Magyarisation, Anm. der Verf.], the Slovaks not only lost any hope of realising their political demands, but were also deprived of their last cultural institutions, including schools with Slovak as the language of education. This tendency was further strengthened after the conclusion of the Dual Alliance between Germany and Austria-Hungary.«[338]

Nachdem die Umsetzung eines Nationalstaats unerreichbar schien, forderten die SlowakInnen 1861 in einem Memorandum limitierte Autonomien.[339] Obwohl auch diese Forderungen als unrealistisch angesehen wurden, blieb das Memorandum – dem slowakischen Historiker Dušan Kovác zufolge – bis zum Ende des Ersten Weltkrieges das einzige offizielle slowakische politische Programm.[340] Nach Kriegsende setzte sich die Variante einer tschechoslowakischen Union durch, im Oktober 1918 folgte die Ausrufung der Tschechoslowakischen Republik. Mit dem Friedensvertrag von Trianon 1920 wurde die Region Oberungarn dem Nachfolgestaat Tschechoslowakei zugesprochen. Damit wurde die mehrheitlich ungarische Bevölkerung dieses Gebiets fortan zu einer ethnischen Minderheit. Die erste Republik währte bis 1938 und endete mit attraktiven Versprechungen an die Minderheiten in den tschechoslowakischen Gebieten von Seiten des nationalsozialistischen Deutschlands. Angelockt durch die vermeintliche Patronage des Deutschen Reiches erklärte sich die Slowakei im März 1939 unabhängig und unterzeichnete acht Tage später die vereinbarte Allianz mit Nazi-Deutschland. Der neue kleine Staat hatte schon bald der Macht Hitlers wenig entgegenzusetzen. Ein nationales Aufbegehren im September 1944 wurde mit harter Gewalt niedergeschlagen. Es benötigte schließlich die Kräfte der Roten Armee, um das Territorium zu befreien. Joseph Stalin, der das Münchner Abkommen und seine Folgeabkommen anerkannte, unterstützte die Wiederherstellung des Tschechoslowakischen Staates in seinen Grenzen bis 1938 (mit Ausnahme Rutheniens, das der UdSSR zugesprochen wurde).[341] Der Friede von Paris 1947 sprach der Tschechoslowakei den Pressburger Brückenkopf von

337 Ebd., 9.

338 L'udovit Haraksim, Slovak Slavism and Panslavism, in: Teich/Kovac/Brown, (Hg.), Slovakia, 118.

339 Vgl. Kovac, The Slovak political programme: from Hungarian patriotism to the Czecho-Slovak state, 128.

340 Vgl. ebd., 131.

341 Vgl. Fitzmaurice, Damming the Danube, 16–22.

Ungarn zu. Damit kamen die Dörfer Horvátújfalu, Oroszvár und Dunacsún an der Donau an die Tschechoslowakei.[342]

Trotz ihrer konfliktreichen Beziehung zueinander teilten die Slowaken, Tschechen und Ungarn ein ähnliches Schicksal: »[...]Czechoslovakia and Hungary were both internally unstable, threatened from outside and manipulated instruments of the Great Powers in the inter-war period.«[343] Ungarn war es möglich, seine revisionistischen Pläne nach den Verlusten des Ersten Weltkrieges in die Tat umzusetzen und einen Großteil seiner ehemaligen oberungarischen Gebiete zu annektieren.[344] Zwar gelang den Ungarn durch den ersten Wiener Schiedsspruch (2. November 1938) die Rückkehr, doch wurde diese Entscheidung nach 1945 wieder rückgängig gemacht. Jedoch verblieb die Frage nach der Zukunft der ungarischen Minderheit in der Tschechoslowakei ungelöst. Am 3. Juli 1945 brachte die tschechoslowakische Regierung den Alliierten bei der Potsdamer Konferenz (17. Juli bis 2. August 1945) einen Vorschlag vor, wonach sie nicht nur den Transfer der deutschen Bevölkerung (1–2,5 Millionen), sondern auch jenen von 400.000 UngarInnen durch einen »Bevölkerungsaustausch« vorschlug. Doch der Vorschlag fand keinen Eingang in die Agenda der Konferenz.[345] Währenddessen richtete die tschechoslowakische Regierung mehrere Maßnahmen u.a. gegen die ungarische Minderheit, die die zuvor erlebten Ungerechtigkeiten wieder ausgleichen sollten, wodurch aus diesen Maßnahmen allerdings nur wieder neue Ungerechtigkeiten resultierten.[346]

> »In southern Slovakia measures directed against the Magyar minority gradually began to affect not only the economic but also the social sphere. This region suffered from limited investment, stagnation of rebuilding activities and limitations placed upon culture and education. On the basis of a decree issued by the Slovak National Council in July 1945, German and Magyar clergymen were dismissed from their posts. A resolution passed by the Board of Commissioners decided that social aid to the population was also dependent on having Czechoslovak citizenship and Slovak or Czech nationality.«[347]

Nach langen diplomatischen Auseinandersetzungen und Verhandlungen, bei denen mehrere Optionen im Raum standen, setzte sich schließlich doch die

342 Vgl. Treaties of Peace with Italy, Bulgaria, Hungary, Roumania and Finland (Digitalisierte englische Version, Hathi Trust Digital Library) (Washington D.C. 1947), 2, URL: https://hdl.handle.net/2027%2Fosu.32435066406612 (abgerufen 17.8.2022).

343 Fitzgerald, Damming the Danube, 23.

344 Vgl. Ebd., 24.

345 Vgl. Štefan Šutaj, Transfer of Hungarians from Slovakia in Czechoslovak Politics before Paris Peace Conference 1946, in: Central European Papers 3 (2015) 1, 63–87, hier: 69f.

346 Vgl. Stefan Sutaj, The Magyar minority in Slovakia before and after the Second World War, in: Teich/ Kovac/ Brown (Hg.), Slovakia, 269–283, hier: 274.

347 Ebd., 275.

Alternative einer Umsiedlung der Bevölkerung durch und es kam zu einer bilateralen Vereinbarung zwischen den beiden Ländern.[348]

> »Hungary refused to allow transfer of population of Hungarian nationality from Slovakia and considered unrealistic the announced population exchange between Czechoslovakia and Hungary. Under pressure of the international community and after complicated negotiations between the representatives of Czechoslovakia and Hungary, the Agreement of population exchange between Czechoslovakia and Hungary (Agreement) was signed on 27 February 1946. »[349]

Der Plan konnte jedoch nie vollends umgesetzt werden.[350] Auch die sogenannte Re-Slowakisierung, bei der vereinfacht gesagt AnhängerInnen der slowakischen Minderheit in Ungarn Anspruch auf die tschechoslowakische Staatsbürgerschaft erhielten, lief nicht ohne Schwierigkeiten ab.[351] Die kommunistische Machtübernahme im Februar 1948 änderte auch den Umgang mit der Problematik.[352]

> »The discrimination against the population of Magyar nationality carried out in 1945–1947 came to an end in 1948, but its consequences and influence continued for a longer period. The last transport of people to be resettled in Hungary left on 21 December 1948. The last Slovak family to be resettled in Slovakia left Hungary on 1 January 1949. Inspite of the changes in government policy in Hungary and Czechoslovakia, the basic tendency of the policy towards the Magyar minority remained.«[353]

Noch immer leben circa 450.000 ethnische UngarInnen auf dem Gebiet der heutigen Slowakei. Im Grenzgebiet zu Ungarn, in den beiden Bezirken Komárno (Komáromi járás) and Dunajská Streda (Dunaszerdahelyi járás) bilden sie die Mehrheit der Bevölkerung.[354] »Zwar normalisierten sich die Verhältnisse zwischen der Tschechoslowakei und Ungarn nach dem Pariser Frieden von 1947 wieder und eine nennenswerte Zahl ethnischer Ungarinnen und Ungarn verblieb in der Slowakei, die Beziehungen blieben aber belastet.«[355]

In Ungarn wie auch in der Tschechoslowakei war es nach dem Ersten Weltkrieg zu starken Prozessen der ethnisch-sprachlichen Homogenisierung gekommen, die in den Jahren nach 1945 ihren Höhepunkt fanden.[356]

---

348 Zu dieser komplexen Problematik siehe ausführlicher bei: Šutaj, Transfer, 1946.
349 Ebd., 74.
350 Vgl. u. a.: Fitzmaurice, Damming the Danube, 5–24; Štefan Šutaj, Key Issues of Slovak and Hungarian History: a View of Slovak Historians, Prešov 2011.
351 Vgl. Sutaj, The Magyar minority, 277 ff.
352 Vgl. ebd., 280.
353 Ebd., 281.
354 Vgl. Ladislav Macháček, Slovak republic and its Hungarian Ethnic Minority: Sociological Reflections, in: Slovak Journal of Political Sciences, 11 (2011) 3, 187–210, hier: 188.
355 Štanzel, Wasserträume, 132.
356 Vgl. Arpád von Klimó, Ungarn seit 1945, Göttingen 2006, 170 f.

»Bislang als privat empfundene Fragen und Zugehörigkeiten, wie die der Muttersprache, der Umgangssprache, der verschiedensprachigen Familienmitglieder usw. wurden nun politisiert. Es entstand ein enormer Druck auf die Menschen, sich zu einer einzigen Nationalität zu »bekennen«, was den »Verrat« an anderen, durch Verwandtschaft oder Nachbarschaft ebenfalls wichtigen Zugehörigkeiten nach sich zog.«[357]

Ein Dialog zwischen Ungarn und seinen Nachbarstaaten zu Minderheitenfragen war während des Staatssozialismus nicht möglich.[358] Das Thema wurde tabuisiert, bis es schließlich Ende der 1980er Jahre wieder auftauchte, etwa im Protest gegen die Unterdrückung der ungarischen Minderheit in Rumänien oder in den Konflikten rund um das Staudammprojekt GNV mit der ČSSR. Ungarns Rolle im Zuge der Niederschlagung des Prager Frühlings im Jahr 1968 bildete eine markante Bruchlinie in den Nachbarschaftsbeziehungen Ungarns und der Tschechoslowakei. Obwohl beide Länder einen ähnlichen Kurs in der Entstalinisierung wählten, weitreichende wirtschaftspolitische Reformen umsetzten und Kádár eingangs als Vermittler und Partner der tschechoslowakischen Reformer begrüßt wurde, befürchtete Kádár schon bald zu radikale Veränderungen im Nachbarland. Aus Angst vor Destabilisierung der gesamten Region und einer drohenden »Konterrevolution« im Nachbarland, welche auch ein mögliches Ende der ungarischen Reformen mit sich bringen könnte, unterstützte Kádár die militärische Intervention der Warschauer Pakt-Staaten.[359] »There is no doubt that the reform movement that was underway in Czechoslovakia in the summer of 1968 gradually but rather quickly progressed from visions of a reformed Socialist model toward a nontotalitarian system and would ultimately have reached the modern variant of such a system, that of parliamentary democracy […].«[360] Ungarn nahm schließlich am 21. August 1968 an der Niederschlagung des Volksaufstandes in der Tschechoslowakei teil.[361] »After the crushing of the Hungarian uprising twelve years earlier, Kádár had been responsible for steamrolling his countrymen back on a course loyal to Moscow. In this particular ›band of brothers,‹ he was the least inclined to advocate a repetition of this scenario. Yet in the end he supported Moscow's decision without reservations. All his attempts at mediation failed.«[362] Die bilateralen Spannungen zwischen den beiden Ländern wirkten sich in Folge auch auf die Kooperation im Zuge der gemeinsamen energetischen

357 Ebd., 170.
358 Vgl. ebd., 170f.
359 Vgl. Csaba Békes, Hungary and the Prague Spring, in: Günter Bischof/Stefan Karner/Peter Ruggenthaler (Hg.), The Prague Spring an the Warsaw Pact Invasion of Czechoslovakia in 1968, Plymouth 2010, 371–396, hier: 373. Mit Verweis auf: MOL M-KS-288, F.4/92, Protokoll des Treffens der HSWP CC, 19–20 Juni 1968.
360 Ebd., 374.
361 Vgl. ebd., 373 und 376.
362 Bischof/Karner/Ruggenthaler, Introduction, in: Bischof/Karner/Ruggenthaler (Hg.), The Prague Spring, 3–34, hier: 23.

Nutzung des Grenzflusses aus. Konkreten Konfliktstoff bot hierbei die durch den Kanalbau im Zuge des GNV-Projektes notwendige Verschiebung der Grenze. Wie bereits zuvor erläutert wurde, konnte keine für beide Parteien akzeptable Kompromisslösung gefunden werden.[363] Der Aspekt der Minderheitenpolitik muss in diesem Fall zwar Erwähnung finden, kann aufgrund seiner Komplexität im Rahmen der vorliegenden Arbeit jedoch nicht ausführlicher behandelt werden.[364]

Ohne im Detail auf die bilateralen Beziehungen zwischen Österreich und der Tschechoslowakei einzugehen[365], werden nur die für das Verständnis des Falls GNV wesentlichen Kontexte dargestellt. So veranschaulicht die tschechische Historikerin Kateřina Vnoučková in ihrer Untersuchung der Grenzregion zu Niederösterreich, wie sich im Zuge der zweiten Hälfte der 1980er Jahre das Verhältnis zwischen den beiden Staaten verbesserte.[366] Grundlage dafür waren verstärkte bilaterale Kontakte und der Abschluss mehrerer zwischenstaatlicher Verträge, die den Handel, Verkehr, aber auch die Zusammenarbeit auf dem Gebiet des Gesundheitswesens (1983) für die Region regelten.[367] Nichtsdestotrotz bildete die stromwirtschaftliche Nutzung der Donau in den 1980er Jahren mehrere Anlässe zu Konflikten unter den Nachbarstaaten. Im Fall der tschechoslowakisch-österreichischen Beziehungen führten die Pläne eines bilateralen Kraftwerks bei Wolfsthal-Bratislava (Wolfsthal I) zu Verstimmungen, als im November 1960 Österreich das Projekt auf unbestimmte Zeit verschob. Nach Ansicht der tschechoslowakischen Seite wären die Österreicher aufgrund der vorherrschenden Energienot mit der Bauabsicht an die Nachbarn herangetreten.[368] Laut einem Bericht des tschechoslowakischen Komitees vom Jahr 1958

363 Vgl. Štanzel, Wasserträume, 144.

364 Vgl. dazu u. a.: Tamás Fleischer, Jaws on the Danube: Water Management, Regime Change and the Movement Against the Middle Danube Hydroelectric Dam, in: International Journal of Urban and Regional Research 17 (1993) 3, 429–443.

365 Ausführlicher u. a. bei: Perzi/Konrád/Schmoller/Šmidrkal (Hg.), Nachbarn (2019); umfassende Studien zu den wirtschaftlichen und kulturellen Beziehungen bei: Andrea Brait/Michael Gehler (Hg.), Grenzöffnung 1989. Innen- und Außenperspektiven und die Folgen für Österreich, Wien/Köln/Weimar 2014.

366 Vgl. Kateřina Vnoučková, The Iron Curtain Could Stop People, But Not the Environment, in: Silvia Nadjivan/Sebastian Schäffer (Hg.), Cross-border cooperation in Central and South East Europe, Der Donauraum 59 (2019) 1–2 , 47–58.

367 Vgl. ebd.; sowie: Abkommen zwischen der Republik Österreich und der Tschechoslowakischen Sozialistischen Republik über die Zusammenarbeit auf dem Gebiet des Gesundheitswesens, BGBl. Nr. 277/1983. Für eine chronologische Übersicht aller bilateralen Verträge und Übereinkommen siehe: Österreich – Tschechische Republik, Webseite der Österreichischen Botschaft Prag, URL: https://www.bmeia.gv.at/oeb-prag/bilaterale-beziehungen/vertraege/ (abgerufen 12. 1. 2021).

368 Einem Memorandum der DOKW vom 6. Februar 1980 zufolge wurde 1957 eine Projektgruppe »Wolfsthal-Bratislava« gegründet und nach der Absage des gemeinsamen Bauprojekts 1961 wieder aufgelöst. Vgl. Östereichisches Staatsarchiv (ÖStA) Archiv der Republik

würde es Verzögerungen in den Verhandlungen geben. Grund dafür sei »französisches Kapital«, das für das Donaukraftwerk Aschach freigemacht wurde. Die Tschechoslowakischen Kommunisten befürchteten, »dass gerade das ausländische Kapital Interesse daran hat, eine Vereinbarung mit Vorteilen für einen der sozialistischen Staaten zu vereiteln und dass eben dies Bedingung für Österreich zum Erhalt des ausländischen Kapitals war.«[369] Die österreichische Seite argumentierte die Verschiebung der Grenzkraftwerkspläne bei Wolfsthal mit der fraglichen Wirtschaftlichkeit des Projekts.[370] Während für Österreich dadurch das Kapitel geschlossen war, erlebte das Konfliktthema in den 1980er Jahren jedoch eine Renaissance. Die ČSSR wollte die Pläne wieder auf den Verhandlungstisch bringen, doch Österreich erteilte mit Bezugnahme auf das Protokoll der damaligen Sitzung erneut eine Absage.[371] Hintergrund der tschechoslowakischen Initiative waren die Kraftwerkspläne der Österreicher bei Hainburg. Die Tschechoslowakei argumentierte, dass die Schäden an den Auwäldern bei einer Realisierung des Kraftwerks bei Wolfsthal geringer ausfallen würden als bei jener in Hainburg. Die Tschechoslowaken befürchteten dabei vor allem Nachteile durch das österreichische Kraftwerkprojekt. Konkret war in einem Sitzungsprotokoll des Zentralkomitees vom Jahr 1984 die Rede von »einer Beschädigung tschechoslowakischer Interessen am Grenzabschnitt der Donau und der Morava.«[372] Robert Fuchs, der sich in seiner vergleichenden Studie mit den Kontexten und Hintergründen politischer Entscheidungsfindung bei den Kraftwerksprojekten in Hainburg und Gabčíkovo-Nagymaros auseinandersetzte, hebt die widersprüchlichen Positionen der beiden Länder zu gemeinsamen Staudammprojekten an der Donau wie folgt hervor: »In 1957 Austria made a contract with Czechoslovakia to build the Wolfsthal-Bratislava dam, but Austria withdrew from the joint plan in 1960. Later when Austria proposed to build alone, Czechoslovakia objected to a dam's possible damage to the environment. When the Czechs decided to build alone, Austria financed the project while Austrian and other environmentalists objected to it.«[373] So kam es, dass die Tschechoslowakei für ihren Protest gegen Hainburg Argumente von UmweltschützerInnen aufgriff. Der Konflikt ging so weit, dass das tschechoslowakische Außenministerium damit drohte, »in Zukunft weniger Verständnis für österreichische

(AdR) Bundesministerium für Handel, Gewerbe und Industrie (BM H,GuI) 54.360/2V Blg.1, Memorandum betreffend die Staustufe Gabčíkovo, ein Gemeinschaftskraftwerk der ČSSR und Ungarn, Wien, 6.2.1980.

369 Štanzel, Wasserträume, 144.

370 Vgl. ebd.

371 ÖStA AdR BM H,GuI 54.360/9V Blg. 1, Schreiben an das Bundesministerium für Auswärtige Angelegenheiten zum Gegenstand »Rahmenplan Donau; Kraftwerksausbau stromabwärts von Wien« vom 26.8.1980.

372 Štanzel, Wasserträume, 144.

373 Fuchs, Comparing Environmental Protest Movements, 6.

Interessen im Bereich des Umweltschutzes« zu zeigen, sollte Österreich die tschechoslowakischen Interessen ignorieren. Österreich nutzte in der Reaktion darauf die Finanzschwäche der ČSSR aus, um Kredite für Gabčíkovo im Gegenzug für ihre Zustimmung zu Hainburg anzubieten.[374]

> »Das Bundesministerium für Auswärtige Angelegenheiten hat die Botschaft mit Erlaß [...] vom 29. Oktober 1980 seinerzeit dahingehend informiert, daß Bundesminister Dr. Staribacher mit dem tschechoslowakischen Energieminister Fragen im Zusammenhang mit dem Rückstau durch das im Raum Hainburg geplante Kraftwerk besprochen hat, wobei die tschechoslowakische Seite der österreichischen Ansicht bezüglich einer Beteiligung an der Elektrizitätsgewinnung in Gabčíkovo entschieden entgegengetreten ist. Auch ist der österreichische Vorschlag vom Juli 1980 bezüglich der Einsetzung einer österreichisch-tschechoslowakisch-ungarischen Regierungskommission zur Wahrung der durch das Kraftwerk Gabickovo beeinträchtigten Interessen Österreichs bis jetzt von tschechoslowakischer Seite trotz mehrfacher Urgenzen meritorisch nicht beantwortet worden.«[375]

Die Strategie des österreichischen Auswärtigen Amtes zielte darauf ab, den durch Gabčíkovo zu erwartenden Rohenergieverlust hervorzuheben und »aus taktischen Gründen zuerst eine 15 %ige Energiebeteiligung zu fordern und erst in zweiter Linie die Variante der Ausbaggerung ins Auge zu fassen.«[376] Der Schriftverkehr zwischen Verbund-Chef Walter Fremuth und Handelsminister Staribacher lässt die Vermutung zu, dass der befreundete Manager der Energiewirtschaft wesentlichen Einfluss auf diese Strategie hatte. So war es Fremuth, der Minister Staribacher auf den existierenden zwischenstaatlichen Vertrag zu GNV hinwies und ein »13–15 %iges Strombezugsrecht oder aber eine Beteiligung an dem Laufwasserkraftwerk« vorschlug.[377] In der Folge wies die Tschechoslowakei die Forderung nach einer Energiebeteiligung zurück und setzte weiterhin

374 Vgl. Štanzel, Wasserträume, 165. Zitiert aus: Začatie rokovania s rakúskou stranou o koncepcii využitia spoločného československo- rakúskeho úseku Dunaja, 4. červen 1984. [Aufnahme von Verhandlungen mit der österreichischen Seite über das Konzept der Nutzung des gemeinsamen tschechoslowakisch-österreichischen Donauabschnitts] NA, Fond KSČ-ÚV-02/1 KSČ – Ústřední výbor 1945–1989, Praha – předsednictvo 1981–1986, P 110/84, Bl. 3.

375 ÖStA AdR BM H,GuI 54.360/9V Blg.1, Brief der Österreichischen Botschaft in Prag an das Bundesministerium für Auswärtige Angelegenheiten, Prag, 29. 1. 1981.

376 ÖStA AdR BM H,GuI 54.360/9V Blg. 1, Brief des Bundesministeriums für Auswärtige Angelegenheiten an das Bm H, GuI, Wien, 24. 10. 1980.

377 ÖStA AdR BM H,GuI 54.360/2V Blg. 1, Brief des Verbund-Chefs an Minister Staribacher, Wien, 24. 6. 1980. Weitere Akten zum interministeriellen Austausch über die Vorgangsweise und Auswirkungen von GNV finden sich auch im ÖStA AdR Bundesministerium für Land- und Forstwirtschaft (BMLFW) 14.201/10-I4/80, Kraftwerksgruppe Gabčíkovo-Nagymaros; Einleitung bilateraler Gespräche, zu finden in: 14.201-I4/1980.

auf die Errichtung von Wolfsthal-Bratislava.[378] Sowohl für den Verbund-Chef als auch für das Handelsministerium war das Kapitel Wolfsthal jedoch abgeschlossen.[379] Die Geschichte sollte jedoch zeigen, dass auch dieses Projekt nicht auf immer in den Archiven der DoKW verbleiben sollte. Nachdem die Proteste gegen das Kraftwerk bei Hainburg 1985 zur Bildung einer Ökologiekommission der Bundesregierung führten, wurden von dieser sowohl die Erhaltung der Fließstrecke zwischen Wien und Bratislava als auch deren Ausbaufähigkeit diskutiert. Ökonomische wie ökologische Kriterien wurden grundsätzlich gleichgesetzt. Aufgrund der befürchteten Umweltschäden wurde die Realisierung Hainburgs als ungünstig eingestuft. Die geplante Staustufe Wien (Freudenau) wurde als kurzfristig realisierbar, die Staustufe Wolfsthal II als mittelfristig realisierbar angesehen.[380] Eine WWF-Studie zu Wolfsthal II aus dem Jahr 1992 kommt zum Schluss: »Die Lösung stützt sich auf das im Jahre 1959 erarbeitete tschechoslowakisch-österreichische Vertragsprojekt von diesem Wasserkraftwerk. Durch Vertiefung der Kenntnisse und Läuterung der Ansichten erfuhr die ursprüngliche Lösung eine ziemlich markante Veränderung, sodaß ihre Aktualisierung notwendig war.«[381] Auch wenn immer wieder Gerüchte um Pläne eines Kraftwerks im Grenzgebiet bei Wolfsthal auftauchen, wurde das Projekt bis heute nicht realisiert.[382] Nichtsdestotrotz wurde nach Hainburg noch das Kraftwerk Freudenau (Wien) umgesetzt. Andreas Kuchler vertritt in seiner Dissertation zur österreichischen Entwicklung der Wasserkraft nach Zwentendorf und Hainburg die These, dass es im Zuge dieser beiden Infrastrukturprojekte gelungen sei, zwischen den Interessen der lokalen Bevölkerung und der Energiewirtschaft besser zu vermitteln und die nötigen Maßnahmen für Umwelt-, Naturschutz und Freizeitgestaltung anzubieten.[383]

Die österreichisch-ungarischen Beziehungen der 1970er und 1980er Jahre nahmen im Donauraum eine Sonderrolle ein. Aufgrund seiner geografischen

378 ÖStA AdR BM H,GuI 54.360/9V, Vortrag an den Ministerrat, Bericht über die anlässlich des ČSSR -Reise von Herrn Bundesminister Dr. Josef Staribacher geführten Gespräche, Wien, 30.7.1980.

379 ÖStA AdR BM H,GuI 54.360/2V Blg.1, Memorandum betreffend die Staustufe Gabčíkovo, ein Gemeinschaftskraftwerk der ČSSR und Ungarn, Wien, 6.2.1980.

380 Vgl. H.P. Nachtnebel, Wasserwirtschaftliche Planungsmethoden: Naturschutz und Wasserkraft Untere Donau, 4, URL: https://iwhw.boku.ac.at/LVA816106/PDFs_der Praesentationen/7_Mehrzielplanung_Untere_Donau.pdf (abgerufen 10.9.2020).

381 Projekt Donaukraftwerk Wolfsthal II: Ökologische Auswirkungen auf die Slowakei, Studie der Universität Bratislava für WWF Österreich (Bratislava 1992), 9, URL: https://www.zobodat.at/pdf/WWF-Studien_97_1992_0001-0100.pdf (abgerufen 18.9.2022).

382 Vgl. Philipp Kienzl, »Wir wollen kein Kraftwerk«. Kurier, 5.4.2012, URL: https://kurier.at/chronik/niederoesterreich/wir-wollen-kein-kraftwerk/773.344 (abgerufen 22.1.2021).

383 Vgl. Andreas Kuchler, Die Entwicklung der österreichischen Wasserkraft nach Zwentendorf und Hainburg, phil. Diss., Universität Wien 2015, http://othes.univie.ac.at/37807/1/2015-05-31_9611696.pdf (abgerufen 19.8.2022), 262f.

Lage und seines Neutralitätsstatus' schlüpfte Österreich schon bald in die Vermittlerrolle zwischen Ost und West. Insbesondere der Hauptstadt Wien kam eine Sonderrolle zu. Mehrere internationale Organisationen gründeten ihren Hauptsitz in Wien, darunter 1957 die Internationale Atomenergie-Organisation (IAEO) und 1965 die Organisation erdölexportierender Länder (OPEC). Wien wurde 1979 zum dritten ständigen Standort der Organisation der Vereinten Nationen (UNO) gewählt. In den 1980er Jahren war Österreich Gastgeber der Konferenz für Sicherheit und Zusammenarbeit in Europa (KSZE), die, wenn auch am Ende nicht erfolgreich, das Image Österreichs als »Brücke« zwischen Ost und West in Europa stärkte. Schon kurz nach Ende des Zweiten Weltkrieges nahmen die Nachbarländer Österreich und Ungarn Handelsbeziehungen auf, welche sich vor allem in Form von Warenaustauschabkommen auf Basis von Kompensationen äußerten. Österreichs Erklärung der immerwährenden Neutralität durch das Bundesverfassungsgesetz vom 26. Oktober 1955 und Josef Stalins Tod im März 1953 bildeten die Säulen positiver Nachbarschaftspolitik.[384] Österreichs Sympathie mit dem ungarischen Volksaufstand im Oktober 1956 sowie die Rolle als Aufnahme- bzw. Durchzugsland für Flüchtlinge führte zu außenpolitischen Spannungen und Nervosität auf beiden Seiten.[385] Nichtsdestotrotz erfolgte schon bald nach der Niederschlagung des Aufstandes eine »Normalisierung«[386], die sich etwa in einem zwischenstaatlichen Luftfahrtabkommen sowie einer Verlängerung des Warenaustausch- und Zahlungsabkommens niederschlug. Mit János Kádár, der in Ungarn einen Kurswechsel einläutete, und Bruno Kreisky, der 1962 als erster Außenminister eines nichtkommunistischen Staates seit dem Zweiten Weltkrieg nach Ungarn reiste, erhielten die Nachbarländer spätestens ab Kreiskys Ungarn-Besuch als Bundeskanzler 1973 zwei prominente Gesichter der Wiederannäherung. Eine rege Besuchsdiplomatie von politischen und wirtschaftlichen Delegationen war die Folge.[387] Die verbesserten Beziehungen wirkten sich auch auf den Handel aus. Auch Bundeskanzler Josef Klaus zeigte wenig Berührungsängste mit den Staaten des Warschauer Paktes und hatte ab 1966 seine Ostpolitik vorangetrieben. Mit dem Scheitern der Reformen in der Tschechoslowakei avancierte Ungarn zunehmend zu einem attraktiven Ansprechpartner über den Eisernen Vorhang hinweg. Die Aussetzung der Beziehungen zu Ungarn aufgrund seiner Teilnahme an der Niederschlagung des Prager Frühling 1968 war nicht von langer Dauer. Auch wenn die kritische Berichterstattung Österreichs, vor allem des Österreichischen Rundfunks (ORF) dem Nachbarn ein Dorn im Auge war, nahmen beide Länder schon bald wieder

384 Vgl. Peter Haslinger, Hundert Jahre Nachbarschaft: Die Beziehungen zwischen Österreich und Ungarn 1895–1994, Frankfurt am Main/Berlin/New York u. a. 1996.

385 Ebd., 243–46.

386 Ebd., 280.

387 Vgl. ebd., 237–252.

ihre »Entspannungspolitik« auf. Auch der Vorsitzende des Ministerrates Jenő Fock, der seinen 1968 verschobenen Staatsbesuch in Österreich schon im Mai des Folgejahres nachholte, betonte die friedliche Koexistenz entlang der Donau.[388] Ab Mitte der 1970er Jahre wurden auch die Kultur- und Wissenschaftsbeziehungen zwischen den beiden Ländern stärker gepflegt. Die Eröffnung eines Kulturinstituts in Wien (Collegium Hungaricum) 1977, ein Kultur- und Wissenschaftsabkommen sowie die Einladung von Lektoren nach Ungarn und eine gemeinsame Ausstellung über Matthias Corvinus bildeten wichtige Initiativen in den späten 1970er und frühen 1980er Jahren. Gerade die HistorikerInnen-Kontakte entwickelten sich in der Folge recht rasch.[389] In dieser Zeit verfolgte Österreich eine Nachbarschaftspolitik, die die Grenze zwischen Österreich und Ungarn zunehmend durchlässiger machte. Diplomatische Besuche österreichischer und ungarischer Politiker und die Visaliberalisierung 1978 (ab 1. Januar 1979) symbolisierten dieses friedliche Zusammenleben und wurden von hohen Krediten aus Österreich für die Tourismusinfrastruktur in Ungarn begleitet. 1988 erhielten ungarische Staatsbürger den »Weltpass«, mit dem sie problemlos in westliche Länder reisen konnten, was zu einem Einkaufsbummel bei Konsumgütern in Österreich führte. Die engen Wirtschaftsbeziehungen beider Länder spielen für den Fall GNV eine besondere Bedeutung, weshalb diesem Aspekt auch größere Aufmerksamkeit geschenkt werden soll. Zentrale Akteure der Zusammenarbeit waren Vertreter der österreichischen verstaatlichten Industrie und ab April 1970 der dafür zuständige Minister Josef Staribacher sowie die ungarische Botschaft als erste Anlaufstelle für Geschäftsanbahnungen.[390] Ungarns chronisch negative Handelsbilanz gegenüber Österreich sollte durch den Abbau von Handelsbeschränkungen verringert werden. Dazu wurden verschiedene bilaterale Gremien gegründet. Das Ziel war ein neues bilaterales Zahlungsabkommen. Bisher musste bei jedem Kredit und bei sämtlichen Zahlungen die Österreichische Nationalbank (ÖNB) zustimmen. Kredite wurden nur gewährt, wenn sie zumindest indirekt der Förderung österreichischer Exporte dienten. Mit einem neuen Handelsübereinkommen – gültig von 1973–1977 – sollten die Zahlungen schließlich erst nachträglich der ÖNB bekannt gegeben werden müssen. Die Exporterfolge Ungarns beschränkten sich trotz der Bemühungen vorwiegend auf Energieträger und landwirtschaftliche Produkte. Im Zuge der Ölkrise kam es ab 1973 zu stark verschlechterten Bedingungen für Ungarn. Zudem wurde Österreich verstärkt an den EWG-Markt angebunden (vier Freihandelsabkommen 1972). 1975 führte Österreich das Vidierungsverfahren ein, das eine vereinfachte Zollbehandlung für liberalisierte Waren aus bestimmten

388 Vgl. ebd., 281f.
389 Vgl. ebd., 309–323.
390 Vgl. ebd., 325f.

Herkunftsländern vorsah. Für Ware, die als sensibel eingestuft wurde, gab es nun ein Beobachtungsverfahren, damit es zu keinen Dumpingpreisen kam. Länder wie Ungarn waren davon am meisten betroffen. Die OPEC-Krise führte zudem zu einer Inflationsspirale, die ungarische Staatsfirmen unter Druck setzte, da sie auf den Import von Maschinen und Ersatzteilen angewiesen waren. Ungarn hatte mit einem massiv wachsenden Schuldenberg zu kämpfen. 1982 stand das Land bereits erstmals am Rand des finanziellen Zusammenbruchs. Eine kurzzeitige Erholung konnte nur durch den Beitritt zum Internationalen Währungsfonds (IWF) erreicht werden. 1985/86 erfolgte erneut der Einbruch. Als wichtiger Schritt in den österreichisch-ungarischen Wirtschaftsbeziehungen kann das Investitionsschutzabkommen 1988 erwähnt werden. Dieses bedeutete die rechtliche Gleichstellung von Unternehmen und ihren Schutz vor Enteignung und Verstaatlichung. Ab 1989 wurde schließlich auch die Gründung von Joint Ventures bedeutend erleichtert. Auch der Erwerb von Immobilien wurde dereguliert. Nichtsdestotrotz erfuhren die Beziehungen allerdings eine erhebliche Trübung durch Ungarns Ausstieg aus dem GNV-Projekt 1989.[391]

Wirtschaftspolitik zwischen Ost und West

Die Entwicklung des Ost-West-Handels ist stark mit dem Bankensystem im Donauraum verknüpft. »Der in Planwirtschaft brachliegende Bankensektor wurde vor allem von österreichischen Banken als neue Standortchance (›window of opportunity‹) genutzt«, so der österreichische Ökonom Fritz Breuss.[392] Die Struktur des österreichischen Bankensystems in der Nachkriegszeit war von der Verstaatlichung der beiden größten Aktienbanken, der Creditanstalt (CA) und der Länderbank, sowie von einem stark regulierten Geld- und Kapitalmarkt geprägt. Mit dem politischen Wechsel 1956 durch den Wahlsieg der Österreichischen Volkspartei (ÖVP) ging der Trend zurück in die Reprivatisierung. In den 1960er Jahren entwickelte sich der Markt aufgrund steigender Konkurrenz zunehmend in Richtung Privatkunden- bzw. Massengeschäft. Aktienbanken wie die Creditanstalt konnten nur bedingt mit Raiffeisenbanken und Sparkassen

391 Vgl. ebd., 323–352.

392 Fritz Breuss, Wirtschaftliche Auswirkungen von »1989« auf Österreich, Österreich und die Folgen von 1989, Wien 2016, 124–154, 12; vgl. dazu ebenso: Fritz Breuss, Die österreichische Wirtschaft seit der Ostöffnung, in: Dieter Stiefel (Hg.), Der »Ostfaktor« – Österreichs Wirtschaft und die Ostöffnung 1989 bis 2009, Wien/ Köln/Weimar 2010, 115–157; Fritz Breuss, Auswirkungen der Ostöffnung 1989 auf Österreichs Wirtschaft, in: Andrea Brait/ Michael Gehler (Hg.), Grenzöffnung 1989: Innen- und Außenperspektiven und die Folgen für Österreich, Wien/Köln/Weimar 2014, 67–108.

mithalten.[393] Gründe für das Absinken des Marktanteils lagen unter anderem in der Bewilligungspflicht bei der Gründung neuer Filialen sowie in den umfassenden Industriebeteiligungen, deren Finanzierung im Vordergrund stand. Im Fall der Länderbank führten die Beteiligungen Anfang der 1980er sogar zu einer staatlichen Rettungsaktion. In den 1970er Jahren führte ein neuer Trend zu einem Aufschwung bei der Creditanstalt: Unter Heinrich Treichl, der zwischen 1970 und 1981 als Generaldirektor fungierte, beteiligte sich diese zunehmend an der Internationalisierung der Geschäfte. »Die Bilanzsumme [...] wuchs in dem Jahrzehnt zwischen 1970 und 1980 um jährlich durchschnittlich 20 Prozent, inflationsbereinigt um fast 13 Prozent der Auslandsanteil verdoppelte sich auf fast 40 Prozent der Bilanzsumme [...]«, schildert Treichl in seiner Autobiografie die Entwicklungen jener Zeit.[394] Die einstige Finanzmetropole der Donaumonarchie etablierte sich in der zweiten Republik erneut als wichtiger Finanzplatz. Aufgrund seines »neutralen« Status' war Wien auch für sozialistische Banken attraktiv. Vier davon, darunter die ungarische Central Wechsel und Credit Bank, hatten eine Zweigstelle[395], und zudem lockte die »Nähe« zu Osteuropa viele westliche Finanzinstitute in die österreichische Hauptstadt.

> »In Vienna more than 15 well-known Western international banks have established branches or agencies for better access to Eastern Europe, and ›the Financial Sphere‹ there is now one of the recognized centres of East-West finance.«[396]

Die CA übernahm gemeinsam mit der 1946 gegründeten Kontrollbank (OeKB) besonders bei der Vergabe von Großkrediten eine tragende Rolle.[397] »Die Finanzierung des Donauraums stützte sich in Österreich zum Teil auf die finanzielle Exportförderung, die zu einem großen Teil (allerdings nicht ausschließlich) von der Kontrollbank betreut wurde [...].«[398] Ein wesentliches Instrument dabei ist die Vergabe von »Exportgarantien« und die »verfahrensmäßige Exportfinanzierung«.[399] Die OeKB kann nur dann eine Exportfinanzierung übernehmen, wenn der Staat eine Bundeshaftung (als Garantie) übernimmt. Wird so eine Exportgarantie an ausländische Abnehmer gewährt, können österreichische Unternehmen bei ihrer Bank die Exporte von Gütern oder Dienstleistungen refinanzieren, »ohne dass es hier zu einer Forderung der österreichischen Bank

393 Vgl. Christoph Retter, Die österreichischen Banken und der Donauraum – Geschichte einer Strategie, phil. Diss., Wirtschaftsuniversität Wien 2017. Zitat aus: Heinrich Treichl, Fast ein Jahrhundert, Wien 2003, 270.
394 Retter, Die österreichischen Banken, 328.
395 Vgl. ebd., 328f.
396 Ebd. Zitat aus: Julius Wilczynski, Comparative Monetary Economics, London 1978, 37.
397 Vgl. Retter, Die österreichischen Banken, 331.
398 Ebd., 339.
399 Ebd.

gegenüber dem Ausland kommt«.[400] Die Republik Österreich machte in den 1970er und 1980er Jahren von diesen Haftungen stark Gebrauch. Ende 1980 übernahm die Republik Haftungen im Wert von 206,7 Milliarden Schilling. Fünf Jahre davor waren es noch 15,3 Milliarden Schilling. Christoph Retter zieht in seiner Studie zu den Ostgeschäften österreichischer Banken als Beispiel für diese Osthandelsfinanzierung Polen heran. Die ÖKB-AG schloss 1975 mit der Bank Handlowy einen Finanzkredit in der Höhe von 1,2 Milliarden Schilling für den Export von Konsumgütern ab. Ein anderes Abkommen wurde 1974 zwischen der Verbundgesellschaft und der polnischen Firma Weglokoks abgeschlossen. In diesem Fall wurde vereinbart, dass Österreich Investitionsgüter und Industrieanlagen nach Polen liefert, um im Gegenzug Stromlieferungen aus Polen zu erhalten.[401]

In den Handelsbeziehungen zwischen Österreich und sozialistischen Staaten waren die persönlichen Kontakte mit dem damaligen »Ostblock« zentral: dies geschah, wie Retter hervorhebt, »nicht nur über das Knüpfen von Beziehungen über typische Bankgeschäfte, sondern über Kompensations- und Dreiecksgeschäfte mit Industrie- und Handelsgütern«.[402] Diese Erfahrungen sollten sich als wichtiger Vorteil späterer Expansionen herausstellen, da gerade die persönlichen Verbindungen oftmals die Systemtransformation überdauerten.[403] Eine gewisse Hürde in den Handelsbeziehungen stellte das »faktische staatliche Außenhandelsmonopol«[404] dar. Finanzielle Transaktionen in sozialistische Länder wurden ausschließlich über die Außenhandelsbank abgewickelt. Diese Konstruktion führte dazu, dass der Umfang und die Art des Handels von den sozialistischen Ländern vorgegeben wurden. Die Folge war ein Nachfrageüberschuss nach westlichen Gütern, der nicht durch Exportgeschäfte ausgeglichen werden konnte. Die Abhängigkeit von westlichem Kapital und die dafür aufgenommenen Schulden stiegen – besonders im Fall Ungarns und Polens – enorm an.[405] »Verglichen mit anderen westlichen Ländern betrieb Österreich einen überdurchschnittlich hohen Handel mit den sozialistischen Ländern des Ostens.«[406] Gerade am Beispiel Ungarns zeigte sich dies anhand der historischen Verstrickungen der beiden Volkswirtschaften. Selbst als sich die sozialistischen Staaten ab den späten 1940er Jahren immer stärker abzuschotten begannen, »leistete« sich Österreich »auch noch die 1950er Jahre hindurch mit den Oststaaten eine ne-

400 Retter, 340. Vgl. auch: Jan Stankovsky, Österreichs Osthandel im Umbruch, in: WIFO Monatsberichte 63 Wien (1990) 6, 365–377.
401 Vgl. Retter, Die österreichischen Banken, 341.
402 Ebd., 334.
403 Vgl. ebd.
404 Ebd., 335.
405 Vgl. ebd., 335–37.
406 Ebd., 337.

gative Handelsbilanz«[407]. Nahrungsmittel- und Kohleimporte stellten in diesen Jahren die wesentlichen Importgüter dar. Da die gespannten Verhältnisse zwischen der Sowjetunion und westlichen Staaten intensivere Beziehungen erschwerten, versuchten Österreich und Ungarn in den 1960er Jahren den Ost-West-Handel zu »entpolitisieren«[408]. So verurteilte der ungarische Ökonom Imre Vajda (Budapest) in *Arbeit und Wirtschaft*, dem Periodikum der Österreichischen Arbeiterkammer und des Gewerkschaftsbundes im Jahr 1965 die Zielsetzung, den »Ostblock« mit der Einschränkung von Handelskontakten zu schwächen, eine Denkweise des Kalten Krieges, so Vajda, der dies ablehnte.[409] »Das Auseinanderleben von Ost und West, der Riß im Gewebe oder zumindest die Lockerung der Fäden der Handelskontakte ist in der Gegenwart, […] ein Anachronismus, der überwunden werden muß.«[410] Der Ökonom sah großes Potential in der »konsequenten Ausdehnung der friedlichen Koexistenz als dem Grundsatz unserer Gegenwart auf den Bereich der Wirtschaftsbeziehungen.«[411] Im Gegensatz zu den ungarisch-österreichischen Beziehungen behinderten die politischen Spannungen zwischen der Tschechoslowakei und dem Nachbarland die Herausbildung stärkerer Wirtschaftsbeziehungen. Auch die Kreditschulden der Tschechoslowakei gegenüber österreichischen Banken blieben vergleichsweise gering. Hinsichtlich der politischen Kompromissfähigkeit, etwa mit einem Abkommen zu Sicherheitsvorschriften grenznaher Atomkraftwerke 1982, konnten zwar kleine Erfolge vorgewiesen werden.[412] »Alles in allem blieben die Beziehungen aber vom österreichischen Standpunkt aus hinter denen etwa zum Nachbarland Ungarn weit zurück.«[413]

Österreichs wirtschaftspolitische Entwicklungen der 1970er Jahre waren vor allem durch die Dominanz der Sozialpartner geprägt. So fasste 1993 auch der Ökonom Andreas Wörgötter den »Konsens der siebziger Jahre« zusammen, indem er die »wirtschaftspolitische Zuständigkeit der Sozialpartner« als unbestritten darstellte. »Es wäre daher durchaus denkbar, daß auch eine andere Regierung unter der Beteiligung der ÖVP eine ähnliche Wirtschaftspolitik durchgeführt hätte«, so Wörgötter.[414] In Kürze kann die wirtschaftspolitische Aus-

---

407 Ebd., 343; Vgl. auch: Andreas Resch, Österreichische Privatbanken von 1919 bis 1945, Geschichte der österreichischen Privatbanken, Wiesbaden 2018, 81–211, hier: 512.

408 Imre Vajda, Der Ost-West-Handel, in: Arbeit und Wirtschaft 19 (1965) 4, 6–9, hier: 7.

409 Ebd.

410 Ebd., 8.

411 Ebd., 9.

412 Vgl. Perzi/ Šmidrkal, Die langen 1970er Jahre, 290f.

413 Ebd., 290.

414 Andreas Wörgötter, Der Wandel des wirtschaftspolitischen Leitbildes in Österreich seit den siebziger Jahren, in: Michael Chaloupek, Günther; Mesch (Hg.), Der Wandel des wirtschaftspolitischen Leitbildes in Österreich seit den siebziger Jahren, 1. Aufl., Wien 1993, 79–98, hier: 79.

richtung als keynesianisch bezeichnet werden. Heute sprechen wir vom »Austro-Keynesianismus«, dessen VertreterInnen sich vor allem die Ziele Vollbeschäftigung, Wirtschaftswachstum und Stabilität in der Verteilung von Einkommen und Vermögen an die Fahnen hefteten. Ersteres, das Beschäftigungsziel, galt hierbei als Priorität. So lag die Arbeitslosigkeit 1970 bei 1,4 Prozent, der OECD-Schnitt betrug 3,1 Prozent. Das gesamte Jahrzehnt konnte die Arbeitslosenrate unter zwei Prozent gehalten werden. Neben einer »flexible[n] Fiskalpolitik, eine[r] wechselkursorientierten Geldpolitik« war es insbesondere die konsensual geprägte Praxis der Sozialpartnerschaft, welche als Instrument des Austro-Keynesianismus herangezogen wurde.[415] Diese Geldpolitik führte zwar zu einem starken Anstieg der Staatsschulden, der Austro-Keynesianismus fand jedoch »kaum wesentliche Gegner«[416]. Die Preiserhöhungen im Energiesektor 1973 zählten zu den stärksten Belastungen der darauffolgenden Jahre. »Auch in Österreich kam es 1975 zu einer Reduktion des realen Bruttoinlandsprodukts.«[417] Trotzdem erfolgte, Wörgötter zufolge, unter Mitwirkung der Sozialpartner zu keinem merklichen Beschäftigungsrückgang. Ein Grund dafür war mitunter das starke Wachstum der Wirtschaft. Während Österreich diesen Vorsprung in den 1980er Jahren gegenüber anderen OECD-Ländern wieder aufgeben musste, sorgte die »Ostöffnung« 1989 für einen erneuten Impuls.[418] Die Jahre davor führte jedoch Anfang der 1980er Jahre (als Folge der zweiten Ölkrise 1979) ein weiterer »Ölschock« erst einmal zum Abflauen des Wirtschaftswachstums. Weitere internationale und gesellschaftspolitische Faktoren kamen hinzu, was das bisherige Erfolgsmodell zunehmend ins Wanken brachte:

> »Die Internationalisierung der Wirtschaft und die Ökologisierung der Wertvorstellung in der Bevölkerung […] entzogen dem gesellschaftlichen Konsens der Wirtschaftspolitik des ›Austro-Keynesianismus‹ die reale Grundlage. Die Geldpolitik war auf eine konjunkturunabhängige Regel eingeschworen, die Fiskalpolitik war wegen der steigenden Importquoten zunehmend weniger in der Lage, die heimische Nachfrage zu beeinflussen, und die Umweltbewegung verfolgte andere als wirtschaftliche Ziele.«[419]

Nachdem die Empfehlungen des »Club of Rome«[420] und die Diskussion um begrenzte Ressourcen auch in der breiten österreichischen Diskussion ange-

415 Vgl. ebd., 80.
416 Ebd., 81.
417 Ebd.
418 Vgl. ebd., 82.
419 Ebd., 84.
420 Vgl. Meadows/Meadows/Jorgen/ Behrens, The Limits to Growth (1972).

kommen waren, änderte sich in den 1980er Jahren auch die Machtposition der Sozialpartner.[421]

> »Während in den siebziger Jahren die Lösung von Problemen daran scheitern konnte, daß sich die Sozialpartner nicht einigten, war die sozialpartnerschaftliche Einigung in den achtziger Jahren keine Garantie mehr dafür, daß die angestrebte Lösung tatsächlich in die Tat umgesetzt werden konnte.«[422]

Es ist zu vermuten, dass die zuvor erläuterten guten Beziehungen zwischen Österreich und Ungarn hemmende Wirkung auf das Verhältnis der österreichischen Regierung zur demokratischen Opposition in den sozialistischen Ländern hatten. Die österreichische Sozialdemokratie befand sich in einem Dilemma hinsichtlich des wachsenden Dissens in Osteuropa. Als die Solidarność-Bewegung in Polen auch für Schlagzeilen in Österreich sorgte, reagierte Anton Benya, Präsident des Österreichischen Gewerkschaftsbundes (ÖGB), mit offenem Vorbehalt auf die Ereignisse.[423] Während in Österreich das Mobilisierungspotential der Sozialpartner abnahm, stieg der Einfluss von Sozialen Bewegungen und Bürgerinitiativen. Alternative Szenen bildeten sich und forderten neben öffentlichem Raum (etwa die Arena oder das Werkstätten- und Kulturhaus – WUK in Wien) auch Zugang zu öffentlichen Subventionen.[424] Sie vertraten neue Anliegen, wie Umweltschutz, protestierten gegen Waffenexporte, forderten Abrüstung, Gleichberechtigung und gingen gegen verschiedenste Formen der Diskriminierung an die Öffentlichkeit.[425] Die Friedensbewegung der 1980er Jahre schaffte schließlich auch die Massenmobilisation mit zehntausenden TeilnehmerInnen bei Abrüstungsdemonstrationen. Nicht selten setzen sich die neuen Gruppen dabei den Interessen der Gewerkschaften entgegen (etwa beim Thema Waffenexporte).[426] Aber auch bei Hainburg mobilisierte der Österreichische Gewerkschaftsbund gegen die UmweltschützerInnen und rief zu einer Gegendemonstration mit mehreren zehntausend TeilnehmerInnen am Ballhauspatz auf.[427] Soziale Bewegungen und Proteste bildeten schließlich die Symptome eines Jahrzehnts des breiten sozialen Wandels, der sich durch veränderte Werte und

421 Vgl. Lieselotte Wohlgenannt, Arm und reich: Österreich auf dem Weg zur Zweidrittelgesellschaft, in: Reinhard Sieder/Heinz Steinert/Emmerich Tálos (Hg.), Österreich 1945–1995: Gesellschaft, Politik, Kultur, Wien 1995, 253–267, hier: 259.
422 Wörgötter, Wandel, 92.
423 Siehe dazu: Neubacher, Gegenstimmen (2019).
424 Vgl. Robert Foltin, Und wir bewegen uns doch: Soziale Bewegungen in Österreich, Wien 2004, 135.
425 Vgl. ebd., 139.
426 Vgl. Wohlgenannt, Arm und reich, 258f.
427 Vgl. Foltin, Und wir bewegen uns doch, 140.

die Suche nach neuen Lebens- und Gesellschaftsmodellen auszeichnete.[428] Die Ökologie-Bewegung und Umweltproteste jener Jahre sind als Ausdruck dieses gesellschaftlichen Findungsprozesses zu verstehen.

4.2 Wasserkraft: Die Anziehungskraft des »Weißen Goldes«

Dem Propagandaspruch »Kommunismus – das ist Sowjetmacht plus Elektrifizierung des ganzen Landes«[429] folgend bildeten Wasserkraftwerksprojekte Beispiele des »sozialistischen Aufstiegs«.[430] Trotz permanenter Streitigkeiten über die »Leitsektoren der Industrialisierung im Speziellen und der Gesamtökonomie im Allgemeinen«[431] feierte die UdSSR 1932 die Einweihung des ersten großen sowjetischen Wasserkraftwerkes »Wolchow«, des zu diesem Zeitpunkt größten Flusskraftwerks Europas.[432] Unter anderem der steigende Elektrizitätsbedarf – von 1946 bis 1950 fand eine Verdopplung statt – führte zu einem beschleunigtem Ausbau der Wasserkraft.[433] Es war die rasante Entwicklung jener Jahre, die den sowjetischen Journalisten Michail Iljin kurz nach Ende des Zweiten Weltkrieges dazu drängte, seine »Erzählungen zur Umgestaltung der Natur« zu verfassen und darin zu resümieren: »Die Zeiten der Freiheit für die Flüsse gehen ihrem Ende entgegen.«[434] Das Loblied auf die kommunistische Ingenieurskunst wurde Teil der Propaganda: »Populärwissenschaftliche Schriften, Broschüren, Sammelbände, belletristische Veröffentlichungen, Gemälde, Plakate und Filmproduktionen halfen ihrerseits mit, den ›Ruhm‹ der ›Großbauten des Kommunismus‹ zu vermehren.«[435] Die Energiepolitik der Sowjetunion erlebte in den späten 1950er Jahren unter dem KPdSU-Generalsekretär Nikita Sergejewitsch Chruschtschow zwar eine Kehrtwende, die auch die zusätzliche Elektrizitätsgewinnung durch andere Energieformen, etwa durch Wärme- und Kondensati-

428 Siehe ausführlicher zur Vorgeschichte und zum sozialen Wandel der 1970er Jahre: Marina Fischer-Kowalski, Sozialer Wandel in den 1970er Jahren, in: Reinhard Sieder/Heinz Steinert/ Emmerich Tálos, Österreich 1945–1995: Gesellschaft, Politik, Kultur, Wien 1995, 200–212.

429 Hannes Leidinger, Lenins Traum, Wasserkraft. Elektrizität. Gesellschaft. Kraftwerksprojekte ab 1880 im Spannungsfeld, Wien 2012, 159–171, hier: 164.

430 Ebd., 165.

431 Ebd., 169.

432 Vgl. ebd., 165; sowie: Fedor Ja. Nesteruk, Razvitie gidroenergetiki SSSR, Moskau 1963.

433 Leidinger, Lenins Traum, 179.

434 Vgl. Schmid/ Veichtlbauer, Vom Naturschutz zur Ökologiebewegung, 28f; zitiert aus: Michail Iljin, Berge und Menschen. Erzählungen von der Umgestaltung der Natur, Wien 1946, 157.

435 Leidinger, Lenins Traum, 180; zitiert aus: Nikolaj Stepanovič Černyh, Očerki istorii Kujbyševskoj organizacii KPSS, Samara 1967, 518; zu den stalinschen Großbauten siehe die umfangreiche Studie: Klaus Gestwa, Die Stalinschen Großbauten des Kommunismus 2010, 256–57. u. 262–280.

onskraftwerke vorsah, nichtsdestotrotz setzte man im Kalten Krieg mit Blick auf die Systemkonkurrenz auf die kommunistischen Wassergiganten:[436]

> »Über Dekaden förderte der Wettlauf der Supermächte solcherart eine obsessive Fixierung russischer Eliten auf das ›Land der unbegrenzten Möglichkeiten‹. Großsprecherisch glaubte Moskau mit der Entstehung der Hydrogiganten die Vorzüge des eigenen planwirtschaftlichen Konzeptes gegenüber den US-Experten hervorheben zu müssen. Nur im ›Arbeiterparadies‹ ließen sich, signalisierte man Washington, großräumige Aktionen durchführen, riesige Flächen für Dämme und Stauseen opfern und unzählige Haushalte ohne Massenprotest und juristische Auseinandersetzungen umsiedeln.«[437]

Auch wenn die Schiffbarmachung der mittleren Donau nach der Zweiteilung Europas für die Sowjetunion militärische Vorteile mit sich bringen würde, stellt Arnošt Štanzel in seiner Studie auf Basis der Akten im Prager Nationalarchiv fest, dass vor allem die Energienutzung und der Hochwasserschutz zentrale Beweggründe für die Wasserkraftwerk-Projekte nach 1945 darstellten.[438] »In der ersten Zentralkomiteesitzung der KSČ zur geplanten Nutzung der Donau im Jahr 1951 hat Wasserkraft die wichtigste Rolle inne: ›Die Bedeutung der Wasserbauwerke auf der Donau aus einer gesamtstaatlichen Perspektive liegt darin, dass die Energieproduktion aus dem Wasser der Donau ungefähr ein Drittel der Produktion in der ganzen ČSR umfasst.‹«[439] Die künftige Energienot in der Tschechoslowakei wurde in den 1950er Jahren so hoch eingeschätzt, dass sogar kurzzeitig überlegt wurde, das Staustufen-Projekt GNV vollständig auf eigenem Territorium durchzuführen und damit auch einen bilateralen Konflikt mit Ungarn in Kauf zu nehmen. Vor allem der rohstoffarme slowakische Teil sei auf die Energie der Wasserkraft angewiesen.[440] Überhaupt schienen die tschechoslowakischen Ingenieure keinen Gefallen an der Zweiteilung Europas zu finden. Der Technikhistoriker Jiří Janáč zeigt anhand der Planung des Donau-Oder-Elbe-Kanals (DOE) auf, wie die Kanal- und KraftwerksplanerInnen an der Idee eines gesamteuropäischen Wasserstraßennetzes festhielten, so als gäbe es keinen Kalten Krieg.

> »Despite the victorious march of sovietization and ensuing division of the continent into two halves, as epitomized by the Comecon waterway integration scheme, Czechoslovak engineers on the DOE project never abandoned the ideal scenario of a pancontinental waterways network. They tended to ignore the political barrier of the Iron

436 Leidinger, Lenins Traum, 172.
437 Ebd., 183; zitiert aus: Gestwa, Stalinschen Großbauten, 479.
438 Vgl. Štanzel, Wasserträume, 131 f.
439 Ebd., 132.
440 Vgl. ebd.

Curtain that was threatening to detach their dream project from one of the three seas it once boasted to connect.«[441]

In Ungarn reichen die Ideen und ersten Pläne einer Wasserkraft-Nutzung entlang der Donau bis in die Vorkriegszeit zurück. Bereits um 1911/1912 entstanden Pläne zur Nutzung der Donau bei Moson und Soroksár. Auch das Potenzial des Karpatenbeckens wurde untersucht. Die Friedensverträge von Trianon (1920) schoben diesen ersten Plänen jedoch vorerst einen Riegel vor. Nun lag der Großteil des Potentials an Wasserkraft außerhalb des ungarischen Territoriums. Den Interpretationen der Tschechoslowakei zufolge besagte Teil II der Friedensverträge, in dem die Häfen, Wasserstraßen und Zugstrecken geregelt werden, dass der Nachfolgestaat das alleinige Recht auf Nutzung der Wasserkraft der Donau auf der Länge des Grenzflusses habe.[442] Die Möglichkeit eines gemeinsamen Projektes konkretisierte sich schließlich in den 1950er Jahren. Anlässlich des 125-jährigen Bestehens der Ungarischen Akademie der Wissenschaften schlug der deutsch-ungarische Wasserbauingenieur Emil Mosonyi den Bau eines Wasserkraftwerks in Visegrád vor. Er forderte Gespräche mit der Tschechoslowakei, um das Potenzial von Wasserkraftwerken an der gemeinsamen Donau zu untersuchen.[443] 1951 wird schließlich in Visegrád ein Planungsbüro für Wasserkraft (Vízerőmű-tervező Iroda – Viti) gegründet. Ein Jahr später folgte die Unterzeichnung eines Abkommens zur zwischenstaatlichen Nutzung des gemeinsamen Donauabschnittes. Lange bevor die Pläne für Visegrád umgesetzt werden sollten, wurde 1954 der Tiszalök-Damm an der Theiß unter der Leitung von Mosonyi fertiggestellt.[444] Der Staudamm galt als Meilenstein des ersten Fünfjahresplans der Volksrepublik (1950–1954). Für die Konstruktion holte sich Ungarn sowjetische Ingenieursexpertise. L.A. Eliava, der den Mtkvari-Staudamm in Georgien entwarf, nahm an der Konferenz »A Dunai és tiszai vízlépcsők létesitésének hidrologia kerdései« (Hydrologische Fragen für den Bau der Donau- und Theißdämme) im Juni 1951 Teil und gab sein Urteil zum Staudammbau ab. Auch beim Tiszalök-Staudamm kam es zu schweren Umweltschäden im Nordosten Ungarns, nicht zu vergessen das menschliche Leid, das die Gefangenen des ungarischen Arbeitslagers Tiszalök (1951–53) erfahren mussten.[445]

Energiewirtschaftlich gesehen nimmt die Wasserkraft eine vergleichsweise kleine Rolle in Ungarn ein. Eine Studie aus dem Jahr 1992 zu alternativen Energiequellen verzeichnet eine Gesamtkapazität der ungarischen Kraftwerke

441 Janáč, European Coasts, 181.
442 Baló/Lipovecz, Tények könyve [Buch der Tatsachen] (1990); Treaty of Trianon 1920.
443 Vgl. Knabe, Umweltkonflikte,187; Baló/Lipovecz, Tények könyve [Buch der Tatsachen] (1990).
444 Vgl. Baló/Lipovecz, Tények könyve [Buch der Tatsachen] (1990).
445 Vgl. Internment Camp, Tiszalök (1951–1953). Labour camps, URL: https://munkataborok.hu/en/tiszalok/ (abgerufen 12.1.2021).

von 7062 Megawatt (MW). Während 2885 MW auf Öl- und Gasverbrennung, 2087 MW auf Kohle und 1840 MW auf nukleare Energie zurückzuführen ist, kommen lediglich 48 MW von Wasserkraftwerken.[446] Ungarn war und ist energiewirtschaftlich stark von Einkäufen aus dem Ausland abhängig. Im Betrachtungszeitraum wurden jährlich 28 Prozent des Bruttostromverbrauchs importiert.[447] Schon in den 1970er und 1980er Jahren entfiel ein Großteil der Investitionen auf den Energiesektor. Im Vergleich dazu investierte das Land bedeutend weniger in seine Industrie. Ungarns Wirtschaft konnte mit jener seiner sozialistischen Nachbarstaaten wie Polen und der Tschechoslowakei nicht mithalten.[448] Andererseits hatte Ungarn aufgrund seiner vergleichsweise geringen Abhängigkeit von Kohle den Vorteil, geringere Umweltverschmutzung in Form von Kohlenstoffdioxid-Ausstößen zu verbuchen.[449] Fragen der Umweltverträglichkeit bildeten bereits vor GNV Anlass zum bilateralen Austausch zwischen Österreich und Ungarn. So untersuchte Österreich die ökologischen Auswirkungen der Braunkohle-Lagerstätte in Torony. Ungarn befürchtete, dass die »österreichischen Ansprüche (besonders was die Reaktion der umliegenden Bevölkerung betrifft)« zu hoch wären und es zu einem »Fall Zwentendorf II« kommen könnte.[450] Bessere Anknüpfungspunkte sehe Ungarn im Stromhandel zwischen den beiden Ländern. In einer Studie zur Energiewirtschaft Ungarns aus dem Jahr 1981[451] kommt der Autor Bánlint Balkay zum Schluss: »Die bisherige Entwicklung der Ost-West-Beziehungen im Energiesektor läßt vermuten, daß die Energiebezüge des Westens aus dem RGW-Raum auch in Zukunft ansteigen werden […]. Bei einem Zustandekommen und Ausbau der Ost-West Kooperation bietet sich Österreich als natürliches Komplementär-Transitland von Ungarn an.«[452] Dies zeigt, dass nicht nur Österreich, sondern auch Ungarn Interesse an einer stärkeren wirtschaftlichen Kooperation im Energiesektor hatte. Zugleich rät der Autor aufgrund der Abhängigkeit von teurem Weststrom, die Westimporte zu verringern sowie Energie in Ungarn einzusparen.[453]Der Autor fasst zudem die energiepolitische Entwicklung der vergangenen Jahrzehnte zu-

446 202 MW entfallen auf Gasturbinen mit offenem Kreislauf. Vgl. P. Dörfner/J. Hoffer, Assessment of alternative electricity system expansion strategies for Hungary, Electricity, health and the environment: Comparative Assessment in support of decision making, Wien 1996, 698–712, hier: 699.

447 Vgl. ebd., 700.

448 Vgl. Samuel Jr. Hale, Economic Restructuring in Hungary: Environmental Implications and Policy Choices, phil. Diss., Wirtschaftsuniversität Wien 1994. A-2f.

449 Vgl. ebd., A-4.

450 Vgl. Bálint Balkay, Die Energiewirtschaft Ungarns ((AT-OBV)AC00081417 69), Wien 1981, 38.

451 Vgl. Balkay, Energiewirtschaft Ungarns (1981).

452 Ebd., 39.

453 Vgl. ebd., 35.

sammen.[454] Während das Energiekonzept Ungarns von 1964 noch dem »Prinzip der Substituierung von Kohle durch Kohlenwasserstoffe« folgte, fokussierte sich das Energiekonzept von 1979 auf die Vernachlässigung von Kohlenwasserstoffen zugunsten der Atomenergie und der Kohle. Balkay äußerte auch Kritik daran, die Folgen der Ölkrise 1973 unterschätzt zu haben.[455] Hinsichtlich der Wasserkraft sei Ungarns Potential als gering einzuschätzen. Im Vergleich zu thermischen Kraftwerken seien Wasserkraftwerke unwirtschaftlich, so der Studienautor. Die Staudämme des GNV-Projektes bezeichnet er als »Nebenprodukte eines Projektes [...], dessen Hauptzweck die erhöhte Schiffbarkeit der Donau sein soll.[456]« Tatsächlich bildete die Schiffbarmachung der mittleren Donau ein wichtiges Argument der BefürworterInnen des Donaukraftwerkprojektes. Die Industrialisierung der damaligen Ostblockstaaten hatte in den 1930er bis 1960er Jahren zu einem starken Ansteigen der Transportmenge auf der Donau (Erz und Kohle aus der UdSSR) geführt.[457] So wie der Rhein-Main-Donaukanal erst die Gründung der Hermann-Göring-Werke[458] und damit die gemeinsame Verhüttung von Ruhrkohle und Erz aus dem Erzberg ermöglichte, sollte auch GNV die Wasserstraße Donau deutlich aufwerten.[459] Anzumerken ist, dass selbst bei Großprojekten stalinistischen Ursprungs wie GNV grenzübergreifender Wissenstransfer auf Seiten der IngenieurInnen eine bedeutende Rolle einnahm. Die PlanerInnen orientierten sich somit nicht nur an den Megabauten der UdSSR, sondern blickten über die Systemgrenzen hinaus auch zum Columbia River sowie zum Nil.[460] Die Trennlinien verliefen hier auf Ebene der Planung weniger zwischen Ost und West, sondern zwischen BefürworterInnen und GegnerInnen der Kraftwerksprojekte. »So unterstützten teils Manager aus Österreich sozialistische Großprojekte hinter dem Eisernen Vorhang, Gegnerinnen und Gegner in der Alpenrepublik wie auch in der Tschechoslowakei hingegen beriefen sich auf gemeinsame ökologische, fortschrittskritische Standpunkte, die im globalen Kontext der weltweit agierenden Bewegung gegen große Staudämme standen.«[461] GNV wie auch das Eiserne Tor seien demnach »weniger stalinistische als vielmehr

454 Vgl. ebd., 14.
455 Vgl. ebd., 13f.
456 Ebd., 8.
457 Bernd H. Kortschak, Rhein-Main-Donau-Kanal. Ein Traum ist Wirklichkeit, in: Der Donauraum (1993) 4, 43.
458 Dieser Begriff steht vereinfachend für die Reichswerke Hermann Göring, ein Konzern, der unter dem nationalsozialistischen Regime u.a. die Reichswerke AG Linz umfasste. Nach 1945 wurden die Stahlwerke in die Vereinigten Österreichischen Eisen- und Stahlwerke (VÖEST) umgewandelt.
459 Kortschak, Rhein-Main-Donau-Kanal, 34.
460 Vgl. Štanzel, Wasserträume, 316.
461 Ebd., 316f.

hochmoderne Projekte« gewesen.[462] Diese These lässt sich laut Arnošt Štanzel auch am Fall der Tschechoslowakei beweisen.

> »In der Tschechoslowakei orientierten sich die kommunistischen Politikerinnen und Politiker und vor allem die an den Planungen beteiligten Experten weitaus weniger an den sowjetischen Beispielen, sondern vertrauten vielmehr auf die eigenen Berechnungen und Studien – auch wenn diese vor allem Verzögerungen für das Projekt [GNV] zur Folge hatten. Dies lag wohl auch an der unterschiedlichen Position der Wasserbauexperten in beiden Ländern. In den 1960er Jahren wollte der Generalsekretär der tschechoslowakischen Kommunistinnen und Kommunisten Antonín Novotný die Wasserbauexperten am liebsten einsperren, um von ihnen endlich eine Entscheidung präsentiert zu bekommen. Die Stellung der Experten blieb über vierzig Jahre sehr stark […].«[463]

Auch Österreichs Geschichte der Wasserkraft ist eng mit den politischen und wirtschaftlichen Rahmenbedingungen der Industrialisierung und des miteinhergehenden steigenden Energiebedarfs verknüpft. Die ersten Vorschläge eines Donaukraftwerks reichen bis 1880 zurück. Österreich-Ungarn konnte bei der Nutzung von Wasserkraft mit dem deutschen Kaiserreich, Frankreich und insbesondere den USA »aufgrund der autoritären politischen Rahmenbedingungen«[464], der ökonomischen Rückständigkeit und der schwierigen Kapitallage nicht mithalten. Auch wenn sich die Wasserkraftanlagen der Elektrizitätswirtschaft nur langsam entwickelten, wurden in der Monarchie 21 Großkraftwerke gebaut.[465] Für die 1918 gegründete Republik Deutschösterreich galt das Wasserkraftpotential der jungen Republik als Hoffnungsträger. Durch den Zerfall der Habsburgermonarchie herrschte akute Kohlenot. Das »Fesseln der Wasserkräfte«, angelehnt an den Slogan der *Arbeiter-Zeitung* vom 27. Dezember 1918, sollte Beschäftigungsmöglichkeiten und bessere Luft bringen sowie die Umwelt schützen.[466] Schon damals wurde die Wasserkraft von VertreterInnen der Politik und Wirtschaft als »weiße Kohle« bezeichnet.[467] Der Wasserkraftenthusiasmus sollte auch in der zweiten Hälfte des 20. Jahrhunderts nicht nachlassen. Ein Grund für das »Wasserkraft-Fieber« am Beginn der Zweiten Republik lag im

---

462 Ebd., 316.

463 Ebd.

464 Oliver Rathkolb, Einleitung, in: Rathkolb/Leidinger/Hufschmied/Kuchler (Hg.), Wasserkraft, (2012), 21–26, hier: 22.

465 Vgl. ebd.; vgl. ebenso: Richard Hufschmied, »Weißes Gold« in der Donaumonarchie, in: Oliver Rathkolb/Richard Hufschmied/Andreas Kuchler (Hg.), Wasserkraft, Elektrizität. Gesellschaft. Kraftwerksprojekte ab 1880 im Spannungsfeld, Wien 2012, 27–55, hier: 49.

466 Vgl. Hufschmied, »Weißes Gold«, 86.

467 Ebd.

Energieengpass, der nach dem Zweiten Weltkrieg vor allem in Ostösterreich erheblich war.[468]

> »So kristallisierten sich die Erzeugung von elektrischer Energie verbunden mit dem Ausbau der heimischen Wasserkräfte sowie die Schaffung eines überregionalen Verbundnetzes zum Hauptanliegen der Energiewirtschaft der Ersten Republik heraus; noch dazu, weil es galt, Industrieproduktion und landwirtschaftlichen Ertrag zu heben, um die wirtschaftliche Not der ersten Nachkriegsjahre einigermaßen abfangen zu können. Außerdem argumentierten die Entente-Mächte auf geäußerte Zweifel an der wirtschaftlichen Lebensfähigkeit Österreichs durch das Fehlen geeigneter Energieträger mit der vorhandenen Möglichkeit, die Wasserkräfte des Landes auszubauen.«[469]

1947 wurde mit dem 2. Verstaatlichungsgesetz der Verbundkonzern gegründet (1988 wieder teilprivatisiert). Der »Technikenthusiasmus« zeigte sich etwa in einer parlamentarischen Debatte von 1953, in dem der Abgeordnete Rudolf Kopf (WdU) von der »weißen Kohle« sprach. »Die weiße Kohle wird der Mithelfer sein auf dem Weg nach aufwärts, und der weißen Kohle werden wir es verdanken, daß einmal der Tag kommt, an dem es mit Österreich als Volk wieder aufwärtsgeht!«[470] SPÖ-Verkehrs- und Verstaatlichungsminister Karl Waldbrunner bezeichnete das durch den Spatenstich von Hermann Göring persönlich und durch die Einsetzung von mehr als 10.000 Kriegsgefangenen »historisch belastete« Kraftwerk in Kaprun als »Nationalheiligtum«.[471]

> »Elektrizität selbst hat eine dramatische Karriere von einer Kuriosität zu einer unser Alltagsleben vollständig verändernden Technologie genommen; sie wurde zu einem – für die janusköpfige Moderne typischen – Machtinstrument. Die gemeinsame Inszenierung von Funktionalität und Symbolkraft ermöglichte ihre Etablierung: Elektrifizierung wurde prototypisch mit der Idee eines gesellschaftlichen Fortschritts verbunden. Das neue elektrische Licht galt als die [Hervorhebung im Original] Chiffre der Moderne und Garant der Gestaltbarkeit gesellschaftlicher Verhältnisse unabhängig von ideologischen Systemen: Roosevelts New Deal, dessen Tennessee Valley Authority (TVA) den Ausbau des Tennessee-Flusses betrieb, sowie das während des Stalinismus erbaute monumentale Wasserkraftwerk Dneproges bei Saporoshje am Dnepr stehen für

468 Rathkolb/Leidinger/Hufschmied/Kuchler (Hg.), Wasserkraft (2012); vgl. dazu auch ein Online-Interview mit Andreas Kuchler: Faszination Wasserkraft, URL: https://vreund.verbund.at/de-at/artikel/2012/06/19/kuchler-geschichte-buch-interview (abgerufen 12. 1. 2021).

469 Stefan Karner, Der Kampf zwischen »weißer« und schwarzer Kohle. Zu den Anfängen einer gesamtsteirischen Elektrizitätswirtschaft, in: Blätter für Heimatkunde 51 (1977), 122–135, hier: 123.

470 Kopf war Abgeordneter der Wahlpartei der Unabhängigen (WdU), dem Vorgänger der heutigen Freiheitlichen Partei Österreich (FPÖ). Die Aussage wurde zitiert in: Schmid/Veichtlbauer, Vom Naturschutz zur Ökologiebewegung. Umweltgeschichte Österreichs in der Zweiten Republik, 32; Vgl. auch: Johann Götz, Die Hauptstufe des Tauernkraftwerk Glockner-Kaprun der Tauernkraftwerke A.G., Zell am See 1951, 21.

471 Vgl. Schmid/Veichtlbauer, Vom Naturschutz zur Ökologiebewegung, 35.

einen Umgang mit Natur, in dem deren Bezwingung auch das Bewusstsein von Gemeinschaft befördern sollte.«[472]

Die Macht der Elektrizität war aber auch späteren österreichischen AkteurInnen sehr bewusst. Walter Fremuth, der seit 1979 als Verbund-Chef tätig war, vertrat eine Vision, in der er Österreich als »Stromdrehscheibe Europas« positionieren würde.[473] Um diesen Traum zu verwirklichen mussten neue, leistungsstarke »Stromautobahnen« entstehen, die ohne große Schwankungsunterschiede die Netze verbinden würden. Ziel war es 380kV-Höchstspannungsleitungen zu installieren und somit das UCPTE-Netz des Westens[474] mit den »Staaten hinter dem ›Eisernen Vorhang‹« zu verbinden.[475] Seine Idee zur Beteiligung der Österreichischen Donaukraftwerke AG (DoKW) an dem Kraftwerksprojekt GNV wurde auch im Kanzleramt wohlwollend unterstützt. »Zu bemerken bleibt, dass Dr. Kreisky schon knapp vor und dann besonders während seiner Regierungszeit Gedanken im Rahmen seiner Zielvorstellung von einer Détente zwischen West und Ost als eines der Ziele der verstärkten friedlichen Zusammenarbeit zwischen Westeuropa und naturgemäß Österreich mit den Oststaaten, insbesondere auch mit der UdSSR öffentlich und international geäußert hatte. Dies kam meinen Teilplänen für die elektrische Energie selbstverständlich sehr zu gute«, berichtete Fremuth in seiner Autobiografie.[476]

Zu wegweisenden Kontinuitäten im Bereich der Elektrizitätswirtschaft und damit auch der Wasserkraft gehört die komplexe Struktur der Kompetenzen, welche sich auf die Gründung der Ersten Republik zurückführen lässt. Damalige Machtkämpfe zwischen Ländern und Bund führten dazu, dass das 1920 verabschiedete Bundesverfassungsgesetz die meisten Kompetenzen den Ländern zusprach und das Bundeskanzleramt in einer »Beobachterrolle« beließ.

> »Der tatsächliche Ausbau der Wasserkräfte und damit eine Umstrukturierung der Elektrizitätswirtschaft wurde einerseits von den Ländern durch Gründung von vorwiegend gemischt-wirtschaftlichen Gesellschaften in Angriff genommen, wobei das Hauptinteresse an der Beteiligung von ausländischem Kapital lag, damit verbunden in der Zurückdrängung aller Sozialisierungstendenzen und somit auch aller Ansätze zu einer bundeseinheitlichen Planung.«[477]

472 Ebd., 26–7.

473 Walter Fremuth, Auf der Bühne und hinter den Kulissen. Mein Leben als Troubleshooter, Wien 2012, 373.

474 Die Union pour la coordination de la production et du transport de l'électricité – UCPTE ist ein ehemaliger Verbund mehrerer bis 1987 vor allem westeuropäischer Länder, der den Betrieb und Ausbau des grenzübergreifenden Stromnetzes koordinierte.

475 Fremuth, Bühne, 373.

476 Ebd. f.

477 Wilhelm Frank, Zur Geschichte der Energieplanung in Österreich, in: Wirtschaft und Gesellschaft 8 (1982) 2, 235–270, hier: 238.

Die Pläne zum Ausbau der Wasserkraft mussten aufgrund der 1929 einsetzenden Weltwirtschaftskrise auf Eis gelegt werden. Obwohl erste Ansätze bereits in den späten 1940er Jahren gemacht wurden, sollte es Jahrzehnte dauern, bis schließlich in den 1970er Jahren der österreichische »Energieplan 1976« (eine Erstfassung wurde bereits 1975 veröffentlicht) auf den Tisch gelegt wurde. Ein wichtiger rechtlicher Schritt war zudem das Energieförderungsgesetz (BGBl. Nr. 567/1979), welches 1979 verabschiedet wurde.[478] In der ArbeitnehmerInnen-Zeitschrift zu »20 Jahre 2. Republik« (1965) findet sich ein Beitrag von Franz Hintermayer, einem seit den 1940er Jahren einflussreichen Experten[479] für Elektrizitätswirtschaft zur Geschichte und Zukunft dieses »für den Fortgang des nationalen Lebens«[480] so wichtigen Sektors. Der enorme Strommangel der Nachkriegszeit konnte u.a. mithilfe des Lastverteilungsgesetzes (BGBl. Nr. 83/1946) weitgehend überwunden werden. Wegweisend für die Elektrizitätswirtschaft der Zweiten Republik sollte auch die Neuordnung des Verbundbetriebes werden. Mit dem 1947 verabschiedeten Zweiten Verstaatlichungsgesetz (BGBl. Nr. 81/1957) entstanden auch die Landesgesellschaften, denen in der Folge die Stromversorgung der Bundesländer obliegt. Der Verbundkonzern, welcher sich aus der Verbundgesellschaft und mehreren Sondergesellschaften, darunter auch die DoKW zusammensetzte, war für den Bau und Betrieb der Großkraftwerke sowie für das Verbundnetz zuständig. Während die Sondergesellschaften also für die Konzeption, den Bau und den Betrieb der Kraftwerke und Kraftwerksgruppen in ihren regionalen Zuständigkeitsbereichen verantwortlich zeichneten, kümmerte sich die als Ganzes dem Bund gehörende Verbundgesellschaft u.a. um die Erweiterung des Netzwerkes und verteilte den Strom an die Landesgesellschaften und Großverbraucher. Diese föderale Teilung der Aufgabenbereiche wird von Hintermayer als »Organisationsproblem« bezeichnet.[481] Auch für Stromexporte war die Verbundgesellschaft allein verantwortlich während die Elektrizitätswirtschaft in den 1950er Jahren vorwiegend jene Projekte, welche im Krieg begonnen wurden, fertigstellte. Hierzu zählte u.a. die Fertigstellung des Grenzkraftwerks Braunau am Inn, das von der Sondergesellschaft Österreichisch-Bayrische Kraftwerke (ÖBK) gebaut wurde. Mit dem ersten sogenannten »Fünf-Jahres-Plan« (1955–1959) der Verbundgesellschaft sollte schließlich die Bautätigkeit strategisch vorangetrieben werden.[482] In dieser Zeit entstand u.a. das

---

478 Vgl. Frank, Geschichte, 261–64.

479 Hintermayer war u.a. Direktor der Österreichischen Elektrizitätswirtschafts AG und Vorstandsmitglied verschiedener einschlägiger Gesellschaften, darunter auch die Donaukraftwerke AG.

480 Franz Hintermayer, Die österreichische Elektrizitätswirtschaft – Vergangenheit und Zukunft, in: Arbeit und Wirtschaft 19 (1965) 4, 9–14, hier: 9.

481 Ebd., 13.

482 Ebd., 9.

Grenzkraftwerk Jochenstein (Donaukraftwerk Jochenstein). Zwischen 1960 und 1964 erfolgte der zweite Fünfjahresplan (u. a. das Flusskraftwerk Aschach). Die Anforderungen an das Stromnetz stiegen: »Der rasche Anstieg von Erzeugung, Inlandverbrauch und Stromaustausch mit dem Ausland macht nebst dem ununterbrochenen Kraftwerksausbau auch eine laufende Erweiterung des *Verbundnetzes* [Hervorhebung im Original] nötig,« so Hintermayer.[483] Während die Atomkraft in das Ausbauprogramm bis 1970 nicht aufgenommen wurde, zählte der rasche Ausbau der Wasserkraft in diesen Jahren zu einem vorrangigen Ziel der Elektrizitätswirtschaft.

> »Realisiert ja der Ausbau eine ›ewige‹ Energiequelle, das heißt, praktisch kann ein Wasserkraftwerk auf Bestandsdauer wirtschaftlich, bei verschwindend kleinen Betriebskosten, arbeiten. Dabei haben Wärmekraftwerke nur eine relativ kurze Lebensdauer, bei sehr großen und mit der Geldentwertung ständig ansteigenden Betriebskosten. Daher erben Wasserkraftwerke, auf ihre Lebenszeit gerechnet, niedrigere Stromkosten als Dampfkraftwerke.«[484]

Zudem merkt Hintermayer an, dass es sich lohne, nach Fertigstellung eines Großkraftwerkes aufgrund des plötzlichen Leistungs- und Erzeugungszuwachs ein paar Jahre lang Strom zu exportieren und diesen durch niedrig verzinste Auslandskredite vorteilhaft auszugleichen.[485] Nachdem weder das Atomkraftwerk Zwentendorf, noch das Wasserkraftwerk bei Hainburg in Betrieb genommen werden konnten, bestand aus österreichischer Sicht hohes Interesse an Stromimporten aus Osteuropa. Walter Fremuth, seit 1979 Generaldirektor der Verbundgesellschaft, zu der auch die Donaukraftwerke als Sondergesellschaft gehörten, schilderte die Situation Ende der 1970er Jahre wie folgt:

> »Die bedeutendsten Problemkomplexe, denen ich mein ganzes Nachdenken widmen musste, bestanden in der inneren Rationalisierung und in den Geschäftsplänen für Stromabnahme, Stromdurchleitung, Stromexport und -import sowie allem voran die Bedarfsdeckung für Österreich, die eine zwangsläufige Deckungslücke für die nähere Zukunft angesichts der Nichtinbetriebnahme des Kernkraftwerks Zwentendorf aufwies – immerhin fielen auf der Stromaufkommensseite ja 720 MW (etwa 5 % der geplanten installierten Leistung) aus – und dafür galt es schnellstens Ersatz zu schaffen.«[486]

Sowohl bei der erfolgten Kapitalumschichtung von den Sondergesellschaften zur Verbundgesellschaft als auch bei Projekten und Verhandlungen ausländischer Investitionen kamen Fremuth seine exzellenten Kontakte zu Gute. In seiner Autobiografie wies er mehrmals auf das »äußerst innige Freundschaftsverhältnis« mit Josef Staribacher hin, der von 1970 bis 1983 als Bundesminister für

483 Ebd., 12.
484 Ebd., 14.
485 Ebd., 12.
486 Fremuth, Bühne, 369.

Handel, Gewerbe und Industrie tätig war. »In der darauffolgenden Periode [ab 1983, Anm. der Verf.] standen [wir] in Wahrheit alleine da [hier sind vor allem die innerösterreichischen Wasserkraftwerksprojekte gemeint]«.[487] Die erwartete Deckungslücke sollte durch den Ausbau von Kraftwerken, aber auch durch den Netzausbau ausgeglichen werden. Bei dem bereits erwähnten Ziel, Österreich zu einer Stromdrehscheibe in Europa zu machen,[488] sollte Ungarn eine wichtige Rolle einnehmen. Das Nachbarland sollte an das »Westnetz« anschließen und gegen eine Durchlieferungsgebühr Strom zwischen der UdSSR und Österreich – quasi als »Inselbetrieb« – liefern. Nach einem erfolgreichen ersten Gespräch mit dem Energieexperten und sowjetischen Botschafter in Wien Michail Jefremow reiste Fremuth im November 1979 nach Moskau und traf u.a. den für Elektrizitätswirtschaft zuständigen Minister Pjotr Neporoschny sowie Außenwirtschaftminister Nikolai Patolitschew.[489] Das Ergebnis daraus war ein Stromtauschvertrag im Umfang von rund einer Milliarde Kilowattstunden über mehrere Jahre Laufzeit, bis er von Fremuths Nachfolger im Jahr 1995 schließlich gekündigt wurde (mit Einbeziehung eines neues Annexes nach dem Zerfall der UdSSR).[490]

> »Sowohl zur Erleichterung der Abwicklung dieses Stromtauschvertrags, aber insbesondere mit Blickrichtung auf die für die Nagymaros-Verträge zu gewärtigenden Stromlieferungen aus Ungarn war zwischen der Verbundgesellschaft und der staatlichen ungarischen MVMT (quasi die ungarische Verbundgesellschaft) ein Vertrag über die Errichtung einer 380-kV-Leitung vom Umspannwerk Wien-Südost ›Oberlaa‹ […] vertraglich vereinbart worden.«[491]

Neben Vortragstätigkeiten zur Marktwirtschaft, standen in Folge dieser Beziehungen auch Besuche in sowjetischen Kraftwerksanlagen auf Fremuths Programm, darunter das Kraftwerk Bratsk in Sibirien sowie Kraftwerke in Georgien, Aserbaidschan und Usbekistan. Auch Gespräche mit ukrainischen, tschechischen und polnischen VertreterInnen der Elektrizitätswirtschaft folgten. Fremuth initiierte zudem – allerdings dann schon nach 1989 – eine Konferenz in Győr, bei der er sich in seinen Eröffnungsworten für die Integration der Netze aussprach. Ziel war ein »Stromverbund zwischen uns (und damit von Mittel-, Ost- und Westeuropa)«.[492] Die guten Kontakte Fremuths zu Ungarn sollten sich auch beim Projekt GNV lohnen. Hohe Importabhängigkeit im Zuge der Ölkrisen der 1970er Jahre (1973, 1979) bei steigendem Energiebedarf sowie das Argument

487 Ebd., 397.
488 Vgl. ebd.
489 Vgl. ebd., 378.
490 Vgl. ebd., 381f.
491 Ebd., 382.
492 Ebd., 390.

der Konkurrenzfähigkeit bildeten die zentralen Beweggründe der österreichischen Energiewirtschaft.[493] So wie die Wirtschaftsleistung stieg auch der Energieverbrauch Österreichs in den ersten Jahrzehnten der Zweiten Republik enorm, nämlich von 1955 bis 1973 um 139 Prozent. Das Land war zunehmend von Importen abhängig. Doch während Energieträger wie Erdöl, Erdgas und Steinkohle Mitte der 1970er Jahre zusätzlich eingeführt werden mussten, verzeichnete die Bilanz bei elektrischem Strom (noch) einen Exportüberschuss.[494] Österreich sah angesichts der großen Einfuhren an Energieträgern einer belasteten Zahlungsbilanz entgegen, die den ExpertInnen vor allem aufgrund der steigenden Ölpreise Sorgen bereitete. Eine Alternative zu den Importen schien in den 1970er Jahren jedoch nicht sichtbar. Der 1963 von den österreichischen Sozialpartnern gegründete »Beirat für Wirtschafts- und Sozialfragen«[495] verfasste mehrere Gutachten und Studien zur energiewirtschaftlichen Entwicklung Österreichs. Neben der Hoffnung auf Erschließung neuer inländischer Lagerstätten an Kohle und Kohlenwasserstoffe stand auch der Ausbau der Wasserkraft zur Diskussion.[496] In ihrem Bericht zu »Kurz- und mittelfristige[n] Fragen der Zahlungsbilanzentwicklung« (1978) wiesen die AutorInnen im Hinblick auf das Wasserkraftpotential Österreichs darauf hin, dass im »Wasserkraftland« lediglich ca. sechs Prozent der Energiebilanz der Wasserkraft zuzuschreiben seien. Als Schlussfolgerung befürworteten sie vor allem den Ausbau von Laufkraftwerken. Dennoch warnten die ExpertInnen davor, dass selbst ein derartiger Ausbau nicht das Problem der steigenden Energieimporte und damit der Zahlungsbilanz lösen würde.[497] Bereits zwei Jahre später, in einer Studie von 1980, schreibt das Gremium der »Ausschöpfung des Wasserkraftpotentials« im Zuge der inländischen Energieerzeugung besondere Bedeutung zu.[498] Nicht unwesentlich scheint bei dieser Kursänderung der Fall Zwentendorf[499] und die damit einhergehende

493 Vgl. N.N., Wirtschaftsspiegel, in: Arbeit und Wirtschaft (1988) 1, 44.

494 Beirat für Wirtschafts- und Sozialfragen, Kurz- und mittelfristige Fragen der Zahlungsbilanzentwicklung, Wien 1978, 139ff.

495 Der Beirat für Wirtschafts- und Sozialfragen wurde 1963 auf Basis einer informellen Vereinbarung der vier großen österreichischen Sozialpartnerverbände ins Leben gerufen. Er versteht sich als Kompetenzzentrum der österreichischen Sozialpartnerschaft mit der Hauptaufgabe der wissenschaftlich fundierten Politikberatung. Der Beirat setzt sich aus Expertinnen und Experten der vier Sozialpartnerorganisationen zusammen: der Wirtschaftskammer Österreich (WKÖ), der Bundesarbeitskammer (BAK), der Landwirtschaftskammer Österreich (LKÖ) und des Österreichischen Gewerkschaftsbundes (ÖGB). Vgl. Webseite der Sozialpartner, URL: https://www.sozialpartner.at/ (abgerufen 16.7.2020).

496 Vgl. Beirat für Wirtschafts- und Sozialfragen, Fragen der Zahlungsbilanzentwicklung, 144.

497 Vgl. ebd., 148.

498 Beirat für Wirtschafts- und Sozialfragen, Bericht zur Zahlungsbilanz, Wien, München, Zürich 1980, 24.

499 1978 fand begleitet durch Anti-Atom-Kampagnen zivilgesellschaftlicher Akteure eine Volksabstimmung über die Inbetriebnahme des bereits fertiggestellten Kernkraftwerks im

Absage an eine nukleare Zukunft Österreichs gewesen zu sein, auch wenn sich die ExpertInnen trotz der Nichtinbetriebnahme des Atomkraftwerkes auf österreichischem Territorium nicht gänzlich von der Idee lossagen wollten.

> »Einen Sonderaspekt der österreichischen Situation stellt die Problematik der friedlichen Nutzung der Kernenergie seit der Volksabstimmung vom November 1978 dar, dem im Lichte der seither eingetretenen Energiepreissteigerung und der Gefährdung der Versorgung besondere Bedeutung zukommt. [...] Zusammenfassend läßt sich festhalten, daß wirtschaftliche und versorgungspolitische Gründe eindeutig für die Nutzung der Kernenergie sprechen.«[500]

Diese Empfehlung zur nuklearen Energiegewinnung sollte sich auch bis Ende der 1980er Jahre nicht ändern. Vielmehr betonten die AutorInnen in einem zusammenfassenden Bericht zu vorhandenen Studien aus den Jahren 1984–88, dass »der weitere Ausbau der Wasserkraft im Einklang mit Natur- und Landschaftsschutz« das primäre Ziel sei. Doch die AutorInnen fügten ebenso an: »Aus der Sicht der Umweltschonung ist die Nutzung der Kernenergie zu empfehlen.«[501] Auch VertreterInnen der Bauwirtschaft, wie der Präsident der Vereinigung der Bauindustrie, Helmuth Rendulic, setzten sich verstärkt für den Ausbau der Wasserkraft ein. Österreichs Abkehr vom Atomstrom müsse diesen Kurswechsel zur Folge haben, so Rendulic. Dem Ausbau stimmte auch der Verhaltensforscher Otto Koenig zu, was ihn beispielsweise von anderen AkteurInnen der Umweltbewegung unterschied.[502]

Sah der Wirtschafts- und Sozialrat im Jahr 1982 noch »relativ enge Grenzen« in der Gewinnung von Wasserkraft als Energieträger,[503] so stimmte der Beirat in einem 278 Seiten starken Bericht zur Umweltpolitik Österreichs aus dem Jahr 1986 in das allgemeine Loblied auf die Wasserkraft ein. So zählten die Autoren das »Energiepotential der Wasserkräfte« zu »den wertvollsten Naturschätzen

---

niederösterreichischen Zwentendorf an der Donau statt. Zur Überraschung des sozialdemokratischen Bundeskanzlers Bruno Kreisky sprach sich dabei eine knappe Mehrheit (50,5 %) der Abstimmenden für ein »Nein« zum Kraftwerk aus, was eine heftige politische Diskussion auslöste. Kreisky reagierte mit einer Kursänderung und erließ daraufhin das sogenannte »Atomsperrgesetz« (BGBl. Nr. 676/1978), welches die Nutzung der Kernspaltung für Österreichs Energieversorgung untersagte. Auf dieser Grundlage wurde 1999 das Gesetz in den Verfassungsrang erhoben (Bundesverfassungsgesetz für ein atomfreies Österreich – BGBl. Nr. 149/1999). Vgl. dazu u. a.: Schmid/Veichtlbauer, Vom Naturschutz zur Ökologiebewegung. Umweltgeschichte Österreichs in der Zweiten Republik; Wolfgang Petritsch, Bruno Kreisky: Die Biografie, 4. Aufl., St. Pölten, Salzburg 2010.

500 Sozialfragen, Bericht zur Zahlungsbilanz, 25.

501 Beirat für Wirtschafts- und Sozialfragen, Empfehlungen aus Studien und Kurzgutachten 1984–1988, Wien 1988, 107.

502 Walter Darmstädter, Bauarbeiter: Sanierung der Umwelt hat Vorrang, in: Arbeit und Wirtschaft 42 (1988) 11, 6–8, hier: 7.

503 Erich Schmidt, Längerfristige Aspekte der Energieversorgung, Wien 1982, 54.

Österreichs«.[504] Die veränderte Schwerpunktsetzung der AutorInnen und die zunehmend thematisierten Perspektiven des Umwelt- und Naturschutzes verdeutlichen, wie die Ökologisierungsdebatte im Zuge der 1980er Jahre auch die Argumentationslinie der Sozialpartner beeinflusste.[505] Im Hinblick auf Wasserkraftwerke wurden die Umwelteinflüsse dieser Form der Energieerzeugung als sehr gering bewertet. Zur Sorge einer möglichen Gefährdung von Augebieten heißt es in einem Report: »In der Regel sind aber gerade diese Augebiete nicht zuletzt auf Grund der vor Jahrzehnten erfolgten Regulierungsmaßnahmen der Flußläufe und der damit verbundenen progressiven Eintiefung [...] bereits mittelfristig bei freiem Lauf der Dinge in ihrer Existenz gefährdet (Absinken des Grundwasserspiegels, mangelnde Erreichbarkeit für Hochwässer).«[506] Da gerade Laufkraftwerke die Möglichkeit böten, Überschwemmungen gezielt zu kontrollieren, könnte durch sie »ein gewünschter Umweltzustand herbeigeführt werden«, so der Bericht.[507] Das damalige Verständnis der Sozialpartner hinsichtlich ihrer Verantwortung gegenüber der Umwelt verdeutlicht beispielsweise ein Auszug dem Magazin *Arbeit und Wirtschaft*, in dem sich Adolf Czettel (1924–1988), Präsident des Arbeiterkammertags, in einem Interview zu Wort meldet:

> »Energie muß in ausreichendem Maß da sein, wollen wir den bisher erreichten Lebensstandard aufrechterhalten. Aber ebenso muß sichergestellt werden, daß beim Bau dieser Kraftwerke alle technischen Erkenntnisse, die es gibt, zur Verhinderung von unnötiger Umweltbelastung eingesetzt werden. Ich sage absichtlich ›unnötiger Umweltbelastung‹, denn es gibt kein Kraftwerk, das funktioniert, ohne die Umwelt zu belasten. Hier zeigen sich sehr deutlich Unterschiede in der Auffassung. Jedes Kraftwerk hat Einfluß auf die Umwelt, nur muß der Nutzen des Kraftwerks abgewogen werden. Auf der einen Seite wird Energie erzeugt, die wir dringend brauchen, um unseren Lebensstandard zu erhalten, auf der anderen Seite muß man dafür halt bestimmte Belastungen der Umwelt in Kauf nehmen.«[508]

Im Gespräch wird die Konfliktlinie zwischen einem Teil der ÖkologInnen und der ArbeitnehmervertreterInnen deutlich: »Ökologen allerdings, die die Chance

504 Herbert et. al. Tumpel, Umweltpolitik, Wien 1986, 127.

505 Im Übrigen sind die EntscheidungsträgerInnen gesetzlich verpflichtet, bei Bauprojekten der E-Wirtschaft Rücksicht auf den Umweltschutz zu nehmen: »Auf öffentliche Interessen, besonders auf solche des Naturschutzes, der Raumordnung, des Fremdenverkehrs, des Umweltschutzes, der Wasserwirtschaft, des Eisenbahn- und Straßenverkehrs sowie der Landesverteidigung, ist dabei Bedacht zu nehmen.« Elektrizitätswirtschaftsgesetz (BGBl. Nr. 260/1975, NR: GP XIII RV 867 AB 1021 und 1533, 141. BR: 1339 AB 1342, 341, URL: https://www.ris.bka.gv.at/Dokumente/BgblPdf/1975_260_0/1975_260_0.pdf (abgerufen 17.7.2020).

506 Tumpel, Umweltpolitik, 128.

507 Vgl. ebd., 128–130.

508 Gottfried Duval, Das aktuelle A&W-Gespräch mit Adolf Czettel, in: Arbeit und Wirtschaft (1982) 10, 12–17, hier: 14.

sehen, mit Hilfe der Hysterisierung der Öffentlichkeit politische Ziele zu erreichen, die lehne ich persönlich ab und lehnt auch meine Institution ab.«[509] Der größte Konfliktstoff bestand dabei in der als Politisierung wahrgenommenen Mobilisierung. Czettel wurde hierbei im Vergleich mit der Bundesrepublik Deutschland sehr deutlich:

> Dort »zeigt sich sehr deutlich, daß diese Gruppen politische Ziele verfolgen, das heißt also, mit Hilfe der ökologischen Fragen sich selbst in den Vordergrund stellen wollen. Ansätze zeigen sich auch in Österreich. Es gibt aber durchaus vernünftige Gespräche mit ernstzunehmenden Wissenschaftern, die der Wissenschaft dienen wollen, die auch wissen, was die Menschen brauchen, und die durchaus bereit sind, mit uns gemeinsam Probleme in Angriff zu nehmen, die auf uns zukommen.«[510]

Die Polarisierung unter »ExpertInnen« zeigt auf, wie stark die Ökologisierungsdebatte die bislang bestehende gesellschaftliche Ordnung in Frage stellte. Der Schutz der Umwelt kristallisierte sich – nicht nur in Österreich – zu einem Faktor der Polarisierung und machte auch vor den InteressensvertreterInnen nicht Halt. Die Bereitschaft zu Konsens und die Verständigung auf Prioritäten bei gegenläufigen Interessen stellten eine besonders schwierig aufzulösende Konfliktlinie dar. Doch auch unter den Wasserkraft-BefürworterInnen bestand Uneinigkeit darüber, wo die Grenzen des Wachstums lagen und wie hoch der ökologische Preis des steigenden Energiebedarfs sein dürfe. Von Seiten der E-Wirtschaft hieß es dazu: »Die Elektrizitätswirtschaft verschließt sich keineswegs berechtigten Argumenten des Natur- und Umweltschutzes, doch können dessen Forderungen nicht so weit gehen, daß dadurch die Stromversorgung gefährdet wird.«[511] AK-Präsident Czettel äußerte sich dazu kritisch und führte zudem den Gedanken an, die Grenzen »unter Umständen« neu zu definieren. Man müsse feststellen, » in welchem Ausmaß die Energieversorgung sichergestellt werden muß und wieviel das kosten darf. Es kann ja nicht so sein«, so Czettel, »daß Kraftwerksplaner ohne Rücksicht darauf, wie stark die Umwelt belastet wird, wild in die Gegend planen, nur um einen hundertprozentigen Wirkungsgrad eines Kraftwerks zu erreichen«.[512]

509 Ebd., 17.
510 Ebd.
511 Ebd., 18.
512 Ebd.

4.3 Stromaufwärts: Umweltproteste in Österreich

Für KennerInnen der politischen Geschichte Österreichs wie die Politikwissenschaftlerin Sonja Puntscher-Riekmann und der Historiker Robert Kriechbaumer haben die späten Sechziger- und frühen Siebzigerjahre zu einer Veränderung der »politischen Kultur und politischen Wettbewerbslogik der Zweiten Republik« geführt.[513] Ein Kennzeichen dieses Kulturwandels zeige sich in der zunehmenden Herausbildung von Bürgerinitiativen. Bald sollten sich die Veränderungen auch in der Parteienlandschaft niederschlagen. So zeigt Kriechbaumer auf, wie es den »Grünen« gelang, sich von AkteurInnen von Single-Issue-Bewegungen zu politischen MitbewerberInnen zu etablieren und damit an traditionellen Machtverhältnissen zu rütteln. Als Ergebnis dieses Prozesses stehe Kriechbaumer zufolge die Herausbildung von politischen Listen und grünen Parteien.[514] Es ist ein Zusammenspiel von gesellschaftlichen, ökonomischen und politischen Faktoren, welches die Herausbildung einer grünen Bundespartei in Österreich begleitete. Der angesprochene Wandel der politischen Kultur ging mit einer Steigerung des Wohlstandes, der Bildung, mit Individualisierungsprozessen sowie einer zunehmenden Sensibilisierung für ökopolitische Anliegen und deren Durchsetzung mit partizipativen politischen Mitteln einher. All diese Faktoren bildeten einen Nährboden für entstehende Bürgerinitiativen und eine stark heterogene Ökologiebewegung, welche nicht einfach gleichzusetzen ist mit der Grünen Partei, dennoch aber als Sammelbecken potentieller WählerInnen gesehen werden kann.[515]

> »Die unübersichtliche Szene mit ihren verschwimmenden Konturen und unterschiedlichen Lebenswelten verharrte auf Grund ihrer Segmentierung und divergierenden ideologischen Positionen bis zur Mitte der Siebzigerjahre im Status der politischen Subkultur und damit der politischen Bedeutungslosigkeit. Es bedurfte eines historischen Ortes mit hoher Symbolkraft, der zu einem zentralen Bestandteil der Entstehungsgeschichte der Grünen werden sollte: Zwentendorf und Hainburg.«[516]

Zahlreiche Bürgerinitiativen, wie etwa die 120.000 gesammelten Unterschriften gegen die Ableitung der Krimmler Wasserfälle im Jahr 1952, und lokale Proteste Anfang der 1970er Jahre, darunter jener zur Rettung der Lobau vor einer Erweiterung des Öltank-Lagers 1972[517] sowie jener Protest gegen eine Brücke über

513 Robert Kriechbaumer/Franz Schausberger, Nur ein Zwischenspiel (?). Die Grünen in Österreich von den Anfängen bis 2017, Wien 2018, 11.

514 Ebd.

515 Vgl. ebd., 12f.

516 Ebd., 13.

517 Die Kampagne »Die Lobau darf nicht sterben!« wurde vom Naturschützer, Zeitungsherausgeber und ehemaligen Polizisten Anton Klein (1925–2013) initiiert. Klein organisierte u.a. die erste österreichische Radfahrer-Demo für einen Radweg auf der 4. Donaubrücke

den Neusiedlersee im Jahr 1971, bildeten die ersten Höhepunkte des Umweltprotests in Österreich.[518] Im Zuge jener Ereignisse wurde nicht nur das breite Aktionsrepertoire des friedlichen Protests gelernt und ausprobiert, im Zuge der Proteste knüpften die Beteiligten auch wichtige Kontakte, die später im Protest gegen GNV von Nutzen sein würden. Aus diesem Grund werden in Folge zentrale Protestbewegungen und ihre wirtschaftlichen und sozialen Kontexte vorgestellt.

4.3.1 Umkämpfte Infrastrukturprojekte

Ein frühes Beispiel Sozialer Bewegungen mit ökologischem *Framing*[519] bildeten die Proteste gegen die Neusiedlerbrücke Anfang der 1970er Jahre. Nach Plänen, die in die 1950er Jahre zurückreichen, sollte zwischen Mörbisch und Illmitz eine Brücke über den See gebaut werden, um der direkt am Eisernen Vorhang liegenden Region des Seewinkels wirtschaftlichen Aufschwung zu ermöglichen.

> »Wohl kaum ein Projekt hat das Interesse der Öffentlichkeit so erregt, wie der von der Bgld. Landesregierung im März 1971 vorgelegte Entwurf einer Seestraße zwischen Mörbisch und Illmitz. In Form einer Brücke an der schmalsten Stelle des Neusiedler Sees sollte dem Wunsch der Seewinkler Bevölkerung nach einer schnelleren Verkehrsverbindung in den Raum Eisenstadt Rechnung getragen werden. Auf 142 Betonpfeilern und auf 5,3 m Höhe über dem Wasserspiegel hätte man auf einer Länge von ca. 3 Kilometern das andere Ufer erreichen sollen.«[520]

Die Protestbewegung umfasste prominente Gesichter, darunter jene der Verhaltensforscher Konrad Lorenz und Otto Koenig. Auch die Autorin Klara Köttner-Benigni und ihr Ehemann, der Fotokünstler Walter Benigni, setzten sich gegen den Brückenbau ein.[521] In einer Unterschriftenaktion sprachen sich mehr als 100.000 Menschen[522] dagegen aus. Mit den Protesten gegen die Neusiedlerseebrücke erlebte Österreich Sándor Békesi zufolge eine »historisch neue Pro-

(»Tangente«) und forderte 1974 als erster einen Nationalpark. Vgl. Der streitbare Umweltschützer Anton Klein – seine Geschichte. Weblog des Lobau-Museums, 2016, URL: https://www.lobaumuseum.wien/cms/biografie-der-streitbare-umweltschuetzer-anton-klein/ (abgerufen 17.8.2022).

518 Vgl. Schmid/Veichtlbauer, Vom Naturschutz zur Ökologiebewegung, 82.

519 Vgl. zum Thema Framing siehe u.a.: Elisabeth Wehling, Politisches Framing: Wie eine Nation sich ihr Denken einredet – und daraus Politik macht, Köln 2016.

520 »Der Mensch und der See«, Broschüre zur Ausstellung des Nationalparks Neusiedler See 2004.

521 Klara Köttner-Benigni verfasste auch eine Darstellung ihrer Aktivitäten gegen den Brückenbau in einem Beitrag für die Burgenländischen Heimatblätter. Vgl. Klara Köttner-Benigni, Das Projekt einer Brücke über den Neusiedler See, in: Burgenländische Heimatblätter (2007) 4, 214–231.

522 Die AktivistInnen sprechen von »195.375 Personen, darunter 29.043 Personen aus 46 Staaten der Erde«, die bis 1972 ihre Unterschrift gegen den Brückenbau abgaben. Vgl. ebd., 219.

testkultur und Konfliktaustragung.«[523] Unter den AkteureInnen des Protests waren neben den oben genannten Personen auch der spätere Direktor des Naturhistorischen Museums, Bernd Lötsch, ebenso Antal Festetics, der damals als Assistent am I. Zoologischen Institut der Universität Wien tätig war, sowie der Maler Egon Haug, der zu einem der aktivsten Mitglieder des im März 1971 gegründeten »Komitees zum Schutze des Neusiedler Sees« zählte. Es sind jene AkteurInnen (Koenig, Lötsch, Festetics, Haug, etc.), die mehr als ein Jahrzehnt später auch gegen das Kraftwerk in Hainburg in den medialen Kampf ziehen sollten.[524] Dem Druck der Öffentlichkeit nicht standhaltend wurde das Projekt 1972 ausgesetzt und 1975 eingestellt. Spätestens mit den Auseinandersetzungen um das Kernkraftwerk in Zwentendorf 1977/78 und den Protesten gegen den Bau eines Donaukraftwerkes in der Stopfenreuther Au bei Hainburg 1984/85 setzte eine Themenkonjunktur für Umwelt- und Naturschutz ein, auf die die Parteien aller Couleurs – zumindest rhetorisch – in ihren politischen Programmen Bezug nahmen.[525] Besonders der letztgenannte »Fall Hainburg« sollte als zentraler Referenzpunkt von den ungarischen AktivistInnen der Donaubewegung instrumentalisiert werden. Aber auch das davor liegende politische Großereignis – die Proteste rund um das Atomkraftwerk im niederösterreichischen Zwentendorf – nahm eine wichtige Rolle in der Entwicklung der Ökologiebewegung ein.

Den Fällen Zwentendorf und Hainburg ist gemein, dass beide Gegenstand von stark heterogenen Protestbewegungen wurden, die wie Freda Meissner-Blau später meinte, zwar »grün-bewegt« waren[526], sicherlich aber nicht als die »Geburtsstunde der Grünen« bezeichnet werden könnten.[527] Am 22. März 1971 wurde nach jahrelangen Auseinandersetzungen um die Vorherrschaft und die Standorte möglicher AKW-Kraftwerke in Österreich bei einer außerordentlichen Generalversammlung der im Vorjahr gegründeten Gemeinschaftskraftwerk Tullnerfeld GmbH (GKT) der Bau des Atomkraftwerks Zwentendorf beschlossen. Zwentendorf sollte das erste von insgesamt drei Kraftwerken werden. Die anderen beiden waren in Oberösterreich und Kärnten geplant.[528] Zwar wurde die GKT noch unter der ÖVP-Regierung gegründet, doch stellte die SPÖ als Partei der neuen Minderheitsregierung Kreisky später die Mehrheit an der Gesellschaft.

523 Sándor Békési, Verklärt und verachtet. Wahrnehmungsgeschichte einer Landschaft: Der Neusiedler See, Frankfurt am Main 2007, 242.
524 Köttner-Benigni, Das Projekt einer Brücke, 216f.
525 Vgl. Kriechbaumer/Schausberger, Zwischenspiel, 15f.
526 Ebd., 16.
527 Vgl. ebd.
528 Siehe auch: Vgl. Schmid/Veichtlbauer, Vom Naturschutz zur Ökologiebewegung, 85. Anmerkung: Im Jahr 1976 sieht der Energieplan der Regierung bis 1990 noch den Bau von drei Atomkraftwerken vor.

Nach mehreren Diskussionen wurde der Baubeginn für April 1971 festgelegt.[529] Der noch von der Regierung Klaus für die Jahre 1975/76 angesetzte Fertigstellungstermin wurde nach Bauverzögerungen aufgrund von fehlenden Bewilligungen unter Kreisky auf 1978 verschoben.[530] In Österreich gehörte der niederösterreichische Arzt Rudolf Drobil zu den frühen kritischen Stimmen gegen die Atomenergie. Gemeinsam mit anderen Medizinern legte Drobil 1969 das »Ärztememorandum gegen Kernspaltungs-Kraftwerke« vor. Weitere WissenschaftlerInnen folgten der Kritik. Vor allem die Erdbebengefährdung in Zwentendorf erregte Aufmerksamkeit. Der Standort Zwentendorf war schon zuvor in einem hydrogeologischen Gutachten der Geologischen Bundesanstalt aus dem Jahre 1962 als »nicht geeignet« eingeschätzt worden.[531] Die in den 1970er Jahren entstehenden Protestbewegungen gegen das AKW Zwentendorf müssen hierbei im Zusammenspiel mit internationalen Protesten gegen den Bau von Atomkraftwerken betrachtet werden. In Frankreich hatten sich 1968 die ersten Bürgerinitiativen gegen die Atomkraft gebildet. In Westdeutschland formierte sich bis zur Mitte der 1970er Jahre eine Anti-Atom-Bewegung, die einerseits mit Demonstrationen mit 6000 bis 7000 TeilnehmerInnen, anderseits aber auch mit gewaltsamen Ausschreitungen auf sich aufmerksam machte.[532] 1975 fand in Wyhl die erste Großdemonstration gegen den dortigen Kraftwerksbau statt, an welcher auch AktivistInnen aus Österreich, Frankreich und der Schweiz teilnahmen. Schon hier bildeten sich lagerübergreifende Allianzen zwischen der bäuerlich-konservativen lokalen Bevölkerung und linksgerichteten Studierenden.[533] »Vor dem Hintergrund rationaler und irrationaler Ängste, wachsendem Umweltbewusstsein, zunehmender Fortschrittsskepsis und Misstrauen gegenüber scheinbar nicht durchschaubarer Großprojekte formierte sich eine die traditionellen Lagergrenzen ignorierende Ökologiebewegung.«[534] Unterschriftenaktionen gegen Zwentendorf und eine erste »Sternfahrt« zum Baugelände wurden organisiert, aber auch gegen das geplante Kraftwerk in St. Pantaleon gab es Unterschriftenlisten. Die Proteste in Oberösterreich wurden von den »Oberösterreichischen Nachrichten« unterstützt. Zu einem ersten Versuch der Fokussierung der Bewegung kam es 1973 durch die in Enns gegründete »Initiative Österreichischer Atomkraftwerksgegner (IÖAG)«.[535] Aufgrund der Diversität politischer Gruppierungen sowie Unterwanderungsversuchen radikaler linker

529 Vgl. Julia Martinovsky, Repräsentative Demokratie in Österreich am Beispiel der Volksabstimmung über das Kernkraftwerk Zwentendorf, Dipl. Arb., Universität Wien 2012, 22f.
530 Vgl. Foltin, Und wir bewegen uns doch, 139.
531 Vgl. Martinovsky, Repräsentative Demokratie, 22.
532 Vgl. Foltin, Und wir bewegen uns doch,139.
533 Vgl. Martinovsky, Repräsentative Demokratie, 44.
534 Kriechbaumer/Schausberger, Zwischenspiel, 21.
535 Schmid/Veichtlbauer, Vom Naturschutz zur Ökologiebewegung, 84.

Gruppen wie dem Linzer maoistischen »Kommunistischen Bund« kam es schließlich zur Gründung der »Arbeitsgemeinschaft Nein zu Zwentendorf (ARGE)«, der sich vorwiegend bürgerliche Gruppierungen anschlossen. Die Frage um die Nutzung und Erzeugung von Atomstrom polarisierte nicht nur unter der ÖVP, die versuchte, nach schwedischem Vorbild die sozialdemokratische Regierung zu schwächen, sondern entzweite auch die linken Flügel der Republik. Der frühere Chefredakteur der *Arbeiter-Zeitung* Paul Blau initiierte die Aktion »Sozialisten gegen Atomstrom«, zu deren AnhängerInnen auch Kreiskys Sohn und Schwiegertochter zählten.[536] Dem Personenkomitee gehörten auch Blaus Ehefrau, Freda Meissner-Blau, sowie die Nationalökonomen Kurth Rotschild und Egon Matzner an. Zu den Kritikpunkten der KraftwerksgegnerInnen zählte ein generelles Misstrauen gegenüber der Sicherheit der neuen Technologie und den damit verbundenen Risiken für Umwelt und Menschheit. Einen wesentlichen Beitrag zum Sicherheitsdiskurs leistete die Kritik von Alexander Tollmann, Vorstand des Instituts für Geologie der Universität Wien. Tollmann engagierte sich ab 1978 gegen Zwentendorf und wurde vorwiegend durch seine Warnungen zur Erdbebengefahr in der Region bekannt. Damit löste Tollmann auch eine wissenschaftliche Debatte aus, aus der schließlich die stärkere Erforschung historischer Erdbeben resultierte.[537] Für ÖVP und FPÖ bildeten die aus ihrer Sicht von der Regierung unzureichend beantworteten Fragen der Sicherheit und der Endlagerung des Atommülls einen zentralen Stein des Anstoßes.[538] Die ökonomische Bewertung des geplanten Kraftwerkes sollte später auch bei Hainburg und Gabčíkovo-Nagymaros einen wesentlichen Faktor der Argumentationslinie bilden. Bei einer Befragung im Atomunterausschuss, einem Unterausschuss des Handelsausschusses im Nationalrat, gab die Gesundheits- und Unterrichtsministerin Ingrid Leodolter Einblick in die offenen Fragen der Endlagerung. So habe man in Zwentendorf ein Kompaktlager eingerichtet, dessen Kapazität sei jedoch nur für sechs Jahre ausreichend. Für die Zeit danach sei ein Abkommen mit dem Ausland angedacht. Konkrete Verhandlungsergebnisse konnte die Ministerin jedoch nicht vorweisen.[539] Während Kreisky im Jänner 1978 eine Volksabstimmung zur Kernenergie noch ablehnte, schlug er im Juni des gleichen Jahres ein entsprechendes Referendum vor. Eine Nicht-Inbetriebnahme des Werkes würde aufgrund der damit verbundenen Kosten von den WählerInnen abgelehnt werden, so die Hoffnung des Kanzlers, der aufgrund der bevorstehenden Wahl im Folgejahr das Thema aus wahltaktischen Gründen vermutlich

536 Vgl. Kriechbaumer/Schausberger, Zwischenspiel, 23–27.
537 Vgl. ebd., 37.
538 Vgl. ebd., 23–37.
539 Vgl. ebd., 29.

vom Tisch haben wollte.[540] Während zu dieser Zeit die Stimmung in der Bevölkerung noch stark zu schwanken schien, wurden Kriechbaumer zufolge schon bald politische Gedankenspiele zu ausschlaggebenden Entscheidungsfaktoren. »Es war letztlich nicht die Kampagne der Kraftwerksgegner, die die Stimmung kippen ließ, sondern die Erklärung Kreiskys, die Abstimmung würde auch über sein politisches Schicksal entscheiden.«[541] Die Ausweitung des Zwentendorf-Konfliktes von ökologischen und sicherheitsbezogenen Bedenken auf die generellen politischen Machtverhältnisse im Land bildet dabei eine weitere Parallele zu GNV.

Am 5. November 1978 stand schließlich die Entscheidung zum Kernkraftwerk fest: 50,5 Prozent der abgegebenen Stimmen lehnten die Inbetriebnahme Zwentendorfs ab. Interessant dabei ist das geografische Gefälle beim Abstimmungsverhalten: Während Kärnten, die Steiermark, das Burgenland, Wien und Niederösterreich für die Inbetriebnahme stimmten, lehnte der Westen Österreichs diese ab. »Im Bundesländervergleich wurde dabei ein deutliches West-Ost-Gefälle sichtbar, das die künftige Entwicklung der Grünen andeutete.«[542] Kreisky gelang es schließlich, seine politische Existenz nicht an die verlorene Volksabstimmung zu binden. Mit dem von ihm eingebrachten Entwurf für ein Atomsperrgesetz gelang ihm der Ausweg aus dem Zwentendorf-Dilemma. Bei der Nationalratswahl 1979 konnte er die absolute Mehrheit der Sozialdemokraten ausbauen.[543] Martin Schmid und Ortrun Veichtlbauer sprechen vom 20. Jahrhundert als einem Jahrhundert der Entgrenzung. Damit ist nicht nur die Grenzenlosigkeit von Umweltproblemen, sondern auch von deren Ursachen gemeint. Die AutorInnen weisen dabei dezidiert auf die Notwendigkeit hin, nationale Umweltgeschichten in ihrer globalen Einbettung zu betrachten.[544] Auch mit Verweis auf erste Aktionen des Bildungsbürgertums um 1900, die sich dem Natur-, Naturdenkmal- und Heimatschutz verschrieben hatten, wollen die VerfasserInnen die Wurzeln des gegenwärtigen Umweltschutzes in den 1960er Jahren sehen. Grundstrukturen des österreichischen Naturschutzes wurden in den 1920er Jahren mit dem »Naturschutzpark« (ab 1924 als Österreichischer Naturschutzbund (ÖNB) aktiv) geschaffen. Bis in die 1960er Jahre stand allerdings der Landschaftsschutz im Mittelpunkt. »Erst in den 1970er Jahren erfuhr der Naturschutz im Gefolge der erstarkenden Umweltbewegung neuen Auf-

540 Vgl. ebd., 30; Umfassende Erläuterungen zu Kreiskys Verhalten und Motive bei: Petritsch, Bruno Kreisky: Die Biografie, 274–76.
541 Kriechbaumer/Schausberger, Zwischenspiel, 35; Zum Thema vgl. auch: Alexander Tollmann, Desaster Zwentendorf, Wien 1983.
542 Kriechbaumer/Schausberger, Zwischenspiel, 35.
543 Vgl. ebd., 41.
544 Vgl. Schmid/Veichtlbauer, Vom Naturschutz zur Ökologiebewegung, 14.

schwung«.[545] Mit der Herausbildung des Umweltschutzes (also auch mit dem Begriff der Umwelt) erfolgte auch in Österreich der Paradigmenwechsel in der Mensch-Natur-Beziehung: Die Natur wurde nicht mehr als etwas Statisches betrachtet. Vielmehr wurde erkannt, dass es sich dabei um Prozesse handelt, die geschützt werden müssen.«[546] Der Weg von den Protesten auf der Straße und dem steigenden Bewusstsein für ökologische Themen hin zur Gründung einer schlagkräftigen und konsolidierten Partei und ihrer parlamentarischen Arbeit sollte jedoch noch mehrere Jahre dauern.

Die Erfolge der Anti-AKW-Bewegung konnten nicht gleich in politisches Kapital übertragen werden. Zu gespalten waren die unterschiedlichen Gruppierungen »grüner« AktivistInnen.[547] Kriechbaum zufolge zerfiel die Bewegung nach 1979 »in ihre Bestandteile«.[548] Die Grün-Bewegung besaß »nur einen kleinen gemeinsamen Nenner – die Forderung nach einer radikalen Veränderung der Gesellschaft.«[549] Zwei Strömungen können zu dieser Zeit identifiziert werden: Einerseits jene AktivistInnen, die aus dem Umfeld der 1968er Bewegung kommen, alternative Lebensentwürfe hochhielten und ideologisch links bis linksradikal standen. »Systemüberwindung [...] auf der Basis einer ökosozialistischen Revolution war die Devise.«[550] Ihnen gegenüber standen Bürgerlich-Konservative, die aus dem Umfeld des Natur- und Lebensschutzes kamen und auf einen Wandel innerhalb des Systems hofften. »Beide Positionen waren nur schwer vereinbar. 1982 formierten sich die, vom linken bis hin zum linksradikalen Spektrum umfassenden, Alternativen in der Alternativen Liste Österreichs (ALÖ) und die bürgerlich-konservativen Anti-AKW-Aktivisten und Naturschützer in den ›Vereinigten Grünen Österreichs‹.«[551] Erwähnenswert ist, dass sich auch innerhalb dieser Liste Konfliktlinien abzeichneten.

> »Das linke Sektierertum spielte auch in dem Gegensatz zwischen der Grazer und der Wiener Gruppe eine nicht unerhebliche Rolle. Während nämlich in der Grazer Gruppe neben Dritte-Welt-, Bürgerinitiativen-, Anti-AKW- und Friedensbewegungs-Aktivisten

545 Ebd., 16.

546 Ebd., 16f.

547 So ist etwa unter den Hainburg-AktivistInnen eine Unterscheidung zwischen »Natur- und Parteigrünen« zu beobachten. Und auch bei Gesprächen mit GNV-AktivistInnen wird klar, dass sich die Selbst- und Fremdbilder hinsichtlich ihrer jeweiligen Prioritäten (Umweltschutz, Systemkritik) wesentlich voneinander unterscheiden. So bezeichnet sich etwa der Umweltschützer Günter Schobesberger dezidiert als »Naturgrüner« (im Gegensatz zu politischen Grünen). Vgl. dazu das Interview der Verfasserin mit Günter Schobesberger, 22.6. 2018, Hainburg an der Donau, Sprache: Deutsch, Tonqualität mittelmäßig, Audioaufzeichnung im Besitz der Verfasserin).

548 Kriechbaumer/Schausberger, Zwischenspiel, 41.

549 Ebd., 45.

550 Ebd., 42.

551 Ebd.

> auch ehemalige Maoisten eine neue politische Heimat gefunden hatten, dominierten in der Wiener Gruppe die trotzkistischen Revolutionären Marxisten (GRM).«[552]

Aus dem Umfeld der ARGE gründete sich schließlich im Hinblick auf die Nationalratswahlen am 8. Oktober 1983 die Wahlgemeinschaft Vereinte Grüne Österreich (VGÖ), welche sich am 9. März 1982 auch als Partei im Innenministerium anmeldete. Doch die erhofften Kandidaturen prominenter Anti-Zwentendorf-Aktivisten wie Konrad Lorenz, Bernd Lötsch oder Friedensreich Hundertwasser blieben aus.[553] Lorenz und Hundertwasser lieferten lediglich Unterstützungsunterschriften. Als Abgrenzung zur »Alternativen Liste Graz (ALG)« distanzierte sich die VGÖ von jeglichem rechts- oder linksextremen Gedankengut. Ähnlich zu den westdeutschen Grünen konnten auch die österreichischen Grünen keine einheitliche Position finden.[554] So meinte Freda Meissner-Blau auf die Frage hin, ob ein breites Bündnis unter HainburggegnerInnen über weltanschauliche Grenzen hinweg denkbar sei: »für ein Ziel muss man Kompromisse machen, man sucht sich nicht immer aus, wer am selben Strick zieht. Wenn man pur und rein sein will, wie so manche dogmatischen Marxisten, dann finden Sie sich plötzlich allein wieder und streiten mit sich selbst, ob man links genug ist.«[555] Eine Wahlplattform für die Nationalratswahlen scheiterte u.a. an »unüberbrückbaren ideologischen Differenzen«[556]. Beide Listen erreichten schließlich weniger als 2 Prozent.[557] Nichtsdestotrotz herrschte im Österreich dieser Jahre ein optimistisches Potential für eine Grün-Partei. Dass das Umweltthema nach wie vor über Mobilisierungsstärke verfügte, zeigte schließlich auch der Fall Hainburg, den Kriechbaumer nicht ohne Grund als »Grüne Reanimation« bezeichnet.[558] Danach, bei den Wahlen 1986, zog die Grüne Partei (ab 1993 als »Die Grünen«) erstmals in den Nationalrat ein.[559]

4.3.2 Aufbegehren in Hainburg: Lehrstück für den Donauraum

Basierend auf Strombedarfsprognosen, die für den Zeitraum von 1981/82 bis 1991/92 einen Anstieg von jährlich 3,4 Prozent voraussagten, plante die österreichische Elektrizitätswirtschaft, bestehend aus Verbund- und Landesgesellschaften, Anfang der 1980er Jahre ein Wasserkraftwerk nahe der östlichsten

552 Ebd., 45.
553 Vgl. ebd., 49.
554 Vgl. ebd., 51f.
555 Meissner-Blau, Frage, 210.
556 Kriechbaumer/Schausberger, Zwischenspiel, 52.
557 Vgl. ebd., 59.
558 Vgl. ebd., 62f.
559 Vgl. die Zeittafel bei: Schmid/Veichtlbauer, Vom Naturschutz zur Ökologiebewegung, 86.

Stadt Niederösterreichs: Hainburg.[560] »Das Kraftwerk Hainburg [...] soll bei Stromkilometer 1883 im linksufrigen Augebiet gegenüber der Stadt Hainburg (›Thurnhaufen‹) in Trockenbauweise errichtet werden. Um den Kalkstock, aus dem die Bad Deutsch Altenburger Heilquellen gespeist werden, zu umgehen, soll das Strombett ab Stromkilometer 1988 (unterhalb der Schwalbeninsel) in das linksufrige Augebiet verlegt werden.«[561] Den Plänen zufolge sollte das neue Kraftwerk den zu erwartenden Strombedarf in Österreich sichern und zudem die Abhängigkeit von fossilen Energieträgern minimieren.[562] Die Realisierung des Vorhabens scheiterte. Vielmehr sollte das Augebiet im Winter 1984 zum Schauplatz einer Protestbewegung werden, die das kollektive Gedächtnis Österreichs jahrzehntelang prägen würde.[563] Die Anfänge der Massenmobilisierung gegen Hainburg begannen allerdings weit abseits des öffentlichen Medieninteresses, im Lokalen. Schon Jahre vor der Besetzung der Auwälder gingen Gerüchte in der der Gegend um.[564] Bevor sich im Sommer 1983 verschiedene Bürgerinitiativen und Organisationen zur Gründung der »Aktionsgemeinschaft gegen das Kraftwerk Hainburg« zusammenfanden[565], um den Protest gemeinsam zu koordinieren, machte sich Besorgnis bei AuliebhaberInnen und AnrainerInnen breit. Erste Bürgerinitiativen bildeten sich. Eine zentrale Person des ersten Widerstandes war Sylvia Leitgeb aus Leopoldsdorf. Die Rauchfangkehr-Meisterin arbeitete bei einer Baufirma. Durch ihre Kontakte zu den lokalen Bauern bildete sich das erste lokale Netzwerk besorgter AnrainerInnen. Von ihr erfuhren auch Bruno und Annemarie Höfele von den Kraftwerksplänen. Sie sollten später ihr Haus in Stopfenreuth wochenlang als Hauptquartier der BesetzerInnen zur Verfügung stellen. In der »Kommandozentrale« der Höfeles liefen in den Dezember-Wochen 1984 alle Fäden der Besetzung zusammen: »Hier kamen die Transporte an, von hier ging es begleitet von Boten und Essensträgern

560 Vgl. die Broschüre aus dem Privatarchiv von W. Rehm: Das Projekt Donaukraftwerk Hainburg, herausgegeben von der Aktionsgemeinschaft gegen das Kraftwerk Hainburg, Wien 1984, 10.

561 Vgl. ebd., 11.

562 Vgl. ebd., 10.

563 Vgl. dazu auch: Manfried Rauchensteiner, Unter Beobachtung. Österreich seit 1918, Wien, Köln, Weimar 2017.

564 Valerie Fasching nennt in ihren Erinnerungen den 4. Mai 1979 als Gründungstag der Initiative gegen das DOKW Hainburg. Vgl. »Kampf um die Au«. Die BI wurde offiziell 1980 angemeldet. Vgl. Interview der Verfasserin mit Valerie Fasching und Annemarie Höferle, am 22.6.2018, Hainburg an der Donau, Sprache: Deutsch, Tonqualität mittelmäßig, Audioaufzeichnung im Besitz der Verfasserin. Vgl. dazu auch: 25 Jahre Hainburg: Bevölkerung gegen Kraftwerk in der Au, ORF (2009), URL: https://tvthek.orf.at/history/Landeshauptleute-und-Politik/8378973/25-Jahre-Hainburg-Bevoelkerung-gegen-Kraftwerk-in-der-Au/8365870 (abgerufen 22.1.2021).

565 Alle Mitglieder dieses Bündnisses (Stand Juni 1984) wurden in der angeführten Stellungnahme abgedruckt.

zu den Lagern, hier wurden Einsatzpläne ausgeheckt, hier versuchten aber auch eingeschleuste Polizisten die CB-Funkanlage der Au-Besetzer zu sabotieren, vom Telefonanschluss der Höferles [sic!] wurde in die ganze Welt telefoniert. Au-Besetzer schliefen in jeder Ecke des Hauses und in der Badewanne.«[566] Das naturverbundene Ehepaar war zuvor von Wien nach Stopfenreuth gezogen, wo sie ein altes Bauernhaus gekauft hatten. Zu den ersten AktivistInnen zählten auch Valerie Fasching, Robert List und Paul Pagacs, die lange vor der Aubesetzung Flugzettel druckten, die Bevölkerung vor Ort informierten und Bürgerinitiativen gründeten. Als bekannt wurde, dass im August 1983 die Schlägerungen des Stopfenreuther Auwaldes und damit die »Zerstörung dieses letzten längeren, frei fließenden Donauabschnitts«[567] beginnen sollten, begann die neugegründete Aktionsgemeinschaft mit gezielteren Protestaktionen. Gemeinsame Öffentlichkeitsarbeit, öffentliche Diskussionsversammlungen und Unterschriftenaktionen wurden organisiert. Laut Aktionsgemeinschaft wurden bis Ende des Jahres rund 140.000 Unterschriften gegen das Kraftwerksprojekt gesammelt. Im Februar 1984 zählen offiziell 26 Gruppen, Initiativen und Organisationen zu den Mitgliedsorganisationen der Aktionsgemeinschaft, darunter NGOs wie Friends of the Earth, Global 2000, der WWF und Greenpeace, langjährige Naturschutz-Organisationen wie der Österreichische Naturschutzbund, aber auch wissenschaftliche Einrichtungen wie das Institut für Energie- und Umweltforschung. Einen wesentlichen Beitrag zur Mobilisierung der Studierenden leistete das Alternativreferat der Österreichischen Hochschülerschaft (ÖH). Es organisierte während der Aubesetzung eine dichte Bus-Verbindung zwischen der Au und Wien.[568] Bis dahin hatten sich insgesamt vier Bürgerinitiativen (BI) gegründet, darunter die »BI AU-weh Fischamend«, die »BI – Hainburg«, die »BI Marchfeld zur Rettung der Auen« sowie die »BI Rettet das Kamptal«.[569] Der Vertreter der Aktionsgemeinschaft war Carl Manzano[570], der sich bereits seit 1975 als Biologie-Student in der Anti-AKW-Bewegung und im Arbeitskreis Atomenergie enga-

566 Helmut Schliesselberger, Au-weh – und der Kampf geht weiter, Salzburger Nachrichten, 3.12.2012, 10.

567 Infothek zur Nationalparkgeschichte mit umfassender Chronologie der Hainburger Aubesetzung, URL: https://www.donauauen.at/nationalpark/chronologie-der-aubesetzung/19429 (abgerufen 10.9.2020).

568 Vgl. Bernd Lötsch, Das Wunder von Hainburg: 30 Jahre nach Hainburg – Faktoren des Erfolgs, in: natur & land 100 (2014) 4, 12–15.

569 Vgl. Das Projekt Donaukraftwerk Hainburg, 60. Vgl. ebenso: Interviews der Verfasserin mit Günter Schobesberger, Annemarie Höferle und Valerie Fasching, Hainburg 2018.

570 1985 wurde er Sekretär der Ökologiekommission der Bundesregierung. Wenige Jahre nach der Aubesetzung (1987) war Manzano (1988 bis 1995) Chef der niederösterreichischen Naturschutzgruppe »Distelverein«, ab 1987 wurde er Geschäftsführer der Nationalpark-Planung. 12 Jahre nach der Au-Besetzung sollte er langjähriger Direktor des Nationalparks Donau-Auen werden (1996–2019).

gierte.[571] Eine wichtige Figur der Anti-Kraftwerks-Bewegung war auch Bernd Lötsch. Der Biologe war seit Anfang der 1970er Jahre im Auenschutz tätig. Als Leiter des Instituts für Umweltwissenschaften und Naturschutz der Österreichischen Akademie der Wissenschaften (ÖAW) in Wien arbeitete er eng mit dem Naturschutzbund zusammen. Auch weitere Mitglieder des Instituts, darunter etwa Peter Weish, beteiligten sich an der Besetzung in der Stopfenreuther Au und traten als Sprachrohre der Bewegung in der Öffentlichkeit auf. Lötsch war später auch Teil der Ökologiekommission der Bundesregierung für den Donauabschnitt stromabwärts Wiens aktiv und arbeitete zwischen 1986 und 1991 als Präsident der Nationalparkplanung an der Umsetzung des Donau-Auen-Nationalparks mit. Die 1990 durchgeführte Kampagne zum Ankauf des Geländes »Natur freikaufen« wurde von Lötsch initiiert.[572] Die wissenschaftlichen Argumente der KraftwerksgegnerInnen umfassten mehrere Dimensionen: Eine Dimension betraf die divergierenden Einschätzungen der Fachleute zu den ökologischen Auswirkungen des Kraftwerkbaus auf die gesamte Auenlandschaft. Während KraftwerksbefürworterInnen argumentierten, dass durch den Bau zwar Auwald gerodet werden müsse, aber durch den geregelten Wasserhaushalt die drohende Austrocknung bekämpft werden könne und das Kraftwerk somit das verbleibende Gebiet schütze, waren NaturwissenschaftlerInnen wie Peter Weish anderer Überzeugung. Sie befürchteten dramatische ökologische Auswirkungen auf die gesamte Au. Nicht nur die KraftwerksplanerInnen suchten Expertise und Inspiration außerhalb der Landesgrenzen, auch die »GegenexpertInnen« der Bewegung sahen sich bei anderen Kraftwerksprojekten um. Die von der DoKW angebotenen Umweltschutzmaßnahmen seien demnach unzureichend, so die KritikerInnen. Sie würden insbesondere die indirekten Zerstörungen und Auswirkungen im Lebenraum Auwald vernachlässigen.

> »Alle von der DOKW angebotenen Maßnahmen wie etwa Dotation und Überströmstrecken wurden im Ausland schon versucht. [sic!] haben aber die Denaturierung der Au nicht verhindern können:
> – Trennung der Au vom Strom durch gedichtete Dämme (schneidet z. B. Fischpopulationen vom Strom ab und isoliert sie in kleinen Altwassersystemen).
> – Verlust der lebhaften Fluktuation im Oberflächen- und Grundwasser.
> – Verlust der natürlichen Uferlinien und Sandbänke, Schotterinseln (Lebensraum für manche Vogelarten; ästhetische Wirkung).«[573]

571 Vgl. Stefan Havranek, Abschied: Ein Leben für die Umwelt. Niederösterreichische Nachrichten, 9. 1. 2019, URL: https://www.noen.at/gaenserndorf/donau-auen-abschied-ein-leben-fuer-die-umwelt-orth-an-der-donau-nationalpark-donau-auen-noen-interview-carl-manzano-131197466 (abgerufen 10. 5. 2021).

572 Vgl. Lötsch, Wunder, 15.

573 P. Gabriel, B., Schörner, G., Wedl, K. und Weish, Kraftwerk Hainburg- Nationalpark Ost. Bericht über die Experten-Diskussion an der Akademie für Umwelt und Energie in La-

In der oben zitierten Stellungnahme aus dem Jahr 1984 wird von der Aktionsgemeinschaft die Konfliktlinie der Auseinandersetzung eindeutig zwischen den Interessen der E-Wirtschaft und »mündigen Staatsbürgern [...], die sich seit Jahren zur Erhaltung der Natur und zum Schutz der Umwelt bekannt und sich uneigennützig für die Allgemeinheit eingesetzt haben«, gezogen.[574] Auch Freda Meissner-Blau nimmt in ihren Erinnerungen Bezug auf die Eigenverantwortung der BürgerInnen. Indem die Kritik an dem Energieinfrastrukturprojekt mehrere Dimensionen aufwies, wurde es zum Kristallisationspunkt für unterschiedlichste unzufriedene BürgerInnen im Land.

> »Tausende Menschen unseres Landes begannen ihre Nasen in ihre eigenen Angelegenheiten zu stecken und nicht nur die größte Au Mitteleuropas vor der Zerstörung zu retten, sondern zugleich auch Rechtsstaat und Demokratie. [...] Hainburg wurde zum Nährboden einer grünen Partei, welche die politische Landschaft Österreichs zu verändern beginnt: Absolute Mehrheiten für eine Partei sind kaum mehr möglich, es bedarf der Zusammenarbeit. Noch wichtiger, die traditionelle österreichische Untertanenseligkeit hat in der Au einen gewaltigen Schlag erhalten, ist erschüttert. Auch bei den zahlreichen Betroffenen und Umweltengagierten, die aus vielerlei Gründen – alte Parteiloyalität, Unzufriedenheit mit dem inneren und äußeren Erscheinungsbild dieser jungen Partei, generelle Ablehnung von Parteien überhaupt, usw. – bei den Grün-Alternativen nicht mittun wollten und wollen.«[575]

Eine weitere, mit den ökologischen Einschätzungen aber in Zusammenhang stehende, Dimension oder Argumentationslinie der Kritik betraf die juristische Seite des Falles. Die GegnerInnen sahen die Kraftwerkspläne als klare Verstöße gegen die Rāmsar-Konvention (welche seit 16. April 1983 in Kraft ist) sowie als unvereinbar mit dem Niederösterreichischen Naturschutzgesetz. Im Herbst 1983 hatten »mehr als 25 Naturschutz-Amtssachverständige« dem niederösterreichischen Landeshauptmann Siegfried Ludwig eine Naturschutzresolution übergeben, in der sie auf die rechtliche Unvereinbarkeit des Projektes aufmerksam machten. Schließlich boten energiepolitische Argumente eine weitere Argumentationslinie bzw. Dimension der Kritik: Das Kraftwerk Hainburg wurde von den GegnerInnen als »für die Energieversorgung nicht notwendig« erachtet. »Unsere billigste und umweltfreundlichste Energiequelle sind mittelfristig die zahlreichen Wege der Effizienzsteigerung bei der Energienutzung«, so die Aktionsgemeinschaft. Die Fachkritik nahm zweifellos eine zentrale Rolle in der Bewegung ein. Ohne den Druck der Protestbewegung und hierbei vor allem die spektakuläre Besetzung der Auwälder wäre es vermutlich weder zur Abwendung des Bauprojektes noch zur Durchsetzung eines Nationalparks gekommen. Die

xenburg (1984), URL: https://homepage.univie.ac.at/peter.weish/schriften/Hainburg_1984.pdf (abgerufen 22.1.2021).

574 Vgl. ebd.

575 Meissner-Blau, Frage, 56f.

ersten organisatorischen Grundsteine des Massenprotests wurden allerdings weder von politischen AkteurInnen, noch von prominenten NaturschützerInnen gelegt, sondern von dem ehemaligen Biologie-Studenten Günter Schobesberger. Am 13. November 1984 meldete der Umweltaktivist und »Naturgrüner« die Aubesetzung als Veranstaltung ordnungsgemäß bei der Behörde an. Als Beginn habe er die Aufnahme der Bauarbeiten im Augebiet gewählt. Als Dauer, erzählt Schobesberger später, habe er »wenn nötig, mehrjährig« angegeben.[576] Von seinen Ersparnissen kaufte er nach eigenen Angaben 700 Decken, zahlreiche Schlafsäcke und ein Transportauto. Aufgrund seiner Erfahrungen im gewaltfreien Widerstand verstand er sich selbst als »der friedliche General der Au-Besetzung.«[577] Am 8. Dezember 1984 organisierte das »Konrad Lorenz-Volksbegehren« gemeinsam mit der ÖH eine »Sternwanderung« in die Au. Mehrere Tausend Menschen nahmen an dieser »Adventfeier« auf der Brücklwiese nahe des Rodungsgebietes teil. Bereits zuvor waren einige AktivistInnen in die Au gezogen, um mit der Besetzung zu beginnen.[578] Unter den TeilnehmerInnen war auch der Naturwissenschaftler und Atomstrom-Kritiker Weish, der in seiner Ansprache zum zehnjährigen Jahrestag der Hainburg-Besetzung den damaligen »Geist von Hainburg« zu definieren versuchte. »Die Zwentendorf Bewegung trat auf gegen die nukleare Bedrohung. Dabei wurde vielen klar, daß ein Nein zur Atomkraft zwar notwendig, aber nicht hinreichend für den Schutz der Umwelt ist. Es geht vielmehr um einen neuen Wirtschafts- und Lebensstil. Es geht um ein neues Selbstverständnis, um neue Formen der Ethik.«[579] Weish knüpft damit an eine Narration an, die die heterogenen Bewegungen der jüngsten Vergangenheit durch ein neues Wertekonstrukt miteinander zu verbinden sucht. Referenzen des »neuen Geistes« findet Weish sowohl bei den indigenen Völkern Nordamerikas und den Werten der »ökologischen Ethik«. Nicht ohne Grund stellt Weish auch theologische Bezüge (sowohl christliche als auch jüdische) zum Schutz der Schöpfung und zur Verantwortung her und spricht von einer neuen, allgemeineren »Form der Religiosität«. Aber auch Aspekte der Waldheim-Debatte, welche die Öffentlichkeit von 1986 an bis in die frühen 1990er Jahre beschäftigte, und die damit einhergehende Auseinandersetzung mit dem nationalsozialistischen Erbe des Landes findet Eingang in die Ansprache Weishs[580]:

576 Vgl. Interview der Verfasserin mit Günter Schobesberger, Hainburg 2018.

577 Vgl. ebd.

578 Vgl. dazu u.a.: Foltin, Und wir bewegen uns doch, 140f.

579 Peter Weish, Der Geist von Hainburg: Rede anläßlich der Sternwanderung am 8. Dezember 1994 in der Stopfenreuther Au, URL: https://homepage.univie.ac.at/peter.weish/schriften/aurede1994.pdf (abgerufen 10.9.2020).

580 Anmerkung: Als Waldheim-Debatte oder Waldheim-Affäre ist eine mehrjährige gesellschaftliche Auseinandersetzung um den ehemaligen UNS-Generalsekretärs Kurt Waldheim gemeint. In Folge seiner Kandidatur für das Bundespräsidentenamt wurde er mit Vorwürfen zur vermeintlichen Beteiligung an NS-Verbrechen als Offizier der Wehrmacht 1942–1944

> »Wer den Geist von Hainburg in sich fühlt, der erkennt auch, daß die Ethik der Ehrfurcht vor dem Leben unbequem ist, daß sie Opfer fordert. Genauso, wie wir heute die Mitläufer und Angepaßten im Hitler-deutschland kritisieren oder sogar als Verbrecher bezeichnen, müssen wir erkennen, daß das Mitläufertum in unserer naturzerstörenden und Elend schaffenden Verschwendungs- Ausbeutungs- und Plünderungswirtschaft ein Verbrechen ist.«[581]

Weish sieht die Gegnerschaft der Bewegung nicht nur in den KraftwerksplanerInnen und den PolitikerInnen, die diese Pläne befürworten, sondern weitet dies auf die gesamte Gesellschaft und das Wirtschaftssystem aus, indem er von den »vereinten Systemsklaven im Interessenfilz von Wirtschaft, Bürokratie und Politik« spricht. Interessenvertretungen wie die Arbeiterkammer sprechen dagegen von einem Konflikt zwischen den ArbeiterInnen und den Studierenden in der Au, die »gegen Österreich und die Vernunft« protestierten. Eine Konfrontation im Zuge der geplanten Gegendemonstration der ArbeiterInnen konnte jedoch abgewendet werden.[582] Zunehmende Professionalisierung erreichte die Bewegung durch Anbindung von NGOs, deren AnhängerInnen auch internationale Protesterfahrungen einbrachten. So gehörte der Schweizer WWF zu den frühen international tätigen Organisationen, die sich den Protesten anschlossen. Der dortige WWF-Chef Roland Wiederkehr finanzierte als erster das Büro »Rettet die Auen« in Wien, von wo aus Karl Wagner zum Jahreswechsel 1982/1983 die Kampagne startete. Der Kontakt in die Schweiz erfolgte durch Frederika Pesaro-Materna [in manchen Quellen auch Pessaro-Materna, Anm. der Verf.], eine in Orth an der Donau geborene Ärztin, die »dort wertvollste Kontakte mit WWF Schweiz, Franz Weber und anderen int. Umweltorganisationen« knüpfte.[583] Bei der Gründung des »Konrad Lorenz Volksbegehrens« fand der WWF in Gerhard Heilingbrunner, dem Leiter des Alternativreferats der ÖH, einen Mitinitiator und in Lorenz ein prominentes Gesicht der Kampagne. Zum Auftakt organisierte die Gruppe die aktionistische »Pressekonferenz der Tiere«, welche am 7. Mai 1984 im Presseclub Concordia in Wien stattfand. Dabei verkörperten die SprecherInnen in Anlehnung an Erich Kästners »Konferenz der Tiere« verschiedene tierische Aubewohner. WWF-Präsident Mauthner-Markhof schlüpfte dafür in

---

konfrontiert. Waldheim stritt diese ab und gewann die Wahl. Die Affäre hatte aber zahlreiche innen- wie außenpolitische Folgen. Nicht zuletzt trug der Fall dazu bei, dass er in Österreich einen Diskurs über die eigene Schuld an den NS-Verbrechen initiierte.

581 Ebd.

582 Roberto A. Epple, Widerstand am Strom (Schweiz 1987), URL: https://www.youtube.com/watch?v=6qx-K7jI2Lk#t=15m20 (Aussage des AK-Präsidenten Czettel ab Minute 00:49) (abgerufen 21.2.2021).

583 »Bürgerinitiative gegen das DOKW Hainburg«, zusammengestellt von Valerie Fasching, im Anhang. Vgl. ebenso: Sophia Leona Rut, Die Heldinnen von Hainburg Ein umwelthistorischer und frauengeschichtlicher Blick auf die Aubesetzung von Hainburg 1984, Masterarbeit, Alpen-Adria-Universität Klagenfurt 2018.

die Rolle des Schwarzstorchs, der Journalist Günther Nenning verkörperte den roten Auhirsch, Freda Meissner-Blau war der Laufkäfer, Lötsch der Purpurreiher, Turrini übernahm die Rotbauchunke und Othmar Karas spielte den Kormoran.[584]

Abbildung 1: Plakatsujet »Frühstück in der Au« (Gottfried Helnwein, 1985)

Die humorvolle Inszenierung wurde von den Medien bereitwillig aufgenommen und bildete einen zentralen Teil der vielfältigen Kampagne mit Plakaten, Aufklebern und anderen Werbemitteln. Auch Greenpeace Österreich beteiligte sich an den Protesten und sorgte mit großflächigen Plakataktionen für Aufmerksamkeit.[585] Unterstützung kam aber ebenso von zahlreichen bekannten VertreterInnen aus Kunst und Kultur, darunter Friedensreich Hundertwasser, André Heller, Peter Turrini, Toni Stricker, Arik Brauer oder Miguel Herz-Kestranek. Auch der Dramatiker Fritz Hochwälder und der Literatur-Nobelpreisträger Elias Canetti äußerten sich kritisch zu den Plänen. Unter den politischen AktivistInnen aller Couleurs waren auch Anhänger der Regierungsparteien, etwa die So-

584 Vgl. Lötsch, Wunder, 12; N.N., Geburtsstunde der Umweltbewegung. noev1.orf.at, 6.12.2009, URL: https://noev1.orf.at/stories/407916 (abgerufen 30.8.2022); Foltin, Und wir bewegen uns doch, 140–143.

585 Epple, Widerstand (1987) (ab Minute 00:18).

zialdemokraten Michael Häupl, Alfred Gusenbauer und Josef Cap sowie Hubert Gorbach (FPÖ).[586]Mit der Sorge um das Wiener Trinkwasser, das aufgrund des Kraftwerkbaus gefährdet sein könnte, mobilisierte die Bewegung über die Parteigrenzen hinweg. Als im November 1984 Frauen aus mehreren Parteien, darunter Sozialdemokratinnen, Freiheitliche und Konservative, und Frauen diverser Bürgerinitiativen eine parteiübergreifende Pressekonferenz zum Thema gaben, hatte dies den Erinnerungen Freda Meissner-Blaus zufolge »in den Parteizentralen einige Unruhe ausgelöst und den Zusammenbruch der gottgewollten Ordnung befürchten lassen. Das Medieninteresse war entsprechend groß.«[587] Doch wieder zurück zum Dezember 1984: Als zwei Tage nach der Sternwanderung die Rodung des Auwaldes begann, setzte dies auch den Startpunkt für die Besetzung. Erste Auseinandersetzungen mit der Polizei, welche das Gelände räumen wollte, mobilisierte weitere Menschen, mit den organisierten Bussen in die Au zu kommen. Schützenhilfe bekamen die AktivistInnen von der *Neuen Kronenzeitung*, deren ReporterInnen ausführlich aus der Au berichteten und die Proteste dabei offen unterstützten. Am 12. Dezember gelang es den KraftwerksgegnerInnen in Verhandlungen mit Bundeskanzler Fred Sinowatz einen vorläufigen Stopp der Rodungen zu erreichen. Davor hatten DemonstrantInnen die Zufahrt für die Holzfäller blockiert. Während die Besetzung in der winterlichen Au weiterging, hielt der Rodungsstopp nur wenige Tage an. Am 17. Dezember kam es aufgrund der Wiederaufnahme der Arbeiten zu Auseinandersetzungen mit der Exekutive. Die ÖH hatte zuvor einen Vorlesungsstreik ausgerufen und chauffierte zahlreiche Studierende, aber auch Universitätspersonal nach Stopfenreuth. Die DemonstrantInnen wurden durch Spenden der lokalen Bevölkerung, aber auch von anderen Organisationen (u. a. der Jungen ÖVP) unterstützt. Marlies Fleming, Erhard Busek und Marga Hubinek werden in vielen Erinnerungen zu Hainburg erwähnt.[588] Am 19. Dezember kam es im kurz davor zum »Sperrgebiet« erklärten Auwald zur Eskalation eines Polizeieinsatzes.[589] »Die Wiener Einsatzgruppe ›Kobra‹ [sic!] tat sich dabei durch besondere Brutalität hervor. Hunde, Stacheldrahtrollen, Gummiknüppel und Wasserwerfer wurden eingesetzt. Es gab zahlreiche Verletzte und Festnahmen. Während sich viele DemonstrantInnen zurückzogen, kamen zur gleichen Zeit immer wieder neue an.«[590] Es folgten Proteste in allen Bundesländern sowie umfassende Medienberichterstattung mit visuellen Zeugnissen der Polizeigewalt. Nachdem die Proteste eskalierten, lud die Politik die AktivistInnen schließlich an den Ver-

586 Vgl. Lötsch, Wunder, 14.
587 Meissner-Blau, Frage, 56.
588 Vgl. Interview der Verfasserin mit V. Fasching, Hainburg 2018.
589 Vgl. Foltin, Und wir bewegen uns doch, 141.
590 Ebd.

handlungstisch.[591] Am 21. Dezember verkündete die Regierung Fred Sinowatz einen Weihnachtsfrieden bis Anfang Jänner. Zu Jahresbeginn entschied das Höchstgericht über die aufschiebende Wirkung der Rechtsmittel gegen den Wasserrechtsbescheid. Die Rodungen mussten daher bis zum nächsten Winter aufgeschoben worden. Für viele BeobacherInnen »war das Kraftwerksprojekt [dadurch, Anm. d. Verf.] gestorben«.[592]

> »Im Dezember 1984 erteilte das BMLF die wasserrechtliche Bewilligung für das Donaukraftwerk Hainburg. Die Widerstände gegen die Rodungen und Schlägerungen des beanspruchten Waldbestandes sowie die vom Verwaltungsgerichtshof zuerkannte aufschiebende Wirkung der Beschwerde gegen den Wasserrechtsbescheid führten Anfang des Jahres 1985 zur Einstellung aller Baumaßnahmen. Der endgültige Abschluss aller Investitionen für das erwähnte Projekt erfolgte durch Eigentümerweisung in der Hauptversammlung im Juli 1987. Insgesamt hat die Unternehmung für die Planung und Projektierung des Projektes Hainburg mehr als 400 Mill S aufgewendet.«[593]

Im Rückblick war das Verhalten von Politik und Sozialpartnern während der Proteste von den ökonomischen Herausforderungen der 1980er Jahre geprägt. Die zunehmende Technologisierung sowie die Krise der verstaatlichten Industrie führten zu Rationalisierungen und einem Wachstum der Arbeitslosenquote. Der Sozialbericht von 1983 warnte zudem vor einer sich öffnenden Schere zwischen Arm und Reich.[594] Auf die zunehmenden Herausforderungen reagierte die Politik mit Abwarten anstelle von notwendigen Reformen. Der Ökonom Andreas Wörgötter bewertete dies Anfang der 1990er Jahre als »zögerliche Wirtschaftspolitik«, die sich vor allem um die Konsolidierung des angeschlagenen Budgets sorgte.[595] Die Zögerlichkeit der Entscheidungsträger habe sich nicht zuletzt bei gesellschaftlichen Konflikten gezeigt: »Der glücklose Bundeskanzler Sinowatz prägte im Zusammenhang mit den Vorgängen um den Baubeginn für das Donaukraftwerk Hainburg die historische Einschätzung der Situation als kompliziert. Deshalb bleibe das Abwarten als einzige durchsetzbare politische Entscheidung übrig.«[596] In den Jahren 1983–1986 wurde Österreich von der »Kleinen Koalition zwischen SPÖ und FPÖ« regiert. Das Land erlebte damit ein neues

591 Nach Angaben der Hainburg-GegnerInnen waren in einem Nebenzimmer der Verhandlungen auch VertreterInnen der E-Wirtschaft anwesend, welche in Verhandlungspausen von den PolitikerInnen konsultiert wurden. Vgl. u.a. die Aussagen von B. Lötsch im Dokumentarfilm Epple, Widerstand (1987) (ca. ab Minute 00:23).

592 Foltin, Und wir bewegen uns doch, 142.

593 Österreichischer Rechnungshof, Wahrnehmungsbericht des Rechnungshofes über die Österreichische Donaukraftwerke AG, Wien 1995, III-18 der Beilagen XIX. GB – Bericht – 01 Hauptdokument (gescanntes Original), URL: https://www.parlament.gv.at/PAKT/VHG/XIX/III/III_00018/imfname_537939.pdf (abgerufen 30.8.2022).

594 Vgl. Wohlgenannt, Arm und reich, 261.

595 Vgl. Wörgötter, Wandel, 92.

596 Ebd., 91.

Experiment, in dem sich die Bundesregierung auf keine eindeutige Mehrheit im Parlament stützen konnte.[597] Für die SozialdemokratInnen war die Koalition mit den Freiheitlichen das »kleinere Übel« im Vergleich zur Großen Koalition mit der ÖVP, für die Freiheitlichen bedeutete das Regierungsübereinkommen mit der SPÖ den Ausbruch aus der jahrzehntelangen Isolation.[598]

> »In der Öffentlichkeit wurde die Koalition nicht als Partnerschaft von zwei Parteien, sondern als Regierung der Sozialdemokratie mit einem Appendix interpretiert. Dies zeigten etwa die Ereignisse in den Donauauen bei Hainburg, wo im Dezember 1984 zwischen der Bundesregierung, die sich bei der Entscheidung für den Bau eines Staudammes auch sozialpartnerschaftlich gestützt wußte, und ökologisch bewegten Demonstrant/innen nur sozialdemokratische Regierungsmitglieder als Akteure wahrgenommen wurden. Der Innenminister als ›Polizeiminister‹ und der Bundeskanzler als letztendlich Verantwortlicher demonstrierten eine besondere Zuständigkeit nicht der Koalition, sondern der Sozialdemokratie. Daß Sinowatz Anfang 1985 eine weitere Verschärfung der Konfrontation in Hainburg durch Nachgiebigkeit zu vermeiden verstand, war somit Ausdruck sozialdemokratischer Politik.«[599]

Die Folgen der erfolgreichen Hainburg-Proteste für Österreich zeigten sich wie bereits erwähnt in dem Aufschwung der Grün-Bewegung sowie einem steigenden Bewusstsein für ökologische Aspekte. Doch auch außerhalb der österreichischen Grenzen sollte der gelungene Widerstand an Symbolkraft entwickeln. »Der Stopfenreuther ›Holzhackersozialismus‹ (›Süddeutsche‹ vom 15.12.84) ist in Verruf geraten und die Ermutigung durch Hainburg hat sicherlich dazu beigetragen, daß sich große Teile der ungarischen Bevölkerung gegen das Donaukraftwerk Nagymáros und dann gegen die Interessen der österreichischen Bauindustrie und des Finanzkapitals bisher erfolgreich wehrten.«[600] Der Protest der Bevölkerung überschreite nationale Grenzen, so Meissner-Blau. Viele wie sie würden sich fortan als BürgerInnen einer Weltgemeinschaft betrachten.[601]

597 Vgl. Anton Pelinka, Die Kleine Koalition, in: Reinhard Sieder/Heinz Steinert/Emmerich Tálos (Hg.), Österreich 1945–1995: Gesellschaft, Politik, Kultur, Wien 1995, 279–289, hier: 279.

598 Vgl. ebd., 281.

599 Ebd., 281f.

600 Meissner-Blau, Frage, 57f.

601 Vgl. ebd., 58f.

4.4 Zwischenstopp: Umweltproteste und Ökologisierung in der ČSSR

Die tschechoslowakische Realität der 1980er Jahre war stark von widersprüchlichen politischen Verhältnissen geprägt. Anders als der sozialistische Nachbar Ungarn war die Tschechoslowakische Sozialistische Republik (ČSSR) seit 1968 ein föderaler Staat, bestehend aus der Tschechischen Sozialistischen Republik und der Slowakischen Sozialistischen Republik. Beide Landesteile standen jedoch unter der Führung einer gemeinsamen Regierung. Die Macht ging faktisch von der kommunistischen Partei in Prag (Komunistická strana Československa – KSČ) aus, die von 1969 bis 1987 von Gustáv Husák als Generalsekretär geführt wurde (1987 abgelöst durch Miloš Jakeš). Auch wenn die Wirtschaft beider Staatshälften stark von der landwirtschaftlichen Produktion abhing, galt die Tschechoslowakei als eine der höchst-industrialisierten Volkswirtschaften in Mittelosteuropa. Die Wurzeln dieser industriellen Stärke (Schlüsselindustrien bildeten etwa die Produktion und Fertigung von Keramik, Textilien, Papier und Holz ebenso wie Rüstungserzeugnisse) reichen zu der zentralen wirtschaftlichen Rolle des ehemaligen Kronlandes des österreichischen Kaiserreiches zurück. Die beinahe vollständige Kollektivierung der Wirtschaft, ihre Restrukturierung hin zu einer zentralistischen und planwirtschaftlichen Organisation, die isolationistische Einstellung gegenüber westlichen Handelsbeziehungen, der intensive Ausbau der Schwerindustrie und die Industrialisierung der bisher vorwiegend agrarisch geprägten slowakischen Gebiete während der kommunistischen Vorherrschaft hinterließen im rohstoffreichen Bruderstaat gewaltige Spuren der Verwüstung, die sich insbesondere in massiven Umweltschäden äußerten.[602] »Consequences of these patterns included both economic stagnation and the continued use of obsolete technologies that wasted resources and polluted the environment more than the new technologies that were being adopted in other countries.«[603] In seiner Untersuchung zur Umweltpolitik in der Tschechoslowakei zeigt Richard N. L. Andrews auf, dass der Umgang der kommunistischen Führung mit Umweltproblemen nicht allein auf die bestehende Doktrin, wonach Umweltschäden ein Produkt des Kapitalismus seien, reduziert werden könne.[604] So wie sozialistische und auch kapitalistische Staaten mit Umweltzerstörung und Aushandlungskonflikten zwischen Naturschutz und technischem Leistungsdrang bzw. ökonomischen Interessen zu kämpfen hatten, können ebenso auch Maßnahmen für den Schutz der Umwelt und die Herausentwicklung von Umweltpolitiken in beiden politischen bzw. wirtschaftlichen Systemen gefunden

602 Vgl. Andrews, Environmental Policy in the Czech and Slovak Republic, 5.
603 Ebd., 7.
604 Vgl. ebd., 6.

werden.[605] Im Fall der Tschechoslowakei führte die Intensität und die Ineffizienz in der Nutzung von energetischen Ressourcen zu enormen Umweltzerstörungen.

> »By most estimates it used 2.5 to five times as much energy per dollar of GNP as any western country, and more energy per capita than any western country except the U.S. (and considerably more even than other formerly Communist countries, such as Poland and Hungary) though it is of course difficult to estimate what the real GNP was during the Communist era (Federal Committee for Environment, 1991:43).«[606]

Der Bedarf an Energie war hoch. Nur die Erreichung von Planzielen und die ständige Präsentation vermeintlicher wirtschaftlicher Errungenschaften sicherten die Legitimität der KSČ ab. Fabriken, aber auch Kraftwerke, nahmen eine bedeutende Rolle in der Symbolpolitik sozialistischer Staaten ein.[607] Zugleich wuchs allerdings auch die Unzufriedenheit der Bevölkerung mit der wirtschaftlichen Entwicklung des Landes. Die direkten Auswirkungen der Wirtschaftspolitik von Gustáv Husák zeigten sich im persönlichen Leben durch die Mangelwirtschaft, welche sich in Warteschlangen vor Geschäften und in einem »demoralisierenden Klientilismus« äußerte.[608] Zugleich versuchte das kommunistische Regime mit »subtilen Formen« der Repression, darunter mehrstündige Haftstrafen, der Entzug von Führerschein oder Pass, seine Herrschaft und die Ordnung im Land zu sichern.[609] Das Vorgehen gegen Sub- und Gegenkulturen vergrößerte immer weiter die »kaum überwindbare Kluft zwischen dem eigenen, in revolutionären Floskeln erstarrten Konservatismus und den andersdenkenden Bürgern.«[610] Die Folgen der Umweltzerstörung bildeten ein weiteres erlebbares Zeugnis der Misswirtschaft, die von Niklas Perzi und Václav Šmidrkal mit den Schlagworten »Stagnation vor Innovation, Stabilität vor Wandel« beschrieben wird.[611] Zwar hatte die föderale Regierung unter Ministerpräsident Lubomír Štrougal Anfang der 1980er Jahre versucht wirtschaftliche Reformen einzuleiten, doch erst nachdem Gorbatschow wirtschaftliche Reformen ankündigte, eröffnete sich die Gelegenheit, Štrougals Pläne in die Tat umzusetzen. Ein 1986 ausgearbeitetes Zehn-Punkte-Programm sollte die strukturelle Veränderung möglich machen, weg von den VHJ-Konzernen hin zu Klein-, Mittel- und

605 Vgl. ebd., 7.

606 Ebd., 8.

607 Siehe dazu u. a.: Andrews, Environmental Policy in the Czech and Slovak Republic; Štanzel, Wasserträume und Wasserräume im Staatssozialismus.

608 Tomáš Vilímek, Die Ursachen des Zusammenbruchs des kommunistischen Regimes in der ČSSR im Jahre 1989, Das Revolutionsjahr 1989: Die demokratische Revolution in Osteuropa als transnationale Zäsur, Göttingen 2011, 105–122, 137f.

609 Vgl. Perzi/Šmidrkal, Die langen 1970er Jahre: Die Sattelzeit an der Systemgrenze zwischen »Ost« und »West«, 272.

610 Ebd., 273.

611 Ebd., 277.

Großbetrieben, weg von der staatlichen Planung hin zur preislichen Liberalisierung, u.v.m.[612]

> »Im Jänner 1987 gab die Partei dem Programm der tschechoslowakischen Perestrojka grünes Licht. Zum ersten Mal durfte das Wort ›Reform‹ öffentlich verwendet werden Der Generalsekretär und Staatspräsident zugleich, Gustáv Husák, trat auf dem ZK-Plenum der KSČ im März 1987 zum ersten Mal entschieden für Gorbatchevs neuen Kurs ein und charakterisierte die im Jänner verabschiedeten ›Grundsätze der Umgestaltung des Wirtschaftsmechanismus in der ČSSR‹ als den ›seit der Verstaatlichung größten Eingriff in das wirtschaftliche System der Tschechoslowakei‹.«[613]

Unternehmen sollten künftig selbstständig wirtschaften und mit ausländischen Unternehmen kooperieren.[614] Zwar gelang es, die VHJ-Konzerne in Staatsbetriebe umzuwandeln, doch die Erweiterung der Wirtschaft in einen Privatsektor ähnlich wie in Ungarn konnte nicht durchgesetzt werden. Auch andere Schritte, wie etwa die Abschaffung des Fünfjahresplans stießen auf internen Unmut, der u.a. in der drohenden Entmachtung bestehender Eliten gründete. Auch der Plan zur Preisliberalisierung wurde verschoben. Nach 18 Amtsjahren erklärte Štrougal Anfang Oktober 1988 seinen Rücktritt als Ministerpräsident.[615] Die Wirtschaft war eng mit der Politik verknüpft: Der chronische Valutenmangel machten eine Strategieänderung notwendig, was Wirtschaftskooperationen mit dem Westen betraf.[616] Die wirtschaftlich alternativlose Situation erhöhte den Einfluss des Westens auf die ČSSR-Führung und erodierte zunehmend ihre Legitimität im Inneren. Die Reformbestrebungen Gorbatschows hatten in diesem Zusammenhang auch destabilisierende Wirkung auf die Kommunistische Partei der Tschechoslowakei (KPTsch).[617] »Infolge der sich ändernden politischen Situation in der zweiten Hälfte der 1980er-Jahre wachten viele langsam aus der Lethargie auf. Die ursprüngliche ›bedingte Loyalität‹ wandelte sich in eine ›beschränkte Ablehnung‹.«[618] Im Vergleich zu den Reformbewegungen in Polen und Ungarn, blieb das kommunistische Regime in der Tschechoslowakei aber gegenüber größeren Bestrebungen und den damit einhergehenden inneren Konflikten relativ stabil. Obwohl vor allem in Prag der intellektuelle Rückhalt des

612 Vgl. Beata Blehova, Von Breżnev zu Gorbačev, von Štrougal zu Adamec: Die wirtschaftlichen Reformideen in der Tschechoslowakei und der sowjetische Einfluss, Die samtene Revolution: Vorgeschichte – Verlauf – Akteure, Frankfurt am Main 2009, 57–70, 61f.

613 Ebd., 63 zitiert aus Rudé právo, 19.3.1987 (ohne nähere Angaben).

614 Vgl. ebd., 67.

615 Vgl. ebd., 68f.

616 Vgl. Tomáš Vilímek, Das magische Jahr 1989: Zu den Ursachen des Sturzes des kommunistischen Regimes in der ČSSR, In: Österreich. Tschechien. Unser 20. Jahrhundert: Begleitband zum wissenschaftlichen Rahmenprogramm der Niederösterreichischen Landesausstellung 2009 »Österreich. Tschechien. geteilt – getrennt – vereint« (Wien 2009) 139.

617 Vgl. ebd.

618 Vilímek, Ursachen, 139.

Regimes zu erodieren begann, entwickelten dissidentische AkteurInnen keine vergleichbaren Mobilisierungskräfte wie in den Nachbarländern. Im Fall der Slowakei spielte ein anderer Faktor eine nicht unwesentliche Rolle: Die Slowakei wurde in den Jahren der »Normalisierung« relativ gut behandelt. Daraus ergaben sich gewisse Verpflichtungen, die sich auch auf den Fall GNV auswirkten.[619] »It retained its ›acquis‹ from the Prague Spring, federalisation. The party purge was less severe. Slovak leaders obtained significant positions in Prague for the first time and significant investments were channelled into Slovakia. The Gabčikovo-Nagymaros dam project – a vital Slovak concern – was undertaken.«[620] Im Vergleich zu Ungarn bildete sich in der Tschechoslowakei keine Reformbewegung innerhalb der KommunistInnen. Vielmehr verhärtete sich nach 1968 die Führungslinie der kommunistischen Partei.[621] Zwar gelang es den dissidentischen AkteurInnen nicht, Massen zu mobilisieren, der Reformunwille der Partei sollte sich jedoch im Zusammenspiel mit dem Generationenwechsel jener Jahre als wirkungsstarker Hebel in der Aktivierung der BürgerInnen herausstellen. Für die »Generation der Normalisierung« war es höchste Zeit für »Erneuerung« statt Normalisierung. Anstatt sich mit der kommunistischen Uniformität zu arrangieren, forderte sie Mitbestimmung, Aktivität und Demokratie.[622] Mit der Perspektive einer »unpolitischen Politik« oder »Antipolitik« suchten die Gegeneliten der 1970er und 1980er Jahre nach einer neuen moralischen Grundlage für ihre Regimekritik. Menschenwürde und Wahrhaftigkeit wurden zu zentralen Wertvorstellungen der »zivilen Gesellschaft«.[623] Vor allem die Forderungen der Charta 77 und ihre prominenten VertreterInnen entwickelten dabei eine Strahlkraft, die weit über die Grenzen ihrer sozialistischen Heimatländer hinaus reichte.[624] »In der Auswahl ihrer jeweils drei ›Sprecher‹, die aus dem reformkommunistischen, dem christlichen und einem reformsozialistischen, aber auch bürgerlichen und unabhängigen Umfeld stammten, repräsentierte sie de facto den expressis verbis nie gestellten Anspruch, eine Art ›Dachorganisation‹ der Opposition zu sein.«[625] Hintergrund dieser Dominanz ist die Entwicklung neuer dissidentischer Formen in der Tschechoslowakei der 1970er Jahre, die unter dem Schlagwort »bürgerliche

619 Vgl. Fitzmaurice, Damming the Danube. Gabčikovo and Post-Communist Politics in Europe, 55.
620 Ebd.
621 Vgl. ebd.
622 Vgl. Vilímek, Das magische Jahr 1989: Zu den Ursachen des Sturzes des kommunistischen Regimes in der ČSSR, 140.
623 Vgl. Fehr, Umbrüche – Eliten und zivile Gesellschaft in Ostmitteleuropa, 356.
624 Vgl. ebd., 365; Vgl. dazu auch: Václav Havel, Am Anfang war das Wort: Texte von 1969 bis 1990, Hamburg 1990, 63; Leszek Kołakowski, Hope and Hopelessness, in: Survey: a journal of Soviet and East European studies., 17 (1971) 3, 38–52.
625 Niklas Perzi, Einleitung, in: Die samtene Revolution: Vorgeschichte – Verlauf – Akteure (Frankfurt am Main 2009) 28f.

Opposition«[626] nicht mehr vorrangig in der Tradition des Antikommunismus stand, sondern das Regime vielmehr als Partner in der Auseinandersetzung zu gesellschaftlichen Problemen verstand.[627] »Die Gemeinschaft der Charta 77 unterschied sich vom Großteil der Angehörigen der ›dritten Widerstandbewegung‹ deutlich durch ihre proklamierte Akzeptanz der kommunistischen Macht als einem potentiellen Partner für den geforderten Dialog über gesamtgesellschaftliche Probleme.«[628] Ähnlich wie bei der sogenannten »demokratischen Opposition« in Ungarn handelte es sich bei den oppositionellen Gruppierungen in der Tschechoslowakei um ein stark heterogenes Feld der Regime-Gegnerschaft, zu dem sich auch viele ReformkommunistInnen zählten (E-Klub).[629] Trotz vorhandener Zersplitterung verbanden die AkteurInnen dennoch eine normative Orientierung und der Drang, gesellschaftlichen Wandel einzuleiten und politischen Einfluss zu erreichen. Die Charta 77 wirkte hierbei als Kristallisationspunkt:

> »Themenbildung und Aktionsformen der Charta 77 beruhten auf Elementen unabhängiger Kultur, die im Unterschied zu Polen auf einem niedrigeren Niveau informeller Strukturen Ansätze für unabhängige Öffentlichkeit aufweist. Charakteristisch für das politische Denken der Charta 77-Gründungsmitglieder waren normative Orientierungen wie Humanität, Wahrheit, Würde und Gerechtigkeit und der ›Glaube an den Sinn bürgerlichen Engagements‹, wie es in der Gründungserklärung vom 1. Januar 1977 (Charta 77) heißt.«[630]

Auch wenn sich die Bezugspunkte politisch oppositioneller Diskurse während der 1970er und 1980er Jahre veränderten (von den BürgerInnen- und Menschenrechten über Fragen der Moral hin zu Begriffen der Freiheit), beeinflussten diese Diskurse die Herausentwicklung eines »Bürgersinns als normative Orientierung« im Zuge der Verhandlungen am »Runden Tisch«.[631]

> »Darüber hinaus boten Normen der Bürgergesellschaft auch Ansätze für Modernisierungspolitik, die auf der Verbindung von Wertprämissen der zivilen Gesellschaft mit politischen Handlungsimperativen beruhten, wie Selbstorganisation, Pluralismus, ›selbstbeschränkte Revolution‹ (Kuroń) »Neuer Evolutionismus« (Michnik, Kis), Dialog (Charta 77, Solidarność) und Gewaltlosigkeit (KOR, Charta 77, Bürgerforum).«[632]

626 Für eine genauere Auseinandersetzung mit Tyologisierungsansätzen oppositioneller Kräfte siehe: Petr *Blažek*, Typologie von Opposition und Widerstand gegen das kommunistische Regime, In: Die samtene Revolution: Vorgeschichte – Verlauf – Akteure (Frankfurt am Main 2009) 124f.

627 Vgl. ebd., 124.

628 Ebd.

629 Vgl. ebd.

630 Fehr, Umbrüche – Eliten und zivile Gesellschaft in Ostmitteleuropa, 356f.

631 Vgl. ebd., 357f.

632 Ebd., 362.

Die Umsetzung von zentralen Begriffen der oppositionellen Forderungen, etwa nach Demokratie und Pluralismus, sollte sich im Zuge der Transformation als wesentlich schwieriger herausstellen als in den Vorstellungen der AktivistInnen. Allein die Ablehnung des totalitären Regimes reichte nicht aus. Klare Vorstellungen des Pluralismus mussten formuliert werden.[633] Drängende Probleme wie Luftverschmutzung und Umweltzerstörungen der Industrie boten hierbei das Potential, moralische Werte und gesellschaftspolitische Visionen genauer zu definieren und infolgedessen Partizipation und Demokratisierung einzufordern. Am 29. Mai 1989 demonstrierten Mütter mit ihren Kindern im Zentrum von Prag, um unter Slogans wie »Retten Sie die Natur für unsere Kinder« auf die Umweltverschmutzung aufmerksam zu machen. Am 11. November desselben Jahres fand eine Demonstration in Teplice statt, an der Tausende gegen die ökologische Zerstörung demonstrierten.[634]

> »Wiederkehrende Smogalarme, die deutlich sichtbaren und am eigenen Körper spürbaren Folgen der Umweltverschmutzung veranlassten nun viele Menschen dazu, durch Petitionen, individuelle Beschwerden, aber auch durch die Teilnahme an Demonstrationen öffentlich auf das Problem aufmerksam zu machen. Die Angst davor, so nicht überleben zu können, vermochte die Angst vor Repressionen zu überwinden.«[635]

Auch tschechische AutorInnen[636] heben zunehmend den nicht zu unterschätzenden Beitrag der gesteigerten Aufmerksamkeit für ökologische Belange und des daraus folgenden Protests und gesellschaftlichen Unmuts innerhalb der Gesellschaft für die Erosion des kommunistischen Regimes hervor. Die Umweltzerstörungen in der Tschechoslowakei und ihre Folgen waren enorm. Vor allem die Luftverschmutzung und ihre Auswirkungen auf die Gesundheit der Bevölkerung wurden zu einem zentralen Thema der Kritik und damit auch zum politischen Problem für die kommunistische Führung.[637] Zahlreiche BürgerInnen wandten sich mit ökologischen Problemen wie dem offensichtlichen Waldsterben an die KSČ-Führung. Generalsekretär Miloš Jakeš erhielt eine Reihe von Briefen von besorgten TschechoslowakInnen. Mit dabei war auch eine Petition gegen den geplanten Staudamm »Pěčín« im Naturschutzgebiet Orlické

633 Vgl. ebd., 358.
634 Vilímek, Ursachen, 105.
635 Vilímek, Das magische Jahr 1989: Zu den Ursachen des Sturzes des kommunistischen Regimes in der ČSSR, 139.
636 Vgl. dazu etwa: Vnoučková, The Iron Curtain Could Stop People, But Not the Environment, 57.
637 Vgl. Adam Fagan, Environment and democracy in the Czech Republic: the environmental movement in the transition process, Cheltenham 2004, 11; Vgl. auch Brian Slocock, The East European Environment Crisis: its extent, impact and solutions, London 1992, 32.

hory.[638] Ein weiterer Kritikpunkt war die Wasserverschmutzung.[639] Mehrmals gelangten verheerende Studienergebnisse durch InformantInnen aus der Akademie der Wissenschaften in die Hände von UmweltschützerInnen und ausländischen JournalistInnen, beispielsweise als 1984 eine schockierende Erhebung der Wasserqualität in Böhmen an die Öffentlichkeit drang.[640] Auch die Folgen von Tschernobyl bildeten Diskussionsthemen, doch die Luftverschmutzung blieb im Fokus[641], da sie direkt mit der Kompetenz der kommunistischen Führung und den wirtschaftlichen Fehlentwicklungen in Verbindung gebracht wurde.[642]

> »This was due largely to its blatant visibility (though stagnant rivers and dying forests were hard for the regime to conceal) but also to the fact that it was seen as the direct consequence of poor economic management, underinvestment and excessive production of heavy industrial goods, a large proportion of which were for export to other Council for Mutual Economic Assistance (CMEA) states, or were produced for Soviet military needs.«[643]

Der kommunistischen Führung war die politische Brisanz der Umweltprobleme bewusst. In den Jahren 1981 und 1983 wiesen auch Dokumente der Bürgerinitiative Charta 77 auf Luft- und Wasserverschmutzungen hin. Auch Štrougal war klar, dass das Umweltthema die Stabilität des Regimes bedrohte. So gelangten ökologische Fragen zunehmend auf die Tagesordnung des Zentralkomitees der KSČ, wenn es auch für effektive Maßnahmen gegen die Zerstörungen an Finanzmitteln mangelte.[644] Nicht nur die Umweltschäden selbst, sondern auch die dabei gezeigte Informationspraxis der kommunistischen Führung entwickelte sich zum Anstoß der Kritik. Als am 26. April 1986 der verheerende Reaktorunfall in Tschernobyl passierte, wurden die BürgerInnen der ČSSR erst vier Tage später, am 30. April, davon in Kenntnis gesetzt. Als im Januar 1988 ein Kunstdüngerlager

638 Vgl. Vilímek, Ursachen, 107. Mit Verweis auf weitere Briefe an den Generalsekretär: »ÚSD, PÚV KSČ 1985–1989 [Politbüro des ZK der KPTsch], Bd. 18, Nr. 519, Bl.3; Informace o obsahu dopisů došlých na ÚV KSČ soudruhu M. Jakešovi od 1. do 30. září 1989 [Information über den Inhalt der Zuschriften an das Politbüro der KPTsch, Genossen Miloš Jakeš vom 1. bis 30. 9. 1989].

639 Vgl. u. a.: Fagan, Environment (2004); Štanzel, Wasserträume (2008).

640 Vgl. Fagan, Environment, 12.

641 Vgl. dazu u. a. Laakkonen/Pál/Tucker, The Cold War and environmental history: complementary fields.

642 Vgl. Adam Fagan, Transnational aid for civil society development in post-socialist Europe: Democratic consolidation or a new imperialism?, in: Journal of Communist Studies and Transition Politics, 22 (2006) 1, 115–134, 12.

643 Costi, Environment and democracy in the Czech Republic: the environmental movement in the transition process, 12.

644 Vgl. Vilímek, Ursachen, 107. Für Dokumente der Charta 77 siehe: Dokument Nr. 176 v. 12. 5. 1981 und Dokument Nr. 263 v. 12. 12. 1983. In: Blanka Císařovská/Vilém Prečán (Hg.), Charta 77: Dokumenty 1977–1989, 1. Aufl. (Prag 2008).

in Kyjov in Brand geriet und toxische Stoffe austraten, wurde die lokale Bevölkerung überhaupt nicht gewarnt. Die fehlende Kompetenz und Verantwortung bei Ereignissen wie diesen trug zur Erosion des Vertrauens in die politische Führung bei und machte die Bevölkerung offen für die Kritik der ChartistInnen.[645]

> »As in several of the other countries of central and eastern Europe, opposition to the environmental damage of the Communist regime was one of the important issues around which anti-government opposition could unite (see e.g. Draper, 1993a). Many of the environmental problems were in fact widely known by the public, and even documented in official government records known to many scientists [...] However, these problems had never been fully acknowledged publicly by the government.«[646]

Trotz der unleugbaren Versäumnisse hinsichtlich der Vermeidung von Umweltzerstörungen muss an dieser Stelle betont werden, dass das Ökozid-Narrativ,[647] wonach sich sozialistische Staaten wie die Tschechoslowakei immer an den Schäden schuldig machten, während »westliche« Staaten wie etwa das Nachbarland Österreich unter den Auswirkungen zu leiden hatten, relativiert werden muss. In ihrer Untersuchung von Fallstudien zu ökologischen Schäden und Verschmutzungen in der Grenzregion Südmähren/Niederösterreich tritt etwa Kateřina Vnoučková den Gegenbeweis an.[648] »The first case of a citric acid factory in Pernhofen showed a rather unexpected direction of pollution in the border river Thaya – from ›ecological‹ Austria into ›ecocidal‹ Czechoslovakia.«[649] Die Autorin hebt ebenso die bedeutende Rolle grenzüberschreitender Kontakte von UmweltschützerInnen hervor und zeigt auf, wie regionale Umweltthemen die staatlichen und behördlichen Akteure beider Länder zur Zusammenarbeit und zum Dialog zwangen.[650] Das Thayatal bildet politisch wie ökologisch gesehen einen einzigartigen Fall: Der Fluss führte als Staatsgrenze zu Österreich durch eine etwa zwei Kilometer breite Verbotszone auf tschechoslowakischer Seite, die nur von Grenzsoldaten betreten werden durfte. Schon 1970 erklärte die Tschechoslowakei das Flussgebiet zum Naturschutzgebiet. Auf österreichischer Seite dauerte es bis 1988, bis die wesentlich kleinere Region Thayatal I einen Schutzstatus erhielt. Der Status des tschechoslowakischen Gebiets hatte die Region

645 Vgl. Vilímek, Ursachen, 108.
646 Andrews, Environmental Policy, 17.
647 Vgl. u.a.: Murray Feshbach/Alfred Jr. Friendly, Ecocide in the USSR: Health and Nature Under Siege, New York 1992.
648 Zur Relativierung des Narrativs siehe zudem: Miroslav Vaněk, Nedalo se tady dýchat. Ekologie v českých zemích v letech 1968–1989 [Man konnte hier nicht atmen: Ökologie in den Böhmischen Ländern in den Jahren 1968 bis 1989]. Hirstoria Nova, Prag 1996; Ján Mlynárik, Ekológia po slovensky. Otázky životného prostre- dia na Slovensku [Ökologie auf Slowakisch- Umweltfragen in der Slowakei] (1948–1988), Prag 1994.
649 Vnoučková, Iron Curtain, 57.
650 Vgl. ebd.

trotzdem nicht vor den Kraftwerksplänen der kommunistischen Ingenieure im Mährischen Karst geschützt. Als Mitte der 1980er Jahre die von den Auswirkungen des Kraftwerks unmittelbar betroffene Bevölkerung in Österreich davon erfuhr, gründete sich in der Gemeinde Hardegg eine Bürgerinitiative zum Schutz des Thayatals. Ihre AnhängerInnen setzten sich dafür ein, dass Österreich seine nötige Zustimmung zum Bau des Kraftwerks im Grenzgebiet vorenthalten und sich stattdessen um die Schaffung eines Naturschutzgebietes bemühen sollte.[651]

> »According to one of the initiative's spokespersons, Helmut Salke, ›There is never only one half of a river valley.‹ In support of their proposal, independent experts in zoology, botany and other fields were invited to the region to attest the uniqueness of the area. In the end, representatives of the citizens' initiative (supported by the Hardegg municipality) not only managed to convince federal politicians to express a critical view on the Býčí skála power plant, but also to declare the first protected landscape area on the Austrian side of the Valley. [...] The Austrian disapproval and the declaration of the Thayatal I nature reserve in the late 1980s were contributing factors that Czechoslovakia did not continue plans to set up the power plant near Býčí skála.«[652]

Kateřina Vnoučková legt dar, wie sich UmweltschützerInnen beider Länder miteinander über Probleme und Strategien austauschten. Während die ÖsterreicherInnen über besseres Kartenmaterial verfügten, konnten die tschechoslowakischen KollegInnen zur Identifikation seltener Spezies beitragen.[653] »Contacts between the conservationists on both sides of the border led not only to the declaration of both national parks, but also to close cooperation of their organizations.«[654] Mit den Protesten gegen das Donaukraftwerksprojekt GNV sollten sich die sporadischen Kontakte (tschecho-)slowakischer und österreichischer UmweltschützerInnen intensivieren. Stärkere Bindungen konnten jedoch erst nach dem Systemwechsel in der ČSSR geknüpft werden.

> »Das repressive Regime der Tschechoslowakei jedoch erlaubte eine solche funktionale Ausdifferenzierung der Gesellschaft nicht. Der herrschende Konsens zwischen Politikerinnen und Politikern sowie Experten bezüglich des Staudamms konnte von den kritischen Stimmen der Dissidentinnen und Dissidenten sowie Naturschützerinnen und Naturschützern nicht aufgebrochen werden – auch deswegen, weil der überwiegende Teil der Bevölkerung diesen teilte, bzw. sich für das Projekt in der Südslowakei und die damit auftretenden ökologischen Erwägungen nur wenig interessierte.«[655]

Obwohl vor allem WissenschaftlerInnen der Slowakischen Akademie der Wissenschaften (Slovenská akadémia vied – SAV) fachliche Kritik an einzelnen

651 Vgl. ebd., 51ff.
652 Ebd., 52f.
653 Vgl. ebd., 52.
654 Ebd., 57.
655 Štanzel, Wasserträume, 317.

Aspekten äußerten, durfte das Staustufenprojekt unter kommunistischer Herrschaft in seiner Gesamtheit nicht in Frage gestellt werden.[656] Zu den frühen KritikerInnen des Projektes zählten der Geograf Mikuláš Huba sowie der Umweltschützer Jaromír Šíbl. Beide waren in der unter staatlicher Kontrolle stehenden Union für Natur- und Umweltschutz (Slovenský zväz ochrancov prírodya krajiny – SZOPK) tätig. Die KraftwerkkritikerInnen sahen sich mit mehreren Problemen konfrontiert: Einerseits hielten sie es in der ČSSR der 1980er Jahre für unmöglich, offene Proteste und öffentliche Debatten zu dem Projekt zu führen – zu groß war die Befürchtung von Repressionen. Andererseits schätzten sie auch die Mobilisierungskraft innerhalb der slowakischen Öffentlichkeit als zu gering ein.

> »Our strategy at that time was to infiltrate the possibilities of the system for our goals. […] The dissidents openly protested the system and they were also heavily persecuted, and we tried to be part of the system and make changes from the inside. That is why we used all the possibilities. We approached top party people for this issue. At that time nobody knew what we were speaking about. If people heard about the Danube, they imagined the Danube like in Bratislava, concrete on one side and concrete on the other. […] The important point is, that all this area along the Danube […] is not inhabited by Slovaks, but by ethnic Hungarians.«[657]

Aus heutiger Sicht ist es schwer einzuschätzen, mit welchen Repressionen die UmweltschützerInnen tatsächlich rechnen mussten, hätten sie einen ähnlich offenen Kurs wie ihre ungarischen Nachbarn gewählt. Tatsache ist, dass sowohl ChartistInnen, als auch andere systemkritische Gruppierungen mit Drohungen, Einschüchterungen, Bildungs- und Karrierenachteilen für sich selbst und ihre Familienangehörigen und Inhaftierungen konfrontiert waren. Aus Sicht des Dissidenten Ján Budaj, der in engem Kontakt mit SZOPK-Mitgliedern stand, agierten die UmweltschützerInnen lange im toten Winkel der Geheimpolizei (Státní bezpečnost – ŠtB).[658] »Essentially the communists underestimated the dangerousness of the greens. ›They will gather paper and mushrooms in the woods,‹ they thought. […] The regime kept watch over political organizations. Are stamp collectors political organizations? The communists thought so. Sportsmen, everybody. But the ochranári? ›They will gather mushrooms, perhaps.‹«[659] Anders als in Ungarn organisierten sich die UmweltschützerInnen in Bratislava innerhalb des staatlich institutionellen Rahmens der SZOPK. Mit der Untergruppe Organisationsnummer 6 (ZO 6) unter der Leitung von Huba ent-

656 Vgl. Interview mit Jaromír Šíbl, 23.7.2019, Bratislava, Sprache: Englisch, Tonqualität mittelmäßig, Audioaufzeichnung im Besitz der Verfasserin.
657 Interview der Verfasserin mit J. Šibl, 2019.
658 Vgl. Snajdr, Nature Protests, 65.
659 Ebd., 65f (Interview des Autors mit Ján Budaj, 1995).

stand ein Sammelbecken für Personen, die sich mit ökologischen Themen beschäftigten. 1987 entstand aus ZO 6 auch eine Untergruppe (ZO 13). Ihre Mitglieder waren Studierende, die sich bereits aus Kindheitstagen kannten und in der sozialistischen Umweltschutzgruppe »Tree of Life« aktiv waren. Innerhalb kürzester Zeit dominierten die beiden Untergruppen die Aktivitäten der SZOPK. Huba wurde schließlich an die Spitze des Stadtkomitees der SZOPK gewählt. Damit erhielten er und die ZO 6 den nötigen Einfluss, um über die Inhalte der Unionszeitschriften *Ochranca Prírody* und *Poznaj a chráň* zu entscheiden.[660] »[...] ZO 6 now managed the direction and content of the magazine, and neutralized any resistance from older, more conservative committee members. At the end of 1987, the Bratislava *ochranári* found themselves, partly through design and partly by circumstance, leaders of a growing grassroots environmental movement.«[661] Auch im Vergleich zu Ungarn nahm die Gruppe, zu der viele Intellektuelle zählten, eine Sonderrolle ein. Während ungarische Intellektuelle in die Rolle der ReformistInnen schlüpfen konnten, waren die Eliten in der ČSSR entweder vollständig kooptiert oder standen unter starker Kontrolle. Den UmweltaktivistInnen in Bratislava gelang es, einen gewissen Spielraum für sich aufrecht zu erhalten, ohne in die direkte Konfrontation zu gehen.[662] Edward Snaijdr spricht im Fall der SZOPK-AktivistInnen auch von »anti-elites of socialist culture.«[663] »If the Bratislava activists were not considered to be dissidents, they nevertheless espoused and advertised an alternative to the rationalized but increasingly ineffective Party bureaucracy and *nomenklatura* system.«[664] Anders als die zur Illegalität gezwungenen AktivistInnen des Duna Kör war es für die SZOPK ZO 6 relativ einfach, Mitglieder anzuwerben. Die Gruppe bestand aus sehr unterschiedlichen Individuen. Unter dem Motto »Poznaj a chrán« [wissen und schützen] beteiligten sich die einen an Bildungsaktivitäten zu Umweltthemen, andere arbeiteten bei Erhaltungsprojekten rund um Bratislava mit oder engagierten sich bei administrativen Aufgaben. Neben dem Schutz der Donaulandschaft und dem GNV-Projekt wurden auch Fragen der Atomenergie, der slowakischen Geschichte und andere altruistische Themen debattiert.[665] »In fact, their projects were also exercises in revitalizing the self by romanticizing the culture of the past. An ochranári brigade was a life without electricity and indoor plumbing, a way for city dwellers to experience Slovakia's bucolic pre-communist heritage.«[666] Ohne die Symbole der Modernisierung unter sozialistischer Füh-

660 Vgl. ebd., 63f.
661 Ebd., 64.
662 Vgl. ebd., 67f.
663 Ebd., 67.
664 Ebd., 66.
665 Ebd., 69f.
666 Ebd., 71.

rung dezidiert abzulehnen, setzten die AktivistInnen mit ihren Wertvorstellungen und sozialen Praktiken (Renovierung vor-kommunistischer Gebäude, freiwillige Arbeit für öffentliche Zwecke) der rationalen Ideologie des Regimes eine Alternative entgegen.[667] »People were hungry. They were hungry for values,« erinnert sich Ján Budaj später an seine Zeit in der ZO 6, an der er die Atmosphäre der Offenheit besonders schätzte.[668] Für ihn sei die Gruppe vor allem ein Forum gewesen, in dem unterschiedlichste Meinungen zu einem Thema geäußert werden durften. Dies zog ab Mitte der 1980er Jahre auch bekannte DissidentInnen in Bratislava an. Obwohl die SZOPK-Gruppe mit Huba an ihrer Spitze formale Führungsstrukturen aufwies, wechselten unabhängig von ihrer Ranghöhe die Personen darunter die Funktionen.[669]

> »Slovak environmentalism was transforming into a social and discursive space in which people not only wanted to save nature, but also preserve symbols of Slovak identity in the face of socialist oppression and imperialism. Conservation provided the frame within which new environmental and social ethics were nurtured and promoted, and into which a growing movement eager to talk about citizens' rights and public advocacy was born.«[670]

Es war diesem Mobilisierungspotential geschuldet, dass die UmweltschützerInnen zu einem Nährboden für die später gegründete Bewegung »Öffentlichkeit gegen Gewalt« (Verejnosť proti násiliu – VPN) wurde. Gemeinsam mit dem tschechischen Zivilen Forum (Občanské fórum – OF) führten sie die mehrtätigen Massendemonstrationen im November 1989 an, welche das Ende des kommunistischen Regimes einläuteten.

4.5 Stromabwärts: Die Folgen der Liberalisierung unter János Kádár

4.5.1 Reformwirtschaft und Liberalsierungsschritte

Wie der österreichische Historiker Peter Haslinger aufzeigt, wich in den 1950er Jahren die ursprüngliche Wachstumseuphorie relativ schnell einem verzerrten Bild des kommunistischen Plansystems.[671] Das Nationaleinkommen Ungarns

667 Vgl. ebd.
668 Vgl. Interview des Autors mit J. Budaj, 1995 in: Ebd., 71f.
669 Vgl. ebd., 71–73.
670 Ebd., 73.
671 Vgl. Haslinger, Hundert Jahre Nachbarschaft, 53; vgl. ebenso: Arpád von Klimó, Ungarn seit 1945, Göttingen 2006; Andreas Schmidt-Schweizer, Politische Geschichte Ungarns 1985–2002. Von der liberalisierten Einparteienherrschaft zur Demokratie in der Konsolidierungsphase, 132. Aufl, München 2007.

wuchs langsamer als erwartet, die Qualität der Produkte lag weit unter westeuropäischen Standards, der technologische Rückschritt machte Ware im Ausland unverkäuflich. Zu einer ersten Reformdiskussion kam es bereits 1957. Anfang der 1960er Jahre stieß der Ökonom Tibor Liska mit seiner Studie »Kritik und Konzept« eine breite Debatte um das Preisbildungssystem an.[672] Am 25. Mai 1966 beschloss das Zentralkomitee der Ungarischen Sozialistischen Arbeiterpartei (Magyar Szocialista Munkáspárt – MSZMP) die Richtlinien eines neuen wirtschaftlichen Reformkurses. Mit dem 1968 etablierten Új gazdasági mechanizmus [Neuer Ökonomischen Mechanismus] nahm der Außenhandel eine zentrale Rolle in der ungarischen Wirtschaftspolitik ein. Jene Waren und Rohstoffe, welche sich innerhalb der RWG-Staaten schwer beschaffen ließen, wurden folglich importiert. Österreich wurde hierbei ein wichtiger Partner, einerseits weil das Nachbarland neutral war, andererseits weil es aufgrund seines niedrigen technologischen Niveaus eine im Vergleich zu Westdeutschland weniger entwickelte Wirtschaftsstruktur aufwies. Zudem hatte Österreich wirtschaftliche Probleme. Seit 1967 war die Industrieproduktion ins Stocken geraten, der Fremdenverkehr stagnierte und die Arbeitslosenrate stieg. Folglich hatte das Land auch ein klares Interesse am Ausbau seiner grenzübergreifenden wirtschaftlichen Beziehungen. Trotz der neuen Kooperationsmöglichkeiten durch den Neuen Ökonomischen Mechanismus kam es anfangs zu wenig Kooperationen. Ein zentrales Problem für Ungarn waren die österreichischen Kontingentbestimmungen. Ungarn wollte mehr Fertigwaren (Textilien, Obst, Gemüse, Konserven) exportieren, während Österreich vorwiegend an Rohstoffen oder chemischen Erzeugnissen interessiert war. Neben der geringen Qualität der Erzeugnisse bildeten die Orientierung an den Planzielen sowie auch die mangelnde Bereitschaft, ökonomische Risiken einzugehen Hindernisse für die Zusammenarbeit über Systemgrenzen hinweg.[673] Die Einführung von begrenzten Marktmechanismen umfasste auch eine Preisreform, die es produzierenden Betrieben ermöglichte, gewisse Preise nach Angebot und Nachfrage anzupassen, wovon etwa importierte Konsumartikel betroffen waren.[674] »Mit der Preisreform verbesserten sich Angebot und Qualität zahlreicher Produkte, doch konnte sie nicht die grundlegenden Probleme der Planwirtschaft lösen, sondern vergrößerte teilweise vorhandene Widersprüche.«[675] Auf der anderen Seite wurde es

672 Vgl. Miroslav Liška, »Sypte!« – vývoj a riešenie sporu MR a SR o plnenie Zmluvy 77 o výstavbe a prevádzke Sústavy vodných diel Gabčíkovo-Nagymaros [»Schüttet!« – Entwicklung und Lösung des Streites zwischen der Ungarischen und Slowakischen Republik über die Erfüllung des Vertrages 77 über den Bau und Betrieb des Wasserleitungssystems Gabčíkovo-Nagymaros], Bratislava 2009.

673 Vgl. Haslinger, 255–262.

674 Vgl. Klimó, Ungarn, 109.

675 Ebd.

Betrieben ermöglicht, Löhne entsprechend der Qualifikation und Leistung zu zahlen. Dabei kam es vor allem bei Gehältern von Frauen sowie bei Pensionen zu Benachteiligungen. In der Folge verzeichnete Ungarn bis in die 1980er Jahre eine, im Vergleich zu anderen sozialistischen Staaten wie der Tschechoslowakei oder Polen, starke Ungleichheit bei den Löhnen. Neben der Lohnungleichheit führten jedoch auch symbolische Maßnahmen zu steigender Ungleichheit innerhalb der Gesellschaft.[676]

»›Scheitern‹ konnte diese Gesellschaft ebenso wie die Sozialpolitik des Parteistaates, weil sie selbst ein Ziel formulierte, das sie niemals erreichen konnte. Anders als in anderen politischen Systemen war die Gesellschaftsform, die angestrebt wurde, nicht relativ locker mit der politischen Ideologie des Systems verbunden, sondern sie war oberstes Ziel aller Maßnahmen und Programme. [...] Besonders ›treue‹ und der Partei ergebene Personen wurden privilegiert, politisch auffällig gewordene, unter dem Verdacht stehende oder auch nur einer »feindlichen« Klasse angehörende Personen dagegen diskriminiert. Die Partei verteilte im System wertvolles symbolisches Kapital wie Orden und Ehrentitel (›Partisan‹, ›Held der Arbeit‹) oder aber gefährliche Feindbildattribute (›Saboteur‹, ›Spion‹, ›Verräter‹, ›Volksfeind‹).«[677]

Mit Blick auf Ungarns Reformkurs stieg in den sogenannten »Bruderländern« die Besorgnis, die wirtschaftliche Öffnung könnte politische Folgen für die gesamte Region haben. Auf Druck Moskaus, aber auch aufgrund reformfeindlicher Kräfte innerhalb der Ungarischen Sozialistischen Arbeiterpartei wurde Kádár in den 1970er Jahren zur Rücknahme der Reformen gedrängt. Ab 1973 erfolgte die Lohnpolitik wieder zentralisiert. In den Folgejahren schlitterte Ungarns Wirtschaft in eine schwere Krise.[678]

»Der Lebensstandard stagnierte bzw. verschlechterte sich angesichts der zunehmenden Inflation, während die Auslandsverschuldung drastisch zunahm. Zugleich nahmen die Verbindlichkeiten des Staates gegenüber dem westlichen Ausland zu, während die Währungsreserven zurückgingen.«[679] Die Ölkrisen von 1973 und 1979 setzten Ungarn enorm zu. 1982 drohte Ungarn die Zahlungsunfähigkeit.[680]

»Falsche Investitionsentscheidungen, wie etwa der 1975 unternommene Ausbau der Kohleförderung, taten ihr übriges. Denn die Kohleförderung blieb ineffizient und maßlos teuer. Als noch größere Fehlinvestition sollte sich bald das zusammen mit der ČSSR geplante, gigantische Wasserkraftwerk Nagymaros an der Donau herausstellen, das auch ungeahnte politische Folgen zeitigen sollte. Die heimischen Probleme, der verschärfte internationale Wettbewerb, die Auseinanderentwicklung des Ostblocks und

676 Vgl. ebd., 110f.
677 Ebd., 136f.
678 Vgl. ebd., 108–114.
679 Ebd., 95.
680 Vgl. Klimó, Ungarn seit 1945, 114.

die von Kádár weiterhin als innenpolitisch notwendig angesehene Subventionierung des relativ hohen Lebensstandards der Ungarn trieben das Land in eine Schuldenfalle, die Anfang der achtziger Jahre ihren Höhepunkt erlebte.«[681]

Kádár reagierte auf die Krise mit neuen Reformversuchen. Eine begrenzte, aber nicht zu unterschätzende Form der Privatwirtschaft (die sogenannte »Zweite Wirtschaft«) entstand.[682] Wie schon im Reformkurs der 1960er wurden nun wieder Betriebe dezentralisiert und ausgelagert. Vor allem mit Österreich wurde versucht, Joint Ventures zu etablieren. »Später folgen kooperative Betriebsgründungen mit westlichen Einzelunternehmungen, insbesondere mit österreichischen Betrieben. Vor allem die jüngere Funktionärsgeneration drängte auf Forcierung der Wirtschaftsreformen.«[683] In seiner Studie zur politischen Transformation in Ungarn zeigt der österreichische Zeithistoriker Walter Göhring auf, dass anders als in Polen der demokratischen Opposition in Ungarn die breite Basis der ArbeiterInnen fehlte. Vielmehr kristallisierte sich der Veränderungswille in unterschiedlichen Gruppierungen, die vorwiegend aus intellektuellen Zirkeln entstanden. Im Vergleich zu Polen sahen sich die ungarischen Gewerkschaften mit einem starken Vertrauensverlust seitens der Bevölkerung konfrontiert, was mit ihrer mangelnden Loslösung von der kommunistischen Partei zusammenhing.[684]

Bis Ende des Jahres 1990 häufte Ungarn Staatsschulden gegenüber Österreich in der Höhe von 20,9 Milliarden Schilling (inkl. Garantien des Staates sowie österreichischer Banken) an.[685] In der Folge der wirtschaftlichen Liberalisierung und einer zunehmenden Öffnung nach Westen scheiterte das staatssozialistische System daran, den damit einhergehenden steigenden Erwartungen der Bevölkerung nachzukommen. Diese Enttäuschung durch den reformschwachen Staat war schließlich für einen großen Teil der Eliten ausschlaggebend für die Bildung oppositioneller Gruppen bzw. die breite Sympathie ihren Forderungen gegenüber, oder wie der polnische Historiker Wiktor Marzec es beschreibt.[686] So waren es nicht die ArbeiterInnen, sondern vielmehr Intellektuelle, KünstlerInnen und WissenschaftlerInnen, die als AkteurInnen des politischen Widerstandes im Ungarn der 1970er und 1980er Jahre auftraten.

»Seit 1973 formiert sich eine neue Opposition um die Gruppen der ›Budapester Soziologenschule‹, die ›Demokratische Opposition‹, die ›Friedensgruppe für den Dialog‹

681 Ebd., 111.
682 Vgl. u. a.: Retter, Die österreichischen Banken, 344.
683 Walter Göhring, Schritte zur Freiheit. Der Umbruch in Ostmittel- und Südosteuropa, Einflußfaktoren und Veränderungen. Arbeit und Wirtschaft 45, Nr. 12, »AWSpezial« (1991) 1–28, hier: 9–10.
684 Ebd.
685 Ebd., 3.
686 Vgl. Marzec, Civil society, 7–28.

und die ›Hilfsstiftung für die Armen‹. Diese Gruppierungen sind die Keimzellen des gegenwärtigen ›Bundes der freien Demokraten‹. Ihre Stärke und Verankerung in der Bevölkerung sind 1985 bereits so stark, daß sie in Zusammenarbeit mit Umweltschützern zur treibenden Kraft beim Baustopp des Wasserkraftwerkes Nagymaros werden.«[687]

Nachdem die Ergebnisse der wirtschaftlichen Liberalisierung und der »Gesellschaftsvertrag« unter Kádár nicht die erhofften Ergebnisse brachten, wandten sich auch immer mehr ReformkommunistInnen den Ideen und Konzepten der demokratischen Opposition zu und waren offen für die in dissidentischen Zirkeln geäußerte Kritik. »Kein Ungar hielt die Kommunistische Partei danach noch für reformfähig«, schreibt der Autor und Dissident György Dalos mit Bezug auf die marode Wirtschaftslage in den 1970er Jahren.

»Die ungarische Opposition ihrerseits fühlte sich Mitte der 1970er Jahre nicht zuletzt durch die KSZE-Schlussakte von Helsinki zum Handeln ermutigt. Es gab nun eine breitere Legitimationsgrundlage als die schwache ungarische sozialistische Verfassung. Die ungarische Opposition, die mit einer Solidaritätserklärung zugunsten der Charta 77 zum ersten Mal in Erscheinung trat, war eine legalistische Opposition. Marxisten, Christen, Pazifisten und später die Ökologen waren sich nur darin einig, dass es ihr selbstverständliches Recht sei, so zu handeln und die Schlussakte beim Wort zu nehmen.«[688]

Wie Dalos' Freund, der DDR-Aktivist und Bürgerrechtler Rainhard Weißhuhn in seinen Erinnerungen an die 1970er und 1980er Jahre festhält, war die ungarische Oppositionsszene damals jedoch nicht mehr als ein paar »weitgehend isolierte Intellektuelle, die in einer vergleichsweise liberalisierten Diktatur ohne Echo in der Gesellschaft blieben.«[689] Tatsächlich lassen sich die wesentlichen Akteursgruppen relativ schnell identifizieren und vorwiegend im jüdisch-bürgerlichen Milieu Budapests verorten.[690] Für Weißhuhn, der ab Mitte der 1970er Jahre durch Dalos Kontakte nach Ungarn knüpfte, bildeten einerseits die Lukács-SchülerInnen der 1960er Jahre, darunter Ágnes Heller, Ferenc Fehér und Mihály Vajda, anderseits die sich von den »älteren« abspaltenden »Lukács-Enkel« rund um János Kis und György Bence die intellektuellen Grundlagen für die theoretischen und praktischen Debatten zur ungarischen Gesellschaft.[691] Als »zweite Quelle der

687 Göhring, Schritte, 9.

688 György Dalos, Ungarn: Die intellektuelle Formierung der Opposition seit den 1970er Jahren, in: Hans-Joachim Veen/Ulricht Mählert/Peter März (Hg.), Wechselwirkungen Ost-West. Dissidenz, Opposition und Zivilgesellschaft 1975–1989 ,Köln,Weimar,Wien 2007, 61–64, hier: 62.

689 Reinhard Weißhuhn, Die ungarische demokratische Opposition und ihre Kontakte zur DDR-Opposition, in: Bernd Florath (Hg.), Das Revolutionsjahr 1989. Die demokratische Revolution in Osteuropa als transnationale Zäsur, Göttingen 2011, 187–196, hier: 190.

690 Vgl. ebd.

691 Vgl. ebd., 187f.

demokratischen Opposition« bezeichnet Weißhuhn ehemalige Sympathisanten des Volksaufstandes 1956, wozu er den Autor György Konrád, oder auch den Journalisten Ferenc Kőszeg zählt: Der dritten Gruppe können schließlich die vom Maoismus geprägten Intellektuellen, darunter die Schriftsteller Miklós Haraszti und György Dalos, zugeordnet werden.[692] Dalos gilt heute als Mitbegründer der ungarischen demokratischen Opposition. Er reiste 1973 in die DDR, wo er Angehörige der linken und marxistisch geprägten »Jenaer Szene«, darunter Jürgen Fuchs, kennenlernte. Über diese Gruppe stieß er auch auf Weißhuhn, bei mehreren DDR-Besuchen lernte er deutsche SchriftstellerInnen wie Bettina Wegner oder Katharina Thalbach kennen. Die Treffen fanden unter Beobachtung der Staatspolizei statt. 1979 erhielt Dalos eine Einreisesperre in die DDR.[693] Dalos, der damals in Wien lebte und später nach Berlin umzog, schätzt die ungarische demokratische Opposition in den späten 1970er Jahren auf »praktisch 200 bis 300 Menschen, die von der Staatssicherheit als Opposition angesehen wurden. Sie waren von einem relativ aktiven Publikum von bis zu 4.000 Menschen umgeben,« erinnert sich der Autor.[694] Die potenzielle Anzahl von Menschen, die offen für oppositionelle Ideen waren, war laut Dalos viel höher, bis zu einer Million. »Die ganze Nation hat München [Radio Free Europe, Anm. der Verf.] gehört«, bemerkte Dalos. Der bestehende Konsum und Einfluss westlicher Medien sowie die Visumfreiheit seit 1978 waren zwei Anzeichen für die außergewöhnliche Position Ungarns unter den Ländern des sogenannten Ostblocks, wobei UngarInnen bis zur Einführung des Weltpasses 1988 eine Ausreisegenehmigung (Ablak) beantragen mussten. Neben relativ starken offiziellen Beziehungen auf diplomatischer, aber auch auf kultureller und regionaler Ebene spielte Wien eine wichtige Rolle für die politische Opposition und die sich langsam bildenden AkteurInnen der Zivilgesellschaft.[695] Neben den teils im offiziellen Ungarn, teils in Westeuropa veröffentlichten und zurück nach Ungarn geschmuggelten gesellschaftskritischen Romanen wie Harasztis »Stücklohn« oder Konráds »Der Besucher« nahm auch die Samisdat-Presse ab Mitte der 1970er Jahre eine besondere Rolle ein. Weißhuhn bezeichnete diese Publikationen als »Markenzeichen« der Opposition.[696] KennerInnen der Samisdat-Literatur wissen um die Heterogenität und Widersprüche der dissidentischen Publikationen. Im Samisdat erschienen nicht nur einzelne Publikationen wie etwa die von János Kenedi editierte Anthologie *Profil* oder der symbolträchtige und umfassende Bibó-Gedächtnisband (auf

692 Vgl. ebd., 188.
693 Vgl. ebd., 191f.
694 Vgl. Interview der Verfasserin mit György Dalos, 11.11. 2018, Berlin, Sprache: Deutsch, Tonqualität mittelmäßig. Audioaufzeichnung im Besitz der Verfasserin.
695 Ausführlicher in: Neubacher, Gegenstimmen (2019).
696 Vgl. Weißhuhn, Die ungarische demokratische Opposition und ihre Kontakte zur DDR-Opposition, 188.

diesen wird später noch näher eingegangen), sondern auch Periodika wie der 1981 gegründete *Beszélő*, *Hirmondó* oder der von Gábor Demszky gegründete *AB-Verlag*.[697] Ähnlich wie die Ende der 1970er Jahre entstehenden Diskussionsforen der sogenannten »Fliegenden Universitäten« entwickelten sich Privatwohnungen zu Umschlagplätzen und Treffunkten informeller Zirkel und Diskussionsforen (u. a. László Rajks *Boutique* oder die *Montagszirkel*).[698] Auch hier hielt sich die Verbreitung der Untergrundliteratur angesichts der reduzierten technischen Möglichkeiten – trotz schwieriger empirischer Nachweise – in Grenzen. Die Auflagen lagen trotz engagierter Unterstützung aus dem Ausland und riskanten Schmuggelaktionen bei maximal mehreren hundert Stück.[699]

Das politische System der ungarischen Volksrepublik bot bis in die 1980er Jahre keine Formen der politischen Partizipation abseits der kommunistischen Partei. Das Parlament setzte sich aus der Nationalversammlung und dem Präsidialrat zusammen. Mehrere Massenorganisationen wurden unter dem Dach der »Patriotischen Volksfront« versammelt, außerhalb der kommunistischen Partei war es unmöglich bei Wahlen zu kandidieren. Mit der Wahlrechtsreform von 1983 erhielten oppositionelle AkteurInnen jedoch eine politische Bühne für ihre Anliegen. Fortan war es möglich, mehrere BewerberInnen pro Wahlkreis, also auch parteiunabhängige, zur Kandidatur aufzustellen.[700] Auch wenn es jenen unabhängigen Kandidaten, darunter Tamás Gáspár Miklós und Miklos Haraszti, letztlich nicht gelang, gewählt zu werden, so schufen sie mit ihrer Kandidatur doch erhebliche Aufmerksamkeit für ihre Themen und Kritikpunkte und erzwangen damit eine öffentliche Diskussion. Spätestens mit dem Eintritt der Reformkommunisten Imre Pozsgay und Rezső Nyers 1988 ins Politbüro nahm die Dynamik der politischen Reformen in Ungarn zu. Im Spätherbst desselben Jahres folgte Miklós Németh dem erst im Mai angetretenen Károly Grósz in das Amt des Ministerpräsidenten. Németh setzte wesentliche Reformschritte, darunter die Erlaubnis für private ArbeitgeberInnen, bis zu 500 MitarbeiterInnen zu beschäftigen, sowie die gesetzlich verankerte Versammlungs- und Vereinigungsfreiheit. Am 23. Oktober 1989 wurde die »Ungarische Republik« als demokratischer Rechtsstaat ausgerufen und vom 10. und 11. November 1989 wurde im Plenum des Zentralkomitees das Mehrparteiensystem beschlossen. Zehn Tage später verzichtete die Partei auf ihren verfassungsrechtlichen Führungsanspruch. In »Runden Tisch«-Gesprächen wurde der Dialog mit der Opposition gesucht und die ersten freien Wahlen für das Frühjahr 1990 festgelegt. Aus der Sozialistischen Arbeiterpartei entstand die Ungarische Sozialistische Partei (Magyar

697 Vgl. ebd., 189f.
698 Vgl. ebd.
699 Vgl. ebd., 190.
700 Vgl. Göhring, Schritte (2007).

Szocialista Párt – MSZP). Schon im Mai hatte Ungarn mit dem Abbau der militarisierten Grenze zu Österreich begonnen. Diese Zeichen der Hoffnung auf eine Grenzöffnung lockten tausende DDR-BürgerInnen über den Sommer nach Ungarn, wo im September und Oktober tatsächlich die Grenzöffnung nach Österreich stattfand. Noch vor den Parlamentswahlen am 14. März 1990 wurden die politisch verfolgten BürgerInnen, darunter auch Kardinal József Mindszenty, rehabilitiert. An der Wiederbeerdigung des am 16. Juli 1958 hingerichteten Ministerpräsidenten Imre Nagy im Vorjahr hatten hunderttausende UngarInnen teilgenommen. Die feierliche Beisetzung und Rehabilitation Nagys sollte die symbolträchtigste Abrechnung mit der kommunistischen Vergangenheit und die Neuinterpretation des Ungarischen Volksaufstandes von 1956 bilden.[701]

Wie Göhring aufzeigte, blieb die Partizipation von ArbeitnehmerInnen während dieser enormen gesellschaftlichen und wirtschaftlichen Veränderungen gering.[702] Die Gründe dafür seien »der extreme Pluralismus und die überempfindlich ausgeprägte Tendenz zur Abkehr von jeglichen zentralen Strukturen« gewesen.[703] Versuche, die gegenteiligen Interessen durch einen »oppositionellen Runden Tisch« zu vereinen, um schlagkräftiger gegen die Unternehmerinteressen agieren zu können, scheiterten im Februar 1991.[704] Parallelen bei der Bildung von Organisationsstrukturen finden sich auch im Hinblick auf die oppositionellen Gruppen jener letzten Jahre unter dem kommunistischen Regime. Die Formierungsprozesse der demokratischen Opposition veranschaulichen die für Ungarn charakteristische Spaltung der Eliten. So stand den jüdisch-bürgerlichen Intellektuellen ein völkisch-nationaler Flügel gegenüber.[705] Während es vereinzelte Überschneidungspunkte und AkteurInnen gab, die die Interessen beider Flügel miteinander verbanden (wie oben von Gy. Dalos erwähnt etwa die KSZE Schlussakte sowie die Solidarität mit den ChartistInnen), sollte sich die Spaltung der Intelligenz vor allem gegen Ende der 1980er Jahre noch verbreitern. Mit steigendem politischem Spielraum gründeten sich bereits vor dem Systemwechsel 1989 erste Parteien: Am raschesten formierten sich die Anhänger des national-konservativen Ungarischen Demokratischen Forum (MDF), welches sich in Folge des Treffens am 3. September 1987 in dem südungarischen Dorf

701 Vgl. u. a.: Schmidt-Schweizer, Geschichte Ungarns (2007).

702 Göhring, Schritte, 10.

703 Ebd., 11.

704 Auch bei der Professionalisierung der GewerkschafterInnen sollte Österreich eine Rolle spielen. So berichtet Göhring in seiner Analyse von der Zusammenarbeit der größeren Gewerkschaften mit dem Berufsförderungsinstitut Wien (BFI), den österreichischen Fachgewerkschaften und dem Österreichischen Gewerkschaftsbund (ÖGB) (vor allem durch Trainingskurse als Vorbereitung auf die Verhandlungen). Dieser Wissenstransfer sollte auch bei der Bildung des Betriebsratssystems von Vorteil sein. Vgl. ebd., 13.

705 Vgl. Weißhuhn, Die ungarische demokratische Opposition und ihre Kontakte zur DDR-Opposition, 190.

Lakitelek gründete und bei der ersten demokratischen Wahl 1989 als Sieger hervorging.[706] Der liberale Flügel der Opposition kämpfte währenddessen mit inneren Zerwürfnissen. 1988 gründete sich der Bund Freier Demokraten (SZDSZ), der ab 1989 die Opposition stellte. Abgesehen von der Kluft zwischen den Flügeln, waren es vor allem die Lehren aus 1956 sowie das von Misstrauen geprägte Leben unter dem Staatssozialismus, welche die demokratische Opposition nachhaltig beeinflussten und schwer überwindbare Hindernisse hinterließen. Die »Tatsache, dass wir jede Form von Organisation hassten,« so Dalos im Rückblick, würde die UngarInnen von den »polnischen und tschechischen Freunden« unterscheiden.[707] »Wir wollten keine geschlossen wirkende Gruppe sein. Darin spiegelte sich nicht nur die nach 1956 herrschende Angst vor jeder Art von Organisation, die als solche schon eine Straftat war, sondern diese Aversion galt der Partei. Wir wollten keine neuen Organisationsstrukturen schaffen.«[708] Dass es sich bei der Scheu vor Organisationsstrukturen und Partei-ähnlichen Formierungen um ein Kontinuum innerhalb der RegimekritikerInnen handelte, zeigt sich in Folge auch im Fall der Umweltbewegung. Während sie in der zweiten Hälfte der 1980er Jahre mit Anliegen des Natur- und Umweltschutzes einen mobilisationsstarken Kristallisationspunkt für unterschiedlichste AnhängerInnen bot, gelang es den AkteurInnen schließlich nicht, eine anhaltende politische Kraft in Ungarn zu bilden. Um diese Entwicklung zu verstehen, ist es notwendig, vorherige Prozesse der Ökologisierung, des Umweltschutzes sowie des Protests unter dem Staatssozialismus nachzuzeichnen.

4.5.2 Umweltproteste und Ökologisierung in Ungarn

Umweltpolitik spielte während des ungarischen Staatssozialismus wenig bis keine Rolle. Viktoria Szirmai nutzte das Bild zweier Tennisspieler, die versuchen ohne Ball zu spielen, um den fehlenden Diskurs zu verdeutlichen.[709] Mit Ausnahme von gelegentlichen Initiativen von UmweltschützerInnen boten die 1970er Jahre auch auf Seiten der Politik wenig Anlass, sich mit Umweltfragen zu beschäftigen.[710] »[...] environmental protection authorities, the ministry, the councils, and even the large enterprises, did something for ecological issues only apparently, occasionally, and indirectly.«[711] Vom Standpunkt der frühen 1990er

706 Vgl. ebd.
707 Dalos, Ungarn, 62.
708 Ebd., 63.
709 Vgl. Szirmai, Structural Mechanisms, 146. Anmerkung: Dabei handelte es sich vermutlich um eine Referenz auf Michelangelo Antonionis bizarre Filmszene aus »Blow-up« (1966).
710 Vgl. ebd.
711 Ebd.

Jahre schien sich das Bild des balllosen Spiels auch nach der Transformation nicht bedeutend verändert zu haben. So hätten die 1980er Jahre in Ungarn zwar zahlreiche neue spontane Initiativen hervorgebracht. Viele davon wären jedoch nach der Wende wieder verschwunden. »The number and geographic distribution of ecological movements has not reflected the critical condition of the environment in Hungary«, stellte Szirmai damals in ihrer Studie fest. Der Grund dafür liege in der Tatsache, dass sich die osteuropäische und insbesondere die ungarische Umweltbewegung auf andere Vorbedingungen stützte als etwa westeuropäische AkteurInnen der Zivilgesellschaft. Éva Kuti zeichnet die Geschichte der ungarischen Zivilgesellschaft bzw. des dritten Sektors nach, angefangen von den karitativen Aktivitäten der katholischen Kirche am Beginn der Christianisierung Ungarns unter Prinz Géza und dessen Sohn König István I (997–1038) über die Rolle freiwilliger Assoziationen in den Unabhängigkeitsbestrebungen unter den Habsburgern und deren Niederschlagung der Revolution 1848, die vielfältigen Bestrebungen zur Armutsbekämpfung während der Großen Depression in den 1920er Jahren bis hin zu den destruktiven Effekten des sozialistischen Regimes.[712] Letztere sind für die Betrachtung der ungarischen Umweltbewegung von besonderer Relevanz. So ernteten insbesondere Stiftungen das Misstrauen der kommunistischen Führung, da sie über staatlich unabhängiges Kapital verfügten und somit Einfluss in den Bereichen Kultur, Bildung und im Sozialwesen abseits der staatlichen Kontrolle ausüben konnten.[713] Mit dem neuen Bürgerlichen Gesetzbuch (Gesetz IV/1957) verschwand bis ins Jahr 1987 jegliche legale, wenn auch davor schon stark erschwerte, Form der Stiftungskonstruktion aus dem Gesetz.[714] Während einerseits die Verfassung ihren BürgerInnen die Freiheit zur Bildung von Vereinigungen zusagte, schoben dieser Freiheit mehrere Dekrete einen Riegel vor. Ab 1981 waren die Behörden verpflichtet, sämtliche geplanten Aktivitäten zu melden, welche Gefahr laufen »den Staat« oder »die soziale und wirtschaftliche Ordnung« zu bedrohen. Trotz dieser Verschärfungen nahm die staatliche Kontrolle von freiwilligen Vereinigungen ab den 1960er Jahren schrittweise ab. Die Folgen des Aufstandes von 1956 prägten sich Kuti zufolge aber tief in das kollektive Gedächtnis ein.[715]

> »The population learned that open revolt would most likely fail, and began to adopt more latent and subtle ways of resistance. These strategies created a curious atmosphere of distrust. Citizens pretended to form politically neutral voluntary organizations. The actual activities of these groups did not challenge the state socialist system, but their

712 Vgl. Éva Kuti, The nonprofit sector in Hungary, Manchester 1996.
713 Vgl. ebd., 27.
714 Vgl. ebd., 38.
715 Vgl. ebd., 39.

mood was clearly oppositional, their very existence expressed the society's antagonism towards the totalitarian regime.«[716]

Erst mit der Transformation des politischen Systems und dem Vereinigungsgesetz (II/1989) war die Freiheit zur Gründung von NGOs und Vereinen ohne Kontrolle oder Zustimmung der Regierung ungarische Realität geworden. Die bürokratischen und legalen Hürden zur Bildung von Organisationen waren neben anderen Faktoren ausschlaggebend dafür, dass sich Umweltschutz-Forderungen aus der Bürgergesellschaft, wie sie in Westeuropa seit den 1960er Jahren vermehrt auftraten, erst im Ungarn der 1980er Jahre Gehör verschaffen konnten. Wirtschaftliche und politische Zentralisierungsbestrebungen, gepaart mit einer erzwungenen Industrialisierung seit den 1950er Jahren, hatten nicht nur eine auf Kohle- und Schwerindustrie basierte Wirtschaft mit sich gebracht, sondern auch die damit einhergehenden Umweltschäden und -risiken ignoriert. Das Fehlen der Marktmotoren und der gesellschaftlichen Kraft der Selbstorganisation habe laut Szirmai horizontale Initiativen und Bewegungen verunmöglicht und unterdrückt.[717] »The party documents of the 1970s reflected the idea that in socialism no environmental protection of autonomous interests was needed because each actor in the socialist economy protected the environment automatically, under inherent pressures.«[718] Obwohl sich durch János Kádárs wirtschaftlichen Alleingang unter den sozialistischen Republiken eine begrenzte Bourgeoisie bilden konnte, blieb diese »zweite Gesellschaft« in der Bildung einer zivilen Gesellschaft weiterhin schwach ausgeprägt. »But bourgeois growth did not favor the expression of post-materialist values, nor the demand for environment-friendly products.«[719] Hinzu kam die Zentralisierung von umweltrelevanten Informationen, die den gesellschaftlichen Diskurs darüber hemmte und die Unkenntnis von Schäden und Risiken unterstützte. Damit ist auch nachvollziehbar, warum es zuerst vor allem WissenschaftlerInnen waren, die sich mit Umweltschäden und den Folgen der Industrialisierung kritisch auseinandersetzten.

»In dieser Periode [1960er Jahre] sind es vor allem die wissenschaftlichen Kreise gewesen, die auf die Gefahren der Umweltverschmutzung aufmerksam machten und die Grundlage boten, daß die Verordnungen zum Schutz der natürlichen Ressourcen in der praktischen Gesetzgebung einen Platz bekamen, so z. B. die Gesetze über den Schutz im Bergbau, der landwirtschaftlich genutzten Flächen, des Waldes und der Gewässer, die vom ungarischen Parlament in der ersten Hälfte der 60er Jahre bestätigt wurden.«[720]

716 Ebd., 39f.
717 Vgl. Szirmai, Structural Mechanisms, 147–149.
718 Ebd., 148.
719 Ebd., 148–150.
720 László Maróthy, Karl Ruppert (Hg.), Umweltschutz und räumliche Aspekte, in: Südosteuropa Aktuell, Landesentwicklung (1989) 6, 83–95, hier: 83.

Jene Gesetze regelten jedoch nur Teilbereiche und konnten die Bedürfnisse eines umfassenden Umweltschutzes nicht bedienen, gibt auch László Maróthy, erster Minister für Umweltschutz und Wasserwirtschaft der Volkrepublik Ungarns (das Ministerium wurde 1987 geschaffen), zu bedenken.[721] In den 1970er Jahren wurden immer mehr BiologInnen, ChemikerInnen, Stadt- und regionale PlanerInnen auf Umweltthemen aufmerksam. Nicht selten gelang so auch geleaktes Wissen an die Gesellschaft. Auch bildeten sich immer wieder Initiativen seitens von Umweltschäden betroffenen AnwohnerInnen. Das erste prominente Beispiel eines öffentlichen Skandals waren Berichte über die verheerende Entwicklung des Fischbestands im Balaton sowie die Verschmutzung des von der slowakischen Schwerindustrie gezeichneten Sajó-Flusses im Nordosten des Landes. Auf Druck der ExpertInnen institutionalisierte Ungarn Mitte der 1970er Jahre eine Agentur für Umweltschutz, die jedoch nur wenig Einfluss und Kompetenzen besaß. Mit dem Gesetz Nr. 2 erhielt die Volkrepublik ein erstes umfassenderes Umweltschutzgesetz.[722] Während es in den 1970er Jahren nur vereinzelte Umweltkonflikte gab (Ölkatastrophe vom Jänner 1974 in Dunaújváros, 1977 Schließung der Firma Metallochemia in Nagytétény/Budapest nachdem Bleivergiftungen bei Kindern festgestellt wurden), steigerte sich diese Zahl in den 1980er Jahren enorm: Zu nennen sind hier etwa der Arbeiterprotest gegen Luftverschmutzung in der Glasfabrik in Ajka (Jänner 1984) sowie der lokale Protest gegen die Müllverbrennungsanlage in Dorog (November 1984).[723] Proteste gab es auch gegen die neue Landebahn des Budapester Flughafens im Jahr 1983.[724] Laut Hubertus Knabe sind in den 1980er Jahren auch klare Veränderungen bei den »Konfliktaustragungsmechanismen, der beteiligten Protestpotentiale und der Erfolgschancen von Umweltprotesten in Ungarn«[725] zu beobachten.

> »Meist initiierten besser informierte und aktivere Bevölkerungsmitglieder die Protestaktion (Eingaben, Leserbriefe, Unterschriftensammlung) und suchten dafür die Unterstützung offizieller Institutionen (Volksfront, Kommunistischer Jugendverband, Verein für Stadtverschönerung, örtliche Volksvertretung) zu gewinnen.«[726]

Nach kleineren Protesterfolgen lokaler Initiativen gelang es jedoch erst der Donaubewegung, Umweltschutzfragen auf nationaler Ebene zu thematisieren und sich für ökologische Anliegen Gehör zu verschaffen.[727]

721 Vgl. ebd., 83f.
722 Vgl. ebd., 84.
723 Vgl. Szirmai, Structural Mechanisms, 150.
724 Vgl. Knabe, Umweltkonflikte, 176.
725 Ebd.
726 Ebd.
727 Vgl. Szirmai, Structural Mechanisms, 152.

5. Vom Prestigeprojekt zur Projektionsfläche: das Staustufenprojekt Gabčíkovo–Nagymaros

Europas zweitlängster Strom reicht von seinem Ursprung im Schwarzwald bis zu seinem Delta am Schwarzen Meer. 44 Jahre lang, von der Konferenz von Jalta im Februar 1945 und der damit einhergehenden Machtverteilung am Kontinent bis zu den Umbrüchen im Jahr 1989, durchquerte die Donau auf ihrer 2845 Kilometer langen Reise sowohl demokratische Staaten und NATO-Mitglieder als auch sozialistische Diktaturen des Warschauer Pakts. Unter allen Flüssen Europas war es dieser Strom, der die Teilung Europas in einen Ost- und einen Westblock besonders herausforderte. Das Kraftwerkprojekt Gabčíkovo-Nagymaros (GNV) zwischen dem ungarischen Nagymaros und dem tschechoslowakischen Gabčíkovo sollte sich zu einem symbolträchtigen Vorhaben gestalten, das den betreffenden AkteurInnen sowohl die Lücken und Barrieren als auch die Grenzen und Möglichkeiten des sogenannten Eisernen Vorhanges aufzeigen würde. Von seiner Tragweite war in den 1950er Jahren, als die Ingenieursträume in erste Skizzen umgewandelt wurden, noch keine Rede. Für die damaligen kommunistischen Regime der Volksrepublik Ungarn und der ČSSR sollte das aus einem Laufkraftwerk auf ungarischem und dem Kippschwellkraftwerk auf tschechoslowakischem Territorium bestehende Staustufensystem ein Prestigeobjekt kommunistischer Ingenieurskunst und planwirtschaftlicher Willenskraft werden.[728] Der Verlauf des GNV-Projektes wird zeigen, dass die Erkenntnisse der späten 1980er Jahre weit hinter den Erwartungen der Ingenieure und kommunistischen Eliten lagen.

728 Durch die geplante Kombination zweier Kraftwerke sollten – vereinfacht gesagt – die von dem stromaufwärts liegenden Kraftwerk für den Kipp- und Schwellbetrieb künstlich erzeugten Flutwellen mithilfe eines Laufkraftwerkes bei Nagymaros stromabwärts ausgeglichen werden können. An gewissen Stellen hätten die zweimal täglich stattfindenden Pegeländerungen bis zu zwei Meter betragen.

5.1 Verhandlungen und Abkommen zwischen der Tschechoslowakei und Ungarn

Gespräche zur gemeinsamen Nutzung der Donau zwischen den beiden Bruderstaaten reichen bis in die 1950er Jahre zurück. Aufzeichnungen aus dem Jahr 1958 berichten etwa von einem ungarisch-tschechoslowakischem Kommissionstreffen, bei dem sowjetische Berater den Bau eines gemeinsamen Staustufensystems vorschlugen – ein Kraftwerk am oberen, tschechoslowakischen Abschnitt, eines am unteren Abschnitt bei Nagymaros.[729] In den folgenden zwei Jahren wurden mehrere Optionen ausgearbeitet und diskutiert. 1960 einigten sich die Partner auf die zweiteilige Kraftwerksvariante zur Spitzenenergieerzeugung. Auch ein Komitee des Rats für gegenseitige Wirtschaftshilfe (RGW) befürwortete den Plan.[730] 1963 wurde das Gabčíkovo-Nagymaros-Konzept auch von einem bilateralen Regierungskomitee genehmigt. Bis 1975 sollte der Bau spätestens abgeschlossen sein. Die Pläne umfassten unter anderem auch einen Seitenkanal auf slowakischem Boden sowie die daraus notwendige Grenzänderung. 1964 wurde ein gemeinsames Investitionsprogramm vorbereitet. Die Verhandlungen zu dessen Details sollten sich schließlich bis in die späten Siebzigerjahre fortsetzen. Am 27. August 1973 wurde eine Besprechung abgehalten, bei der das GNV-Projekt, dessen Finanzierung, die Energie-Interessen und damit verbundenen Grenzfragen erörtert wurden. An dem hochrangigen Treffen nahm neben den beiden stellvertretenden Ministerpräsidenten Péter Vályi und Miklós Ajtai, Mitglied des Zentralkomitees, auch der Staatssekretär und Präsident des Nationalen Wasserbüros, Imre Dégen teil.[731] Im Zuge des Treffens kam es zu mehreren Entschließungen zur Vorbereitung und Umsetzung des Staustufensystems. Die Finanzierung des Bauvorhabens bildete eine wesentliche Hürde. Für das wirtschaftlich angeschlagene Ungarn schienen ausländische Kredite eine akzeptable Lösung zu sein.[732]

> »Um dies zu finanzieren, muss geprüft werden, welche Investitionen im Zeitraum von 1975 bis 1985 ohne den Bau des Donauwasserstraßensystems getätigt worden wären oder ob das vorgegebene Ziel erreicht wurde und im Plan vorgesehen werden sollte. Der

729 Vgl. Baló/Lipovecz, Tények könyve [Buch der Tatsachen] (1990).

730 Fuchs, Environmental Protest, 6.

731 Unter den Teilnehmenden befanden sich u. a. István Hetényi, stellvertretender Vorsitzender des Nationalen Planungsbüros, András László, Staatssekretär und Präsident der Ungarischen Nationalbank, Imre Lörincz, erster Stellvertretender Minister für Schwerindustrie, Károly Rödönyi, erster Stellvertretender Minister für Verkehr und Post sowie der Leiter der internationalen Abteilung des Finanzministeriums. Siehe ebd.

732 Vgl. Magyar Nemzeti Levéltár (MNL) Országos Levéltár (OL) XIX-J-40-Csehszlovákia-IV-29-5-00993/6/1976 43. Doboz, Magyar-csehszlovák Dunai Vízierőmű beruházás terve előiratok 1972 és 1973 évek-ről csatolva.

> Anteil des Wasserstufensystems, der die inländischen Ressourcen übersteigt, sollte aus ausländischen Darlehen finanziert werden. Es sollten Anstrengungen unternommen werden, um günstige Kreditbedingungen zu erhalten, die dem infrastrukturellen Charakter der Investition entsprechen.«[733]

Die Beteiligten zogen verschiedenste Kreditgeber in Betracht, darunter die »an der Schifffahrt interessierten Donauländer«, die UdSSR oder auch die DDR.[734] Eine Studie des Staatlichen Wasserbüros (Országos Vízügyi Hivatal - OVH) zur Entwicklung der internationalen Wasserstraße sollte die Länder davon überzeugen, dass sich das Projekt positiv auf die industrielle Entwicklung der Region auswirkt. Der Ausbau der internationalen Wasserstraße sollte Kosteneinsparungen für den Schienenverkehr und bessere Transportbedingungen bringen.[735]

Abbildung 2: Karte mit den unmittelbar an das europäische Wasserstraßennetz angeschlossenen Wirtschaftszentren. GNV-Projekt rot eingezeichnet.[736]

Die Tschechoslowakei sollte zu den Absichten von Auslandskrediten vom ungarischen Finanzministerium und der Ungarischen Nationalbank (Magyar Nemzeti Bank - MNB) konsultiert werden. »Die im Rahmen des gemeinsamen Investitionsprogramms zuvor festgelegte Aufteilung der Investitionskosten auf

733 Ebd.
734 Ebd.
735 Ebd.
736 MNL OL XIX-J-40-Csehszlovákia-IV-29-5-00993/6/1976 43. doboz Magyar-csehszlovák Dunai Vízierőmű beruházás terve előiratok 1972 és 1973 évek-ről csatolva.

50–50 % sollte berücksichtigt werden und sowohl die Nutzung als auch die Kosten und den potenziellen Schaden abdecken.«[737] Bezüglich der Grenzangelegenheiten zur Tschechoslowakei aufgrund des Baus des Seitenkanals hielt das Protokoll fest: »Die bisherige Position des Politischen Komitees, wonach sich die Staatsgrenze ändert und auf die Achse des Unterwasserkanals im tschechoslowakischen Raum verlagert wird, sollte beibehalten werden. Dies wird Ungarn etwa 1.500 ha Land bringen, was durch einen entsprechenden Austausch ausgeglichen werden muss.«[738] Der ausgearbeitete Vorschlag zur gemeinsamen Investition wurde schließlich im Jänner 1974 von der Tschechoslowakei und im Februar 1974 von Ungarn verabschiedet.[739] Es ist vermutlich der Ölkrise 1973 zuzuschreiben, dass sich das ursprüngliche Projektziel verlagerte. War zuerst die Verbesserung der Schiffbarkeit des Donauabschnittes vorrangig, so stand danach das Argument der Energieproduktion im Vordergrund.[740] »In this period [1974–1977, Anm. der Verf.] intellectuals were forced to emigrate, and ideologists won out over economists, claiming that world oil prices could not effect [sic!] the socialist economies.«[741] Am 23. April 1976 beschloss der ungarische Ministerrat, Miklós Breinich, den stellvertretenden Vorsitzenden des Nationalen Wasseramtes, als Vertreter der ungarischen Regierung im »Gemischten Technischen Ausschuss Ungarn-Tschechoslowakei« zu beauftragen, gemeinsam mit der Tschechoslowakei einen Plan für GNV auszuarbeiten.[742] Das ausgearbeitete Übereinkommen diente als Diskussionsgrundlage für die bevorstehenden Gespräche mit der Tschechoslowakei und legte eine gemeinsame Koordinationsgruppe fest, die aus der gleichen Anzahl tschechoslowakischer und ungarischer Mitglieder bestand.[743] Am 16. September des Folgejahres (1977) wurde schließlich der bilaterale Vertrag zwischen den beiden Staaten unterzeichnet, welcher mit 30. Juni 1978 in Kraft trat. Für die Ungarische Volksrepublik unterzeichnete Ministerpräsident György Lázár; für die Tschechoslowakei Ministerpräsident Lubomír Štrougal.[744] Ein Jahr später erfolgte die Ratifizierung im Prager Parlament.[745] Die Inbetriebnahme von Nagymaros wurde darin mit den Jahren 1989 und 1990, die Fertigstellung der gesamten Bauarbeiten mit dem Jahr 1991 fest-

737 Ebd [Übersetzung der Verfasserin].
738 Ebd.
739 Fuchs, Environmental Protest, 7.
740 Ebd., 8.
741 Ebd.
742 MNL OL XIX-J-40-Csehszlovákia-IV-29-5-00993/6/1976 43. doboz – Magyar-csehszlovák Dunai Vízierőmű beruházás terve előiratok 1972 és 1973 évek-ről csatolva.
743 Ebd.
744 MNL OL XIX-J-40-Csehszlovákia-IV-29-5-002550/2 1977 43. doboz A magyar-csehszlovák Dunai Vízierőműmegvalósitásáról és üzmeltetéséröl szóló Államközi Szerzödésben foglalt építési feladatok végrehajtását elösegitö kölcsönös segitségynujtás.
745 Vgl. Baló/Lipovecz, Tények könyve [Buch der Tatsachen] (1990).

gelegt.[746] Einem Gespräch mit Károly Ujházy, dem stellvertretenden Vorsitzenden des Staatsplanungsausschusses, zufolge rechnete Ungarn im April 1977 noch mit der Fertigstellung des Baus von GNV bis 1986. Dies sei am 24. März von der Regierung entschieden worden. Zudem plane Ungarn laut dieses Berichtes einen Baubeginn im Jahr 1979. Ungarn würde dann 150 Millionen Rubel von der Tschechoslowakei verlangen, heißt es in dem Bericht.[747] Die Koordinierungsgruppe des Projekts spricht in einem Halbjahres-Report 1980 von 173 Millionen Tschechoslowakischen Kronen (Kčs), die an Ungarn gehen sollen. Schon im ersten Halbjahr dieses Planes kam es allerdings zu Verzögerungen, die laut eines Berichts vom 6. Oktober 1980 des ungarischen Gruppenleiters durch das verspätete Eintreffen importierter Maschinen und hohe Ausfallraten aus dem Westen zu erklären seien.[748] Die Arbeiten am tschechoslowakischen Teil begannen bereits vor der Ratifikation des bilateralen Abkommens 1978.[749] 1977 unterzeichneten die beiden sozialistischen Staaten ein bilaterales Abkommen, das die Fertigstellung bis 1990 vorsieht. Aufgrund des Kapitalmangels Ungarns kam es jedoch zu Verzögerungen. Die Bilanz des Fünfjahresplans (1976–80) war düster. Fast alle Wachstumsraten blieben unter den Erwartungen. Um dem Zusammenbruch des Staatshaushaltes zu entgehen, trat Ungarn 1981 dem Internationalen Währungsfonds bei. Zwei Jahre später wurde das Projektende nochmals verschoben. Das Kraftwerk bei Nagymaros sollte nun bis 1993 fertig werden.[750] Wie aus Bratislava an das ungarische Außenministerium berichtet wurde, erließ am 16. Dezember 1982 die tschechoslowakische Bundesregierung eine Entscheidung über den Bau des Staustufensystems und budgetierte 15.431 Millionen Kčs als Gesamtbaukosten. Gerechnet wurde mit einer jährlichen Energieerzeugung bei durchschnittlichem Wasserertrag von 1.837 Gigawattstunden. 200 Personen sollten im tschechoslowakischen Teil dafür beschäftigt werden. Der Plan sah die Fertigstellung des Staustufensystems für das Jahr 1994 vor, doch auch dazu kam es nicht.[751]

746 MNL OL XIX-J-40-Csehszlovákia-IV-29-5-002550/2 1977 43. doboz A magyar-csehszlovák Dunai Vízierőműmegvalósitásáról és üzmeltetéséröl szóló Államközi Szerzödésben foglalt épitési feladatok végrehajtását elösegitö kölcsönös segitségynujtás.

747 MNL, OL XIX-J-44-Csehslovákia-IV-29-532-002550/1 1977 Dunai Vízlépcsőrendszer építésének kezdete.

748 MNL, OL XIX-J-44-Csehslovákia-IV-29-532-005640 1980 44. Doboz. Az Együttmüködési Bizottság csehszlovák tagozatának ülése.

749 Vgl. Fuchs, Environmental Protest, 10f.

750 Vgl. Knabe, Umweltkonflikte, 187.

751 MNL OL XIX-J-40-Csehszlovákia-IV-29-532-00308/1 1983 48. doboz A Csehszlovák Szövetségi Kormány 346 s: határozata a dunai vízlépcsőrendszer építésének munkálatairól.

5.2 Österreich springt ein: Beteiligung und Eigeninteressen

In seiner Autobiografie spart Verbund-Chef Walter Fremuth die Hintergründe zur Anbahnung der Nagymaros-Investition aus. In einem Artikel der Tageszeitung *Die Presse* aus dem Jahr 1988 wollten die AutorInnen Margarete Freisinger und Peter Martos sie im Jahr 1982 sehen:

»Der Grundstein für eine Beteiligung Österreichs wurde 1982 gelegt, als Verbund-Generaldirektor Walter Fremuth während einer Kur in Héviz am Plattensee mit einem Vizepremier ins Gespräch kam. Auf der Suche nach Kapital und Experten stand Budapest damals gerade mit Frankreich und der Sowjetunion in Verhandlungen, doch konnte Fremuth mit dem Vorschlag, das Projekt von Österreich bauen zu lassen und durch Stromlieferungen zu finanzieren, den Weg zu weiteren Gesprächen ebnen.«[752]

Tatsächlich findet sich diese Anekdote auch in den autobiografischen Erinnerungen Fremuths wieder. Während des Kuraufenthaltes waren Fremuth und seine Gattin zu einer Grundsteinlegung eines von Österreich finanzierten Luxushotels in Héviz geladen, »und zwar in Beisein von Bundesminister Dr. Staribacher und dem ungarischen Vizeministerpräsidenten Marjai«[753]. Bei der Gelegenheit habe sich Fremuth nach dem Nagymaros-Projekt erkundigt, woraufhin der Vizeministerpräsident gesagt haben solle: »›Meine Herren, wir haben dafür weder Fachleute und schon gar kein Kapital!‹«[754] Fremuth zufolge hätte der Verbund-Chef daraufhin beides angeboten, mit der Bedingung, die Rückzahlung mit Stromlieferungen durchzuführen.[755] Schon etwa zwei Wochen später kam es zu einem ersten konkreten Gespräch in Budapest.[756]

»Mein Vorschlag bestand in der Abfassung von vier Verträgen: Generalauftrag für die Donaukraftwerke zur Planung und Errichtung des Donaukraftwerks; Finanzierungsvertrag der Verbundgesellschaft mit der MVMT; Stromlieferungsvertrag mit der Bindung der Stromerlöse für den Zinsendienst und für die Kapitalrückführung; Vertrag mit einem Bankenkonsortium zur Kenntnisnahme durch die ungarische Seite. Auf ein staatliches Abkommen wollten wir verzichten.«[757]

Im Mai 1986 trafen die Minister József Marjaiund Norbert Steger in Wien zusammen, um über die Details der Stromlieferungen und Garantien zu verhan-

752 Margarete Freisinger/Peter Martos, Damit Strom die Donau aufwärts fließt …, in: Die Presse, (1988), 3.

753 József Marjai, stellvertretender Ministerpräsident 1978–1988.

754 Fremuth, Bühne, 408.

755 Vgl. ebd.

756 Dies zeigt, dass anders als in der Fachliteratur oftmals angeführt, der Misserfolg der E-Wirtschaft in Hainburg nicht allein ausschlaggebend für das Interesse an GNV war, sondern bereits Jahre vor der Aubesetzung eine Investition in Betracht gezogen wurde.

757 Fremuth, Bühne, 409.

deln.[758] Am 31. August desselben Jahres fasste der ungarische Ministerrat den Beschluss über die Auftragnehmer der Umsetzung der Nagymaros-Wasserstufe durch österreichische Unternehmen.[759] Die Vertragsunterzeichnung mit Österreich erfolgte im Beisein von JournalistInnen im Wiener Hotel Hilton.[760] Für den Verbund war es laut Fremuth das erste Mal, dass ein Großkraftwerk auf ausländischem Boden »auf deren Kosten« gebaut werden sollte. Der Verbund-Chef erhoffte sich dadurch aber nicht nur die Deckung des Strombedarfs, den er als »nicht dringend« einstufte, sondern vor allem eine Beschäftigung für seine Fachleute. »Nun, in Folge des Nichtzustandekommens von Hainburg, musste ich, um das Expertenpotential halten zu können und diese Fachleute nicht abbauen zu müssen, für eine entsprechende Leistungsnachfrage sorgen [...], sodass sich diese beiden Ziele [gemeinsam mit der Strombedarfsdeckung, Anm. der Verf.] wunderbar auf einen Nenner bringen ließen.«[761] Für die Stromlieferungen wurde zusätzlich ein Vertrag über die Errichtung einer Gleichstromkurzkupplung (HGÜ) im Umspannwerk Wien-Oberlaa unterzeichnet. Damit konnte auch der bereits erwähnte Stromtausch mit der UdSSR in diese Anlage eingebunden werden.[762] Als eingesetzter Generalunternehmer (Bauvolumen rund 7 Mrd. Schilling) begann die Österreichische Donaukraftwerke AG zu bauen.[763] Der erste Punkt der Präambel des 1986 abgeschlossenen Generalunternehmervertrags zwischen dem Staatlichen Wasserinvestitionsamt (Országos Vízügyi Beruházási Vállalat – OVIBER) und der Österreichischen Donaukraftwerke AG – DoKW ließ bereits die Brisanz der später auftretenden Debatten erahnen:

> »Das Donaukraftwerk Nagymaros ist ein Hauptobjekt des Wasserstufensystems Gabčíkovo-Nagymaros, welches von der Volkrepublik Ungarn gemeinsam mit der Tschechoslowakischen Sozialistischen Republik errichtet und auch gemeinsam betrieben werden soll. OVIBER geht davon aus, daß zwischen der Volksrepublik Ungarn und der Tschechoslowakischen Sozialistischen Republik zur Verwirklichung des Wasserstufensystems Gabčíkovo-Nagymaros ein zwischenstaatlicher Vertrag geschlossen wurde. Die erfolgreiche und termingerechte Durchführung der den Vertragsgegenstand bildenden Arbeiten ist Voraussetzung für die Erfüllung dieses zwischenstaatlichen Vertrages durch die ungarische Seite.«[764]

758 MNL OL XIX-J-40-Csehszlovákia-IV-29-532-003116/1 1986 48. doboz A nagymarosi vízlépcső osztrák vállalkozásban történő megépítéséről magánjogi szerződésről és garanciáiról.
759 Ebd.
760 Vgl. N.N., Ungarn: DOKW baut Staustufe, in: Kurier, (1986), 6.
761 Fremuth, Auf der Bühne und hinter den Kulissen. Mein Leben als Troubleshooter, 410.
762 Vgl. ebd.
763 Vgl. N.N., Ungarn: DOKW baut Staustufe.
764 Österreichisches Staatsarchiv (ÖStA) Archiv der Republik (AdR) Bundesministerium für Handel, Gewerbe und Industrie (BMH, GuI) 59.506/6-V/3/861. Generalunternehmervertrag, 7.5.1986.

Zusammenfassend beruhte die österreichische Beteiligung an GNV auf den folgenden drei privatrechtlichen Verträgen:

- »einem **Generalunternehmervertrag** zwischen der Österreichischen Donaukraftwerke AG und der ungarischen OVIBER. [7. Mai 1986, Anmerkung der Verf.]
- einem **Stromlieferungsvertrag** zwischen der Österreichischen Elektrizitätswirtschafts AG und der ungarischen MVMT und
- einem **Vertrag über die Errichtung der erforderlichen Übertragungseinrichtungen** (Hochspannungsleitung und HGÜ-Kupplung) ebenfalls zwischen der Österreichischen Elektrizitätswirtschafts AG und der ungarischen MVMT.«[765]

Der Leistungsumfang der DoKW umfasste die Errichtung des Hauptbauwerkes in Nagymaros, bestehend aus Krafthaus, Wehr, Schleuse und Brücke – »im technischen Standard Greifenstein zu einem Pauschalpreis von 5.750 Mio öS (Preisbasis 3.10.1984)«[766]. Baumaßnahmen wie die Gestaltung des Stauraumes und des Donau-Altarms verblieben unter ungarischer und tschechoslowakischer Verantwortung. Als Generalunternehmer verpflichteten sich die DoKW dazu, bis zu 70 Prozent der Leistungen von österreichischen Unternehmen und 30 Prozent von ungarischen Firmen erbringen zu lassen. 1987 wurde der Baubeginn für Juli 1989 und die Fertigstellung für Februar 1993 vorgesehen.[767] Die Finanzierung des Projektes erfolgte unabhängig von diesem Generalunternehmervertrag im Zuge eines Stromlieferungsabkommens. Als Gegenleistung zu den vorfinanzierten Baukosten seitens des österreichischen Bankenkonsortiums sollte Ungarn in den Jahren von 1996 bis 2015 jährlich 1.200 Millionen kWh Strom an den Verbund liefern.[768] Zwei Drittel der Lieferung sollten als Winterstrom zur Verfügung gestellt werden.[769] Zur Finanzierung der Baukosten wurde ein Bankenkonsortium unter der Leitung des Creditanstalt-Bankenvereins gegründet. Die Österreichische Republik übernahm die Haftung für diese Kreditanleihen. Die Österreichische Elektrizitätswirtschafts AG (Verbundgesellschaft – ÖVG) vereinbarte hierzu im Stromlieferungsvertrag, dass die ÖVG den Ungarischen Elektrizitätswerken (Magyar Villamos Müvek Tröszt – MVMT) Vorauszahlungen auf die Stromlieferungen leiste, nämlich »in jener Höhe, die für die Zahlungen […], für Lieferungen und Leistungen zur Errichtung des KW Nagymaros bis zu dessen vollständiger Übernahme durch OVIBER erforderlich

765 ÖStA AdR BMH, GuI 59.506/7-VIII/3/87, Notiz über das Projekt Nagymaros, 1988, 3.
766 ÖStA AdR BMH, GuI 59.506/3-V/3/87, Vorstandsbrief der DOKW, 20. Februar 1987, 1–4.
767 Vgl. ebd.
768 Während die vereinbarten Stromlieferungen für Ungarn langfristige und umfassende Verpflichtungen bedeuteten, hätten sie für Österreich nur rund zweieinhalb Prozent des gesamten Stromaufkommens ausgemacht. Vgl. dazu: Margarete Freisinger, Peter Martos, Damit Strom die Donau aufwärts fließt. Die Presse, 7.9.1988, 3.
769 Ebd.

sind (max. 7.950 bzw. 10.000 Mio öS).«[770] Die Bundeshaftung stellte zwar »keine zwingende Voraussetzung für das Zustandekommen der bezughabenden Geschäfte dar, wohl aber zur Erlangung der bestmöglichen Finanzierungskonditionen und diente der Überwälzung des Kreditrisikos von der Verbundgesellschaft auf die Republik Österreich.«[771] Dafür war aber eine Novellierung des Energieanleihegesetzes (BGBl. Nr. 491/1986) notwendig. Den Entwurf dazu erarbeitete die Verbundgesellschaft. Die ihrer Ansicht nach notwendige Gebührenbefreiung begründete sie mit den nötigen Vorauszahlungen seitens der Gesellschaft, die »die wirtschaftliche Kraft der Verbundgesellschaft übersteigen«.[772] In einem Dienstzettel des Wirtschaftsministeriums vom August 1988 wurde festgehalten, dass die Nichtübernahme dieser Haftung gegen die Rechtsvorschriften verstoße. Auch die Forderung nach Bildung einer internationalen Kommission zur Durchführung einer Umweltverträglichkeitsstudie sei »mangels jeglicher (nationaler und/oder internationaler) Rechtsgrundlage« nicht zu erfüllen.[773] Grund für den Dienstzettel war der »Entschließungsantrag 94/A der Abgeordneten [Peter] Pilz, [Andreas] Wabl, [Walter] Geyer und Genossen betreffend das Projekt Flußkraftwerk Gabčíkovo-Nagymaros«[774], der eine Umweltverträglichkeitsprüfung durch eine internationale Kommission – nach Vorbild der Ökologiekommission – forderte und die Bundesregierung aufforderte, bis zum Vorliegen dieser Ergebnisse und einer Diskussion im Nationalrat keine finanzielle Haftung zu übernehmen.[775] In der Folge erreichte das Wirtschaftsministerium auch Gegenwind vom Umweltministerium, das im Entschließungsantrag zur Stellungnahme aufgefordert wurde und sich in einem Schreiben an das Wirtschaftsministerium richtete:

> »Das Bundesministerium für Umwelt, Jugend und Familie wird in jüngster Zeit in immer stärkeren Ausmaßen mit der Frage konfrontiert, welche Rolle Österreich im Zusammenhang mit der Planung und Errichtung des Staustufensystems Gabčíkovo-

770 ÖStA AdR BMH, GuI 559.506/16-VIII/3/88, Im Zusammenhang mit dem Kraftwerk Nagymaros abgeschlossenen Verträge, 14. September 1988, 2.

771 ÖStA AdR Bundesministerium für wirtschaftliche Angelegenheiten (BMwA) 559.508, Dienstzettel z1.559.506/17-VIII/3/88, Blatt 3, 1987.

772 ÖStA AdR BMwA 59.506/27-V/3/85, Verbund-Schreiben vom 20.11.1985 an Finanzminister F. Vranitzky.

773 Vgl. ÖStA AdR BMwA 559.508, Dienstzettel z1.559.506/17-VIII/3/88, Blatt 3–4, 1987. Sowie Bundesgesetzblatt für die Republik Österreich (BGBl.) Nr. 491, ausgegeben am 11.9. 1986. Online: https://www.ris.bka.gv.at/Dokumente/BgblPdf/1986_491_0/1986_491_0.pdf (abgerufen 24.8.2020).

774 Ebd.

775 Vgl. 24. Sitzung Nationalrat (NR) XVII. GP – Stenographisches Protokoll (gescanntes Original). Online: https://www.parlament.gv.at/PAKT/VHG/XVII/NRSITZ/NRSITZ_00024/imfname_142787.pdf (abgerufen 25.8.2020).

Nagymaros in Ungarn, das sowohl von verschiedenen österreichischen als auch ausländischen Umweltgruppen als ökologisch bedenklich beurteilt wird, zukommt.«[776]

Als die Kritik an GNV in Österreich zunehmend lauter wurde und die politischen Personalwechsel Handlungsbedarf entstehen ließen, sahen sich schließlich auch die DoKW zu einer Klarstellung veranlasst. Die Elektrizitätswirtschaft wolle »nicht in die Rolle des Verteidigers eines Gesamtkonzepts gedrängt werden, an dessen Erstellung wir nicht mitgearbeitet haben«, heißt es in einem Informationsschreiben des Vorstandes vom Februar 1987 an den neuen Handelsminister (ab April 1987 Bundesminister für wirtschaftliche Angelegenheiten) Robert Graf (ÖVP) zur Mitwirkung österreichischer Unternehmer an Nagymaros.[777] In seinem Antwortschreiben betonte der Minister die »Bedeutung gerade dieses Kraftwerksprojektes für die österreichische Energieversorgung, für weitere Zweige der österreichischen Wirtschaft, aber auch für die gut nachbarliche Zusammenarbeit zwischen Österreich und Ungarn«[778]. Im Dezember 1986 berichtete die österreichische Botschaft in Budapest an die Ministerien für auswärtige Angelegenheiten sowie Handel, Gewerbe und Industrie, dass in Ungarn ein Ministerratsbeschluss (4. Dezember 1986) die Verschiebung des Fertigstellungstermins auf 1994 vorsah. Laut dieses Berichtes komme es zu keinen Änderungen im Konzept. »Bei gleichzeitiger besserer Bedachtnahme auf gewisse Umweltschutzprobleme trägt die Regierung offenbar gewissen Protesten der Umweltschützer Rechnung«, heißt es von Seiten der Botschaft.[779] Eine übersetztes Statement des ungarischen Regierungssprechers, welches dem Bericht beilag, zeigt, dass sich die ungarische Regierung veranlasst sah, die Kritik an negativen Umweltfolgen zu kommentieren: »In the course of working out the plan and the succeeding modifications, the various aspects of environment protection – arousing keen interest on the part of society, quite justifiably – has duly been taken into consideration.«[780] Nach rund zwei Jahren der insgesamt vier geplanten Baujahre verfügte die ungarische Regierung 1989 einen Baustopp ihres Anteils in Nagymaros. Laut Verbund-Chef Fremuth war etwa die Hälfte des Werks errichtet, als das gewünschte Projekt zu zerfallen schien. Während der Verbund-Chef die mangelnde Unterstützung der österreichischen Regierung in dieser Situation beklagte, schien die ungarische Seite darauf bedacht zu sein, die Forderungen des Konzerns nicht zu enttäuschen.[781] Es kam zu Verhandlungen »in freundlicher Atmosphäre«[782] mit dem ungarischen Minister (ohne Ge-

776 ÖStA AdR BMwA 559.506, Abt 3/1, BMwA-Dienstzettel vom 7.9.1988.
777 ÖStA AdR BMwA 59.506/3-V/3/87, Vorstandsbrief der DOKW, 20.2.1987.
778 ÖStA AdR BMwA 59.506/3-V/3/87, Antwortschreiben und DOKW, März 1987.
779 ÖStA AdR BMwA 59.506/3-V/3/87, Bericht vom 10.12.1986.
780 ÖStA AdR BMwA 59.506/3-V/3/87, Bericht zur Pressekonferenz am 4.12.1986.
781 Vgl. Fremuth, Bühne, 410f.
782 Ebd., 411.

schäftsbereich) für europäische Angelegenheiten und Wissenschaftspolitik Ferenc Mádl und mit dem stellvertretenden Ministerpräsidenten Marjai in der Grenzstation der Raab-Ödenburger Eisenbahn Ágfalva. Die Vertragspartner einigten sich schließlich auf die Bezahlung der Forderung des Verbundkonzerns (sowie der Bau- und Starkstromindustrie) durch Stromlieferungen während eines Zeitraums von mehreren Jahren – eine Einigung, die durch Bürgschaft der Ungarischen Staatsbank ergänzt wurde.[783] »So konnte die Rechnungslegung der österreichischen Zulieferindustrie ebenso voll abgedeckt werden wie auch die Forderungen der Donaukraftwerke für ihre Planungs- und Bauüberwachungsleistungen; Verlust entstand für unseren Konzern in keiner Weise und zwei Jahre lang hatte unser Expertenstab Beschäftigung gehabt.«[784]

5.3 Ausstieg Ungarns aus dem bilateralen Vertrag mit der ČSSR

Während mit Österreich eine Lösung gefunden war, sollten der Baustopp Ungarns sowie die spätere Vertragsaufkündigung mit der Tschechoslowakei noch für Zündstoff zwischen den einstigen Bruderstaaten sorgen. Die diametralen Standpunkte rund um die Vertragsaufkündigung des GNV und Streitigkeiten in Bezug auf die alternative Inbetriebnahme des Staustufensystems bestimmten jahrelang den zwischenstaatlichen Diskurs. Einen Tag bevor Ministerpräsident Miklós Németh im Mai 1989 im ungarischen Fernsehen die Einstellung der Arbeiten am Nagymaros-Kraftwerk verkündete und Untersuchungen ankündigte, versprach er dem Parlament die Prüfung der geforderten Volksabstimmung.[785] Grund dafür war die gekippte Stimmung im Jahr 1988. In Ungarn hatte sich bereits eine breite Protestbewegung gebildet, deren Kritikpunkte nun auch im Parlament Gehör fanden. Wie der Kurier im August 1988 berichtete, hatten sich bei einer Parlamentssitzung mehrere Abgeordnete kritisch zum Kraftwerksprojekt geäußert. Der Journalist und parteilose Abgeordnete aus Szeged, Zoltán Kiraly, forderte den Baustopp und berief sich dabei auf die vermeintliche Unterstützung von weiteren 50 Abgeordneten.[786] Die kommunistische Parteiführung war gespalten. Während sich die einen als ReformkommunistInnen verstanden und die Abgrenzung zur Politik Kádárs suchten, beharrte der konservative Flügel auf seinen Machterhalt. Nagymaros stand als symbolträchtiges Projekt der »alten« Elite zwischen den Fronten.[787] 1988 schloss die ungarische

783 Vgl. ebd., 410–412.

784 Ebd., 412.

785 Vgl. N.N., Baustopp in Nagymaros, Kurier, 10.3.1989, ohne Seite.

786 Kiraly wurde damit A. Szekfü zufolge zur »Gallionsfigur« der Bewegung. Vgl. Interview der Verf. mit A. Szekfü (c), online, 2021.

787 Vgl. u. a. Fleischer, Jaws on the Danube, 1993.

Regierung unter Károly Grósz das Büro für Wassermanagement und das Nationale Amt für Umwelt- und Naturschutz (OKTH) zusammen und schuf das Ministerium für Umwelt und Wasserwirtschaft. Als Minister des neu geschaffenen Ministeriums wurde László Maróthy, Anhänger des konservativen Flügels, ernannt. Er erklärte, er habe eine Studie in Auftrag gegeben, die Rentabilität, aber auch die ökologischen Auswirkungen zu überprüfen.[788] »Erstens, das Kraftwerk darf keine ökologisch schädlichen Auswirkungen haben. Zweitens, wir müssen gegenwärtig berechnen, was wirtschaftlicher ist. Den Bau abzubrechen oder weiterzubauen,« wird der Minister in der österreichischen Presse zitiert.[789] Die Studie sollte demzufolge mit Unterstützung von Experten des österreichischen Umweltbundesamtes durchgeführt werden.[790] »In der ungarischen Presse wird in letzter Zeit sehr kritisch berichtet – auch über die ökologisch verheerenden Folgen. 1894 mußten 457 Siedlungen entlang der Donau mit Wasser aus Tankwagen versorgt werden, heute sind es bereits 1000, weil durch Bauarbeiten sich die Trinkwasserqualität so verschlechterte.«[791] Österreichischen Medien zufolge mehrten sich die Bedenken innerhalb der ungarischen Regierung. Grund zur Besorgnis seien auch die vereinbarten Stromlieferungen an Österreich, denen nur bei Ausbau der Kohle- und Atomkraftwerkskapazitäten nachgekommen werden könne.[792] Mit dem Druck von der Straße (1988 fanden bereits Massendemonstrationen sowie erneute Unterschriftenkampagnen statt) wuchs auch die Liste der KritikerInnen an. Ablehnende Aussagen kamen vom Landwirtschafts-, Außen- und Finanzministerium sowie von der Nationalbank und Handelskammer, dem Nationalkomitee für Technik, der Ungarischen Akademie der Wissenschaften und der Stadtverwaltung von Budapest.[793]

> »Von insgesamt 30 Stellungnahmen zu Nagymaros, die die ungarische Regierung bei politischen, wirtschaftlichen und gesellschaftlichen Institutionen einholte, sind immerhin 9 eindeutig negativ ausgefallen, 10 waren neutral, der Rest befürwortend, [...] Die Regierung will noch vor der Parlamentssitzung am 5. Oktober die Stellungnahmen den über 400 Abgeordneten zuleiten, von denen 38 mit Sicherheit Gegner des Kraftwerkbaues sind.«[794]

Dem Ministerpräsidenten Németh, der im Dezember 1988 an die Macht kam, war die Kampagne für eine Volksabstimmung zu Nagymaros ein Dorn im Auge. Die zwei Monate zwischen der Verkündung des Baustopps am 13. Mai und der fi-

788 Vgl. Wolfgang Broer, Zweiter Akt im Kampf um Donau. Kurier, 4.8.1988, 5.
789 N.N., Ungarn stellt Nagymaros nun die Frage, in: Kurier, 24.8.1988, 3.
790 Vgl. ebd.
791 Broer, Zweiter Akt (1988).
792 Vgl. ebd.
793 Vgl. Wolfgang Broer, Warum Ungarn nun den Bauplan für Nagymaros ändert. Kurier, 9.9.1988, 3.
794 Ebd.

nalen Entscheidung sollten dazu genutzt werden, die Auswirkungen des Kraftwerksprojektes erneut zu prüfen.[795] Aus den zwei Monaten wurden Jahre: »The original two-month decision-making deadline was formally lengthened to twice that period; in reality, however, it grew to three years, as no step could be taken in the direction of either destroying existing dam works or building further.«[796] In Absprache mit seinem tschechoslowakischen Amtskollegen setzte Németh eine ExpertInnenkommission ein, die unter der Leitung von Péter Hardi, Direktor des Außenpolitik-Instituts in Budapest, eine Kosten-Nutzen-Analyse erstellen sollte. Der sogenannte »Hardi-Bericht« schätzte die Kosten bei Abbruch der Bauarbeiten wie auch bei Fertigstellung als gleichwertig ein.[797] Die Kommission, bestehend aus ungarischen, slowakischen, tschechischen, österreichischen, deutschen und amerikanischen ExpertInnen schlug u.a. vor, dass sich die beiden Staaten auf eine Änderung des ursprünglichen Vertrages einigen sollten, um die Wasserqualität und andere Umweltschutzfaktoren garantieren zu können.[798] Die ungarische Regierung schickte daraufhin einen entsprechenden Änderungsvorschlag an die Tschechoslowakei. Eine offizielle Antwort darauf blieb jedoch aus.[799]

> »The Hungarian side hoped that Czechoslovakia would ›catch up‹ during its ›Velvet Revolution‹, and it would be easier for two democratic regimes to work out a solution to the problem. Therefore, the Hungarian premier made a new proposal in January 1990, in a letter addressed to the new Prime Minister of Czechoslovakia: he suggested that the final decision should be left to the new governments, to be formed after the first free elections in both countries.«[800]

Die ungarischen EntscheidungsträgerInnen hofften also, dass sich mit den politischen Umwälzungen des Frühjahrs 1989 in der Tschechoslowakei auch eine Kompromissbereitschaft einstellen würde. Obwohl sich die neue Regierung tatsächlich offener für umweltspezifische Kritikpunkte zeigte und auch lokalen UmweltschützerInnen Zugeständnisse machte,[801] bestand sie dennoch auf die Fertigstellung des Projektes. Immerhin hätte die Tschechoslowakei, so das Hauptargument der BefürworterInnen, bereits 90 Prozent ihres Anteils an den

795 Vgl. Fleischer, Jaws on the Danube, 436.
796 Ebd., 437.
797 Vgl. Péter Hardi, The Hardi Report. Summary for the Council of Ministers of an expert review concerning the ecological, environmental, technical, economic, international and legal issues of the Bos-Nagymaros Barrage System, Budapest 1989.
798 Vgl. Galambos, Conflict on the Danube, 223.
799 Vgl. u.a. Ebd., 185.
800 Ebd.
801 So wurde beispielsweise Vladimir Lokvenc, der für das GNV-Investment zuständige Regierungskommissar und starker Befürworter des Projektes im Februar 1990 von der slowakischen Führung entlassen. Vgl. ebd.

Bauarbeiten abgeschlossen.[802] Während sich in Ungarn die politischen AkteurInnen im Zuge der politischen Transformationen jener Monate änderten[803] und sich auch viele KraftwerksgegnerInnen in verschiedenen neu gegründeten Parteien engagierten, blieben zentrale BefürworterInnen, vor allem die Führungselite des ungarischen Wassermanagements, von den Personaländerungen verschont. Trotz Lobbying gelang es dieser nicht, den Baustopp aufzuheben. Nach monatelangen Versuchen der Opposition, aus dem Vertrag mit dem slowakischen Partner auszusteigen, Absichtserklärungen der Regierung und weiteren Verzögerungen kam es am 25. Mai 1992 schließlich zur einseitigen Aufkündigung des Vertrages[804] aus dem Jahr 1977.[805]

5.4 Variante C und ihre Folgen

In Folge des Baustopps 1989 seitens der ungarischen Regierung unter Miklós Németh und der Vertragskündigung 1992 unter József Antall führte die Tschechoslowakei die Bauarbeiten auf ihrem Gebiet fort.

> »These works had been started by the Slovak water management following the interruption of the building of the dam on the Hungarian side, at first as a threat and later as a spectacular construction intended to exert pressure to force the construction of the Gabčíkovo dam in its original conception. The strategy was to make the original plan appear as a compromise between the hesitations of Hungarian opinion and the unilateral and arbitrary alteration of the Danube.«[806]

Nachdem in Folge der politischen Debatten in Ungarn klar wurde, dass Ungarn einen Ausweg aus dem Vertrag suchte, arbeitete die Tschechoslowakei an einer Umplanung des Projektes, die mehrere Varianten umfasste. Im Juli 1991 entschied sich die föderale Regierung der Tschechoslowakei für die Realisierung der sogenannten »Variante C«. Im November desselben Jahres wurde die nötige Baugenehmigung erteilt. Die erste Phase des Betriebs konnte so im Oktober 1992 starten. Diese Variante umfasste u. a. einen 11 Kilometer langen, fünf bis sieben Meter hohen Längsdamm entlang des linken Donauufers, der ein Drittel des Staubeckens abschneidet und dieses auf (tschecho-)slowakischem Gebiet behält. Die Umleitung des Donauwassers erfolgte durch eines von insgesamt drei

802 Vgl. ebd.

803 In Ungarn setzte sich bei den Wahlen im Frühjahr 1990 ein Mitte-Rechts-Koalition unter der Führung des MDF durch, in der Tschechoslowakei gewann das liberale Zivile Forum.

804 Vgl. die Regierungserklärung zur Vertragsbeendigung: A Magyar Kormány Nyilatkozata az 1977-es zerződés megszüntetéséről, in: János Vargha (Hg.), A hágai döntés [Das Haager Urteil], Budapest 1997, 107.

805 Vgl. Fleischer, Jaws on the Danube, 438f.

806 Ebd., 439.

Wehren, welche alle u.a. zur Durchführung der Spitzenabflüsse genutzt werden. Das alte Flussbett wurde abgedämmt. Für kleinere Schiffe und Boote wurde eine Hilfsschleuse und in Čunovo ein Wasserkraftwerk gebaut.[807] Die Auseinandersetzung mit Ungarn bezüglich GNV korrelierte mit den internen Spannungen in der Tschechoslowakei.[808] John Fitzmaurice zufolge brachte die Angelegenheit ein Dilemma der neuen tschechoslowakischen Führung zum Vorschein. Sowohl Vaclav Havel als auch der tschechische Journalist und Dissident Jiří Dienstbier sprachen sich vor der Wende gegen das Projekt aus. Als Dienstbier schließlich am 12. Jänner 1990 als Außenminister nach Budapest reiste, distanzierte er sich von den Plänen der kommunistischen Vorgänger.[809] In den Jahren 1990–1991 standen jedoch die tschechisch-slowakischen Beziehungen im Vordergrund, »to which everything else had to be subordinated.«[810] Innenpolitische Konflikte über die Kraftwerkspläne hätten eine weitere Einmischung in slowakische Angelegenheiten bedeutet und nicht zuletzt die Bemühungen um nationale Einheit gefährdet.[811] »Czech political leaders thus at first sought to back-pedal, stating an opposition of principle, coupled with such a degree of concessions to the Slovaks that it amounted in reality to abandoning decision-making on the issue to Bratislava.«[812] Während der Bau von Gabčíkovo weitergeführt wurde, tolerierte Prag die für spätestens mit 31. Oktober 1992 geplante Inbetriebnahme der Variante C. Die tschechischen PolitikerInnen nahmen das Thema immer mehr als eine slowakische Angelegenheit wahr und weigerten sich in dem Konflikt zu intervenieren.[813] Die Auseinandersetzung sollte auch durch den Regierungswechsel in der Tschechoslowakei 1992 nicht enden. Vielmehr erklärte Vladimír Mečiar, späterer slowakischer Ministerpräsident (1994–1998), Gabčíkovo zum Symbol seiner nationalistischen Politik.[814]

Ungarn forderte mehrmals die Suspendierung der Bauarbeiten und die Diskussion zum zwischenstaatlichen Abkommen von 1977 – ohne Erfolg. Nach monatelangen Verhandlungsrunden, Gesprächen auf Ebene der Premierminister und Minister sowie mehreren gescheiterten Versuchen, eine trilaterale Expertengruppe zu etablieren, übergab Ungarn am 19. Mai 1992 schließlich eine Deklaration zur Beendigung des Vertrages.[815] Damit endete nicht nur die einstige

807 Zum Vergleich siehe alle Varianten u.a. bei: Galambos, Conflict on the Danube, 186.
808 Vgl. ebd., 188.
809 Vgl. Fitzmaurice, Damming the Danube, 97.
810 Ebd.
811 Vgl. ebd.
812 Ebd., 97f.
813 Die schwierige Position der Tschechen lässt sich an Vaclav Havel veranschaulichen. Als Chartist hatte er das Projekt bereits vor der Transformation offen abgelehnt.
814 Vgl. Galambos, Conflict on the Danube, 192.
815 Vgl. Georg M. Berrisch, Construction and Operation of Variant C of the Gabčíkovo-Nagymaros Project under International Law. Legal Study for the World Wide Fund for Nature

Partnerschaft, aus dem einstigen Projektpartner Ungarn wurde zudem ein vehementer Kritiker der Variante C. »By now, Hungary was belatedly coming to realise that Variant C was a very real threat, which could only be met by combining a tough line with internationalising the dispute.«[816] Mitte des Jahres 1991 brachte Ungarn aufgrund völkerrechtlicher Bedenken den Internationalen Gerichtshof in Den Haag ins Spiel. Im Oktober 1992 einigten sich beide Parteien, den Fall vor den Gerichtshof zu bringen. Im Zentrum des Konflikts stand der Vorwurf Ungarns, der Bau der Variante C (und damit die Umleitung der Donau) verletze die ungarische Souveränität und die territoriale Integrität des Landes.[817]

> »The Slovak side argues that the actual border itself has not been moved north by the diversion of the river into Slovak territory, and hence there has been no violation of the treaties establishing the border between the two countries [...]. In the Hungarian view, the character of the border has been radically altered and of course with it, the rights for example over navigation in that section of the river, as the residual old Danube channel can support no serious navigation.«[818]

Zusätzlich zur Aktivierung des Internationalen Gerichtshofes versuchte Ungarn, gemeinsam mit UmweltschützerInnen internationale Aufmerksamkeit für den Konflikt zu wecken. Der Fall sollte sowohl in der Donaukommission als auch in der Konferenz für Sicherheit und Zusammenarbeit in Europa (KSZE) behandelt werden. Ungarn appellierte auch an den Generalsekretär der Vereinten Nationen Boutros Boutros-Ghali zu intervenieren. In der Sorge um die politische Stabilität Mitteleuropas engagierte sich auch die Europäische Kommission, wenn auch mit Vorsicht, und versuchte zu vermitteln. Im April 1993 konnte unter ihrer Aufsicht immerhin eine provisorische Lösung zur Aufteilung der Wasserressourcen erreicht werden.[819] Die Versuche der Europäischen Gemeinschaft, den zwischenstaatlichen Konflikt zu lösen, zeigen zudem auf, wie sowohl Ungarn als auch die slowakischen Politiker Europa als Bezugsrahmen ihrer Rhetoriken nutzten. Beide Parteien beriefen sich darauf, sich mit ihrem Standpunkt europäisch zu verhalten.

> »It is unfortunate that today the tactics on both sides are determined by declarations that are believed to be either advantageous for the authorities domestically, or advantageous from the point of view of its image in the West. The Hungarian government thinks that the ecological viewpoint it has chosen, and its intent to carry out a modern re-examination of the mistaken decisions, ensures western sympathy and even material help for returning the area to its natural state. The Slovak government, however, thinks

(WWF), Hamburg, Berlin, Brüssel, Dresden, Rostock 1992, 3; siehe ebenso: Fitzmaurice, Damming the Danube, 104.

816 Fitzmaurice, Damming the Danube, 104.

817 Vgl. ebd., 120.

818 Ebd.

819 Vgl. ebd., 104f sowie 111f.

> that the fact that Slovakia is holding to a concluded agreement is such *European* [Hervorhebung im Original] behaviour that the West will somehow respect it, and will even express its support in material terms. Thus, from time to time it is suggested that the questions under debate should be handle by international professional arbiters: however, by ›professional‹ one side means ecologists, while the other has in mind hydraulic builders and lawyers.«[820]

Der Prozess in Den Haag sollte vier Jahre dauern, bis der Gerichtshof 1997 ein Urteil fällte, das keine der beiden Seiten erhofft hatte. Demnach haben beide Nachbarländer internationales Recht verletzt. Ungarn sei schuldig, das bilaterale Abkommen einseitig gekündigt zu haben, der Nachbarstaat wiederum habe sich durch eigenhändige Weiterführung des Projektes ebenso schuldig gemacht.[821] Zwar wurde keine der Parteien zu Straf- oder Entschädigungszahlungen verurteilt, zu einer erhofften nachhaltigen Lösung des Konfliktes kam es dadurch jedoch nicht. Zahlreiche wissenschaftliche Arbeiten beschäftigen sich seit damals mit den juristischen und diplomatischen Aspekten dieses Streits.[822] Aufgrund mangelnder Relevanz für die Betrachtung transnationaler ziviler AkteurInnen soll hier nicht weiter auf diese Gesichtspunkte eingegangen werden. Von größerer Bedeutung war jedoch ein Aspekt, der auch auf politischer Seite in diese Streitigkeiten wesentlich involviert war: Der historisch stark aufgeladene, nationalistische Diskurs spielte eine wesentliche Rolle in der Öffentlichkeit und erreichte schließlich auch die grenzübergreifende Kooperation zwischen den UmweltaktivistInnen. Darüber hinaus verlagerten sich die grenzüberschreitenden Proteste mit dem Baustopp in Ungarn nach Gabčíkovo, wie später noch näher erläutert wird.

5.5 Vorläufer des Protests: Fachkritik gegen GNV

Sowohl in Ungarn als auch in der Tschechoslowakei entwickelte sich das bilaterale Projekt am Vorabend der Transformation im Jahr 1989 zu einem Kristallisationspunkt für SystemkritikerInnen, Oppositionelle und UmweltschützerInnen. Die argumentative Grundlage dieser breiten Mobilisierung basierte allerdings auf bereits bestehenden Kritikpunkten von WissenschaftlerInnen, die von den AktivistInnen genutzt wurden. Laut den Ausführungen des Biologen, Journalisten und Umweltschützers János Vargha, der sich im Protestverlauf zunehmend als Galionsfigur etablierte, bildete die Fachkritik von Wissen-

820 Fleischer, Jaws on the Danube, 440.
821 Vgl. Štanzel, Wasserträume, 123.
822 Berrisch, Construction (1992); Galambos, Conflict on the Danube (1993); Mari Nakamichi, The International Court of Justice Decision Regarding the Gabčíkovo-Nagymaros Project, in: Fordham Environmental Law Review 9 (2017) 2, 337–372.

schaftlerInnen den Nährboden für eine spätere breite Auseinandersetzung mit den GNV-Plänen. Die Ursprünge dieser Kritik lassen sich etwa durch Varghas Artikel, der 1981 in dem sozialwissenschaftlichen Periodikum Valóság [Realität] erschien und in dem er die zu erwartenden Umweltschäden im Fall einer Umsetzung der Bauvorhaben ausführte, zurückverfolgen.[823] Vargha beruft sich in dem Text auf Aussagen des Ingenieurs Emil Mosonyi, der nach dem Zweiten Weltkrieg die ungarische Wasserbehörde leitete und der in einer Studie 1948 die mangelhaften Voraussetzungen Ungarns für die Gewinnung von Energie durch Wasserkraft nachwies.[824] Das mangelnde Potential liege einerseits in dem Fehlen gebirgiger Territorien (vor allem nach den im Trianon-Vertrag von 1920 festgelegten neuen Grenzziehungen), aber auch der limitierten Nutzbarkeit von Flussabschnitten aufgrund von bestehenden Siedlungen und anderen Bedingungen, die die wirtschaftliche Ausbeute merklich reduzieren.[825] Ein Wasserkraftwerksprojekt gemeinsam mit dem Nachbarstaat Tschechoslowakei erschien als notwendige Alternative.[826] Dass das Thema Wasserkraft bereits damals sehr kritisch unter WissenschaftlerInnen gesehen wurde, zeigt auch ein von Vargha zitierter Vortrag des Bauingenieurs László Hellers an der Ungarischen Akademie der Wissenschaften (Magyar Tudományos Akadémia – MTA) im Jahr 1950, in dem er davon spricht, dass die Grenzen der Natur auch den Fachleuten Grenzen auferlegen und eine zu starke Hinwendung in Richtung Wasserkraft die bestehenden Probleme in der Energiegewinnung »nur geringfügig« verringern würde.[827] Im Zentrum dieser Debatten stand das Wasserkraftwerk im Nordosten Ungarns in Tiszalök, einer Stadt an der Theiß. Nach anfänglichen Sorgen um die Einflüsse auf das Grundwasser zogen die Ingenieure den sowjetischen und somit »unparteiischen« Experten L. A. Eliava, Leiter des Wasserkraftwerks in Tiflis, hinzu. Er bestätigte die hydrologische Sinnhaftigkeit des Kraftwerks an der Theiß und verwarf die vorgebrachten Sorgen bezüglich des bedrohten Grundwassers. Bei ebendieser Konferenz war auch von Plänen eines Wasserkraftwerks in Vi-

---

823 Vgl. János Vargha, Egyre távolabb a jótól. Dokumentumok a Gabčíkovo–Nagymarosi Vízlépcsőrendszer történetéből [Weiter und weiter vom Guten entfernt. Dokumente aus der Geschichte des Gabcikovo-Nagymaros-Staudammsystems], in: Valóság 24 (1981) 11, 1–23; siehe auch: Emil Mosonyi, Magyarország elméleti vízerőkészlete [Theoretische Wasserkraftressourcen Ungarns], in: Magyar Technika, (1946) 5, 165–166.

824 Anzumerken ist jedoch, dass Mosonyi Zeit seines Lebens und langer Karriere ein klarer Verfechter der Wasserkraftnutzung war. Er hatte sich – András Sezkfü zufolge – in Medienberichten immer wieder als Befürworter von GNV geäußert und kritisierte die Proteste des Duna Kör. Vgl. Interview der Verf. mit A. Szekfü (c), Online, 2021.

825 Vgl. Vargha, Egyre távolabb a jótól (1981).

826 Vgl. Baló/Lipovecz, Tények könyve [Buch der Tatsachen].

827 Vargha, Egyre távolabb a jótól (1981). Vgl. auch: László Heller, Energiagazdálkodásunk időszerű kérdései [Aktuelle Fragen unseres Energiemangements], in: MTA Műszaki Tudományok Osztályának Közleményei, 1 (1951) 1, 473.

segrád sowie eines bei der großen Schüttinsel Csallóköz die Rede.[828] Drei Jahre später, 1954, wurde der Tiszalök-Damm eingeweiht. Mosonyi, korrespondierendes Mitglied der MTA, wurde mit der Roten Fahne des Verdienstordens ausgezeichnet. Die Rhetorik der damaligen Zeit zeigt den hohen Stellenwert von Wasserkraftwerken für die machtpolitische Darstellung im internationalen Vergleich:

»The Tiszalök Barrage is a country's artwork that we can safely refer to when we consider the degree of our technical culture. However, it is the case that while our works were at the forefront of water works, once in Széchenyi's and Vásárhely's works, now - despite Tiszalök - we are just not among the latest ones. Worldwide, gigantic construction of water-exploitation is taking place at a huge pace. Even though we are not talking about the biggest ones here - in the USSR Volga and Angara, in the United States and Canada, the St Lawrence River, Kemano, the Bersimis-Lac Casse hydroelectric power plants - we are still lagging behind in our immediate neighborhood.«[829]

Obwohl die Tschechoslowakei und Ungarn in den 1950er Jahren ein Abkommen über die gemeinsame Nutzung des Donauabschnittes unterzeichneten, gab es verschiedene Ansichten unter den ungarischen Fachleuten, wie hoch das Potential der Energiegewinnung in diesem Abschnitt ist. So sprach bei der Generalversammlung der Ungarischen Hydrologischen Gesellschaft im Dezember 1958 deren Generalsekretär Dénes Bözsön von getaner Arbeit und lediglich von der Klärung kleinerer Details. István György von der Wasserplanungsfirma Vízügyi Tevrvező Vállalat - VÍZITERV hingegen schlug einen breiten Austausch von Erfahrungen vor - mit Einbeziehung ausländischer Experten.[830] Im kommenden Jahr reiste eine Delegation nach Frankreich, um sich über die Erfahrungen entlang des Rheins auszutauschen. 1962 und 1979 folgten weitere Reisen nach Westdeutschland. Dazwischen, im Jahr 1977, unterzeichneten die beiden Länder wie bereits erwähnt das bilaterale Abkommen zu GNV.[831] Inzwischen

828 Vgl. Janos Vargha, Vízerő és politika, A hágai döntés, Budapest 1997, 221–287.

829 Vargha, »Egyre távolabb a jótól« (1981) zitiert aus: Gyula Jolánkai, »A Tisza-völgy északi része vízhiányának pótlása a Dunából átvezetett víz dombvidéki tározásával [Ausgleich des Wassermangels im nördlichen Teil des Theiß-Tals durch die hügelige Speicherung von Wasser aus der Donau]«, Vízügyi Közlöny 1, Nr. 3 (1957): 3–21. Zitat im Original: »A tiszalöki vízlépcső országunk olyan vízi műtárgya, amelyre műszaki kultúránk fokának mérlegelése alkalmával bátran hivatkozhatunk. Ennek ellenére az a helyzet, hogy míg egykor Széchenyi és Vásárhelyi alkotásai révén országunk a vízi munkálatok tekintetében az élen járt, most – Tiszalök ellenére – éppen csak, hogy az utolsók között nem vagyunk. Az egész világon ugyanis hatalmas lendülettel folynak a víz–hasznosítás gigantikus méretű építkezései. Még ha nem is beszélünk itt a legnagyobbakról – a Szovjetunióban a Volga és Angara, az Amerikai Egyesült Államokban és Kanadában a Szent Lőrinc folyó, a Kemano, a Bersimis–Lac Casse vízerőkihasználási terveiről –, még a közvetlen szomszédságunkban folyó vízépítkezésekhez képest is erősen lemaradtunk.«

830 Vgl. Vargha, Egyre távolabb a jótól (1981).

831 Vgl. u.a.: Baló/Lipovecz, Tények könyve [Buch der Tatsachen].

hatten sich zwar nicht die Pläne für das Staustufensystem, aber die Verteilung der Kosten geändert: Wurde 1962 noch von 90 Prozent für Energienutzung und 10 Prozent für andere Nutzungen, vorwiegend der Schifffahrt, ausgegangen, reduzierten die Planer den Energie-Anteil auf 60 Prozent, erhöhten die Schifffahrt auf 16 Prozent und kalkulierten 11 Prozent für das Wassermanagement und 13 Prozent für Sonstiges (wie etwa Infrastruktur).[832] Ein Ausschuss der MTA untersuchte das Projektvorhaben und lieferte 1983 einen Bericht, in dem von der Umsetzung der Pläne abgeraten bzw. dessen Einstellung gefordert wurde.[833] Die Samisdat-Zeitschrift *Beszélő* [Sprecher] veröffentlichte 1985 das Protokoll einer Sitzung im Amt des ehemaligen stellvertretenden Ministerpräsidenten Ernő Gerő (1952–1954). Darin zeigt sich, dass bereits in der Planungsphase der 1950er Jahre Kritik zu den Umweltschäden des Projektes geäußert wurde.[834] Laut Hubertus Knabe habe auch das OKTH Kritik geübt, vor Umweltschäden gewarnt und eine Umweltfolgen-Untersuchung gefordert.[835] »Auch das Landesamt für Umwelt- und Naturschutz (OKTH) rügte die Vernachlässigung möglicher negativer Folgen für die natürliche Umwelt und verlangte die Anfertigung einer Umweltfolgen-Untersuchung.«[836] Kurze Zeit später erschien ein Artikel von Vargha – dieses Mal jedoch unter dem Pseudonym Péter Kien. Darin machte er die bis dahin geheime Kritik des Komitees der MTA öffentlich.[837]

> »Dem Staatsvertrag zufolge führen die beiden Staaten die Bauarbeiten zur Hälfte und zur Hälfte der Baukosten aus und teilen sich mit durchschnittlich 3,6 Milliarden Kilowatt jährlich die gleiche Strommenge. Infolge der Stauung entsteht zwischen Nagymaros und Bratislava ein Fahrwasser von mindestens 3,5 Metern Tiefe und 180 Metern Breite. Zwischen Dunakiliti und Szap nimmt der Hochwasserstand der Fluten erheblich ab, da die Strömung zwischen dem ›verlassenen‹ Bett und dem Seitenkanal aufgeteilt wird.«[838]

Vargha sprach in dem Artikel auch die Probleme des Trinkwassers an. Hier nahm er neben Ungarn auch die Tschechoslowakei in die Pflicht, indem er wie folgt schrieb:

832 Vgl. János Vargha, Egyre távolabb a jótól (1981).
833 Vgl. Knabe, Umweltkonflikte, 187.
834 Vgl. ebd.
835 Vgl. ebd.
836 Ebd., 197.
837 Vgl. Péter Kien, A Nagy Szlovák Csatorna [Der Große Slowakische Kanal], in: Beszélő 1 (1984) 9, 1–17.
838 Ebd. Zitat im Original: »Az államszerződés szerint a két állam fele-fele arányban végzi az építési munkákat, illetve vállalja az építési költségeket, és ugyanilyen arányban részesedik az évente átlagosan 3,6 milliárd kilowattóra villamos energiából. A duzzasztás következtében Nagymaros és Pozsony között legalább 3,5 méter mély és 180 méter széles hajóút jön létre. Dunakiliti és Szap között pedig lényegesen csökken az árvizek tetőzési szinte, mert a vízhozam megoszlik az »elhagyott« meder és az oldalcsatorna között.«

»Um das richtige Ergebnis zu erzielen, wären jedoch ähnliche Schritte entlang der stromaufwärts gelegenen Abschnitte der Donau und entlang mehrerer Nebenflüsse, hauptsächlich in der Tschechoslowakei, erforderlich. Angesichts der gegenwärtigen internationalen Praxis und nicht zuletzt aufgrund der weltwirtschaftlichen Situation erscheint dies einfach undenkbar. (Es sollte hinzugefügt werden, dass Ungarn der Reinheit der aus seinen Grenzen fließenden Gewässer nicht genügend Aufmerksamkeit schenkt).«[839]

Berichte der ungarischen Geheimpolizei geben Aufschluss darüber, dass versucht wurde, die Veröffentlichung von Fachkritik zu verhindern.[840] Blicken wir stromaufwärts nach Bratislava, zeigen vor allem Recherchen des deutschen Historikers Arnost Štanzel, dass Fragen der Umwelteinflüsse bereits in der Planungsphase der 1950er und 1960er Jahre von Wissenschaftlern offen diskutiert wurden. Es ist nicht zuletzt den steigenden Kosten des Dammbaus unter Berücksichtigung von Naturbedingungen geschuldet, dass sich der Bau von Donaukraftwerken in der Tschechoslowakei um Jahrzehnte verzögerte. »Je länger sich das Regime bzw. die beauftragten Wissenschaftlerinnen und Wissenschaftler mit dem Aspekt Natur beschäftigten, desto komplizierter wurde das ganze Projekt und verzögerte sich mehr und mehr.«[841] So machten sich ForscherInnen der Kommission für Wasserwirtschaft, auf deren Empfehlungen die Entscheidungen des Zentralkomitees in Prag basierten, 1966 in einem Bericht zu ihren Forschungsaufgaben über die Folgen für die Auenwälder, das Grundwasser sowie die Geologie des Fundaments Gedanken.[842] »Die dort genannten Punkte zeigen, dass bereits in der Frühphase der Projektplanung jene Sachverhalte bekannt waren, die später zu den umstrittensten zählten: der Einfluss der Umleitung der Donau auf die Biologie, das Mikroklima und die landwirtschaftliche Produktion in der unmittelbaren Nähe der Donau, aber auch im weiteren Umfeld auf dem Žitný ostrov.«[843] Nichtsdestotrotz wurden Bedenken zu den Umweltauswirkungen des Staudammes lediglich mit volkswirtschaftlichen Konsequenzen, etwa für die Holzwirtschaft, verbunden.[844] Besonders hoch war die Sorge um das Grundwasser. Štanzel weist hierbei auf die starke Abhängigkeit der

839 Ebd. Zitat im Original: »A megfelelő eredmény eléréséhez azonban hasonló lépésekre volna szükség a Duna feljebb eső szakaszai, valamint számos, főleg csehszlovákiai mellékfolyója mentén. A jelenlegi nemzetközi gyakorlatot és nem utolsósorban a világgazdasági helyzetet tekintve ez egyszerűen elképzelhetetlennek látszik. (Hozzá kell tenni, hogy Magyarország sem fordít elegendő gondot a határain kifolyó vizek tisztaságára.)«

840 Vgl. ein Bericht über eine geplante Veröffentlichung zum Fall GNV seitens des Toxikologen Lájos György sowie des Architekten László Vít: ÁBTL 2.7.1. NOIJ – III/3-2/1/1985.I.14 (23.10.1985).

841 Štanzel, Wasserträume, 139.

842 Vgl. ebd., 135.

843 Ebd., 136.

844 Vgl. ebd., 135.

kommunistischen Entscheidungsträger von Fachexperten hin.[845] Die Folge waren Verzögerungen und eine starke Unsicherheit. »It is remarkable that in the same year [1984], the Hungarian Architects' Association took a position at its general meeting calling for reconsideration of the barrage system, and the Budapest City Builders' Association and the Communist Youth League committee of the Eotvos Lorand University's Humanities Faculty also made an appeal.«[846] Die Schwierigkeit der wirtschaftlichen Bewertung nach der Transformation wurde 1994 vom ungarischen Zentrum für Umweltstudien in einer Studie veranschaulicht. Dennoch kommen die AutorInnen dieser zum Schluss:

> »In Anbetracht der vorstehenden Ausführungen wird festgestellt, dass (1) die Investition bereits am Anfang nicht rentabel war, auch nicht in Kenntnis der damaligen Informationen; (2) die Kündigung der Investition war nicht nur aus den oben genannten Gründen gerechtfertigt, sondern auch, weil die wirtschaftlichen Argumente des ursprünglichen Investitionsplans aufgrund der zwischenzeitlich erkennbaren Erkenntnisse unhaltbar sind.«[847]

Im Rückblick beurteilen ExpertInnen die ökologischen Auswirkungen des schließlich stark abgeänderten Kraftwerkprojektes mehrheitlich negativ.

> »Schon wenige Jahre nach dem Kraftwerksbau wurden die Folgen dieses Eingriffes sichtbar: Dynamische Umlagerungsprozesse kamen zum Erliegen und dicke Schichten an Feinsedimenten lagerten sich auf den Kiesbänken ab, die bald von Gehölzen besiedelt wurden. Der aquatische Lebensraum wurde dadurch um rund 40 % verringert [...]. All diese Veränderungen wirkten sich sehr negativ auf die gesamte Fauna und Flora der Donau-Auen aus. Besonders beeinträchtigt wurde auch die Fischfauna [...].«[848]

Die Bewertung des Kraftwerks hinsichtlich seiner Umweltverträglichkeit steht allerdings nicht im Fokus der vorliegenden Arbeit. Denn unabhängig davon, ob die Kritik der GNV-GegnerInnen vollends begründet war, bildete der Fall die Grundlage für transnationalen Protest. Doch unter welchen gesellschaftlichen Bedingungen bildeten sich in Österreich, der Tschechoslowakei und in Ungarn Nährböden für Umweltbewegungen? Welche politischen Reaktionen riefen diese

845 Vgl. ebd., 140. Zitat im Orginal: »A fentiek alapján beláthatónak tekintjük azt, hogy (1) már a beruházás beindítása sem volt bizonyíthatóan gazdaságos még az akkori adott eszközök ismeretében sem; és (2) a beruházás leállítása nemcsak a fenti ok miatt volt indokolt, hanem azért is, mert az időközben nyilvánvalóvá vált ismeretek miatt tarthatatlan az eredeti beruházási terv minden gazdasági érvelése.«

846 Fleischer, Jaws on the Danube, 433.

847 Sándor Kerekes/József Kindler/Miklós Koloszár/Péter Sándor/László Zsolnai/Mária Csutora, Árpád Baranyai/Eszter Kovács, A Bős-Nagymarosi Vízlépcsővel Kapcsolatos Gazdasági Megfontolások Elemzése [Ökonomische Evaluation des Bös-Nagymaros-Projekts] (Budapest 1994), 10, URL: https://core.ac.uk/download/pdf/12355476.pdf (abgerufen 22.1.2021).

848 Mathias Jungwirth/Gertrud Haidvogl/Severin Hohensinner/Herwig Waidbacher/Gerald Zauner, Österreichs Donau: Landschaft – Fisch – Geschichte, Wien 2014, 76.

hervor? Inwiefern bildeten Formen der nachbarschaftlichen Spannung und Entspannung politische Gelegenheitsstrukturen zur Grenzüberschreitung? Und welche Rolle spielten die wirtschaftlichen Ost-West-Beziehungen für den Fall GNV? Inwiefern die politischen, wirtschaftlichen und sozialen Kontexte der 1970er und 1980er Jahre auf die Grenzüberschreitung der Proteste gegen das Staustufenprojekt wirkten, soll im folgenden Kapitel näher betrachtet werden.

5.6 Kristallisationspunkt: Duna Kör

Mit Bekanntwerden der GNV-Staustufenpläne formierte sich Anfang der 1980er Jahre Widerstand in Ungarn, welcher in den Folgejahren als »Donaubewegung« Bekanntheit erlangen sollte. Wie bereits erwähnt gilt der Biologe János Vargha als zentrale Figur der Bewegung. Vargha arbeitete zuvor in einem biologischen Forschungsinstitut der Ungarischen Akademie der Wissenschaften in Szeged. Seinen Angaben zufolge reichte die Einzimmerwohnung in Szeged für die Familie – Vargha und seine Frau hatten zwei Kinder – nicht mehr aus. Sie entschieden sich für einen Umzug in ein renovierungsbedürftiges Haus in Pilisborosjenő, einer kleinen Gemeinde im Komitat Pest, und Vargha nahm einen Job als Journalist bei der ökologischen Monatszeitschrift *Búvár* [Taucher] an.[849] Im Zuge seiner Recherchen kam er Ende der 1970er Jahre mit den Bauplänen zu GNV in Kontakt:

> »I left the Academy and I started to work as a journalist in an environmental magazine. [...] This was an environmental magazine and at my first interview for my first report I learned about the problems of the Danube. The report was about the city Vác [...] near to the Danube bank. And the people with whom I made interviews with just mentioned that there will be a big dam nearby and they don't know what will happen as an impact of this damn. So I made some interviews and I wrote a paper for the magazine about the Danube problem.«[850]

Nachdem erste Publikationsversuche zu dem Thema scheiterten, gelang es Vargha im November 1981 einen Artikel in der wissenschaftlichen Monatszeitschrift *Valóság* [Wirklichkeit] zu veröffentlichen. Darin setzte er die Kraftwerkspläne in einen historischen Kontext und warf ökologische Fragen im Zusammenhang mit GNV auf. Es sollte nicht bei diesem einen kritischen Beitrag bleiben. In den Folgejahren publizierte er zahlreiche Artikel, u.a. auch im Samisdat, und gab Vorträge zum Thema.[851] Seine Position als Biologe mit einem

849 Fleischer, Jaws on the Danube (1993).

850 Interview der Verfasserin mit János Vargha, Budapest, am 4.8.2017, Sprache: Englisch, Audioaufzeichnung im Besitz der Verfasserin, Tonqualität mittelmäßig.

851 János Vargha, Egyre távolabb a jótól (1981).

Abschluss der József Attila Universität in Szeged ermöglichte es ihm, sich als »Experte« in der Öffentlichkeit zu äußern und Zugang zu Publikationsmöglichkeiten zu erlangen. Mit der Kritik an dem Projekt war Vargha jedoch nicht allein. »You have to know that I am not the first person who criticised this project, but most of these critics were not published. There was critique behind the curtains.«[852] Mit dieser Äußerung bezieht sich Vargha auf die bereits dargestellte Fachkritik innerhalb Ungarns und die unterschiedlichen Debatten zur hydrologischen Nutzung ungarischer Flüsse. Bis die Fachkritik vor den Vorhang geholt wurde und das Thema GNV Einzug in die Medien der Gegenöffentlichkeit (Samisdat) und der kritischen Zirkel hielt und darauffolgend auch in die ungarische Öffentlichkeit vordrang, vergingen mehrere Jahre. 1982 wurde eine Expertenkommission ernannt, die das Projekt evaluieren sollte. Zu den Beteiligten zählten VertreterInnen der Ungarischen Akademie der Wissenschaften (Magyar Tudományos Akadémia – MTA) sowie des Nationalen Komitees für technische Entwicklung (Országos Műszaki Fejlesztési Bizottság – OMFB), welche beide dem Ministerrat bei Entscheidungen zu Forschungs- und Entwicklungsfragen beratend zur Seite standen. Auch Vargha erhielt trotz seiner kritischen Haltung einen Platz in der Kommission. Die daraus entstehenden Kontakte zu Behörden und ExpertInnen sollten ihm später bei den Protesten gegen GNV von Nutzen sein. Als Ungarn im Jahr 1983 die Verhandlungen mit Österreich zur Finanzierung des ungarischen Bauabschnittes aufnahm, wurde Vargha von der Wirtschaftstageszeitung *Heti Világgazdaság – hvg* [Weltwirtschaftswoche] angefragt, diese Entscheidung zu kommentieren.

> »I knew most of the people even in the water management. When I started this project [the comment for HVG, Anm. der Verf.], I did an interview with a hydro engineer in the water management […] and I tried to make [other] interviews […] [with] the MTA members and experts who criticized the project. There was only one person who was ready to give his name, and that was Károly Perczel. […] So I wrote the article and quoted him.«[853]

Infolgedessen wurde Vargha am 27. Januar 1984 zu einer Diskussionsrunde der dissidentischen RAKPART-Klubs[854] eingeladen, um gemeinsam mit Zuständigen der verantwortlichen Wasserbehörde über GNV zu diskutieren. Vargha zufolge erhielten die Veranstalter in letzter Minute eine Absage seitens des eingeladenen Vertreters des Nationalen Büros für Wassermanagement. Es wäre jetzt nicht die Zeit, um über dieses Thema zu diskutieren, so die Behörde. Mihály Horváth, der

852 Interview der Verfasserin mit János Vargha, Budapest 2017.

853 Ebd.

854 Die Gruppe »Rakpart-Klub« [Kai-Klub] hielt ihre Treffen im Gebäude der Patriotischen Volksfront (Hazafias Népfront – HNF) in Budapest ab. Die Veranstaltung zu GNV hätte aber bei der Vereinigung Ungarischer AutorInnen stattfinden sollen.

damalige Kopf des Klubs habe die Veranstaltung, da sie schon beworben wurde, trotzdem durchziehen wollen, so Vargha.[855]

> »They started to read out the [cancellation] letter. And I said, okay we cannot discuss [the topic of GNV], so we close the meeting, but if we are [already sitting] together, why not discuss our common problems, for example the Danube river. And there is an expert called János Vargha who is ready to speak about it. István Molnár and György Habel had also remarks and somebody suggested – I don't remember the name – that we have discussed enough, but we have to do something.«[856]

Im Anschluss an die Statements, die laut Vargha von 50–70 Personen mitverfolgt wurden, wechselten ein paar von ihnen in die Privatwohnung des Ökonomen Ferenc Langmár, wo sie gemeinsam überlegten, welche Schritte sie gegen das Kraftwerkprojekt setzen könnten.[857]

> »Afterwards, a few of the audience stayed behind, and they decided to initiate a movement, an educational and signature-collecting campaign to call attention to the dangers of the barrage. This moment can be considered the birth of the Danube movement (Sólyom, 1985; 1986).«[858]

Ohne legale Grundlage, aber mit der Absicht gegen die Staudammpläne aktiv zu werden und die Öffentlichkeit zu informieren, gründeten sie das Donau-Komitee. Westliche BeobacherInnen bezeichneten den Kreis als erste unabhängige Umweltprotest-Gruppe im damals kommunistischen Ostblock[859], die sich zur »größte[n] osteuropäische[n] Bürgerinitiative«[860] entwickeln sollte. *Der Spiegel* berichtete im Gründungsjahr: »Der grüne Appell ist ein Novum im Ostblock: Nie zuvor haben sich dort ähnlich viele Untertanen öffentlich und furchtlos gegen ein einzelnes Vorhaben ihrer Regierung gestellt.«[861] Als zentrale AkteurInnen der ersten Stunde nennt Vargha[862] die Ingenieure György Hábel[863], István Molnár, János Tóth und den Architekten und Urbanisten Károly Perczel, dessen Tochter

---

855 Siehe zur Veranstaltungsabsage auch: Fleischer, Jaws on the Danube, 433.

856 Ebd.

857 Interview der Verfasserin mit J. Vargha, Budapest 2017.

858 Fleischer, Jaws on the Danube, 433. Mit Verweis auf: László Sólyom, A társadalom részvétele a környezetvédelemben, in: Medvetánc (1985) 4, 217–242.

859 Vgl. etwa die Begründung der Jury zur Verleihung: Janos Vargha, Duna Kör (1985, Hungary), URL: https://rightlivelihood.org/the-change-makers/find-a-laureate/janos-vargha-duna-kr/ (abgerufen 2.9.2022).

860 Knabe, Umweltkonflikte, 193.

861 N.N., Kippen und Schwellen, in: Der Spiegel, (1984) 51, 122–123, 122.

862 Auch András Szekfü erwähnte im Interview mit der Verfasserin Molnár und Hábel als wichtige Unterstützer des Duna Kör.

863 Gy. Hábel wird in ÁBTL-Berichten als Übersetzer westlicher Artikel zum Duna Kör genannt. Vgl. ÁBTL 2.7.1. NOIJ – III/3-2/1/1985.I.14

Anna beim Treffen in Langmárs Wohnung ebenso dabei war.[864] In den folgenden Wochen und Monaten organisierte die Gruppe mehrere öffentliche Debatten. »The first and biggest one was at the Technical University, in the college in the 11th district. For the first time also hydrologic engineers and builders had to take part on this. Probably that was a higher decision. There were 3 or 4 persons including me from the side of environmentalists.«[865] Auch an der Technischen und Wirtschaftswissenschaftlichen Universität (Budapesti Műszaki és Gazdaságtudományi Egyetem – BME) wurde debattiert, allerdings nur unter der Auflage die Veranstaltung nicht visuell aufzuzeichnen.

> »The rector of the university prohibited to video record the debate. This was the first event Ádám Csillág came with an operator and a tape recorder. So they were not allowed to turn on the camera, but they recorded the sound. This was when Ádám Csillág was first involved in the matters. Anna Perczel invited him. He was a member of an initiative of young film-makers, Balázs Béla Filmmakers who had a small amount of money to follow the story. The Dunaszaurus was the title of my first published article in the weekly. The title of my article was ›Vizlepcső vagy Dunaszaurus‹?«[866]

Zu jener Zeit standen hinter der Kritik der KraftwerksgegnerInnen klar ökologische Beweggründe. Neben den zu erwartenden Umweltschäden für Flora und Fauna im Zuge des Baus, welcher sich über nahezu 200 Kilometer erstrecken würde, befürchteten die UmweltschützerInnen durch den geplanten Seitenkanal enorme Verschiebungen des Grundwasserspiegels. Die Umleitung des Flusswassers würde die unterirdischen Trinkwasserreserven der ungarischen Hauptstadt gefährden. Im ursprünglichen Flussbett der Donau würde der Wasserentzug zur Austrocknung des Gebietes führen, so das Szenario der KritikerInnen. »Das Staustufensystem zerstöre nicht nur wertvolle Ackerflächen, sondern auch rund 10 000 Hektar Auwald. Das Stauwerk bei Nagymaros wäre auch wirtschaftlich unrentabel und zerschneide eine der schönsten und historisch wertvollsten Landschaften Ungarns.«[867] Neben der Organisation von Diskussionsveranstaltungen zählten auch Petitionen zu einem zentralen Mittel der Protestgruppe. Judit Vásárhelyi, ebenfalls eine zentrale Akteurin in den ersten Jahren

864 J. Vargha wies im Gespräch mit der Verfasserin darauf hin, dass er keine Namen von lebenden MitstreiterInnen nennen wolle, um Persönlichkeitsrechte zu schützen. »There are other people who still live and I am not talking about them. You have to know that we were under the control of the secret police. There were participants of the movement who were reporting to the Secret Police, but I don't reveal who they were. Some of them admitted it openly. Some denied it afterwards.« Interview der Verfasserin mit J. Vargha, Budapest 2017. Ähnliche Bedenken konnte die Verfasserin bei anderen Interviews mit ungarischen ZeitzeugInnen erleben.

865 Interview der Verfasserin mit J. Vargha, Budapest 2017.

866 Ebd.

867 Knabe, Umweltkonflikte, 187.

der Bewegung[868], erinnert sich später an die Gründung des Donaukomitees wie folgt:

»It was a spontaneous, professionally heterogeneous group feeling more and more responsibility for the complicated set of issues involved. The rationale behind the petition became increasingly known, and satisfied the huge demand for information. Now, professional debates gained wider publicity: articles, lectures, and panel fora followed each other, and new underground channels were used to make the public understand the irreversibility of certain processes.«[869]

Die Gruppe wählte ihr Protestrepertoire mit Bedacht. Den AnhängerInnen war bewusst, dass die Staatspolizei ihre Aktivitäten beobachtete. Auch Infiltrationen durch AgentInnen wurden nicht ausgeschlossen.

»The SCD initiated a collection of subscriptions under a letter to the Presidential Council of HU to suspend construction first of all in order to protect the clear potable water reservoir for and under the two countries. Collection of signatures for the petition became popular. To sign the petition needed less and less courage. The SCD also intended to establish a civic organization protecting the landscape of the Danube but no application among several received permission, or even an answer. Along with this obstruction by the authorities, meetings of the SCD and others were closely observed by the secret police.«[870]

Die Akten aus dem Historischen Archiv der Staatssicherheitsdienste (Állambiztonsági Szolgálatok Történeti Levéltára Budapest – ÁBTL) wie auch die Reports des US-Nachrichtendienstes (CIA) zeigen, dass sie mit dieser Einschätzung Recht behielten. Ein CIA-Report aus dem Jahr 1986 erwähnt die Proteste gegen GNV: »There also exists a loose collection of environmentalists who oppose the construction of a hydroelectric power plant on the Danube and the Gabčíkovo-Nagymaros Dam, as well as social activists who have set up an organization to protect the interests of the poor.«[871] Vásárhelyis Erinnerungen an Protestakti-

868 Judit Vásárhelyi war eine Mitbegründerin des Duna Kör, engagierte sich jedoch ab 1986 zunehmend in dem 1984 gegründeten gemeinsamen Komitee der Soros Stiftung und der MTA. Später begründete sie das US-finanzierte »Unabhängige Ökologische Büro« in Budapest und blieb auch nach 1989/90 im Umweltschutz tätig. Vgl. Soros évkönyv 1988, URL: http://www.kka.hu/_Kozossegi_Adattar/Azadatt.nsf/99b0698cd023d1018525670c0080e328/d0c87c335e3a052dc12571aa00414568/$FILE/Soros évkönyv 1988.pdf (abgerufen 12.1.2021); vgl. ebenso: Feffer, Toward Local Resilience, 2014.

869 Judit Vásárhelyi, The Anatomy of the Slovak-Hungarian Underground Protection of the Danube in the Eighties, in: Osamu Ieda (Hg.), Transboundary Symbiosis over the Danube: EU integration between Slovakia and Hungary from a local border perspective, 27. Aufl., Sapporo 2014, 127–133, hier: 129f.

870 Ebd., Anmerkung: Die Abkürzung SCD steht hier für das »Social Committee for the Danube«, welches an anderer Stelle auch nur »Donau-Komitee« genannt wird.

871 George Kolt, The Waning of the Kadar Era, Director of Central Intelligence, Hungary, National Intelligence Estimate, CIA-RDP90T00155R000900120002-0, 1986, URL: https://www.cia.gov/readingroom/docs/CIA-RDP87R00529R000100050032-4.pdf (abgerufen 20.08.2022). Anmer-

vitäten in der Tschechoslowakei zeigen zudem auf, wie lose die Kontakte der AktivitstInnen zwischen den beiden an GNV beteiligten Ländern blieben.

> »Research should be conducted to know more about the early elements of this protest movement for the Danube in both contemporary Czechoslovakia and Hungary. As far as we remember, Slovak scientists wrote brave articles in periodicals and in not widely read quarterlies against the development project earlier than anything published on the issue in Hungary. In the Czechoslovakia's Charta 77 in 1977, the state authorities were approached to re-examine the project.«[872]

Die Debatten des Donau-Komitees nahmen im April 1984 ein vorzeitiges Ende. Ein staatliches Informationsverbot zum Staustufensystem hinderte die Gruppe bis zum August 1985 daran, weitere Einladungen von diversen Studierendenklubs an den Budapester Universitäten und Instituten anzunehmen.[873] Tamás Fleischer zufolge – selbst ein Zeitzeuge und Sympathisant der Bewegung – wollte die Gruppe ursprünglich den Bau mit legalen Mitteln und Petitionen verhindern, daher versuchten die AktivistInnen das Komitee durch die Gründung eines Vereins zu legalisieren.

> »These tactics forced the authorities to decide that they could not pretend to be well-meaning and misled anymore. It is true, too, that for other reasons as well they were inclined to a tougher stance. Successfully surviving the beginning of the 1980s (avoiding the balance of payments crisis that threatened) made the holders of power conceited, and in preparation for their new party congress those who felt they had given too wide a sway to more liberal economic policies gained the upper hand. It was time to tighten the reins. But the mid-1980s cannot be compared with the situation 10 years earlier: just as Gorbachev's Soviet Union did not have the same harsh authority as Brezhnev's, the intended hard line turned out to be softer than planned.«[874]

In dem damaligen Präsidenten des Landesamtes für Umwelt- und Naturschutz (OKTH), György Gonda, fanden die KraftwerksgegnerInnen eine Ansprechperson, welche den Kraftwerksplänen ebenso kritisch gegenüberstand. Trotz mehrfacher Gespräche und Versuche mit dem OKTH und dem damaligen Generalsekretär der Patriotischen Volksfront (Hazafias Népfront – HNF), Imre Pozsgay, scheiterte das Vorhaben, eine Erlaubnis zur Gründung eines Vereins »zum Schutz der Donaulandschaft« (Országos Duna-tájvédelmi Egyesület) zu erreichen.[875] Spätestens mit der Pensionierung Gondas und der darauffolgenden Umstrukturierung des OKTH

kung: Gemeint ist neben den UmweltaktivistInnen die soziale Initiative SZETA, die sich vor allem unter Federführung von Ottilia Solt um die Bedürfnisse von Armen kümmerte.

872 Vásárhelyi, Anatomy, 129.

873 Vgl. Knabe, Umweltkonflikte, 188.

874 Fleischer, Jaws on the Danube, 434.

875 Vgl. auch: Sándor Szilágyi, A környezetvédelem: Politika. Interjú Szekeres László fotografikussal, a szeptember 12-i tüntetés egyik szervezőjéve, Beszélő 1 (1988) 26, URL: http://beszelo.c3.hu/cikkek/a-kornyezetvedelem-politika (abgerufen 12.1.2021).

war die Vereinsgründung zu einem unerreichbaren Ziel geworden. Die Initiative verzichtete daraufhin auf weitere Versuche der Legalisierung und gründete die Gruppe *Független Duna Kör* [Unabhängiger Donau-Kreis], oft auch nur *Duna Kör* genannt.[876]

Innerhalb weniger Jahre entwickelte sich aus vereinzelten StaudammgegnerInnen eine Single-Issue-Bewegung, die wenige Jahre später zum Kristallisationspunkt für oppositionelle DenkerInnen fungierte und Massen auf die Straßen Budapests brachte.[877] Eine 1984 initiierte Unterschriftenaktion zählte zu den ersten größeren Mobilisierungsformen jener Jahre. Den AktivistInnen war es gelungen, bis zum November 1984 etwa 10.000 UngarInnen zu überzeugen, sich offen gegen das Staustufenprojekt auszusprechen.[878] Inhalt der Petition war ein Brief an die ungarische Nationalversammlung und die Regierung der Ungarischen Volksrepublik. Hubertus Knabe übertrug den Wortlaut des Briefes ins Deutsche:

> »Das Staustufensystem würde die Trinkwasserversorgung des Landes, die Land- und Forstwirtschaft und das Siedlungsnetz schwer schädigen. Es würde nicht wiedergutzumachende Schäden an der landwirtschaftlichen und natürlichen Umwelt des Csallóköz, des Szigetköz und des Donauknies verursachen. Durch die Produktion von Elektroenergie und die Verbesserung des Schifffahrtsweges in der geplanten Weise würden die Schäden die greifbaren Vorteile aus der Aufstauung und Umlenkung der Donau in einen Seitenkanal unangemessen übersteigen. Aus dieser Überlegung heraus halten wir für lebenswichtig
> 1. den Stop des Baus des Staustufensystems, auch zum Preis der Aufkündigung des zwischenstaatichen Vertrages;
> 2. Die Ausarbeitung von Plänen zur Regelung des gemeinsamen Donauabschnittes, die die ökologische, gesellschaftliche und wirtschaftliche Rolle des Stroms beachten, vor allem die Trinkwasserversorgung der Bewohner der beiden Länder.
> Es ist unsere Überzeugung, daß nur dieses den gemeinsamen Interessen der an der Donau leben [sic!] Völker dient.
> (Nachtrag: Bringen Sie die Vorstellungen zur Entwicklung der Donau an die Öffentlichkeit und lassen Sie sie zur Diskussion zu!)«[879]

Zu den ErstunterzeichnerInnen der Petition zählten vor allem WissenschaftlerInnen, SchriftstellerInnen, KünstlerInnen und Fachleute.[880] Ihre darin geäu-

876 Interview der Verfasserin mit J. Vargha, Budapest 2017.

877 Vgl. Aron Buzogány, Representation and Participation in Movements. Strategies of Environmental Civil Society Organizations in Hungary, in: Südosteuropa 63 (2015) 3, 491–514, hier: 499.

878 Hierbei handelt es sich um eine Schätzung des Autors. Knabe zufolge seien Unterschriftenlisten bei einer »feuerpolizeilichen Kontrolle ›verschwunden‹«, andere beschlagnahmt und wieder andere zu spät abgegeben worden. Insgesamt wurden 6068 Unterschriften im November 1984 eingereicht. Vgl. Knabe, Umweltkonflikte im Sozialismus: Möglichkeiten und Grenzen gesellschaftlicher Problemartikulation in sozialistischen Systemen, 189.

879 Ebd., 188f. Zitiert aus: An die Nationalversammlung und die Regierung der Ungarischen Volksrepublik!, in: Vízjel, 2. 10. 1986.

880 Vgl. Knabe, Umweltkonflikte, 187.

ßerte Kritik zielte vor allem auf die Verhältnismäßigkeit der zu erwartenden Vorteile des Kraftwerks gegenüber den befürchteten Umweltschäden ab.[881] Die AktivistInnen forderten von den politischen EntscheidungsträgerInnen nicht nur den Baustopp, sondern ebenso eine öffentliche Diskussion, folglich die vollständige Informationstransparenz zu den Kraftwerksplänen. Anstatt die Folgen der Pläne lediglich aus Sicht der UngarInnen darzustellen, bezog sich der als »lebenswichtig« deklarierte Appell auf die BewohnerInnen beider sozialistischen Länder und rief die gemeinsame Betroffenheit der Donau-Völker in Erinnerung. Ab August 1984 produzierte die Gruppe erste Informationsbroschüren zum Thema im Selbstverlag, darunter auch ein Aufruf an die österreichische Öffentlichkeit. Später wurden daraus die Nachrichten des Donau-Kreises (*A Duna Kör hírei*), die bis Mitte 1986 in vier Ausgaben publiziert wurden.[882]

Unter den LeserInnen und UnterstützerInnen dieser ökologischen Untergrundpresse waren auch bekannte UngarInnen aus der Kunst- und Sportszene, beispielsweise der ehemalige Fünfkämpfer András Balczó, der Fernseh-Moderator Mihály Ráday, die Roma-Sängerin Laura Faragó ebenso wie die Schauspieler Imre Sinkovits und Ferenc Bessenyei.[883] Eine offizielle Registrierung des Duna Kör als Verein wurde erst im Februar 1989 möglich. Am 22. April 1989 fand die erste legale Generalversammlung des neuen Vereins statt. Im Anschluss versuchten die AktivistInnen auch über Anträge Unterstützungsgelder aus dem Westen zu erhalten.[884]

»Das Netz der heimlichen Sympathisanten reichte angeblich bis hinauf zum stellvertretenden Premierminister József Marjai und zum Nationalbank-Vizepräsidenten János Fekete,« berichtete die deutsche Wochenzeitung *Der Spiegel* im Jahr 1984.[885] Aufgrund der informellen Beschaffenheit, ihr Wirken im Untergrund bzw. in den Graubereichen der Legalität sowie die Dynamik von Protestgruppen ist es schwer, klare Aussagen über die Mitgliederstruktur und den gesellschaftlichen Rückhalt des Protests zu tätigen. Dank einer detaillierten Mitgliederliste des Duna Kör aus dem Jahr 1989 bietet eine interessante Momentaufnahme. Die Liste[886] verzeichnet nicht nur die Namen von 151 Personen, sondern führt auch Angaben

881 »Das Neue am Duna Kör war, dass wir Umweltschützer waren«, erzählt der Aktivist András Szekfü Jahrzehnte später. Während es auch davor parteikonforme Naturschutz-Initiativen gab, seien die Duna Kör-Aktivitäten aufgrund ihrer politischen Dimension von der Staatsmacht, aber auch von anderen NaturschützerInnen, als gefährlich eingeschätzt worden, so Szekfü. Vgl. Interview mit A. Szekfü (c), am 23.4.2021, Online, Videoaufzeichnung im Besitz der Verfasserin.

882 Vgl. etwa: Open Society Archive Budapest, OSA-HU-357-1-4 Box2, A Duna Kör hírei 4 (1986).

883 Vgl. N.N., Kippen und Schwellen, in: Der Spiegel(1984) 51, 122–123.

884 Vgl. Interview der Verfasserin mit András Szekfü (b), 27.10.2018, Budapest. Sprache: Englisch und Deutsch, Tonaufnahme mittelmäßig. Audioaufzeichnung im Besitz der Verfasserin.

885 Ebd., 122.

886 Anmerkung: Die Verfasserin vereinbarte mit András Szekfü, dem Besitzer der List, eine ausschließlich anonymisierte Nutzung.

zu Geschlecht, Beruf, Wohnort und der Funktion in der Bewegung an. Eine grobe Kategorisierung in Berufsgruppen zeigt, dass ein bedeutender Teil der Mitglieder aus den Bereichen Technik, Medien, Wissenschaft und Forschung sowie Bildung kam. Auch Studierende und Personen in Ausbildung zählten zu den größten Mitgliedergruppen. Während die Führungsspitze des Duna Kör einen klar akademischen Hintergrund aufwies, lässt der Blick auf die Basis (siehe Abbildung 3) eine größere Vielfalt unter den Mitgliedern vermuten.

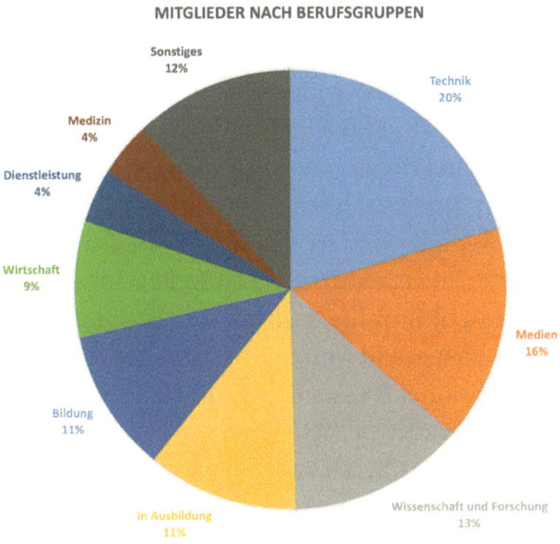

Abbildung 3: Duna-Kör-Mitglieder 1989 nach Berufsgruppen[887]

Angaben zum Wohnort weisen darüber hinaus auf eine starke urbane Konzentration hin. Von 151 Personen gaben 137 Personen die Komitate Pest und Budapest an. Auffällig dabei ist die starke Vertretung von Personen aus Pilisborosjenő[888], jener Gemeinde, in der auch die Familie Vargha lebte. Darüber hinaus kam ein großer Anteil aus Komitaten, die entlang der mittleren Donau und der Theiß liegen. Dies lässt die Vermutung entstehen, dass die persönliche Nähe zum Fluss zur Folge hat, sich stärker von den befürchteten Umweltschäden durch Staudammprojekte betroffen zu fühlen.[889]

887 Eigene Auswertung, Quelle: Mitgliederliste des Duna Kör, 1989, Privatarchiv A. Szekfü, als anonymisierte Kopie vorhanden.

888 Eine Erklärung für die Popularität des Duna Kör in der Gemeinde Pilisborosjenő ist die dort ansässige regimekritische Gruppe »Orfeo«, die von dem Künstler Tamás Fodor gegründet wurde. Die Kommune bezog dort ein Haus, das viele BesucherInnen, darunter viele Intellektuelle und KünstlerInnen, anzog.

889 Mitgliederliste des Duna Kör, 1989, Privatarchiv A. Szekfü, als anonymisierte Kopie vorhanden.

Ein nicht unwesentlicher Aspekt der Bewegung besteht in der Geschlechterperspektive. Protest und Selbstorganisation als Formen politischer Partizipation setzen einen gewissen Anteil an frei verfügbarer Zeit und Mobilität voraus – Ressourcen, die durch Mehrfachbelastungen etwa durch Haushalt und Beruf deutlich beschränkt sind. Zusätzlich zu den bestehenden Risiken, die subversives Handeln und Regimekritik für die Mitglieder des Duna Kör und SympathisantInnen der Donaubewegung mit sich brachten, hielten auch die jeweiligen persönlichen Lebensumstände Hindernisse für GNV-GegnerInnen bereit. Frauen waren davon insbesondere stärker betroffen als Männer, da es auch unter kommunistischer Führung zu keiner Neuorganisation der Arbeitsteilung in Haushalten gekommen war. Zwar gehörte zum »kommunistischen Emanzipationsprojekt«[890] der Anspruch, Frauen bestmöglich in den Arbeitsmarkt und in das Bildungssystem zu integrieren, was auch Maßnahmen wie staatlich organisierter Kinderbetreuung und bezahltem Mutterschutz, miteinschlossen. Innerhalb der privaten vier Wände wurden, wie Éva Fodor darstellt, die Verantwortlichkeiten der Frau aber nicht reduziert.[891] »Women were made active participants in economic and political life, but not on the same terms as men. They entered by the dubious virtue, and with the unavoidable consequences, of being a woman. Such categorization acknowledged and simultaneously reinforced women's difference and inferiority.«[892] Nur wenige Arbeiten, darunter die Studie der Politikwissenschaftlerin Chris Corrins zu Lebensentwürfen und -bedingungen von Frauen unter dem Sozialismus, heben ihre Partizipation im zivilgesellschaftlichen Engagement hervor. Corrins weist dabei auch auf das weibliche Engagement in der Donaubewegung hin:

> »Whilst some women were involved in the intellectual opposition and samizdat publications, more women began to participate in environmental protests in the mid- to late 1980s culminating in actions against the Gabčíkovo-Nagymaros Danube dam. Hungarian women did participate in large numbers within the environmental movement from the mid-1980s onwards.«[893]

Fotografien von Protesten zeugen von diesem weiblichen Protestengagement. Gleiches gilt für die Mitgliederstruktur im Duna Kör. Die darin dokumentierte Geschlechterverteilung weist mit 40,4 Prozent weiblichen Mitgliedern ein annäherndes Gleichgewicht von Frauen und Männern in der Basis auf.[894] Anders sah das Verhältnis in der Führungsebene aus. Eigenen Angaben zufolge bestand im

890 Éva Fodor, Smiling Women and fighting men. The Gender of the Communist Subject in State Socialist Hungary, in: GENDER & SOCIETY 16 (2020) 2, 240–263, hier: 245.

891 Ebd.

892 Ebd., 248.

893 Chris Corrin, Hungarian Women's Lives, 1960s–1990s (London 1994), 231.

894 Mitgliederliste des Duna Kör, 1989, Privatarchiv A. Szekfü, als anonymisierte Kopie vorhanden.

November 1988 der Vorstand des Duna Kör neben János Vargha und András Szekfü aus dem Biologen Béla Borsos und dem Ingenieur László Vit.[895]

Frauen waren in der Führungsebene des Duna Kör unterrepräsentiert. András Szekfü zufolge gehörten in seinen Jahren als er sich aktiv für die Öffentlichkeitsarbeit des Duna Kör engagierte, vorwiegend Männer zu den »sehr aktiven Mitgliedern«, die sich regelmäßig und lautstark an der Entscheidungsfindung beteiligten.[896] Szekfü zufolge waren Umweltaktivistinnen im Zuge der Gründung der Ungarischen Grünen Partei (MZP)[897] stärker präsent. Neben ihm selbst, Gábor Hraskó und Adrienn Hajóssy gehörte auch Szekfüs damalige Lebensgefährtin Zsuzsa Béres zum Gündungsteam. Das erste Treffen, bei der die Notwendigkeit einer Parteigründung diskutiert wurde, fand am 20. September 1988 in Béres' Wohnung in Budapest statt.[898] Da Béres mehrere Jahre in den USA gelebt hatte, waren insbesondere ihre Sprachkenntnisse für die Bewegung von großer Hilfe gewesen, so Szekfü. Béres, die inzwischen verstorben ist, sei damals zudem in der lokalen Frauenbewegung in der Bekämpfung von Gewalt in der Familie aktiv gewesen.[899] Béres brachte sich aber auch – genau wie Varghas damalige Lebensgefährtin Róza Sali – in der Donaubewegung ein. Eine weitere zentrale Person war Erzsébet Schmuck, die den Ko-Vorsitz der neuen Partei übernahm. Schmuck war vor der Parteigründung in der Umweltvereinigung des kommunistischen Jugendverbandes KISZ aktiv gewesen.[900] Neben Vásárhelyi wurde auch Anna Perczel von mehreren österreichischen AktivistInnen genannt. Letztere habe sich u. a. mit grafischen Tätigkeiten für die Kampagnen des Duna

895 Vgl. OSA-HU-205-4-140 Box 37, Egyesületek ›D‹ Duna Kör 1987–1991, Zeitungsausschnitt, Zs. Sz., »MUK – montja a Dunakör«, in: Magyar Hírlap, Budapest (1991), ohne Seite.

896 Interview der Verfasserin mit A. Szekfü (b), Budapest 2018.

897 A. Szekfü zur Parteigründung: »We tried to unite all the environmentalists, the urban environmentalists, the women and peace movement and the minority rights movements.« Die Partei verpasste jedoch 1990 mit ihren 0,4 Prozentpunkten den Einzug ins Parlament. Als Gründe für die »schmerzliche Niederlage« nennt Szekfü die kurze Vorbereitungszeit und die mangelnde Infrastruktur in Komitaten. Vgl. Interview der Verfasserin mit A. Szekfü (b), Budapest 2018.

898 Bei diesem Treffen wurde jedoch beschlossen, dass eine eigene Grünpartei nicht notwendig sei. A. Szekfü zufolge herrschte unter den Anwesenden eine große Ablehnung gegenüber Parteien im Allgemeinen. Erst ein Jahr später, im Spätsommer/Herbst 1989 gab es erste konkrete Vorbereitungsgespräche zur Parteigründung, welche im Dezember 1989 erfolgt.

899 Interview der Verfasserin mit András Szekfü (b), Budapest 2018.

900 Simon B. Krisztián, Zöldpártok Magyarországon – Örök ígéretek, Magyar Narancs, 2009, URL: https://magyarnarancs.hu/belpol/zoldpartok_magyarorszagon_-_orok_igeretek-71449 (abgerufen 22.1.2021). Anmerkung: Schmuck gründete 1993 gemeinsam mit György Droppa, ebenfalls ein Duna-Kör-Aktivist und Mitglied der MZP, die Grüne Alternative. Als Abgeordnete der späteren LMP-Partei ist Schmuck bis heute politisch aktiv.

Kör eingesetzt.[901] Die geführten Interviews der Verfasserin boten wenig Hinweise auf weitere zentrale weibliche Aktivistinnen.

Das Geschlechterverhältnis ist nur eine von mehreren Kategorien, nach der *gender* in Sozialen Bewegungen analysiert werden kann. Rachel Einwohner und Jocely Hollander legten den Fokus zusätzlich auf Ziele, Taktiken, Identitäten und Attribute von Bewegungen, die in Bezug auf Geschlechter betrachtet werden können. Breitere Ansätze wie diese umfassen auch die äußere Wahrnehmung und kolportierte Bilder von Sozialen Bewegungen und ihren Gruppen. Das internationale Bild des Duna Kör manifestierte sich insbesondere nach dem Gewinn des *Right Livelihood Awards* in den Medien. Da es Judit Vásárhelyi als zentrale Akteurin der Gründerjahre nicht möglich war, zur Verleihung nach Stockholm zu reisen[902], konnte sich János Vargha neben seiner Rolle als inoffizieller Anführer folglich auch international als Gesicht der Proteste etablieren. Auch unter den AutorInnen bilingualer Publikationen und Artikeln über GNV dominierten Männer, so findet sich unter den zahlreichen gesichteten Medienberichten aus Österreich nur ein Artikel, in dem Frauen eine zentrale Rolle im Protestgeschehen einnehmen. Im September 1988 berichtet der *Kurier* davon, dass vor Kurzem hunderte Frauen »auf dem Baugelände des geplanten Donaukraftwerkes Nagymaros für die Einstellung der Arbeiten« demonstriert hatten.[903] Mit großer Wahrscheinlichkeit handelte es sich hierbei um eine Demonstration der Frauengruppe der Vereinigung Junger Demokraten (Fiatal Demokraták Szövetsége – FIDESZ).[904] Die Gruppe lehnte ebenso den Bau des Kraftwerks ab und schloss sich den Protesten Ende der 1980er Jahre an. Szekfü zufolge fungierten die Rechtswissenschaftler Tamás Deutsch und Gábor Fodor[905] als zentrale Kontaktpersonen der jungen Vereinigung zu den UmweltschützerInnen.[906]

Im Rückblick bildete der Duna Kör somit zwar das international bekannteste Sammelbecken von KraftwerksgegenerInnen, die Donaubewegung ging jedoch weit über diese Gruppe hinaus. Mitte der 1980er Jahre gründeten sich zahlreiche kleinere Gruppen und Zirkel, die sich in ihrer Radikalität und ihrem Aktionsrepertoire unterschieden. Dahinter kann auch die Taktik gestanden haben,

901 Telefonisches Vorgespräch der Verfasserin mit Franz Meister (a), 12.1.2018. Sprache Deutsch, keine Tonaufzeichnung vorhanden.

902 Anmerkung: Zum Thema *Right Livelihood Award* siehe mehr in Kapitel 5 »Transnationalisierung der Proteste«.

903 N. N., Umweltprotest in Ungarn und Litauen, Kurier, 19.9.1988, 3.

904 Vgl. Nigel Swain, Hungary: The Rise and Fall of Feasible Socialism, London, New York 1992, 22.

905 Während Fodor in den 1990er Jahren mit der Partei brach, gilt Deutsch als Mitbegründer der Partei bis heute als ein enger Vertrauter von Ministerpräsident Viktor Orbán.

906 Interview der Verfasserin mit A. Szekfü (c), online, 2021.
Anmerkung: Im März 1989 wird FIDESZ auch zu den Gründungsmitgliedern des Oppositionellen Runden Tisches (Ellenzéki Kerekasztal – EKA) zählen.

die Staatspolizei zu verwirren bzw. eine gewisse Vielfalt und Breite der Bewegung vorzutäuschen. Aus heutiger Perspektive ist es mangels eindeutiger Quellen schwer nachvollziehbar, welche InitiatorInnen genau hinter welchen Gruppierungen und Aktivitäten standen. 1986 trat die Gruppe *Kékek* [die Blauen] in Erscheinung als sie dem ungarischen Parlament eine Petition überreichten und eine Diskussion zu GNV forderten. Die »Freunde der Donau« wiederum forderten die Einstellung des Baus in Nagymaros.[907] Ebenso wie zuvor der Duna Kör, scheiterten auch andere Gruppen, darunter auch die »National Danube Protection Area«[908] bei der Legalisierung an den Behörden.[909] Neben dem Ziel, möglichst viele Informationen über die geheim verhandelten Projektpläne und die ökologischen Folgen des Staudammprojektes an die Öffentlichkeit zu bringen, verband die AnhängerInnen der Bewegung die Frustration mit der kommunistischen Führungsweise und der Drang nach Meinungsfreiheit und demokratischer Partizipation. »It was this issue that brought oppositional ideas and strategies together with citizens' involvement for the first time on a scale that demanded political reaction from the Party leadership.«[910] So schaffte es die Bewegung in den ersten Jahren, mit dem Thema Umweltschutz ebenso politische Oppositionelle, DemokratiebefürworterInnen sowie einen Teil der reformkommunistischen Elite anzusprechen. Laut Medienberichten gehörten auch der Stellvertretende Ministerpräsident Péter Medgyessy, der Staatsminister Imre Pozsgay und das Politbüro-Mitglied Rezső Nyers zu den KraftwerksgegnerInnen.[911] András Szekfü zufolge konnten jedoch nur ReformkommunistInnen der unteren Ebene zu den Sympathisanten der Bewegung gezählt werden, darunter etwa Gyula Bubla.[912] Mit dem Rücktritt Kádárs im Mai 1988 erhielten die Reformkräfte in der Partei schließlich die Oberhand. Bis zum Baustopp in Nagymaros sollten jedoch noch monatelange Auseinandersetzungen folgen, die weit über die Grenzen der ungarischen Hauptstadt reichten.

907 Vgl. Galambos, Conflict on the Danube, 181; Fuchs, Environmental Protest, 16.
908 Vgl. Ebd., 22.
909 Vgl. Szilágyi, A környezetvédelem, 89.
910 Kerényi/Szabó, Transnational influences, 806.
911 Vgl. Walter Oswalt, Die Zeit, 16. 9. 1988, ohne Seite.
912 Vgl. Interview der Verfasserin mit A. Szekfü (c), online, 2021.

6. Transnationalisierung der Proteste

Nachdem die zentralen Entwicklungsschritte der Donaubewegung in Ungarn nachgezeichnet wurden, stehen nun die Prozesse der Transnationalisierung und Grenzüberschreitung im Fokus. Innerhalb weniger Jahre gelang es den GegnerInnen des Kraftwerksprojektes GNV ein grenzübergreifendes Netzwerk zu bilden, das zahlreiche ausländische Nichtregierungsorganisationen, WissenschaftlerInnen, JournalistInnen, KünstlerInnen und PolitikerInnen miteinschloss. Die bereits vorgestellte Gruppe Duna Kör bildete dabei die zentrale Anlaufstelle für SympathisantInnen aus anderen Ländern. In einem ersten Schritt legt dieses Kapitel dar, anhand welcher Ereignisse, Strategien und anhand welchen Protestrepertoires die Transnationalisierung erfolgte – angefangen von der ersten Kontaktaufnahme einzelner AktivistInnen im Jahr 1984, weiter über zahlreiche Protestereignisse, zu denen ab 1988 auch Massenproteste zählten, bis hin zum Baustopp in Nagymaros und zur anschließenden Verlagerung der Proteste nach Gabčíkovo. Die Donaubewegung jener Jahre lässt sich nicht auf den Duna Kör allein reduzieren. Vielmehr ist sie als ein fluides und dynamisches Netzwerk zu verstehen, das über keine zentrale Dachorganisation verfügte, sondern dezentrale Strukturen aufwies. Aushandlungsprozesse unter den KraftwerksgegnerInnen über bestehende Hierarchien, Alleingänge einzelner Gruppen oder Individuen sowie brüchige Allianzen zeigen auf, dass sich hinter den vielseitigen Protestaktivitäten der Donaubewegung keine feinjustierte, langfristig geplante Gesamtstrategie verbarg, sondern die Erfolge und Misserfolge der Proteste sich vor allem auf das Geschick einzelner AkteurInnen und ihre Gelegenheitsstrukturen zurückführen lassen. Für das Verständnis von Transnationalisierungsprozessen ist es daher notwendig, im nächsten Schritt die daran aktiv beteiligten Personen und ihr Umfeld näher zu betrachten. Ihre persönlichen Kontakte, vor allem nach Österreich, sowie ihre Erfahrungen und Ansichten waren ausschlaggebend für die Netzwerkbildung und prägten das Bild der Donaubewegung in internationalen Medien. Ein kurzer Blick auf zentrale Deutungsrahmen und Symboliken lässt Brüche wie auch Kontinuitäten der Bewegung erkennen. In einem letzten Schritt zeigt dieses Kapitel schließlich auf, in welchen Etappen sich die Protestbewegung gegen GNV formieren konnte und ab wann beziehungsweise wodurch es zu einem sogenannten *scale shift*[913] – einem Wandel vom lokalen Umweltprotest zur grenzüberschreitenden Bewegung – überhaupt kommen konnte.

6.1 Grenzübergreifende Aktionsformen und Protestverlauf

6.1.1 1984–1987: Erste Kontakte und Aktionen

Bei der Entstehung erster Kontakte zwischen österreichischen und ungarischen UmweltschützerInnen ist es wichtig zu betonen, dass bisherige Protesterfolge der österreichischen Umweltbewegung die Perzeption ungarischer KollegInnen wesentlich beeinflusst hatten.[914] Als der Duna Kör im September 1984 österreichische UmweltschützerInnen aufrief, österreichische AkteurInnen daran zu hindern, sich an der Staustufe Nagymaros finanziell zu beteiligen, baute diese Kontaktaufnahme bereits auf das Wissen um eine erstarkende Ökologiebewegung in Österreich (und darüber hinaus) auf. Kurz nach dem Aufruf aus Ungarn erfolgte die Zusage der Vereinten Grünen Österreichs (VGÖ), die UngarInnen in ihrem Anliegen zu unterstützen. Während Österreich im Herbst desselben Jahres den »Krieg in der Au«[915] erlebte, veröffentlichte der Duna Kör im Dezember seine erste achtseitige Ausgabe der »Duna Kör hírei« (Donaukreis-Nachrichten), in der sowohl die Kraftwerkspläne in Hainburg als auch GNV thematisiert wurden. Sie umfasste u.a. eine ins Ungarische übersetzte Meldung der Austria Presse Agentur (APA), in der Josef Buchner (VGÖ) von der »Macht der 8 Milliarden Schilling« spricht, ohne die das Kraftwerksprojekt vermutlich nicht umgesetzt werden könne.[916] Darüber hinaus richtete sich der Duna Kör in einem Statement an die tschechoslowakische Regierung und wies sie auf deren, für die AktivistInnen unglaubwürdige Argumentation gegen die Staustufe bei Hainburg hin:

> »Am 27. November 1984 protestierte das Außenministerium der Tschechoslowakischen Sozialistischen Republik in einer Erklärung gegen das Hainburger Wasserkraftwerk und argumentierte unter anderem, dass dies den tschechoslowakischen Abschnitt der Donau und die Umwelt des Mährischen Flusses nachteilig beeinflussen würde. Der sinkende Wasserstand würde die Trinkwasserversorgung in der Region gefährden und der Bau des Stausees würde das Hochwasserrisiko für die Stadt Bratislava erhöhen.

913 »Scale shift is the coordination of collective action at a different level than where it began.« Zit. nach: Tarrow, The New Transnational Activism, 52.

914 Vgl. Kapitel 3.3.2 in diesem Buch.

915 Vgl. Titelseite, »Krieg in der Au«, Profil, 22.12.1984, 1.

916 OSA-HU-205-4-140 Box 37, A Dunai hírei sz.1, 1984. APA-Meldung vom 20. September 1984, http://beszelo.c3.hu/cikkek/a-duna-kor-hirei (abgerufen 18.9.2020).

Der Donaukreis stimmt den ökologischen Bedenken der tschechoslowakischen Regierung zu, macht die tschechoslowakische Regierung jedoch auch darauf aufmerksam, dass das von ihm befürwortete Staudammsystem Bős-Nagymaros in der Tschechoslowakei und in Ungarn ähnliche, aber noch schwerwiegendere Umweltschäden verursachen und das Hochwasserrisiko in Budapest erhöhen würde.
Der Donaukreis erwartet von der tschechoslowakischen Regierung, dass sie diese Pläne im oben genannten Sinne überprüft und den Bau des Staudammsystems Bős-Nagymaros aufgibt, um Umweltschäden zu vermeiden.
Budapest, 1. Dezember 1984.
Der Donaukreis«[917]

Die tschechoslowakische Regierung hatte zuvor auf diplomatischem Weg gegen den Bau des österreichischen Kraftwerkes protestiert und beharrte weiterhin auf die Umsetzung der Pläne bei Wolfsthal. Aufgrund des grenzüberschreitenden Ursprunges und Projektumfanges des GNV-Projektes richteten ungarische UmweltschützerInnen von Beginn an ihre Kritik auch an die Regierungen Österreichs und der Tschechoslowakei. GNV wurde dabei nicht als lokaler Einzelfall, sondern im Kontext anderer Donaukraftwerksprojekte wie Wolfsthal und Hainburg betrachtet. So betitelte *Profil*-Journalist Otmar Lahodynsky seinen Bericht vom November 1984 über die Beteiligung Österreichs und die Proteste gegen das Projekt mit »Hainburg in Ungarn«.[918] »Hainburg-Gegner sollen nun verhindern, daß die heimischen Strombetonierer weiter donauabwärts ziehen.«[919] Auch die Tageszeitung *Kurier* berichtete über das Projekt mit Bezug auf Hainburg[920]: »Während in Österreich durch die Aubesetzung und die von Bundeskanzler Fred Sinowatz verhängte Nachdenkpause der Bau von weiteren Donaukraftwerken in Frage gestellt wurde, errichtet die ČSSR in Zusammenarbeit mit Ungarn gleichzeitig drei Staustufen, deren Dimensionen alle bisherigen Donaukraftwerke weit übertreffen.«[921] Am 20. Januar 1985 berichtete der »Kurier« von der Absicht österreichischer, ungarischer und bayerischer UmweltschützerInnen, »gewaltlosen Widerstand« gegen die österreichische Beteiligung an GNV zu leisten.[922] Am 9. Oktober 1985 vergab ein internationales Komitee den »Right Livelihood Award« an einen amerikanischen und einen kanadischen Forscher, die Lokayan Group of India und den ungarischen Duna Kör. Die Veröffentlichung der Nachricht wurde in Ungarn von der Agitations- und Pro-

917 Ebd.
918 Lahodinsky, Hainburg in Ungarn, 25.
919 Ebd.
920 Franz Eder, Au-weh an der roten Donau. Kurier, (unvollständiges Datum) 1985, 5. Anmerkung: Im Artikel ist von drei Staustufen die Rede, da neben jener in Gabčíkovo und jener in Nagymaros auch das Donauwehr in Dunakiliti als dritte Staustufe zum Projekt GNV gehörte.
921 Eder, Au-weh, 5.
922 N. N., Donaukraftwerk: Umweltschützer protestieren, Kurier, 20.1.1985, 3.

pagandaabteilung der Partei verboten. Durch die Untergrundpresse, das Programm von Radio Free Europe sowie jene westlichen Rundfunkmedien, welche in Ungarn empfangen werden konnten, gelangte die Botschaft dennoch an die ungarische Öffentlichkeit. Im Dezember reiste János Vargha nach Stockholm, um als Vertreter des Duna Kör den Preis zu übernehmen.[923] Schon im Herbst davor hatte er einen Vortrag zu GNV an der Wiener Wirtschaftsuniversität gehalten. Er bat darin die ÖsterreicherInnen erneut um Hilfe: »Schließlich haben nicht nur die Regierungen das Recht, zusammenzuarbeiten, sondern auch die Völker.«[924] Bereits bei diesen frühen Zusammentreffen mit österreichischen UmweltschützerInnen hätten sich Othmar Lahodynsky zufolge Unstimmigkeiten zwischen ÖsterreicherInnen und UngarInnen gezeigt. Denn während sich viele der AnhängerInnenn der österreichischen Grünbewegung zugleich als überzeugte GegnerInnen der Atomenergie verstanden, sahen manche KraftwerksgegnerInnen aus Ungarn darin durchaus eine Alternative zur Wasserkraft. »›Da können wir aber nicht mitdemonstrieren‹, murrten Aktivisten des Hainburg-Volksbegehrens erbost im Hörsaal.«, heißt es in dem *Profil*-Bericht.[925] Der *Right Livelihood Award* verstärkte die internationale Aufmerksamkeit für den Duna Kör und sorgte für Rückenwind der jungen Donaubewegung aus Österreich. Auf dem Rückweg von Stockholm machte Vargha in Wien Halt, um österreichische JournalistInnen auf die Parallelen des GNV-Projekts zu Hainburg hinzuweisen und warnte vor Eskalationen. »Es sei leicht vorstellbar, meinte Varga, daß es in Ungarn zu ähnlichen Entwicklungen kommen werde wie in Hainburg. ›Und mich würde interessieren‹, so Varga, ›ob Sinowatz dann auch Polizei und Gendarmerie zur Verfügung stellen wird.‹«[926] Kurz darauf kam es am 18. Januar 1986 zur ersten gemeinsamen Aktion österreichischer und ungarischer UmweltschützerInnen in Budapest. Bei einem Pressegespräch im Restaurant *Zöldfa* gaben deutsche, österreichische und ungarische AktivistInnen eine Erklärung über die Kraftwerkspläne und legten ihre Argumente dagegen vor.[927] Die österreichische *Kronenzeitung* berichtete daraufhin über vermeintliche Proteste in Ungarn, an denen sich »60 Umweltschützer aus Österreich, Deutschland und Ungarn« beteiligt haben sollten. »Die heimische Abordnung von Umweltschützern mit Exponenten der ›Bürgerinitiative Parlament‹ mit Günther Nenning an der Spitze protestierte insbesondere gegen die Teilnahme Österreichs an dem Bau.«[928] Im Zuge der Pressekonferenz wurde auch ein »Umweltspaziergang« in Budapest

923 Vgl. János Vargha, Speech at the Right Livelihood Awards, 9.12.1985, URL: https://www.rightlivelihoodaward.org/speech/acceptance-speech-janos-vargha-duna-kr/ (abgerufen 18.9.2020).
924 Lahodynsky, Hainburg in Ungarn, 25.
925 Ebd.
926 N.N., Hainburg-Ersatz, in: Falter (1986) 1, Kurzmeldung, 4.
927 Vgl. u.a.: Vida, A Duna Kör. A Duna Kör története a résztvevők emlékeiben, 26.
928 N.N., Donau-Kraftwerk: Proteste, Kronenzeitung, 20.1.1986, 10.

angekündigt. Obwohl das für 8. Februar 1986 anberaumte Treffen auf behördlichem Druck kurzfristig abgesagt werden musste, versammelten sich mehrere Personen, darunter vor allem zahlreiche ÖsterreicherInnen, am Batthyány tér. Die Behörden lösten daraufhin die Menge gewaltsam auf, wobei auch österreichische StaatsbürgerInnen Opfer der Polizeigewalt wurden.[929] Der Umweltschützer und Augenzeuge Petri Holtari berichtete daraufhin für die Wiener Stadtzeitung *Falter* von den Ereignissen und kritisierte in seinem Artikel einerseits die österreichische Finanzierung und das dahinter vermutete Lobbying von Bau- und Energiewirtschaft, andererseits die ökologischen Folgen des Kraftwerksprojektes:

Abbildung 4: UmweltschützerInnen versammeln sich am Batthyany tér in Budapest ©Bolius/ Falter[930]

> »Vor allem die Bauwirtschaft, die auf Grund ihrer Strukturierung und Rationalisierung keine arbeitsintensiven Althaussanierungen ohne Verlust durchführen kann, jauchzt auf, da sie ihren maschinenbewaffneten, arbeitsplatzsparenden Betonierercrews endlich wieder einen Einsatzbefehl erteilen darf. […] Das Hauptproblem ist zweifelsohne die Gefährdung des Trinkwassers dieses Industriegroßraumes an der Donau. Dieses Thema stand dann auch im Mittelpunkt der ökologischen Lehrfahrt, die Günther [sic!] Schobesberger, Mitglied der österreichischen Ökokommission, anläßlich des Umwelt-

929 Interview der Verfasserin mit dem österreichischen Umweltschutz-Aktivisten Wolfgang Rehm, 23.7.2018, Wien. Sprache: Deutsch, Tonqualität gut, Audioaufzeichnung im Besitz der Verfasserin.

930 Ebd.

> schützertreffens in Budapest organisiert hatte. Analoge Fälle gab es ja auch schon in Österreich, als zum Beispiel die Gemeinde Mautern/NÖ wegen der Stauhaltung ihr Trinkwasser verlor.«[931]

Die *Kronenzeitung* berichtete von »Polizei, Uniformierten und Geheimen«, die vor Ort gewesen wären. Während sich die »ungarischen Grünen« schnell zurückzogen, hätten die Österreicher noch in Budapest gewartet, »bis der Journalist Franz Goess aus dem Polizeigewahrsam wieder frei war«.[932]

> »Wie aus den Umweltschützern nahestehenden Kreisen in Wien verlautete, löste die Polizei die Demonstration mit Gummiknüppeln auf, als sich die Umweltschützer, darunter rund 60 Österreicher, auf halbem Weg zwischen dem Batthyany-Platz [sic!] in Buda und der Margaretheninsel befanden. Ein österreichischer Umweltschützer, Franz Göss [sic!], der die Demonstration filmen wollte, wurde kurzfristig festgenommen. Göss [sic!] wurde den gleichen Angaben zufolge nach kurzer Festnahme wieder freigelassen, nachdem er aufgefordert worden war, Ungarn binnen 24 Stunden zu verlassen und seine Filme von den ungarischen Behörden beschlagnahmt worden waren.«[933]

»Wir hatten niemals eine Protestdemonstration in Ungarn geplant«, wurde der österreichische Aktivist Günter Schobesberger kurz darauf zitiert. »Wir mischen uns nicht in ungarische Angelegenheiten ein, sondern protestieren gegen die österreichische Beteiligung an dem Projekt.«[934] Ein ähnliches Argument führte Schobesberger auch 30 Jahre später im Interview mit der Verfasserin an. Ohne die österreichische Beteiligung an GNV hätte er sich persönlich nicht so stark für das Projekt engagiert.[935] Aus Interviews jener Anfangszeit des Protests geht jedoch auch hervor, wie stark sich Umweltschützer wie Günter Schobesberger mit dem Donauschutz unabhängig von nationalen Grenzen identifizierten. »Die Donau geht über alle Grenzen und i kann net einerseits bei mir 10 % Auwald retten wollen, wenn ich gleichzeitig zulasse, daß 100 Quadratkilometer in Ungarn und der Tschechei verloren gehen,« so Schobesberger in einem *Falter*-Interview aus dem Jahr 1986.[936] Nicht nur österreichische Medien berichteten von der gescheiterten Protestaktion in Budapest[937], auch die Agentur Reuters meldete, was

931 Petri Holtari, Donaumeer: Österreichische Großbaufirmen rüsten, finanziert von einem österreichischen Bankenkonsortium, zum Kraftwerksbau in Ungarn. Falter (1986) 1, 13.

932 Kurt Seinitz, Budapest: So sprengte die Polizei »Umwelttreffen« Österreich-Ungarn, Die Kronenzeitung, (1985), 3.

933 OSA-HU-300-40-1 Box 276F137, B-Wire vom 8. Februar 1986, 20:51 Uhr »Hungarian Police break up environmental demonstration«.

934 Seinitz, Budapest, 3.

935 Vgl. Interview der Verfasserin mit dem österreichischen Umweltschutz-Aktivisten Günter Schobesberger, 22.6.2018, Wien. Sprache: Deutsch, Tonqualität gut, Audioaufzeichnung im Besitz der Verfasserin.

936 Michael Jäger, Tödliche Umklammerung, Falter (1986) 5, 8–9.

937 Vgl. u.a.: Seinitz, Budapest, 3; der »Kurier« veröffentlichte auch eine kurze Auslandsmeldung: Janos Vargha, Kurier, 8.2.1986, ohne Seite; ausführlichere Berichterstattung in einem

zu weiteren Meldungen in deutschen Zeitungen führte.[938] Auch das Europäische Parlament in Straßburg nahm zu den Ereignissen Stellung. Am 13. März 1986 verabschiedeten die Abgeordneten eine Entschließung, in der sie gegen die Polizeigewalt in Ungarn protestierten.[939] Kurz darauf, am 22. und 23. März, fand eine erneute Busreise von Wien nach Ungarn statt.[940] Ausflüge wie diese wurden als »ökologische Bildungsfahrt« tituliert und von der ÖH unterstützt. In jenen Wochen schlossen sich auch viele prominente UngarInnen den Einwänden gegen GNV an. Die Umweltgruppe »Kékek« (Die Blauen) schickte einen Brief an den österreichischen Bundeskanzler Fred Sinowatz und forderte ihn auf, an dieser »bewußten Umweltverwüstung« nicht mitzuwirken.[941] Am 16. April 1986 lancierte eine Gruppe von 30 ungarischen Personen des öffentlichen Lebens einen Protestbrief in der österreichischen Tageszeitung *Die Presse.*[942] Erstmals richteten StaatsbürgerInnen eines osteuropäischen Landes in einem westeuropäischen Massenmedium einen Appell an die österreichische Öffentlichkeit. »Verhindern Sie, daß sich Österreich, wenn auch ungewollt, in die Diskussion zwischen Regierung und Gesellschaft Ungarns einmischt. Eine demokratische Gesellschaft – und wir sehen Österreich als solche an – darf sich nicht gestatten, die Demokratie-Mängel eines anderen Landes zum eigenen materiellen Vorteil zu nutzen.«[943] Wie der Anzeige zu entnehmen ist, wurden die Kosten durch Spenden an das Österreichische Ökologie-Institut finanziert. Als Kontaktperson fungierte der in Wien lebende Student der Geschichtswissenschaften und spätere Historiker Tibor Fényi.[944] Ungarn reagierte daraufhin mit einem Artikel in der

---

Spezial-Teil im Blattinneren inkl. Gastkommentar von B. Lötsch, vgl. Wolfgang Broer, »Grüne« kämpfen auch im Kommunismus für die Donau, Kurier, 10.2.1985, 5.

938 Vgl. dazu u.a.: OSA-HU-300-40-1 Box 276F137. Bericht (ohne AutorIn) der Süddeutschen Zeitung vom 10. Februar 1986, Umweltschützer-Demonstration in Budapest aufgelöst, URL: http://pa.ceu.hu/document/4310?terms=Umweltschützer-Demonstration%3B (abgerufen 18.1.2021).

939 Unterrichtung durch das Europäische Parlament, Entschließung zum Polizeiüberfall auf die friedliche Demonstration von Umweltschützern von »Duna Kör« in Budapest, Drucksache 10/5278, 3. April 1986 (Berlin 1986), URL: http://dipbt.bundestag.de/dip21/btd/10/052/100 5278.pdf (abgerufen 8.1.2021).

940 Interview der Verfasserin mit Wolfgang Rehm (a), am 23.7.2018, Wien, Sprache: Deutsch, schriftliche Aufzeichnung im Besitz der Verfasserin.

941 HU-OSA-300-40-1 Box 276, Bericht »Die Presse« vom 17.4.1986, Peter Martos, Ungarns Donauschützer kämpfen weiter »Presse«-Inserat erregt Aufsehen, http://pa.ceu.hu/docum ent/4314, (27.11.2020). Auch die ungarische Geheimpolizei verfolgte sämtliche Publikationsversuche der KraftwerksgegenerInnen im Westen. Vgl. dazu die Tagesreports zwischen Februar und Mai 1986, insbesondere ÁBTL 2.7.1.NOIJ – III/III-28/2/1986.II.22 (Report vom 21.5.1986).

942 OSA-HU-300-40-1 Box 276, Bericht in »Die Welt« vom 17.4.1986, Carl Gustaf Ströhm, Protest kommt per Inserat, URL: http://pa.ceu.hu/document/4314 (abgerufen 27.11.2020).

943 Anzeige ungarischer AktivistInnen gegen GNV-Beteiligung Österreichs, Die Presse, 16.4. 1986, 11 (Privatarchiv W. Rehm).

944 Vgl. u.a. Interview der Verfasserin mit W. Rehm, Wien 2018.

Tageszeitung *Népszabadság* (Volksfreiheit), in der den UnterzeichnerInnen, die als »Exhibitionisten« bezeichnet wurden, »private Interessen und politische Ziele« unterstellt wurden.[945]

Am Tag darauf übergaben österreichische Abgeordnete eine Petition an den Nationalrat. Ungarische und österreichische UnterzeichnerInnen forderten darin die Überprüfung der Beteiligung Österreichs an GNV und lehnten die staatlichen Garantien für die Finanzierung ab.[946] Die Dynamik des grenzübergreifenden Protests nahm laufend zu. Am 1. Mai 1986 forderten österreichische, slowakische und ungarische UmweltaktivistInnen in einer gemeinsamen Deklaration die Regierungen der drei Länder auf, das Kraftwerksprojekt nicht umzusetzen und dafür einen trilateralen Nationalpark im Dreiländereck zu gründen.[947] Ihre Forderungen blieben jedoch ungehört. Am 25. Mai reiste der Stellvertretende Ministerpräsident Ungarns József Marjai mit einer Delegation nach Österreich, wo er u. a. das Wasserkraftwerk Melk besuchte. Im Zuge des Besuchs unterzeichneten Marjai und der österreichische Vizekanzler Norbert Steger am 28. Mai 1985 eine »Gemeinsame Erklärung über die Zusammenarbeit im Energiebereich«, in der sie die Kooperation wie folgt begründen: »Österreich und Ungarn finden ähnliche energiewirtschaftliche Gegebenheiten vor. Die Situation der beiden Länder ist unter dem Gesichtspunkt der nur beschränkt verfügbaren eigenen Energieressourcen und der Notwendigkeit zur grenzüberschreitenden Zusammenarbeit in Energiebelangen vergleichbar.«[948] Im Sommer erfolgte die dazu notwendige Änderung des Österreichischen Energieanleihegesetzes.[949] Die rasche Umsetzung des Gesetzesentwurfs führte zu einem Aufschrei in Österreich. KritikerInnen wie Peter Weish verorteten einen demokratisch bedenklichen Gesetzgebungsvorgang, da das Gesetz via Initiativantrag anstatt durch eine Regierungsvorlage eingebracht wurde und nur fünf Tage zwischen Einbringung und parlamentarischer Verabschiedung lagen. Eine Begutachtung mit Einbindung unterschiedlicher Personen und Institutionen wäre so nicht möglich, hieß es in einer Publikation des Österreichischen Ökologie-Instituts.[950] Im September 1986 fand als Teil der von Günter Schobesberger or-

945 HU-OSA-300-40-1 Box 276, Auszüge aus der englischen Übersetzung der ungarischsprachigen Anzeige in der Tageszeitung *Népszabadság* vom 19.4.1986, 6.

946 Vgl. Vida, Duna Kör, 27.

947 Vgl. Interview der Verfasserin mit dem slowakischen Umweltschützer Mikuláš Huba, 12.4.2019, Bratislava, Sprache: Englisch, Tonqualität gut, Audioaufzeichnung im Besitz der Verfasserin.

948 ÖStA AdR BM H,GuI 59506/25 Sektion V, Blg. 1. Jahr 1985. Gemeinsame Erklärung über die Zusammenarbeit im Energiebereich.

949 Änderung des Energieanleihegesetzes, Bgbl. 1986-491-0, ausgegeben 11. September 1986, URL: https://www.ris.bka.gv.at/Dokumente/BgblPdf/1986_491_0/1986_491_0.pdf (abgerufen 15.1.2021).

950 Nagymaros News (1987) 1, 4 (Privatarchiv W. Rehm, Kopie im Besitz der Verfasserin).

DIE PRESSE / Seite 11 | Mittwoch, 16. April 1986

AUFRUF

Werte Leserinnen und Leser,
Wir wenden uns auf diese Weise an Sie, weil Sie demnächst eine entscheidende Rolle bei Finanzierung und Realisierung eines überflüssigen und schädlichen tschechoslowakisch-ungarischen Donau-Wasserkraftwerksprojekts spielen könnten.
Sie sollten wissen, daß das Projekt des Staustufensystems Gabčikovo-Nagymaros in Ungarn auf friedlichen, jedoch entschiedenen und deutlichen Widerstand stößt. Seit Jahrzehnten ist dies die bedeutendste staatsbürgerliche Willensäußerung im Lande. Zehntausend Gegner des Projekts haben in Petitionen eine offene Diskussion und eine Volksabstimmung gefordert; doch die Regierung läßt keinerlei Medienkritik an dem Vorhaben zu und gestattet auch keiner Organisation oder Versammlung, Gegenmeinungen – und sei es bloß durch einen „Schweigespaziergang" – kundzutun.
Auch diese Anzeige könnte in Ungarn nicht erscheinen. Es liegt uns eben daran, daß Sie die Argumente der Protestierenden aus erster Hand erfahren. Wir verheimlichen nicht, daß wir tief enttäuscht wären, würde man die freundschaftlich gesinnte öffentliche Meinung des Nachbarlandes Österreich nicht in die Waagschale legen.

Das Projekt

- Die Donau soll auf einer Strecke von 200 Kilometern völlig umgestaltet werden.
- In der Ebene unterhalb von Preßburg (Bratislava) soll ein Staubecken mit 60 Quadratkilometern Fläche angelegt werden.
- Die Donau als Grenzfluß soll in einen 30 Kilometer langen und bis zu 16 Meter hohen ausbetonierten Seitenkanal auf tschechoslowakisches Gebiet ausgeleitet werden.
- Das Stauwasser soll durch das Spitzenkraftwerk Gabčikovo zweimal täglich abgelassen werden.
- Um die vier Meter hohe Flutwelle zu bändigen, will man dem Fluß mit einem zweiten Kraftwerk zwischen Visegrád und Nagymaros – im romantisch-schönen Donauknie oberhalb von Budapest – an den Leib rücken.

Es geht um ein jahrzehntealtes Konzept, das, der damals herrschenden Anschauung entsprechend, vor allem auf maximale Energiegewinnung abzielt. Dennoch würde das Staustufensystem die ungarische Energieproduktion nur um drei bis vier Prozent steigern, jedoch um den Preis einer gigantischen Investition, die bei der gegenwärtigen Wirtschaftslage aus eigener Kraft gar nicht aufzubringen wäre.

Die Diskussion

Bis zur Nachricht über eine allfällige Beteiligung Österreichs ging es in der Auseinandersetzung in Ungarn bloß um ökologische Belange. Dabei haben auch die mit dem Umweltschutz betrauten offiziellen Körperschaften Kritik geäußert: so ein Sonderausschuß der Ungarischen Akademie der Wissenschaften, das Landesamt für Umwelt- und Naturschutz, das Institut für Städteplanung und der Verband Ungarischer Baukünstler.

Der Bericht der Akademie wies darauf hin, daß im gewaltigen Projekt die Erfordernisse der Umwelt, also auch die damit verbundenen Kosten, überhaupt nicht berücksichtigt worden seien. Die Bauten würden, falls planmäßig realisiert, irreparable Schäden an Fluß- und Grundwasser, Trinkwasserversorgung, Land- und Forstwirtschaft, Tier- und Pflanzenwelt wie auch an der einzigartigen Donaulandschaft verursachen.

Nur ein Beispiel aus der Verlustliste: Die Umleitung in das betonierte Kanalbett würde durch Absenken des Grundwasserspiegels das Trinkwasser für drei Millionen Anrainer gefährden.

Die von Fachleuten und Betroffenen gleichermaßen geäußerten Einwände haben nur bewirkt, daß die Regierung eine nachträgliche Studie über die Umweltauswirkungen in Auftrag gab. Diese nahm das Originalprojekt in Schutz und schlug bloß zwei bis drei Prozent Zusatzinvestitionen zur Behebung der ärgsten Schäden vor. Trotzdem verweigerte die Akademie auch im Sommer 1985 in geschlossener Sitzung die Unterstützung des Projekts und bestand darauf, daß:

- bei Gabčikovo kein Spitzenkraftwerk gebaut werde, das eine Flutwelle verursacht;
- auf die Errichtung des Kraftwerks Nagymaros verzichtet werde;
- die Donau mit der normalen Wasserführung im alten Flußbett belassen werde.

Folgen einer Teilnahme Österreichs

Das war bis in die jüngste Vergangenheit der Status quo. Der Protest beruhte auf wissenschaftlichen Argumenten; er wurde mit hartnäckigem Schweigen quittiert. Die Regierung hatte keine Argumente, aber glücklicherweise auch kein Geld, um sich in das verhängnisvolle Abenteuer zu stürzen.

Dann kam die Meldung über eine österreichische Hilfe in Form eines Vertrags zwischen der Verbundgesellschaft, der DoKW und staatlichen Unternehmen auf der einen sowie dem ungarischen Staat auf der anderen Seite, jedoch mit Bürgschaft und Haftungsverpflichtungen der Bundesregierung in Wien. Diese Wendung schuf eine neue Lage und lenkte die Aufmerksamkeit auf die wirtschaftliche Seite des Vorhabens.

Österreich will von den Baukosten mehr als sieben Milliarden Schilling, von den Arbeiten 70 Prozent übernehmen. Im Tausch erhielte es 20 Jahre hindurch den überwiegenden Teil der Ungarn zustehenden Stromproduktion.

All dies bedeutet praktisch, daß sich Österreich gleichsam ein Kraftwerk im Nachbarland schafft, nach Plänen, die von den Umweltschutz-Experten Ungarns als schädlich beurteilt werden. Für zwei Jahrzehnte sollen die Anlagen Strom für Österreich, unabsehbar lang aber Umweltschäden für die Tschechoslowakei und Ungarn bringen.

Für Österreich eine scheinbar günstige Bilanz: Die unausgelastete Baubranche erhält Arbeit, die Produktion des ungebaut bleibenden Kraftwerks Hainburg wird ersetzt, und zwar mit „sauberer" Energie. Auf der ungarischen Seite aber bleiben nur die verwüstete Donau und eine zugrundegerichtete Landwirtschaft, es versiegt das Trinkwasser, und selbst von der spärlichen Energie, mit der für den ganzen Alptraum geworben wurde, bleibt Ungarn auch nichts übrig. Es gibt nur wenige Ungarn, die darin nicht einen österreichischen Export von Umweltschädigung sehen würden.

Diese Anzeige stammt von keiner Partei, sondern von tiefbesorgten Menschen aus verschiedenen Schichten der ungarischen Gesellschaft. Einmischung in österreichische Angelegenheiten liegt uns fern und wäre auch überflüssig, kommen doch bei Ihnen jeweils alle Seiten zu Wort. Doch wollen wir daran erinnern, daß die ungarische Öffentlichkeit in der Nicht-Verwirklichung des Hainburg-Projekts einen Sieg der Demokratie gesehen hat. Und wir bitten darum: Verhindern Sie, daß sich Österreich, wenn auch ungewollt, in die Diskussion zwischen Regierung und Gesellschaft Ungarns einmischt.
Eine demokratische Gesellschaft – und wir sehen Österreich als solche an – darf sich nicht gestatten, die Demokratie-Mängel eines anderen Landes zum eigenen materiellen Vorteil zu nutzen.
Das Europa-Parlament hat kürzlich in einer Resolution die österreichische Bundesregierung aufgefordert, von dem Vorhaben Abstand zu nehmen. Wir ersuchen Sie, die Staatsbürger: Finden Sie bitte die Möglichkeit, das Irreparable zu verhindern.
Ungarn und die Donau werden Ihnen dankbar sein.

Iván Baba, Literaturforscher	Janos Kis, Philosoph
András Balczó	Zoltán Kocsis, Pianist
Prof. Kálmán Benda, Historiker	György Konrád, Schriftsteller, Herder-Preisträger
István Bibó, Kunsthistoriker	György Litván, Historiker
Sándor Csoóri, Dichter, Herder-Preisträger	Fruzsina Magyar, Dramaturgin (Donau-Kreis)
György Dalos, Schriftsteller	Imre Mécs, Ingenieur (Initiator der Volksabstimmung)
Prof. Dezső Dercsényi, Kunsthistoriker, Herder-Preisträger	Miklós Mészöly, Schriftsteller
Ferenc Donáth, Nationalökonom	Gábor Pajkossy, Historiker (Donau-Kreis)
Tamás Dozsa, Grafiker (Donau-Kreis)	György Petri, Dichter
Tibor Fényi, Historiker, Herder-Stipendiat	László Rajk, Architekt
Miklós Haraszti, Schriftsteller	Imre Sinkovits, Schauspieler
András Hegedus, Soziologe, Ex-Ministerpräsident	Gyozo Somogyi, Maler
Lorand Hideg, Technik-Redakteur (Donau-Kreis)	Janos Vargha, Biologe, Journalist (Donau-Kreis)
Ferenc Karinthy, Schriftsteller	Judit Vásárhelyi, Bibliothekarin (Donau-Kreis)
János Kenedi, Kritiker	László Vit, Bau-Ingenieur (Donau-Kreis)

Finanziert aus Spenden an
Öko-Institut
1070 Wien
Neubaugasse 64-66
Spendenkonto: Österr. Donaufreunde 103-28500 beim Österr. Credit-Institut (Bankleitzahl 13.000).

Die Unterzeichner stimmen hiemit jedem Nachdruck dieses Aufrufs zu und danken schon im voraus dafür

Abbildung 5: Anzeige ungarischer AktivistInnen gegen GNV-Beteiligung Österreichs am 16.4. 1986, Die Presse, 11 (Privatarchiv W. Rehm)

ganisierten Busfahrten eine Pressefahrt des Österreichischen Naturschutzbundes (Landesgruppe Wien) nach Ungarn statt. Die ungarische Geheimpolizei sprach in ihrem Bericht von einem Treffen von 60 Personen, darunter waren demnach u. a. János Vargha, Iván Bába, Judit Vásárhelyi, Anna Perczel, László Vit und Pál Dragon.[951] Der Wochenend-Ausflug nach Ungarn war professionell geplant und umfasste in Begleitung österreichischer Wissenschaftler neben einem Besuch der Kraftwerksbaustelle und Auenlandschaft bei Dunakiliti auch einen wissenschaftlichen Vortrag mit Diskussion in Budapest, die Besichtigung des Donauknies (»Ungarische Wachau«) sowie Details zum Grenzübertritt, eingeplanten Pausen und der Unterbringung.[952] Wolfgang Rehm zufolge handelte es sich hierbei um eine der bereits erwähnten »ökologischen Bildungsfahrten«. Im November folgte eine Fotoreise österreichischer AktivistInnen nach Gabčíkovo.[953] In ihrer vierten Ausgabe der »Duna Kör hírei« 1986 fasste die Gruppe die Ereignisse und Aktivitäten des Duna Kör nach der Bekanntgabe der Auszeichnung mit dem *Right Livelihood Award* auf Deutsch und Englisch zusammen.[954] Der zunehmende Protest in Ungarn und die Kontakte ungarischer AktivistInnen zu österreichischen OppositionspolitikerInnen führten im österreichischen Handelsministerium zu Nervosität. »Besonders wird […] darauf hingewiesen, daß die Proponenten der beabsichtigten Petition bereits mit dem Abgeordneten zum Nationalrat Cap und der Dritten Präsidentin des Nationalrates Hubinek Gespräche geführt haben sollen. Im Hinblick auf die Bedeutung des Projektes wird um vordringliche Bearbeitung gebeten«, heißt es in einem internen Dienstzettel.[955] Etwa ab Herbst 1986 begannen die BeamtInnen des Handelsministeriums die Presseberichte zu den Protesten zu sammeln.[956] In einem Bericht der *Wiener Zeitung* werden auch die kritischen Äußerungen und Appelle an die österreichische Bundesregierung von Umwelt- und TierschützerInnen aus der Bundesrepublik Deutschland sowie aus den Niederlanden zitiert. Bernd Lötsch soll bei der genannten Pressekonferenz die Bundesregierung in Wien aufgefordert haben, eine Umweltverträglichkeitsprüfung durchzuführen.[957] Die Frage einer solchen rechtlich verbindlichen Überprüfung beschäftigte daraufhin auch das Bundesministerium für Gesundheit und Umweltschutz, welches aufgrund einer Parlamentarischen Anfrage der Abgeordneten Marga Hubinek (Nr. 2138/J)

951 Vgl. ÁBTL 2.7.1.NOIJ – III/III-149a/1/1986.IX.8 (8. 9. 1986).

952 »Einladung zur Pressefahrt nach Ungarn am 6. und 7. 9. 1986« (Privatarchiv W. Rehm, Kopie im Besitz der Verfasserin).

953 Vgl. Interview d. Verf. mit W. Rehm (a), Wien 2018.

954 A Duna Kör hírei. 4. Szám (1986), A Bős-Nagymaros vízlépcső, 15f.

955 ÖStA AdR BMH, GuI 59508/1986, Volker Kier (Leiter des Büros des BMH, GuI), Dienstzettel an die Sektion V,6. 5. 1998.

956 ÖStA BMH,GuI 59508/1986 diverse Presseberichte.

957 ÖSTA AdR BMH,GuI 59509/1986, Zeitungsausschnitt: R.E., »Kraftwerksprojekt verhindern«, Wiener Zeitung, (1986).

zur Beteiligung Österreichs am GNV-Projekt Stellung nehmen musste.[958] 1987 erschien eine Broschüre der »Österreichischen Donaufreunde« (Medieninhaber war das Ökologie-Institut). Auch hier wurde der »Nagymaros«-Schriftzug verwendet. Die Nähe zur trotzkistischen Zeitschrift *gegenstimmen* wird anhand der gemeinsamen Verwendung einer ihrer Karikaturen zu GNV nachvollziehbar. In den *Nagymaros News. Mitteilungen der österreichischen Donaufreunde* wurde von unterschiedlichen Aktionen berichtetet. So zeigt etwa der Hinweis auf eine Diskussionsveranstaltung zu GNV an der József-Attila-Universität in Szeged am 24. Oktober 1986, dass Mitte der 1980er Jahre offene Diskussionsveranstaltungen auch abseits Budapests möglich waren.[959] Zudem wurde von einer Schmuggelaktion einer Sonderbeilage des Monatsmagazins »Wiener« zu GNV berichtet.[960]

> »[Die Zeitschrift] erstellte ein zweisprachiges Dossier über den Kraftwerkswahnsinn von Gabčíkovo und transportierte mehr als 4000 Exemplare ins Baugebiet. Das achtseitige Dossier beinhaltet eine Computerkarte, die die Donaustrecke zwischen Wien und Budapest vom Weltraum aus zeigt und auf der die zukünftigen Stauräume eingezeichnet sind. Das Informationsmaterial soll den slowakischen Umweltschutzgruppen zur Verbreitung zur Verfügung stehen.«[961]

Im Bericht wird GNV erneut mit Hainburg verglichen sowie das Bild einer »ungarischen Wachau« gezeichnet. Hierzu wurden Peter Weish und Bernd Lötsch (Institut für Umweltwissenschaften) zitiert, die vor einem »Export der Umweltzerstörung« sprachen. Die Broschüre wurde über das Ökologie-Institut kostenpflichtig vertrieben und umfasste auch einen Spendenaufruf sowie einen Hinweis auf das wöchentlich stattfindenden »Nagymarosplenum« im Umweltschutzkoordinationsbüro im Wiener Kulturzentrum WUK.

In einem Bericht in der österreichischen Wochenzeitung *Die ganze Woche* zu Jahresbeginn 1987 zeigt sich die Argumentation der österreichischen UmweltschützerInnen, allen voran des WWF:

> »Österreichische Naturschützer aller Couleurs gehen mit ihrer Arbeit über die Grenze: Mit ungarischen Freunden kämpfen sie gegen das nördlich von Budapest geplante Donaukraftwerk Nagymaros, denn – so z. B. der ›World Wildlife Fund‹: ›Nach den abgeschlossenen Verträgen würde Österreich von Nagymaros Strom beziehen, die Umweltschäden hingegen werden in voller Härte die Ungarn treffen.‹ – Solidarität der Umwelt und Naturschützer also auch über die Grenzen und Systeme hinweg. Der WWF

958 ÖSTA AdR BMH,GuI 59509/1986, Kopie der Beantwortung der Parlamentarischen Anfrage vom 6.8.1986 von Dr. Marga Hubinek an den Bundesminister für Gesundheit und Umweltschutz betreffend österreichische Beteiligung am Donaukraftwerk Nagymaros in Ungarn (Nr. 2138/3).

959 Nagymaros News (1987) 1, 2–3 (Privatarchiv W. Rehm, Kopie im Besitz der Verfasserin).

960 Diese Aktion wurde auch von W. Rehm bestätigt. Vgl. Schriftliche Kommentare v. W. Rehm, 17.5.2021.

961 Nagymaros News (1987) 1, 2.

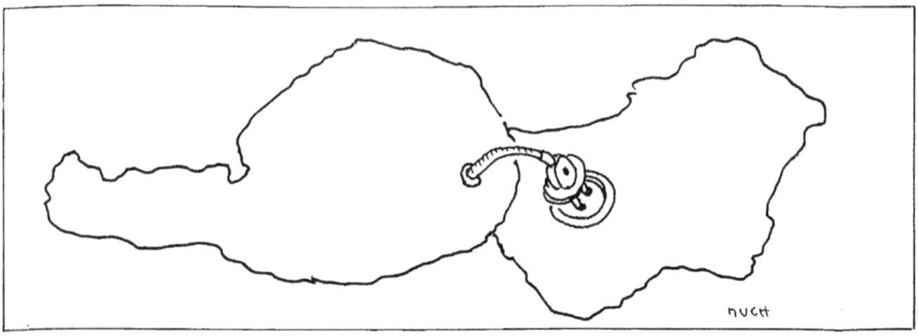

Abbildung 6: Karikaturist Michael Unterleitner alias MUCH mit einer Zeichnung anlässlich des Energieliefervertrags zwischen Österreich und Ungarn, abgedruckt in »gegenstimmen«, Nr. 25/7 (1986) 12 sowie in Nagymaros News. Mitteilungen der österreichischen Donaufreunde

> weiter: ›Ein demokratisches Land wie Österreich sollte sich eigentlich nicht dazu hergeben, aus Demokratiemängeln in einem anderen Land materielle Vorteile für sich selber herauszuholen.‹«[962]

Der Artikel berichtet auch von der Erstellung einer zweisprachigen Broschüre in Österreich, von der 3000 Stück nach Ungarn gebracht werden würde.[963] Die vom WWF Österreich in Federführung von Karl Wagner herausgegebene Publikation umfasste 38 Seiten, auf denen das GNV-Projekt und seine möglichen Folgen für die Umwelt, die Grundwasserversorgung und die Landwirtschaft behandelt wurde. Hainburg wurde darin als »Parallelfall« präsentiert und auch János Vargha wandte sich in einem Interview an die LeserInnen.[964]

Laut Wolfgang Rehm erfolgte im April 1987 eine Reise mit österreichischen ParlamentarierInnen nach Ungarn. Im gleichen Monat machte eine Aktion der Umweltschutz-NGO Global 2000 auf sich aufmerksam, bei der AktivistInnen auf das Wiener Gebäude der Creditanstalt (CA) kletterten. Die Gruppe nutzte die Hauptversammlung des Instituts und die Anwesenheit des Generaldirektors Dr. Hannes Androsch, um auf das Kreditengagement der CA Aufmerksam zu machen. »Während sich vor den Portalen der Creditanstalt […] Aktivisten angurteten, sorgten im Saal zahlreiche Fragen über die ungarische Staustufe für ein »No comment!« von CA-Aufsichtsratspräsident Dr. Fritz Bock.«[965] Der *Kurier* berichtete wie folgt:

> »Aufregung herrschte Mittwoch unmittelbar vor Beginn der Aktionärsversammlung in der CA-Zentrale in der Wiener Innenstadt. Vertreter der Umweltschutzbewegung ›global 2000‹ hatten die Fassade der CA erklettert und ein Transparent mit der Auf-

962 N.N., Naturschutz kämpft gegen Nagymaros, Die ganze Woche, 29.1.1987, 34.
963 Vgl. ebd.
964 Karl Wagner, Nagymaros. Eine Informationsbroschüre, Wien 1987 (Privatarchiv W. Rehm, Kopie im Besitz der Verfasserin).
965 N.N., CA: Heftige Kritik an Krediten für Ungarn, Kurier, 9.4.1987, 7.

> schrift ›Hände weg von Nagymaros‹ enthüllt. Die Aktion regte einige Diskussionen unter Passanten an, die häufigste Frage jedoch war: ›was heißt Nagymaros?‹. Gemeint ist das ungarische Kraftwerksprojekt gleichen Namens, das die DOKW als Generalunternehmer errichtet. Die CA ist Mitfinancier. Die Beweggründe von ›global 2000‹: mit dem Projekt werde Umweltzerstörung exportiert. Die Rückzahlung der Baukosten erfolgt nämlich über Stromlieferungen. Laut ›global 2000‹ müßten dafür kalorische Kraftwerke und ein Atomkraftwerk in Ungarn errichtet werden.«[966]

Am 13. Mai 1987 organisierten die UmweltschützerInnen eine Flugblatt-Verteilung, an der auch österreichische Abgeordnete beteiligt waren.[967] Die Aktion endete damit, dass der Grün-Politiker Walter Geyer gemeinsam mit den Aktivisten Roland Walcher und Norbert Weinhäupl nach kurzem Einsatz beim Budapester Westbahnhof für mehrere Stunden im ungarischen Arrest landeten. Die Abgeordneten Andreas Wabl, Peter Pilz und die Aktivisten Albert Schwingshandl und Wolfgang Rehm wurden bei der Verteilung von Flugzetteln am Batthyány Tér aufgegriffen und zur Fremdenpolizei gebracht. Einem beteiligten Fotografen wurde der Film abgenommen. Hinter der Aktion verbarg sich die bewusste Strategie der UmweltschützerInnen, den GNV-Konflikt in Österreichs Medien zu platzieren. Die Verteil-Aktion mitten in Budapest sei eine geplante Provokation gewesen, bestätigte auch der Umweltaktivist Franz Meister, der währenddessen im ÖH-Büro saß und die Medien informierte.[968] In Erwartung eines polizeilichen Eingriffes sollte die Aktion international Aufmerksamkeit erregen und die ungarischen Behörden in eine unangenehme Situation bringen. Da die Abgeordneten über Diplomatenpässe verfügten, konnte die Gruppe zudem Material einfach über die Grenze bringen. Anders als in Hainburg sahen die österreichischen UmweltschützerInnen eine Besetzung vor Ort als »nahezu ausgeschlossen« an, so Franz Meister. Aufgrund der schwer einzuschätzenden Gewaltbereitschaft der Behörden hätte man zu wenig Leute dafür mobilisieren können. So wurden alle Kräfte gebündelt, um möglichst viel »Publicity zu erzeugen«.[969] Die erhoffte Aufmerksamkeit erhielten die AktivistInnen vor allem im Kontext der politischen Veränderungen Ende der 1980er Jahre.

---

966 N.N., Kletterer protestieren gegen Donaukraftwerk, Kurier, 9.4.1987, 18.

967 Vgl. dazu auch einen kurzen Augenzeugenbericht von Nick Thorpe, Kapitel 5.3 in diesem Buch.

968 Vgl. Interview der Verfasserin mit Franz Meister (b), 9.3.2018, Wien, Sprache: Deutsch, Tonqualität schlecht, Audioaufzeichnung im Besitz der Verfasserin.

969 Manche Umweltschutzgruppen wie etwa das Umweltbüro in Wien hatten jedoch ein Ressourcen-Problem. Das Jahr 1986 markierte auch den Höhepunkt der Anti-Atomproteste gegen die Aufbereitungsanlage im deutschen Wackersdorf. »Wir haben beides gemacht«, so Rehm. »Die einen sind von der Aubesetzung in Hainburg nach Wackersdorf, die anderen nach Nagymaros.« Die Wiener Anti-Atom-Flugblätter fanden ihren Weg auch nach Budapest und Bratislava. »Einmal bin ich mit Günter Schobesberger nach Bratislava gefahren, getarnt als Tantenbesuch.« Vgl. Interview der Verf. mit W. Rehm (a), Wien 2018.

6.1.2 1988–1989: Politische Transformation und Umweltprotest

Nachdem Kádár am 20. Mai 1988 im Zuge der Parteikonferenz in Budapest zum Rücktritt als Generalsekretär der MSzMP de facto gezwungen wurde, folgte ihm Károly Grósz, der auch den Regierungschef stellte, nach. Mit Imre Pozsgay, der in den 1980er Jahren zum Reformkommunisten avanciert war, wurde ein »sozialismusgläubiger Reformer«[970] ins Politbüro gewählt. Mit Miklós Németh (damals erst 40 Jahre alt) und Rezső Nyers schaffte der Flügel der Pragmatiker den Aufstieg. Einerseits wurde die Partei mit dem Personalwechsel pluralistischer und jünger, andererseits hatte die Partei aber auch mit einer Austrittswelle zu kämpfen. Pozsgay wurde am 29. Juni 1988 zum Staatsminister im Amt des Ministerpräsidenten gewählt. Am 24. November 1988 gab Grósz den Vorsitz des Ministerrats an Németh ab. Im darauffolgenden Mai wurde die Regierung umgebildet und der pragmatische Flügel der Partei konsolidierte seine Macht.[971]

> »Auf programmatischer Ebene nahm die MSZMP bemerkenswerte Kurskorrekturen vor, die durch den wachsenden Einfluß und das letztliche Obsiegen der Pragmatiker möglich wurden. Neben Grundsatzentscheidungen zur Einführung zentraler Institutionen einer Marktwirtschaft und der Aufgabe der Führungsrolle ist hier vor allem die Anerkennung der Ereignisse von 1956 als »Volksaufstand« zu nennen.«[972]

Aber auch das Kraftwerksprojekt in Nagymaros wurde in jenen Monaten zum »Prüfstein für den gesamten Reformkurs in Ungarn«.[973] »Daß Ministerpräsident Miklos Nemeth sich dennoch [trotz möglicher finanzieller Forderungen Österreichs, Anm. d. Verf.] zum Ausstieg aus dem Gemeinschaftsprojekt entschloß, beweist, daß in Nagymaros für die Regierung mehr auf dem Spiel stand als der Erhalt der Donau-Auen.«[974] Die KraftwerksgegnerInnen wussten die damit verbundenen Handlungsspielräume zu nutzen und setzten ab 1988 auf aufmerksamkeitsstarke Protestformen. Als im Mai 1988 der österreichische Außenminister Alois Mock Budapest besuchte, organisierte die Donaubewegung eine Großdemonstration vor der Botschaft in der Bajza utca in Budapest. Der Protest wurde von der Nagymaros Bizottság, ein Komitee von 22 Gruppierungen veranstaltet, darunter Umweltgruppen wie Duna Kör, Kék Lista und universitäre Zirkel wie der BME Zöld Kör, der sich mit Umweltschutzthemen befasste. Im August 1988 gegründeten Dachkomitee[975] engagierten sich kulturelle Verbände

970 Christof E. Ehrhart, Transformation in Ungarn und der DDR: Eine vergleichende Analyse, Wiesbaden 1998, 173.

971 Vgl. ebd., 173–75.

972 Ebd., 175.

973 N.N., Riesiger Schwall. Der Spiegel (1989) 21, 196–200, URL: https://www.spiegel.de/spiegel/print/d-13495592.html (abgerufen 17.8.2022).

974 Ebd.

975 Galambos, Conflict on the Danube, 182.

wie etwa der junge jüdische Kulturverband (MaZsiKE), der sich um die Verständigung zwischen jüdischen und nicht-jüdischen UngarInnen bemühte. VertreterInnen der zahlreichen Gruppen im Nagymaros-Verbund trafen sich fortan wöchentlich, um Protestaktionen und Vorgangsweisen miteinander abzustimmen und zu diskutieren. Der Duna Kör bildete einer der größten Gruppen des Nagymaros-Komitees. Auch kleinere Gruppierungen, darunter etwa die »Freunde der Donau« und die »Blauen« waren Teil davon. Zeitzeugen wie András Szekfü erinnern sich an chaotische Verhältnisse, persönlichen Antisympathien und der Tatsache, dass Personen oft gleichzeitig Teil mehrerer Gruppierungen gegen GNV waren, was zu Verwirrungen führen konnte.[976] Zu der mobilisierungsstärksten Gruppe des Komitees gehörte neben dem Duna Kör auch die Bajcsy-Zsilinszky Freundschaftsgesellschaft (Bajcsy-Zsilinszky Endre Baráti Társaság – BZSBT). Auch außerhalb Budapests gründeten sich in den 1980er Jahren Umweltgruppen, wie etwa die 1987 gegründete und bis heute bestehende Gruppe »Reflex« aus Győr, die sich ebenso gegen das Kraftwerksprojekt einsetzte.[977] Das Thema GNV sowie andere Fragen des Umweltschutzes standen nun auch auf der Tagesordnung von Veranstaltungen neuer parteipolitischer Gruppen, wie ein Geheimpolizei-Bericht von einem MDF-Treffen im September 1988 in Esztergom berichtet. An der Diskussion nahm auch die im Mai 1988 aus dem Netzwerk Freier Initiativen (SZKH) hervorgehende Allianz Freier Demokraten (SZDSZ), der sich u. a. auch János Vargha anschloss, teil. Nach Angaben der Geheimpolizei waren an diesem Tag auch VertreterInnen von Greenpeace, »freie UmweltschützerInnen« und Grün-PolitikerInnen aus Österreich vor Ort. Namentlich genannt wurden Freda Meissner-Blau (Grüne), Franz Schleicher (Grüne) und Franz Meister (Ökologie-Institut). In einem Bericht ist auch von Erhard Busek der darin fälschlicherweise als Grün-Politiker bezeichnet wird, sowie von zehn ausländischen Journalisten und einem Vertreter einer tschechoslowakischen Oppositionsgruppe die Rede.[978]

Ende der 1980er Jahre wurden auch zunehmend westliche NGOs auf das Thema GNV aufmerksam und sprangen auf den Protestzug gegen das Kraftwerksprojekt auf. Als eine der ersten Unterstützungsorganisationen aus Österreich mobilisierte der Naturschutzbund (ÖNB) gegen den Kraftwerksbau mit österreichischem Geld. In einer Presseaussendung vom 23. Juni 1987 appellier-

976 Vgl. Interview der Verfasserin mit A. Szekfü (c), online, 2021.

977 A Reflex javaslatai Duna ügyben. Webseite der Gruppe »Reflex«, URL: http://reflexegyesulet.hu/index.php/vizvedelem/336-a-reflex-javaslatai-duna-uegyben-2 (abgerufen 18. 1. 2021).

978 ÁBTL – 2.7.3.-6-7/641/1988, online unter https://tuntetes-archivum.hu/sites/default/files/esemenyek/pdf/1988.09.12_17.pdf (abgerufen 22. 1. 2021). Anmerkung: Obwohl kein Grün-Politiker gehörte E. Busek dennoch zu jenen Stimmen, die sich für eine Umweltverträglichkeitsprüfung von einer internationalen Kommission aussprachen. Vgl. dazu: ÖStA AdR BMLFW 14.575/20-I 4/88, zu finden in: 14.575-I4/1988.

te die Umweltschutzorganisation an die Mitglieder des Nationalrates, einer Bundeshaftung nicht zuzustimmen. Der Naturschutzbund verabschiedete am 12. November 1989 eine Resolution an die österreichische Bundesregierung, in der er den Verzicht auf Entschädigungszahlungen aus Ungarn forderte.[979]

> »Der ÖNB appelliert an die österreichische Bundesregierung, auf eine Entschädigung zu verzichten und statt dessen Kompensationsgeschäfte mit Ungarn anzubahnen. Z. B. könnten die von Ungarn durch den unterlassenen Kraftwerksbau eingesparten Gelder in Aufträge an österreichische Firmen für umweltpolitisch sinnvolle Projekte, etwa zur effizienteren Energienutzung, eingesetzt werden.«[980]

Ein weiterer Akteur österreichischer Umweltschutz-NGOs war neben Karl Wagner (WWF) auch Michael Undorf, der sowohl Global 2000 als auch Greenpeace Österreich gegründet hatte. Global 2000 war vor allem bei zwei aufsehenerregenden Protestaktionen in Wien federführend: bei der Plakataktion am Gebäude der Creditanstalt im April 1987 sowie der Besetzung der DoKW-Zentrale[981] im September 1988.[982] Am 27. Juni 1988 forderten mehrere Umweltverbände und -organisationen die ungarischen Abgeordneten auf, die Bauarbeiten in Nagymaros einzustellen und einen internationalen ExpertInnenausschuss zur Bewertung des Projektes einzurichten. Sie forderten in Anlehnung an Hainburg einen »Baustopp mit Nachdenkpause, eine Umweltverträglichkeitsprüfung und eine Volksabstimmung«.[983] In jenem Frühsommer besuchte Béla Lipták Ungarn. Er hielt Vorträge beim Verband ungarischer Journalisten sowie im Jurten-Theater. Es folgten Gespräche mit Staatsminister Rezső Nyers und Iván T. Berend, Präsident der Ungarischen Akademie der Wissenschaften, an denen auch Vertreter der Donaubewegung teilnahmen.[984] Die Spätsommermonate im Jahr 1988 bedeuteten für die AktivistInnen eine massive Zunahme der Protestdynamik, die sich einerseits in einer internationalen Umweltkonferenz sowie in der Massendemonstration am 12. September 1988 äußerte. László Szekeres, einer der

979 Vgl. ÖNB appellierte 1987 an die österreichischen VolksvertreterInnen, natur & land 75 (1989) 5/6, 159.

980 Ebd.

981 Einem Bericht des »Kurier« zufolge sollen mehrere Personen, darunter der Abgeordnete Walter Geyer, das Büro des Generaldirektors gestürmt und dessen Besetzung ausgerufen haben. Vgl. Hans Rauscher, »Besetzung«, Kurier, 7. 9.1988, Titelseite.

982 Vgl. N.N., CA: Heftige Kritik an Krediten für Ungarn, Kurier, 9.4.1987, 7. Vgl. auch: »Umweltschützer besetzen DOKW-Hauptsitz in Wien«, Kurier, 7.9.1988, 21.

983 Kurt Seinitz, Ungarische Regierung bleibt hart Kein Baustopp für »Nagymaros«! Kronenzeitung, 9.9.1988, 2.

984 Vgl. A bős-nagymarosi vízlépcsőrendszer krónikája [Die Chronik von Bős-Nagymaros].

OrganisatorInnen der Demonstration, zufolge hatten sich »die Ereignisse im Sommer erheblich beschleunigt.«[985]

> »Béla Lipták aus den USA war hier zu Besuch, was auch unserem Fall viel Auftrieb verlieh. Am 2. September veranstalteten wir eine internationale Umweltkonferenz mit dem Titel The Danube Dam; hier möchte ich den internationalen Organisationen, vor allem dem Swiss World Wildlife Fund, für ihre Hilfe danken.«[986]

Das Nagymaros-Komitee organisierte die Referendum-Kampagne sowie die Demonstration am 12. September.[987] Neben Mitgliedern des Komitees beteiligten sich auch viele andere Gruppierungen an den Protesten, darunter das liberale Netzwerk »Hálózat« sowie auch mehrere religiöse Initiativen. Für den Duna Kör-Aktivisten Szekfü war die Demonstration ein Schlüsselereignis der Bewegung. »Ich habe für die RednerInnen übersetzt und stand etwas höher über der Menge. Der gesamte Kossuth-Platz war voller Demonstranten. Wir haben das als sehr wichtig empfunden.«[988] Szekfü übersetzte u. a. die Redebeiträge von Freda Meissner-Blau, die zusammen mit mehreren hundert ÖsterreicherInnen an der Demonstration in der ungarischen Hauptstadt teilnahm.

> »Großer Applaus hatte schließlich die Grün-Abgeordnete Freda Meissner-Blau: Sie sagte den Ungarn volle Hilfe von Österreichs Umweltschützern zu. Und das in weit markigeren Worten, als unsere Nachbarn sie selbst in den Mund nehmen würden: ›Wir werden kämpfen bis zum Baustop. Das ist unsere Pflicht, denn wir schämen uns für die Milliarden, die unser Land in dieses stalinistische Monsterprojekt gesteckt hat.‹«[989]

An dem friedlichen Massenprotest nahmen mehrere zehntausende UngarInnen teil. Auf den Transparenten der ÖsterreicherInnen, die zuvor mit Flugzetteln und Einladungen zur Demonstration mobilisiert hatten, waren Sprüche wie »Es gelang in Hainburg«[990] und »Break Austrian Neocolonialism« zu lesen, was zu Schlagzeilen im Nachbarland führte.[991] Unter den von der ungarischen Staatspolizei konfiszierten Protestmaterialien befinden sich neben Flugzetteln und Informationsbroschüren ebenso für das ungarische Publikum übersetzte Me-

985 Sándor Szilágyi, A környezetvédelem: Politika. Interjú Szekeres László fotografikussal, a szeptember 12-i tüntetés egyik szervezőjével, Beszélő 1 (1988) 26, URL: http://beszelo.c3.hu/cikkek/a-kornyezetvedelem-politika, (abgerufen 18.9.2020).

986 Ebd. Im Original: »Szóval, a tüntetés óta, nyáron eléggé felgyorsultak az események. Itt járt Lipták Béla az Egyesült Államokból, ez is sokat lendített az ügyünkön. Szeptember 2-án tartottuk a nemzetközi környezetvédelmi konferenciát A dunai duzzasztógátak címmel; itt szeretném megköszönni a nemzetközi szervezetek, mindenekelőtt a svájci World Wildlife Fund segítségét.«

987 Vgl. dazu u. a.: Interview der Verfasserin mit A. Szekfü (b), Budapest 2019.

988 Interview der Verf. mit A. Szekfü (c), online, 2021.

989 Peter Baldinger, Wir lassen und die Natur nicht einfach zerstören, Kronenzeitung, 14.9.1988, 10–11.

990 TM/Fortepan, URL: https://fortepan.hu/hu/photos/?id=77494 (abgerufen 22.1.2021).

991 Vgl. u. a. Titelseite Kurier, 14.9.1988.

dienberichte aus Österreich. Mit dabei auch ein Solidaritätsschreiben österreichischer Grün-PolitikerInnen.[992]

Ich protestiere gegen den Bau des **Staustufensystems Gabcikovo Nagymaros** und fordere Sie auf, der weiteren Umweltzerstörung Einhalt zu gebieten.

[illegible]akozom a bös-nagymarosi vízlepcsörendszer építése ellen és követelem, hogy szüntesék be minden további környezetrombolást.

NAME/NÉV ....

ADRESSE/CIM ....

....

UNTERSCHRIFT/ALÁIRÁS ....

Grósz Károly
Miniszterelnök
Országház
H-1050 Budapest 1

ÁBTL - 2.7.3. - 6-7/sz.n./1988.

Abbildung 7: Aus dem ungarischen Archiv der Staatssicherheit: Vorlage für einen Protestbrief an den Ministerpräsidenten Ungarns Károly Grósz[993]

992 Vgl. dazu u. a. die Solidaritäts-Schrift der Grünen Nationalratsabgeordneten mit Ungarn, in: ÁBTL – 2.7.3-6-7/602/1988, URL: https://tuntetes-archivum.hu/sites/default/files/esemenyek/pdf/1988.09.12_23_0.pdf (abgerufen 22. 1. 2021).

993 ÁBTL – 2.7.3.-6-7/szn/1988. Röplap az vízlépcső ellen, online unter https://www.abtl.hu/sites/default/files/kepek/virtualis_kiallitasok/1988.09.12_24_2.jpg (abgerufen 22. 1. 2021).

Abbildung 8: Erinnerungen an die Kampagnenarbeit: In András Szekfüs Keller findet sich u. a. ein Plakat, das im Zuge der Unterschriftensammlung für das Referendum gegen GNV angefertigt wurde.[994]

Noch vor den Massenprotesten organisierten der Duna Kör gemeinsam mit dem WWF und dem International Rivers Network, dem Nagymaros-Komitee und dem FIDESZ die Konferenz »Dams on the Danube«. Das Treffen von Zivilgesellschaft und Wissenschaft fand von 2. bis 4. September 1988 in Budapest statt und erregte national wie international viel Aufmerksamkeit.[995] »Austrian environmental groups, the Austrian Minister for the Environment, representatives of the Hungarian Academy of Sciences, the International Rivers Network, and the Hungarian Union of Young Democrats were also among the participants.«[996] Gegenstand der Diskussion waren die Umweltauswirkungen der geplanten Staustufe, wobei die Erfahrungen mit ausländischen Staudammprojekten als Vergleichsgrundlage herangezogen wurden. Die Samisdat-Publikation *Beszélő* brachte im Anschluss einen ausführlichen Bericht zu der Veranstaltung, welcher

994 Privatarchiv András Szekfü, Kopie im Besitz der Verfasserin.

995 Még nem késő [Es ist nicht zu spät] – Einladung zur Kundgebung und zum Kickoff der Umweltkonferenz am 2.–3. September 1988 in Budapest (Privatarchiv András Szekfü, Kopie im Besitz der Verfasserin).

996 Galambos, Conflict on the Danube, 182.

auch eine SprecherInnen-Liste miteinschloss.[997] Neben österreichischen WissenschaftlerInnen wie dem Limnologen Heinz Löffler und dem Hydrologen Franz Borovicheny, UmweltschützerInnen wie Erika Schneider vom Aueninstitut des WWF und Karl Wagner vom Ökologie-Institut waren auch die ÖVP-Abgeordnete Marga Hubinek und der Grün-Abgeordnete Walter Geyer vor Ort.[998] Dem Beschluss der Konferenz zufolge herrschte in den Diskussionen die Meinung vor, dass der Bau des Staudammsystems – vor allem die Arbeiten in Nagymaros – ausgesetzt werden sollte. Die Ziele für die Donau müssten unter Berücksichtigung von Prioritäten, die die tatsächlichen Werte widerspiegelten, neu bewertet werden. Der Umgang mit und die Beilegung des Streits über das Staustufensystem würden zeigen, so die Schlussbemerkung des *Beszélő*-Berichts, »ob die Regierung wirklich nach Konsens strebt, soziale Kontrolle akzeptiert und in der Lage ist, sich selbst zu korrigieren.«[999]

Trotz des Aufrufs der WissenschaftlerInnen und UmweltschützerInnen genehmigte die Regierung am 7. September den Bau, mit der Bedingung, einen Untersuchungsausschuss der Akademie der Wissenschaften einzurichten, der die Möglichkeit einer Stilllegung überprüfen sollte.[1000] Infolgedessen kam es zu den bereits erwähnten Massendemonstrationen in Budapest, Szeged und Debrecen, in denen Forderungen nach einem »Mehrparteiensystem« und nach »Demokratie« zu hören waren.[1001] Die AktivistInnen übergaben die Petition für ein Referendum zu GNV an den Präsidenten des Präsidialrates Bruno F. Straub. Die Forderung nach einem Volksentscheid wurde jedoch abgelehnt.[1002] Wenige Tage darauf, am 17. September 1988, fand in Nagymaros eine weitere Demonstration statt. Der Bericht der Ungarischen Akademie der Wissenschaften wurde Ende des Monats veröffentlicht und präsentierte die Einstellung sowie die Verschiebung des Projektes als Alternativen zur Weiterführung.[1003]

Unterdessen meldete sich auch der angesehene slowakische Biologe Mikuláš J. Lisický zu Wort:

997 Vgl. Netzwerk freier Initiativen, Állásfoglalás, in: Beszélő 3 (1988) 25, 86–88, URL: https://www.abtl.hu/sites/default/files/1988.09.12_13_1_1.jpg, (abgerufen 18.9.2020).

998 Vgl. Stellungnahme der KonferenzteilnehmerInnen vom 16.9.1988, Privatarchiv A. Szekfü. Kopie im Besitz der Verfasserin.

999 Netzwerk freier Initiativen, Állásfoglalás (1988).

1000 Vgl. N.N., »Szabadságot a Dunának« – 1988. Szeptember 12., URL: https://www.abtl.hu/szolgaltatasok/nyilt-ter/virtualis_kiallitas/tuntetesek_1988/1988.09.12 (abgerufen 22.1.2021).

1001 N.N., »Transzparensek, feliratok« ÁBTL – 2.7.3. – 6.7/szn/1988 [65-9/181/1988].

1002 Vgl. MTI, Tüntetés a vízlépcső ellen, Népszabadság, 13.9.1988, URL: https://www.abtl.hu/sites/default/files/kepek/virtualis_kiallitasok/1988.09.12_39.jpg (abgerufen 18.9.2020).

1003 Vgl. N.N., Szabadságot a Dunának – 1988. Szeptember 12 (Bericht auf der ÁBTL-Webseite), URL: https://www.abtl.hu/szolgaltatasok/nyilt-ter/virtualis_kiallitas/tuntetesek_1988/1988.09.12, (abgerufen 22.1.2021).

»Bedenken gegen das geplante ungarische Kraftwerk Nagymaros auch in der ČSSR. **Der slowakische Biologe Lisicky** [Hervorhebung im Original, Anm. der Verf.] weist in einer Studie darauf hin, daß die Existenz der Donauauen keine Sache eines Experiments sein dürfe. In einem offenen Brief der Anti-AKW-Bewegung Österreichs wird die Regierung aufgefordert, ihr Nagymaros-Engagement aufzugeben.«[1004]

1988 berichteten österreichische Medien erstmals über KritikerInnen des Kraftwerkprojektes in der Slowakei. So wurde etwa der österreichische Umweltaktivist Franz Meister im *Kurier* zitiert: »Gegen das System Gabčíkovo/Nagymaros in der ›ungarischen Wachau‹ formiert sich nun auch Widerstand in der Slowakei. Dort wurden bereits 1000 Unterschriften gesammelt, weiß Franz Meister vom Ökologie-Institut.«[1005] Am 6. Oktober 1988 erörterte das ungarische Parlament zum ersten Mal die Frage des Staudammsystems. In seiner Rede am 20. Oktober 1988 schlug László Maróthy, Minister für Umwelt und Wasserwirtschaft, mit dem Aufruf »Damm und Demokratie« die Fortsetzung des Baus vor, begründete dies jedoch nicht mit der Notwendigkeit des Projektes, sondern mit den befürchteten Kosten, die eine Einstellung mit sich bringe. Auch der neue Generalsekretär der USAP, Károly Grósz, distanzierte sich von den Plänen seines Vorgängers:

»Wenn wir uns heute für Bős-Nagymaros entscheiden müssten, würde ich sagen, dass wir nicht damit beginnen sollten, weil wir das Geld für etwas anderes brauchen. Es muss jedoch gesehen werden, dass all dies kein wirtschaftliches oder ökologisches Problem mehr ist, sondern ein politisches, das dazu dient, die Glaubwürdigkeit des Managements zu untergraben.«[1006]

Letztlich stimmte das Parlament nach einer hitzigen Debatte für den Vorschlag der Regierung zur Weiterführung der Bauarbeiten. Zeitgleich zur Abstimmung am 30. Oktober 1988 hielten 27 Städte weltweit Demonstrationen und Protestkundgebungen gegen GNV ab.[1007] Die Kundgebungen im Ausland fanden nicht nur vor der ungarischen, sondern auch vor der österreichischen Botschaft statt. Nach einem ganztägigen Treffen der Regierung kündigte der stellvertretende Ministerpräsident Péter Medgyessy schließlich am 13. Mai 1989 an, den Bau an der Nagymaros-Staustufe mit sofortiger Wirkung auszusetzen. Noch war das Projekt aber nicht komplett vom Tisch. Zugleich betrat mit der Idee einer gemeinsamen Expo ein neues bilaterales Projekt zwischen Ungarn und Österreich die Bühne. PolitikerInnen beider Länder hofften, durch dieses Kulturprojekt nicht nur dem Mitteleuropa-Fieber eine reale Manifestation zu geben, sondern bei einem möglichen Scheitern der Nagymaros-Staustufe neue infrastrukturelle

1004 N.N., Auch in ČSSR Zweifel an Nagymaros-Kraftwerk, Kurier, 19.9.1988, ohne Seite.
1005 N.N., Donaukraftwerk: Keine Klage wegen KW Nagymaros, Kurier, 19.9.1988, 2.
1006 Ebd.
1007 Fuchs, Environmental Protest tries, 19.

Investitionen zu ermöglichen.[1008] Den Vorschlag einer Expo lehnte der Duna Kör jedoch ab. Bei ihrer Generalversammlung am 29. April 1989 einigten sich die UmweltschützerInnen auf die Forderung »Keine Expo ohne Stop von Nagymaros«. Zugleich wurde die Expo aufgrund der nötigen Bautätigkeiten und der zu erwartenden Verkehrsbelastung auch als umweltschädliches Projekt angesehen.[1009] Mehrere tausend Menschen protestierten am 26. Mai 1989 gegen Nagymaros vor dem Parlament. VertreterInnen der lokalen Basisorganisation der MSZMP in Nagymaros legten dem Sprecher der Nationalversammlung, Mátyás Szűrös, eine Liste mit 40.000 Unterschriften für den finalen Projektstopp vor. Nach Zustimmung des Parlaments wurde der Bau am 2. Juni 1989 offiziell eingestellt. Im Oktober des gleichen Jahres, etwa zwei Wochen nachdem beim Parteikongress die Neugründung der MSZP entschieden wurde, beschloss die Nationalversammlung parteipluralistische Parlamentswahlen. Schon im Februar zuvor hatte das Zentralkomitee das Prinzip des Mehrparteiensystems eingeführt. Auch die offizielle Neubezeichnung der Ereignisse im Jahr 1956 als »Volksaufstand« gehörte zu den ersten Zugeständnissen der zunehmend unter Druck geratenen kommunistischen Führung. Die ersten freien Wahlen fanden am 1. Mai 1990 statt. Die Mitte-Rechts-Regierung unter József Antall (MDF) umfasste eine Koalition mit der Unabhängigen Partei der Kleinlandwirte (Független Kisgazda-, Földmunkás- és Polgári Párt FKgP) und der Christlich-Demokratischen Volkspartei (Kereszténydemokrata Néppárt KDNP). Die Nachfolgepartei MSZP wurde von den ungarischen BürgerInnen abgewählt. Bis zum 19. Juni 1990 verließen sämtliche Sowjettruppen die neue Republik.[1010]

1008 In den 1980er Jahren entwickelten sich im Umfeld des Wiener Kulturstadtrats Jörg Mauthe, des damaligen Wiener ÖVP-Landesparteiobmannes Erhard Busek sowie des SPÖ-Landesparteiobmanns und Vizebürgermeisters Hans Mayr die Idee einer gemeinsamen Weltausstellung. 1987 folgte nach langjähriger Vorbereitung eine gemeinsame Regierungserklärung zwischen den beiden Ländern. Die Kandidatur für die 1995 geplante Expo mit dem Titel »Brücken in die Zukunft« wurde im April 1989 offiziell anerkannt, der Auftrag wurde im Dezember desselben Jahres erfolgreich vergeben. Nach mehreren Verzögerungen wuchs der politische Druck – vor allem von Seiten der Grünen Partei, – aus dem eine Volksbefragung im Mai 1991 resultierte. Aufgrund des negativen Ausgangs dieses Plebiszits zog die Republik Österreich ihre Bewerbung zurück. Das Projekt war gestorben. Vgl. u.a.: Walter Siebel (Hg.), Festivalisierung der Stadtpolitik: Stadtentwicklung durch große Projekte, Wiesbaden 1993. Siehe ebenso die Interviews der Verfasserin mit Emil Brix (Wien, 19.4.2018) und Erhard Busek (Budapest, 13.11.2015).

1009 Vgl. Interview der Verfasserin mit A. Szekfü (b), Budapest 2018.

1010 Vgl. u.a.: Schmidt-Schweizer, Politische Geschichte Ungarns 1985–2002. Von der liberalisierten Einparteienherrschaft zur Demokratie in der Konsolidierungsphase; Ignác Romsics, Hungary in the Twentieth Century, Budapest 1999.

6.1.3 Verlagerung der Proteste nach Gabčíkovo

Während ungarische und österreichische VertreterInnen über mögliche Entschädigungszahlungen aufgrund des Baustopps in Nagymaros verhandelten, verlagerten sich die Protestaktivitäten ab 1990 zunehmend nach Gabčíkovo, wo bereits ein Großteil des Teilprojektes fertiggestellt wurde. Die Umweltzerstörungen des kommunistischen Regimes bildeten einen fruchtbaren Nährboden für »grüne« Proteste in der ČSSR. Besonders im slowakischen Landesteil bildete GNV ein zentrales Thema der politischen Wendezeit.[1011] Nach der zurückhaltenden Fachkritik in den 1970er Jahren und einem Vorschlag zum Schutz der Auen und Wälder rund um Bratislava im Jahr 1980 legten AnhängerInnen des SZOPK Bratislava am 1. Mai 1986 den Regierungen aller drei Länder eine »Donaudeklaration« (an anderer Stelle auch »Maideklaration« genannt) vor. Darin forderten die UmweltschützerInnen die Schaffung eines trinationalen Naturparks.[1012] Besonders das SZOPK und seine Basisorganisation Nr. 16 traten in den 1980er Jahren aktiv gegen das Staudammprojekt auf und begrüßten die spätere Einstellung des Baus auf ungarischer Seite. Wenn schon nicht der Bau des tschechoslowakischen Projektteils verhindert werden konnte, so sollten zumindest einige Bedingungen der UmweltschützerInnen bei Gabčíkovo umgesetzt werden.[1013] Die erste Demonstration gegen das Kraftwerksprojekt fand am 16. Dezember 1989 statt. Kurz darauf fanden sich UmweltschützerInnen in der nahe gelegenen slowakischen Kleinstadt Šamorín zusammen, um gemeinsame Aktionen zu planen. Dies bildete die Geburtsstunde der lokalen Bürgerinitiative »Eurochain«.[1014] »Auch die Bewohner der Schüttinsel rührten sich. In Schamorin vereinigten sich die Bürger und auf ihren Aufruf standen von Hainburg bis Komorn [sic!] 60 000 Menschen auf den Donaudämmen und reichten sich die Hände. So bildeten sie die Eurokette und widersetzten sich so der Fortsetzung

1011 Wolfgang Rehm erinnert sich, dass bereits Ende der 1980er Jahre Gerüchte um eine tschechoslowakische Umweltschutzgruppe namens »Brontosaurus« nach Österreich drangen. Nach eigenen Angaben gründete sich die bis heute bestehende NGO Hnutí Brontosaurus bereits Mitte der 1970er Jahre, URL: https://brontosaurus.cz (abgerufen 21.5.2021). Vgl. Schriftliche Kommentare W. Rehm zum Manuskript der Verf., 17.5.2021 (im Besitz der Verfasserin).

1012 Vgl. Interview der Verfasserin mit M. Huba, Bratislava 2019.

1013 Am 25. Juni 1991 verzeichneten die Proteste einen kleinen Etappensieg, der sich jedoch als Pyrrhussieg entpuppte. Das Umweltkomitee akzeptierte die 19 Bedingungen der UmweltschützerInnen für eine Inbetriebnahme Gabčíkovo. Es dauerte nicht lange, bis Ernüchterung eintrat: »Like the rules painted on the wall of the barn in the novel Animal Farm, the conditions disappeared and no one spoke of them again.« Vgl. Fuchs, Environmental Protest, 55.

1014 Vgl. ebd., 49; siehe ebenso: Ludovit Tuba, Stop Gabčíkovo. Ein Monat am Damm, Bratislava 1991.

der Baupläne.«[1015] Im Fall der Gabčíkovo-Proteste kam es zu einer engen Verschränkung lokaler Initiativen mit internationalen und nationalen NGOs. Eine zentrale Rolle des lokalen Protests nahmen BewohnerInnen der Gemeinden Šamorín und Čuňovo ein, welche entlang der Schüttinseln liegen. Am 20. Februar 1991 hatten sich nach Angaben des WWF 82 Bürgermeister der Region in einer Petition an die Regierungen in Prag und Bratislava sowie an Präsident Václav Havel gewandt. Die BesetzerInnen bildeten einen Schulterschluss mit den Bürgermeistern und forderten den sofortigen Baustopp.[1016] Wolfgang Rehm hob im Gespräch mit der Verfasserin Gyulai Ludovít, den Bürgermeister von Šamorín, und das örtliche Rathaus besonders hervor. In einer dreisprachigen Broschüre ist zudem davon die Rede, dass der Generalanwalt des Bezirks Druck auf den Bürgermeister ausübte die Besetzung im Juli als nicht bewilligt und daher als illegal zu erklären.[1017] Die AktivistInnen Klara Benkovicsová und Lajos Tuba wurden von mehreren österreichischen und slowakischen UmweltschützerInnen als zentrale AkteurInnen der lokalen Proteste ausgehend von Šamorín identifiziert. Lokale Expertise zu den Umweltfolgen der Kraftwerkanlage lieferte auch Miklós Duray, slowakischer Politiker der ungarischen Minderheit. Als Student von Jaromír Šíbl und Mitglied des SZOPK gehörte Duray zu den am stärksten engagierten GegnerInnen Gabčíkovos.[1018] Auch die österreichischen AktivistInnen konzentrierten sich ab 1989 vermehrt auf die Geschehnisse in Gabčíkovo und versuchten trotz des fortgeschrittenen Baus die Inbetriebnahme zu verhindern. Eine vom WWF Österreich als Presseunterlage und Informationsbroschüre für Partnerorganisationen zusammengestellte Chronologie der Ereignisse rund um das »Monsterprojekt Gabčíkovo« bezeichnete die Menschenkette vom Februar 1990, welche von Bratislava über Gabčíkovo bis Komárom/Komárno reichte,[1019] als die »erste große Protestaktion« in der Slowakei. In den folgenden Monaten lancierte die Eurochain-Initiative mehrere Protestaktionen, darunter die medienwirksame Besetzung des Baugeländes am 3. Juli 1991, womit mit Unterstützung von »Reflex« und Duna Kör aus Ungarn, dem WWF und Global 2000 aus Österreich und der SZOPK die Flutung des 25 Kilometer langen Kanals verhindert werden sollte.[1020] »Zum Schauplatz dieser Aktionen wählten wir die Pum-

1015 Tuba, Stop Gabčíkovo. Ein Monat am Damm, 24.

1016 Vgl. ebd.

1017 Vgl. ebd., 25.

1018 Vgl. Interview der Verfasserin mit L'ubica Trubiníová, Bratislava, 12.4.2019, Sprache: Englisch, schriftliche Aufzeichnungen im Besitz der Verfasserin.

1019 Auch Béla Lipták nahm an dieser Menschenkette teil. Vgl. Fuchs, Environmental Protest, 49f.

1020 Die beiden österreichischen Aktivisten Günter Schobesberger und Wolfgang Rehm erinnern sich auch an eine Demonstration des Duna Kör, an der sie am 8. Februar 1991, also zum fünften Jahrestag der Ereignisse vom Februar 1986 in Budapest in der Slowakei

penanlage, welche zur Auffüllung des Wasserkanals dienen soll. An dieser Stalle [sic!] stand Früher [sic!] die Gaststätte Kormoran, ein beliebter Ausflugsplatz.«[1021] Nachdem ein Gespräch mit dem Regierungsgesandten Dominik Koczinger vor Ort scheiterte, weitete sich die anfangs kleine Besetzung von 17 Personen in den folgenden Tagen auf etwa 100 Personen aus. »Obzwar die Organisatoren die Aktion ursprünglich nur für drei Tage geplant hatten, entschliessen [sic!] sie sich Ende der Woche dennoch für ihre Fortsetzung.«[1022] Während am 16. Juli im Hotel Bôrik in Bratislava ungarische und tschechoslowakische Delegierte über eine bilaterale Einigung zu GNV verhandelten, warteten draußen die DemonstrantInnen auf sie. Mehrere internationale NGOs hatten sich der Protestbewegung angeschlossen, darunter mehrere nationale WWF-Organisationen, Global 2000 sowie die International Coalition Against Large Dams (ICALD), die am 16. und 17. Juni 1991 einen internationalen Kongress »International Comission On Large Dams« in Wien veranstaltete. Mit mediengerechten Protestaktionen wie einem 40 Quadratmeter großen Transparent mit dem Titel »NO LARGE DAMS«, welches am 12. Juli von Global 2000-AktivistInnen und weiteren UmweltschützerInnen[1023] an der Baustelle in Gabčíkovo montiert wurde, versuchten die AktivistInnen das Projekt durch internationalen Druck zu kippen. »Der Pressburger Ausschuss der slowakischen Natur- und Umgebunsvereinigung/SZOPK/ [sic!] ruft alle Umweltschützer des Landes dazu auf, unter dem Motto ›opfere einen Tag für die Donau‹ die Aktion zu unterstützen«[1024] Zwei Tage später, am 17. Juli 1991, ließ die Slowakei die Baustelle durch die Polizei räumen. Blockadeaktionen führten in der Folge zu Festnahmen und dem Einsatz von Tränengas. Am 22. Juli erhielten nach Angaben des WWF zwei österreichische Umweltschützer ein einjähriges Einreiseverbot für das Nachbarland. In der Zwischenzeit machten sich auch mehrere Abgeordnete des Slowakischen Nationalrats vor Ort ein Bild von den Protesten. Sie führten sowohl Gespräche mit slowakischen WissenschaftlerInnen unter den AktivistInnen, als auch mit Janos Vargha, der vor Ort einen Vortrag über die Zukunft der Donau hielt.[1025] Auch

teilnahmen. Vgl. Interviews der Verfasserin mit G. Schobesberger (Hainburg 2018) und W. Rehm (Wien 2018 und 2019).

1021 Tuba, Stop Gabčíkovo, 24.

1022 Vgl. ebd., 25; Vgl. Fuchs, Environmental Protest, 50f.

1023 Mit dabei u.a. auch Wolfgang Rehm. Vgl. schriftliche Kommentare v. W. Rehm zum Manuskript, 17.5.2021.

1024 Tuba, Stop Gabčíkovo, 25.

1025 Mehrere Abgeordnete und Anhänger der ungarischen Minderheit erklärten sich solidarisch mit der Protestbewegung. Miklos Duray initiierte die Bewegung »Miteinander leben« und organisierte eine Demonstration in Csoloszto. Duray bezeichnete die Pro- Gabčíkovo Kampagne als einen Versuch, nationalistische Gefühle gegen die UngarInnen zu stiften.Vgl. Fuchs, Comparing Environmental Protest Movements in Democratic and Non-Democratic Countries: The Gabcikovo Nagymaros Dam System and the Hainburg Dam, 53f. siehe ebenso:Tuba, Stop Gabčíkovo, 26.

der stellvertretende Vorsitzende des Slowakischen Nationalrats, Milan Zemko, empfing die VertreterInnen von »Eurochain« und versprach sich für deeskalierende Maßnahmen einzusetzen.[1026] Nur wenige Tage darauf beschloss die slowakische Regierung die Fertigstellung von Gabčíkovo. Nachdem keine Einigung mit dem ungarischen Projektpartner erzielt wurde, plante die zuständige slowakische Umweltkommission die Umsetzung der Variante C. Die föderative Regierung bestätigte am 25. Juli diesen Plan, wobei die Notwendigkeit von weiteren Verhandlungen mit Ungarn betont wurde.[1027] Die Protestbewegung ebbte nicht ab. Nachdem am 27. Juli damit begonnen wurde, den Wasserkanal aufzufüllen, versuchten DemonstrantInnen die Arbeiten zu verhindern. Eine Eskalation mit der Polizei konnte zwar vermieden werden, der Druck nach Mitbestimmung nahm jedoch weiter zu.[1028] »Alexander Zinke, der Koordinator des Naturschutz-Weltfondes [sic!] für Ost- und Mitteleuropa stellt fest, dass, falls, die slowakische Regierung auch weiterhin nicht gewillt ist, mit den Vertretern der Bevölkerung Zwiegespräche zu führen, auch im Ausland protestiert wird.«[1029] Am 30. Juli gaben Umweltschutzgruppen aus allen drei Ländern eine Pressekonferenz. Vier Tage später eskalierte eine Besetzungsaktion an der Pumpstation, woraufhin elf ÖsterreicherInnen ein Einreiseverbot erhielten. Am 4. August 1991 protestierten zahlreiche lokale Gruppen gegen den Bau. Der WWF sprach in Folge von dem »ersten freiwilligen Bürgerprotest in der Region seit 200 Jahren«.[1030] Nach den knapp einmonatigen Protesten vor Ort empfing der slowakische Ministerpräsident Ján Čarnogurský VertreterInnen der Bewegung, darunter der Eurochain und des SZOPK. Den UmweltschützerInnen wurde eine öffentliche Anhörung im Herbst versprochen – ein Zugeständnis, mit dem sich die AktivistInnen nicht begnügen wollten.[1031]

> »3. August, Samstag: Zweihundert Menschen finden sich bei der Hrusover Pumpenanlage ein und gedenken der Bewegung, welche vor einem Monat ihren Anfang genommen hatte und im Laufe derer sie elf Tage lang auf dem nun bereits niedergerissenen Abschnitt des Dammes lagerten. Nachher liefen unerwarteter Weise dreissig Leute auf das Schiff, aus welchem die Auffüllung des Wasserkanals ohne Genehmigung vollzogen wurde, um so gegen diese Rechtswidrigkeit zu protestieren. Sie blieben bis zum Abend dort, dann wurden sie von einer Sondereinheit der Polizei entfernt.«[1032]

1026 Vgl. Tuba, Stop Gabčíkovo, 26.
1027 Vgl. Fuchs, Environmental Protest, 53.
1028 Vgl. Tuba, Stop Gabčíkovo, 27.
1029 Ebd.
1030 »Geschichte des Monsterprojektes Gabčíkovo«, Protestunterlagen des WWF, undatiert, vermutlich August 1991, Privatarchiv W. Rehm, Kopie im Besitz der Verfasserin.
1031 Vgl. Tuba, Stop Gabčíkovo, 27.
1032 Ebd., 27f.

Am 10. September fand ein globaler Protesttag unter der Devise »Stop Gabčíkovo« statt. Die Forderung nach einer länderübergreifenden Schutzmaßnahme für die Donaulandschaft wurde immer lauter.[1033] Während sich Ungarn und die Tschechoslowakei im Dezember 1991 dazu entschieden, VertreterInnen der Europäischen Gemeinschaft in einer neu etablierten Kommission zur Streitschlichtung und Lösungsfindung zu involvieren, setzten auch die internationalen Umweltschutzorganisationen wie der WWF verstärkt auf die Europäische Gemeinschaft als Adressat und Vermittler. »Die Lösung der slowakischen Energieprobleme liegt in grenzüberschreitender Verantwortung und sollte mit europaweiter Unterstützung gefunden werden«, heißt es in der vom WWF Österreich erstellten Chronik. In der beiligenden »Aktionsanleitung« für den internationalen Protesttag, die detaillierte Handlungsempfehlungen für MitstreiterInnen sowie die Adressen verschiedener hochrangiger PolitikerInnen in Bratislava, Prag und Brüssel umfasste, bezeichnete die NGO Gabčíkovo als »weltweites Symbol für die Zerstörung der Natur«. »Wenn es verhindert wird, ist dies ein internationales Signal für all die umweltzerstörenden Großprojekte der Welt.«[1034] Hinter der WWF-Kampagne stand der aus Deutschland kommende Biogeograf Alexander Zinke. Er war von 1989 bis 1998 beim WWF Österreich für den Aufbau des Osteuropa-Programms und die Entwicklung des Programms »Grüne Donau« tätig. Schon in der zuvor erwähnten Donaudeklaration aus dem Jahr 1986 und der späteren »Donau-Charta« aus dem Jahr 1990, an der die UmweltschützerInnen des SZOPK federführend beteiligt waren, war ein trilateraler Nationalpark vorgesehen, der künftige Kraftwerksbauten nachhaltig verhindern sollte. Eine zentrale Figur dieses frühen Engagements war Mikuláš Huba, der seit den 1970er Jahren an der Slowakischen Akademie der Wissenschaften tätig war. Huba, der nach der Wende kurz als Abgeordneter fungierte, bezeichnete sich als »environmentalist by heart« und engagierte sich ab 1977 im Umweltschutz bei Exkursionen und freiwilligen Monitoring-Tätigkeiten. Seine ersten Kontakte mit anderen Donau-SchützerInnen machte Huba im Sommer 1985 bei einem zweiwöchigen Sommerlager[1035] am Fluss, an dem informelle Diskussionen zur Frage des Schutzes dieser Landschaft stattfanden. »There I started to think of a natural park as a contra to the idea of technocrat thinking. It was

1033 »Geschichte des Monsterprojektes Gabčíkovo«, Protestunterlagen des WWF, undatiert, vermutlich August 1991, Privatarchiv W. Rehm.

1034 Ebd.

1035 Das Sommerlager 1995 gehörte auch für Jaromír Šíbl zu einem wichtigen Sprungbrett der Umweltschutz-Aktivitäten. Vgl. Interview der Verfasserin mit Jaromír Šíbl, Bratislava, 23.7.2019, Sprache: Englisch, Tonqualität mittelmäßig, Audioaufzeichnung im Besitz der Verfasserin.

important to be for the natural park, not to be deconstructive.«[1036] Im Zuge seines Engagements für den Umweltschutz lernte Huba auch den Biologie-Studenten Juraj Mesík kennen, der ebenso an den Tree-of-Life-Sommerlagern teilnahm und Mitglied des SZOPK wurde. Mesík führte den slowakischen Ableger der ersten Grün-Partei des Landes (Strana zelených – SZ) bei den Parlamentswahlen im Juni 1990 an.[1037] Die slowakische Geotechnikerin und Umweltaktivistin L'ubica Trubíniová bezeichnete die Parteigründung als eine Reaktion auf die Bürgerbewegung »Öffentlichkeit gegen Gewalt« (Verejnosť proti násiliu – VPN), die sich 1989 ähnlich zum tschechischen Bürgerforum (Občanské fórum – OF) gegründet hatte. Umweltschutzthemen hätten im VPN zu wenig Aufmerksamkeit erhalten, weshalb sich Trubíniová mit Gleichgesinnten entschloss, eine eigene Grünpartei zu gründen. »VPN leaders were very angry, because according to studies environment was one of the hot points in the society«, erinnert sich Trubíniová an die Reaktionen vieler VPN-AktivistInnen. Die ersten freien Parlamentswahlen beförderten sechs Grün-Abgeordnete in das Parlament.[1038] Im Vergleich zum siegreichen VPN gelang es der Grünpartei jedoch nicht, eine breite WählerInnenschaft zu mobilisieren. Zu ihren Problemen zählten neben Diskreditierungskampagnen auch ein zu eng auf ökologische Fragen bezogenes Programm. Schließlich erlebte die slowakische Grünbewegung jener Jahre ein ähnliches Schicksal wie ihre Schwesterpartei in Ungarn:

> »In fact, throughout the 1990s the Green Party had to come to terms with the mistrust or even the total rejection of ecological activists, who denounced on principle all forms of party organisation as illegitimate on principle and sterile in practice, especially because of the limitations placed on them by their programmes (either the election programme was too ecological and not attractive enough for the voters, or else it was sufficiently open to other considerations, but then the defence of the environment disappeared in favour of other priorities). In addition, the environmentalists who came out of dissident circles under the communist regime – and who enjoyed an aura of respect because of this – and who did favour political action on a party basis, all opted for parties that were not specifically ecological.«[1039]

Wie bereits zuvor erläutert wurde, führte der Rückzug Ungarns aus dem GNV-Projekt sowie der Bau der Variante C auf slowakischer Seite zu einem jahrelangen politischen und juristischen Konflikt, welcher in der vorliegenden Arbeit nicht

1036 Interview der Verfasserin mit Mikuláš Huba, Bratislava, 12.4.2019, Sprache: Englisch, Tonqualität mittelmäßig, Audioaufzeichnung im Besitz der Verfasserin.

1037 Vgl. Juraj Mesík. Webseite des Oral History-Projekts Memory of Nations, URL: https://www.memoryofnations.eu/en/mesik-juraj-1962 (abgerufen 18.1.2021).

1038 L'ubica Trubíniová gründete 1993 die slowakische Niederlassung von Greenpeace.

1039 Michel Perottino, The Green Party: An undeserved success?, in: Pascal Marty/Sandrine Devaux (Hg.), Social Movements and Public Action: Lessons from Environmental Issues, Prague 2009, 55–71, hier: 59f.

näher ausgeführt werden soll. Die Umweltproteste fanden bereits lange vor dem Gerichtsurteil in Den Haag ein erfolgloses Ende. Am 24. Oktober 1992 wurde die Donau bei Čunovo blockiert und über den Seitenkanal zum Gabčíkovo-Kraftwerk abgeleitet. Im Februar 1993 zog sich die tschechische Seite aus dem Konflikt zurück.[1040] Im Herbst darauf begann Ungarn mit dem Rückbau des Damms bei Nagymaros. Doch schon im April des Folgejahres schlugen VertreterInnen der ungarischen Wasser-Lobby vor, Nagymaros doch fertigzustellen und GNV nach dem Originalplan in Betrieb zu nehmen.[1041]

6.2 Grenzüberschreitungen aus Sicht zentraler AkteurInnen

6.2.1 Ungehorsam als Pflicht – von Hainburg nach Nagymaros

Über die Pflicht des zivilen Ungehorsams gegen den Staat hat er von Henry David Thoreau gelernt, erzählt Günter Schobesberger am Telefon. Der gebürtige Oberösterreicher ist nicht leicht zu erreichen. Er lebt zurückgezogen in Hainburg an der Donau. Und doch folgt auf den Anruf prompt die Einladung, doch persönlich über Schobesbergers Engagement für die Umwelt zu sprechen. Barfuß empfängt er seinen Besuch am Bahnhof Hainburg. Das Gespräch findet im Garten der Nachbarin statt. Am Tisch sitzt auch Annemarie Höferle, Jahrgang 1938, die sich über das Interesse an den damaligen Protesten freut. Gemeinsam mit ihrem Mann stellte sie ihre private Infrastruktur nahe der Stopfenreuther Au den BesetzerInnen zur Verfügung.[1042] »Wir waren Beschützer, nicht Besetzer«, korrigiert sie. In den Dezembertagen 1984 wurde ihr Haus zur »Organisationszentrale« der AktivistInnen. Ihren Kuhstall vermieteten sie »für 50 Schilling« an den WWF. Schon in Höferles Elternhaus sei der Naturschutz sehr wichtig gewesen. Kurz nachdem die Höferles nach Hainburg gezogen waren, lernten sie Silvia Leitgeb kennen. Leitgeb war es später, die sie auch auf die Kraftwerkspläne der DoKW hingewiesen habe. Als Mitarbeiterin einer lokalen Baufirma habe Leitgeb durch das Sammeln von Unterschriften gegen das Kraftwerk ihren Arbeitsplatz riskiert, so Höferle. Und als gelernte Rauchfangkehrerin habe sie ihre guten Kontakte zur lokalen Bevölkerung genutzt »Sie hat die Bauern bearbeitet«, so Höfele. Die ersten Aktionen gegen den Kraftwerksbau seien schon Ende der 1970er Jahre organisiert worden, bestätigte Schobesberger. In dieser ersten Bürgerinitiative waren auch Valerie Fasching und Robert List. Paul Pagacs

1040 Vgl. Sharon Fisher, The Gabcikovo-Nagymaros Dam Controversy Continues, 1993, 8f; vgl. ebenso: Fuchs, Environmental Protest, 61f.

1041 Vgl. Fuchs, Environmental Protest, 63; N.N., Lehetöségek és realitások, in: Lehetöségek és realitások, Új Magyarország, 6.8.1994, 1.

1042 Vgl. hierfür auch das Kapitel 3.3.2 in diesem Buch.

gründete eine Bürgerliste und zog 1975 in den Hainburger Gemeinderat ein.[1043] Die Mittel des Protests reichten in den frühen 1980er Jahren von Unterschriftenlisten, politischer Partizipation bei Lokalwahlen bis hin zur massenmedial aufsehenerregenden Besetzung durch tausende Auschützer. Für Günter Schobesberger hat der zivile Ungehorsam jedoch eine längere Geschichte als der Protest in der Au. Mitte der 1960er Jahre verbrachte Schobesberger das Jahr nach der Matura in den USA. In Virginia Beach atmete er die aufgeladene Luft der Anti-Vietnam-Bewegung. »Ich habe schon als Kind Gewalterfahrungen gemacht«, erzählt Schobesberger mehr als 50 Jahre später. »Ich hatte eine Art Nachkriegsmief, in Amerika bin ich dann mit einem ganz anderen Geist in Berührung gekommen […]. Ich war ein anderer Mensch.« Seine Gastfamilie nahm ihn zu Sonntagstreffen der Quaker mit. Für den konservativ katholisch geprägten Österreicher war es ein Eintauchen in neue Welten. »Dort kann jeder aufstehen, wenn *the spirit moves you*«, so Schobesberger. Aus heutiger Sicht hätten ihn die Gewalt seines Vaters und die zu Gehorsam verpflichtende Erziehung stark geprägt. 1957 wurde Schobesbergers Vater im Streit von einem Nachbarn erschlagen. Die Mutter zog daraufhin mit Sohn und Tochter[1044] nach Wien. »Ich bin nach Wien gekommen, aber nie richtig angekommen«, sagt Schobesberger später über diese Zeit, in der sich als Junge vom Land neuorientieren musste. Nach einem begonnenen Architekturstudium wechselte er zur Zoologie und Botanik. Während des »Brückenkampfs« am Neusiedlersee in der ersten Hälfte der 1970er Jahre war Schobesberger gemeinsam mit Konrad Lorenz, Bernd Lötsch und Silvia Leitgeb nach Neusiedl gefahren. Auch am Protest gegen die Lobau-Umwidmung beteiligte sich Schobesberger. Als parteiloser Studienvertreter in der Fachschaft hatte er erste politische Erfahrungen gesammelt. Als 1973 im Wiener Sternwartepark 40 Bäume für einen Neubau des zoologischen Instituts der Universität Wien gefällt werden sollten, war Schobesberger allerdings zwischen die Fronten geraten. Als Studierendenvertreter sollte er sich für den Bau einsetzen. Als »Naturgrüner«, wie sich Schobesberger nennt, konnte er aber nicht mitziehen. »Ich habe mich in der Hörerversammlung dagegen ausgesprochen. Das war dann ›Ich gegen Uns‹.« Der Bürgerprotest sorgte für den Rücktritt von Bürgermeister Felix Slavik.[1045] Für Schobesberger hieß die Konsequenz Ausstieg. Ohne sein fortgeschrittenes Studium zu beenden, zog er in sein Elternhaus nach Ampflwang zurück und renovierte das Wirtschaftsgebäude.

1043 Vgl. Die Liste Hainburg (kurz »LH«), Webseite des Vereins LH, URL: http://www.liste-hainburg.at/liste/de/die-liste.php (abgerufen 18.1.2021).

1044 Gudrun Biffl ist als renommierte Arbeitsökonomin, Wirtschafts- und Migrationsforscherin tätig.

1045 Vgl. David Krutzler, Wiener Sternwartepark: Ein Naturdenkmal, das zum Park wird, Der Standard, 25.4.2013, URL: https://www.derstandard.at/story/1363709084126/ein-naturdenkmal-das-zum-park-wird (abgerufen 22.1.2021).

Die Fäden nach Wien hatte er dennoch nicht ganz gekappt. »Ich habe trotzdem an Forschungsprojekten weitergearbeitet und war als Reiseleiter unterwegs.« In Oberösterreich sollte Schobersberger, der Sprachkenntnisse in Englisch, Spanisch und Französisch hatte, die ersten Erfahrungen im Verhandeln mit der Elektrizitätswirtschaft machen. Nach der Schließung des Kohleabbaus in Ampflwang verkaufte Schobesberger sein Haus. »Von dem Geld habe ich dann Decken für Hainburg gekauft. Ich habe es für den Widerstand eingelöst.« Von den Kraftwerksplänen hörte Schobesberger über die Medien. »Ich habe Anschluss gesucht und mich bei Karl Wagner gemeldet.« Der WWF-Mitarbeiter hatte das Auen-Büro am Mexikoplatz in Wien gegründet. Mit der »Rettet die Auen«-Kampagne war WWF Österreich, unterstützt vom WWF International und dem Schweizer WWF, eine der stärksten Organisationen, die sich gegen das geplante Kraftwerk bei Hainburg einsetzten. 1983 sammelte Schobesberger für die Kampagne Unterschriften. Während der Besetzung der Au zählte er zum Kernteam vor Ort. »Die Vorbereitungen zur Besetzung und die gesamte Organisation wurde von Günter Schobesberger durchgeführt, eine einmalige Leistung von der der Erfolgt abhängig war«, erinnert sich Valerie Fasching später.[1046]

Hainburg wurde auch zum Schauplatz einer Begegnung zweier zentraler Umweltschützer: Der Schweizer Tier- und Umweltaktivist Franz Weber setzte sich vor Ort für die Rettung des Donaugebiets ein und lernte dabei János Vargha kennen. Weitere Treffen folgten, bei denen Vargha Weber auf Nagymaros aufmerksam machte und ihn bat, die mögliche Involvierung von Bankkrediten aus der Schweiz zu verhindern.[1047]

Mitte der 1980er Jahre erfuhren die UmweltschützerInnen von den Plänen der DoKW in Nagymaros. Gemeinsam mit anderen AktivistInnen reiste Günter Schobesberger erstmals nach Ungarn. Treffpunkt war Anna Perczels Wohnung in Budapest. Anwesend war auch der englische Journalist Nick Thorpe. »Wir haben ausgemacht, etwas zu machen. [...] Wir treten gegen den österreichischen Einfluss auf.« Die »Macht des Kapitals« müsse gebrochen werden, so Schobesberger später. Schobesberger war von Anfang an in die grenzüberschreitenden Kontakte mit Ungarn involviert. Er nahm an der Pressekonferenz im Januar 1986 teil[1048] und vereinbarte mit den ungarischen KollegInnen für den 8. Februar ei-

1046 Vgl. »Bürgerinitiative gegen das DOKW Hainburg. Kampf um die Au«, zusammengestellt von V. Fasching.

1047 Vgl. Olivier van Bogaert, Nagymaros fällt ins Wasser!, in: Journal Franz Weber, 11 (1990) 1, 26–27. Anmerkung: Die grenzübergreifende Zusammenarbeit zur Schweiz steht nicht im Fokus der vorliegenden Arbeit. Zu konkreten Aktionen und Unterstützungsleistungen seitens der Stiftung Franz Webers finden sich daher keine weiteren Anhaltspunkte. Sowohl B. Rásky als auch G. Schobesberger erwähnen jedoch in Interviews zu den Umweltprotesten gegen GNV Franz Webers Namen.

1048 Vgl. dazu Interview der Verfasserin mit W. Rehm (a), Wien 2018.

nen »Umweltspaziergang« in Budapest. Mithilfe des Aktionsreferats der Österreichischen Hochschülerschaft sollten Demonstranten per Bus aus Österreich einreisen und auch eine Videokamera mitnehmen. »Wir trafen im Hotel dort ein, doch kein Ungar kommt. [...] Da haben uns die Ungarn gelegt.«[1049] Schobesberger selbst setzte sich ein, zwei Jahre gemeinsam mit den ungarischen AktivistInnen gegen den österreichischen Einfluss beim Kraftwerksbau ein und nahm an den »Ökologischen Bildungsfahrten« der ÖH teil. Die Enttäuschung über die gescheiterte Aktion im Februar 1986 ist ihm auch nach Jahrzehnten noch anzusehen. »Wir sind von den Ungarn instrumentalisiert worden«, sagt er im Interview.

Zu Besuch in Anna Perczels Budapester Wohnung war auch Franz Meister. Das Mitglied der Jungsozialisten, das »den grünen Flügel der SPÖ stärken wollte«, war damals zum ersten Mal in Ungarn. »Ich habe kein Wort Ungarisch gesprochen. Ihre Höflichkeit und Gastfreundschaft hat mich aber dermaßen für die Sache eingenommen, dass ich mich verpflichtet gefühlt habe«, erzählt der heutige Mitarbeiter des Umweltbundesamtes mehr als 30 Jahre später bei einer Melange im Café Museum in Wien. Im Budapester Hinterzimmer waren auch Männer aus Polen und der Tschechoslowakei, sie hatten alle Bücher mit, erinnert sich Meister. Sowieso hätte man gemerkt, dass dort die »Kultur des Diskurses gepflegt wird.« »Die haben Zeit gehabt«, so Meister und »viel über Bücher gesprochen«, das habe er bewundert. Judit Vársárhelyi, die später die Donaustiftung gründete, war auch dabei.[1050] Nach diesem Treffen sei Meister damals noch circa 50-mal nach Budapest gefahren, u. a. im Zuge der Bildungsfahrten. Die Ansprechpersonen in Ungarn hätten sich aber immer wieder geändert. Die Freunde Günter Schobesberger, Wolfgang Rehm und Michael Köcher bildeten ein Dreigespann, das auch über die Jahrzehnte hinweg durch Freundschaft verbunden blieb. Etwas später stieß Franz Meister zu den Aktivisten hinzu. Janos Vargha sei einer ihrer zentralen Kontakte gewesen. Ab 1988 bildete András Szekfü eine wichtige Ansprechperson. Auch mit Szekfü verband Köcher in Folge eine langjährige Freundschaft. Ein Resultat ihrer Zusammenarbeit bildete ein Buch zu Nagymaros, das von Köcher herausgegeben wurde und 1987 im Verlag der Österreichischen Hochschülerschaft mit Unterstützung der Grünen Bildungswerkstatt erschien. Die zweisprachige (Ungarisch/Deutsch) Publikation umfasste auf knapp 140 Seiten Beiträge von zentralen AkteurInnen und UnterstützerInnen der Bewegung, darunter György Konrád, Paul Blau, Károly Perczel, Peter Weish, András Hegedüs, Judit Vásárhelyi, László Sólyom, László Vit, Imre

1049 Ebd.

1050 Vásárhelyi war damals mit dem späteren Fidesz-Politiker Iván Bába verheiratet. Das Paar lebte zu dieser Zeit in einer Wohnung nahe des ehemaligen Moszkva tér (heute Széll Kálmán tér).

Mécs, Miklós Duray, János Vargha, Günter Schobesberger und Branko Velimirov. Köcher stellt in seinem Vorwort die moralische Verantwortung heraus, die die AutorInnen für ihre Ablehnung des Staustufenprojektes verband:

> »Der moralischen Folgewirkungen ökonomischer Kolonialbestrebungen können wir uns dadurch nicht entziehen, wollen wir eine Basis für nachbarschaftliche Beziehungen finden, die über Technologietransfer und Stoffwechseltourismus hinausgeht. Hier soll versucht werden, der Verantwortung des Mitwissers und der Verpflichtung zur demokratischen Solidarität Folge zu leisten.«[1051]

Die Illustrationen der Publikation wurden von Róza Sali, der damaligen Partnerin von János Vargha, gestaltet. Nach eigenen Angaben habe András Szekfü die Übersetzungen durchgeführt. Aus Sicherheitsbedenken habe er jedoch auf eine Namensnennung im Impressum verzichtet. Das Buch wurde Anfang 1988 nach Ungarn geschmuggelt.[1052] Für die Kommunikation zwischen Österreich und Ungarn war klar, dass keine Anrufe gemacht oder Briefe geschickt werden durften. »Man kam«, so Meister. »Wir wollten niemanden in Gefahr bringen.« Franz Meister half bei der Organisation der »Bildungsfahrten« nach Ungarn. Zumeist führten diese Busfahrten erst nach Szigetköz, »um zu zeigen wie groß dieses Projekt [Nagymaros] war, dann weiter nach Budapest zum Demonstrieren. Dabei kümmerte sich Meister auch um die Teilnahme von PolitikerInnen wie Freda Meissner-Blau und Josef Buchner (VGÖ) sowie ÖVP-Bautensprecher Otto Keimel. Auch beim »Spaziergang« am 8. Februar 1986 war er dabei.«[1053] »Wir sind vom Batthyány tér donauaufwärts gegangen. Bei der Insel sind wir dann zusammengeschlagen worden. Das ist wild ausgegangen, Schoberl [G. Schobesberger] hat noch heute einen Schaden am Knie davon«, erinnert sich Meister.

1051 Michael Köcher, Vorwort, in: Michael Köcher (Hg.) Nagymaros, Wien, Budapest 1987, 1–2.

1052 Interview der Verfasserin mit A. Szekfü, am 23.4.2021, Online, Sprache: Deutsch, Ton- und Bildqualität gut, Videoaufzeichnung im Besitz der Verfasserin. Anmerkung: Für die Nagymaros-Publikation waren Köcher und Rehm im November 1986 und im August 1988 zur Baustelle angereist, um Fotografien zu erstellen. Vgl. Schriftliche Kommentare v. W. Rehm, 17.5.2021.

1053 Zu den Ereignissen im Februar 1986 gibt es widersprüchliche Aussagen seitens der interviewten Aktivisten, vor allem was die Beteiligung am Protestspaziergang sowie zur vermeintlichen Polizeigewalt betrifft. So widerspricht Wolfgang Rehm der Darstellung Meisters. Eine »Autobusladung ÖsterreicherInnen« sei von nur wenigen Ungarn begleitet worden, kam jedoch »nicht einmal 100 Meter weit und erreichte das Ziel, die Margit-Sziget, nie. Es kam zu Polizeigewalt gegen Ungarn, was die österreichische Delegation betrifft wurde vor allem dem mitgereisten Videojournalisten Franz Goess Tränengas in die Augen gesprüht, er festgenommen und erst nach Stunden wieder freigelassen.« Franz Meister sei Rehm zufolge bei diesem Ereignis nicht dabei, sondern erst später zur Nagymaros-Bewegung gestoßen. Erst dann habe er »eine tragende Rolle eingenommen, insbesondere nachdem sich Günter Schobesberger ab 1987 aus privaten Gründen aus der Kampagne zurückziehen musste.« Vgl. Schriftliche Kommentare v. W. Rehm zum Manuskript, 17.5.2021.

Zurück in Wien wurden Allianzen geschmiedet. »Ich bin mit Karl Wagner vom WWF in Kontakt getreten. Er hatte die Idee, eine zweisprachige Broschüre zu drucken. Die Jusos [Jungsozialisten] haben auch dafür gezahlt.«[1054]

Auch das Alternativreferat der ÖH und Michael Undorf, der später für Greenpeace arbeitete, hebt Meister hervor. Eigentlich habe alles mit einer Wette begonnen, so Meister. »Ich habe mit einem jungen ÖVP-ler gewettet, dass das das nächste Hainburg wird.« Als junger Student fuhr Meister damals mit zwei Mitbewohnern nach Hainburg. »Das haben wir uns geben müssen«, sagt er darüber später. Bei der Besetzung habe er auch Michael Köcher, der in der »Zentrale« aktiv war, kennengelernt. »Köcher kannte Leute bei der Polizeiakademie. Er sagt Bescheid, wenn's [der Polizeieinsatz] losging«, so Meister über die Dynamiken vor Ort. Ähnlich wie bei Günter Schobesberger fühlte sich auch Franz Meister nach dem Besuch in Ungarn verpflichtet, gegen den österreichischen Einfluss aufzutreten. »Über den Kredit kamen wir [Österreicher] ins Spiel. Ich habe es mies gefunden, dass Fremuth [damaliger Verbund-Chef, Anm. der Verf.] über Nagymaros Ungarn kolonialisiert«, so Meister. Und so fuhr der junge Aktivist mit Schobesberger mehrmals nach Ungarn.[1055]

Die Kontakte der ÖsterreicherInnen nach Bratislava wurden erst 1990 stärker. Dem slowakischen Aktivisten Juraj Mesík war es gelungen, während eines Holland-Besuches eine Postkarte nach Österreich zu schicken. Darin war ein Hinweis zum geplanten Treffpunkt vermerkt. »Wir [Wagner und Meister] haben uns auf der Novi-Brücke mit Mesík getroffen.« Um 1989/90 herum fand auch ein Treffen in Hainburg statt, an dem auch Mikuláš Huba und János Vargha teilnahmen. »Dort haben wir ein Sensorium für diese Mentalitäten bekommen«, erinnert sich Meister. Er bezog sich dabei auf die nationalistisch aufgeladenen Ressentiments zwischen UngarInnen und SlowakInnen. »Ich war der Meinung, wenn ich über den Eisernen Vorhang komme, würden sich dort alle kennen. [...] Sie sagen es nicht, sind innerlich gebremst oder distanzierter. Sie denken nicht in größeren Zusammenhängen, sondern in nationalen Grenzen [...] Bei Gabčíkovo-Nagymaros wäre aber ein Blick über die Grenzen hinaus wichtig gewesen.«[1056] Nur wenige der AktivistInnen der Donaubewegung verfügten über diesen Blick über die Grenze oder konnten auf existierende Netzwerke im Westen zurückgreifen. Wie das folgende Kapitel zeigen wird, sollten jedoch jene, welche bereits über Kontakte in Österreich oder in den USA verfügten, von den bestehenden Brücken profitieren und sich um einen Ausbau ihres Netzwerkes bemühen, um für die Anliegen der UmweltschützerInnen im Ausland zu werben.

1054 Interview der Verfasserin mit Franz Meister (b), Wien, 9.0.2018, Sprache: Deutsch, Tonqualität schlecht, Audioaufzeichnung im Besitz der Verfasserin.

1055 Ebd.

1056 Interview der Verfasserin mit F. Meister (b), Wien 2018.

6.2.2 Transnationaler Aktivismus hinter dem Eisernen Vorhang

Der Soziologe András Szekfü zählte zu jenen AktivistInnen in Ungarn, die »Zugang zu beiden Welten« hatten.[1057] Szekfü arbeitete ab 1983 in Österreich, erst als Gastdozent in Salzburg[1058], ab 1986 als Lektor in Wien. Zu seinem Freundeskreis in Österreich zählten auch UngarInnen, die in Wien lebten, darunter auch Béla Rásky, bei dem er oft übernachtete. Rásky übersetzte diverse oppositionelle Texte; Szekfü, der auch beide Sprachen beherrscht, korrigierte. Bei dieser Gelegenheit hat Szekfü »gemerkt, dass man hier etwas tun kann,« und begann sich für den Fall GNV zu interessieren. So bat er Rásky darum, ihm Kontakte zu UmweltschützerInnen zu vermitteln. »Meine Tätigkeit für die Umwelt hat in Österreich begonnen«, so Szekfü, der kurz darauf Michael Köcher kennenlernte. Über ihn wurde er 1988 auf den »Duna Kör« aufmerksam. Bei einem Treffen im Café Museum habe ihn Köcher für die Umweltbewegung engagiert. Köcher war für Szekfü ein »typischer verlorener Sohn aus einer reichen Familie wie in den 1920er Jahren.« Er habe jahrelang als Matrose gearbeitet, war nie wirklich an einer Universität, hatte sich aber aktiv in der ÖH engagiert. »Er war an der ÖH für Umweltbewegungen und Menschenrechte zuständig. Er hatte keinen eigenen Wagen, deshalb hat er sich einen von der ÖH ausgeliehen, um damit oft nach Ungarn zu fahren und illegale Materialien zu schmuggeln«, erinnert sich Szekfü. Köchers kleine Wiener Wohnung war die Zentrale für Übersetzungen und Anlaufstelle für Telefonate. Die grafischen Arbeiten für Publikationen wurden wiederum von Varghas damaliger Partnerin, Róza Saly, übernommen. Köcher erkrankte später an Multipler Sklerose und starb im Jahr 2003. Den Nachruf auf sein »Leben als Romanheld« schrieb György Dalos (Abbildung 9).[1059]

1057 Sämtliche Fließtext-Zitate in diesem Unterkapitel (so nicht anders gekennzeichnet) stammen aus dem Interview der Verfasserin mit A. Szekfü (a), Budapest, am 6.4.2018, Sprache: Deutsch, Tonqualität mittelmäßig, Audioaufzeichnung im Besitz der Verfasserin.

1058 Während seiner Zeit in Salzburg habe Szekfü auch die Bekanntschaft mit TrotzkistInnen gemacht. »Sieben von dreizehn Trotzkisten in Salzburg haben in meinem Studentenheim gewohnt.« Den ideologischen Überzeugungen der TrotzkistInnen konnte Szekfü aber nicht viel abgewinnen. Interview der Verfasserin mit A. Szekfü (b), Budapest 2018.

1059 Vgl. Interviews A. Szekfü (a) und (b), Wien 2018, sowie mit György Dalos, Berlin, 11.11. 2018, Sprache: Deutsch, Tonqualität mittelmäßig, Audioaufzeichnung im Besitz der Verfasserin.

Ein perfekter Romanheld

Nachruf auf Michael Köcher

*György Dalos**

Immer wollte er schreiben, möglichst einen Roman, aber nichts Literarisches hat er fertig gebracht. Man würde sagen, er sei zum Schreiben unbegabt gewesen. Ich habe eine triftigere Erklärung: Er war ein perfekter Romanheld. Könnten etwa Julien Sorel, Oblomow oder Hans Castorp ein gutes Buch zusammenbringen?

Ich bewunderte ihn, und zwar seit dem ersten Augenblick unserer Bekanntschaft. Im Frühjahr 1986 kam er als Mitarbeiter der Wiener Hochschülerschaft nach Budapest, um den damals illegalen ungarischen Umweltgruppen bei der Kampagne gegen das Wasserkraftwerk Gabcikovo-Nagymaros Hilfe zu leisten. Ehrlich gesagt war ich von der Sache selbst nicht ganz überzeugt, als er mich zur Mitarbeit aufgefordert hatte. Ich wusste nur – da konnte ich sichergehen –, dass unsere Regierung lügt, und gegen diese Lüge war ich bereit, einiges zu unternehmen. Außerdem vertraute ich vorbehaltlos seiner Anständigkeit.

Allerdings ahnten wir beide nicht, dass der Protest wegen des unglückseligen technischen Projekts den Anfang eines Abbauprozesses des Systems markiert. Dies begriffen wir erst im Jahre 1989, als die Parteistaaten des Ostblocks einer nach dem anderen zusammenbrachen. In jenem Herbst war Michael Köcher fortwährend unterwegs: In Budapest, Bratislava, Berlin und während der dramatischen Dezembertage in Bukarest und Klausenburg suchte er die Kontakte mit den neu gegründeten politischen Gruppen. Ja, auch in Rumänien, wo damals scharf geschossen wurde. Er hatte Angst und ließ sich auf die Gefahren ein.

Michael Köcher 1963–2003.
Foto: Mirzaie

Ich wusste – damals waren wir bereits befreundet –, dass er mit fünfundzwanzig Jahren eine verwicklungsreiche Jugend hinter sich hatte: Fast aus dem Elternhaus, von der Schulbank geriet er als Matrose auf die Weltmeere und lernte die Küsten von Kanada, Südafrika und Australien kennen. Seine Balkanreisen am Anfang der 90er-Jahre erinnerten mich an diese maritimen Abenteuer; ob er nun, diesmal in UNO-Auftrag, parlamentarische Ausschüsse in Tirana oder Wahllokale in Sarajewo aufsuchte – er befand sich wieder auf einem endlosen Teich mit den dazugehörenden Kaprizen der Elemente.

Dann – von der anbrechenden Krankheit immer mehr an seine Wohnung und den Computer gefesselt – nahm er sich einer wenigen spektakulären, dennoch grandiosen Sache an. Als Rechtsberater stand er Asylbewerbern zur Seite, die um ihren Aufenthalt mit den Behörden rangen. Michael Köcher arbeitete für sie als Anwalt – seine diesbezüglichen Kenntnisse waren von gelernten Juristen geschätzt – und Vertrauensperson, mit der man die Fremdheit der Welt zu überwinden suchte. Die unheimisch wirkende kleine Wohnung auf der Liechtensteinstraße erwies sich für viele Ausländer als Inland.

Dann folgte das letzte Wagnis – das Sterben auf Raten, der vierzigste Geburtstag im Krankenbett mit einem gebrochenen Körper und gleichzeitig unversehrtem Kopf, in dem es von den für mehrere Leben ausreichenden Erinnerungen und Erfahrungen nur so wimmelte, als wollten Geist und Seele ihrem Anspruch auf Unsterblichkeit jetzt noch Geltung verschaffen.

**Der Schriftsteller und Essayist lebt in Wien und Budapest.*

Abbildung 9: György Dalos' Nachruf auf seinen Freund Michael Köcher (1963–2003)[1060]

»Köcher wollte und wurde im islamischen Bereich des Zentralfriedhofes begraben werden, aus Protest gegen seine bürgerliche Familie«, so Szekfü. Sein österreichisches Gehalt als Lektor sowie die Einführung des Weltpasses mit Beginn des Jahres brachten für den Dozenten, der trotz seiner Anstellung den Großteil seiner Freizeit in Ungarn verbrachte, Bewegungsfreiheiten mit sich. Über einen Kollegen des Forschungszentrums für Massenkommunikation, wo Szekfü auch tätig war, kam er mit János Vargha in Kontakt. »Der Donaukreis brauchte meine Kenntnisse und Kontakte zur Presse. Zuerst war ich informell

1060 György Dalos, Ein perfekter Romanheld, Der Standard, (2003).

dabei, dann war ich formal der Pressebeauftragte des Donaukreises.« Als Sprecher sei Szekfü jedoch nur selten in Erscheinung getreten. Die Autorität lag, erinnert sich der Aktivist, klar bei Vargha.

»Die meisten führenden Mitglieder waren Intellektuelle. Sie waren sehr eifersüchtig, sollte sich irgendjemand anderes für den Donaukreis äußern, außer János Vargha, er stand darüber [...] Er ist der typisch charismatische Leiter gewesen.«[1061]

Szekfüs Aufgaben umfassten die Kontakte mit JournalistInnen in Ungarn und im Ausland. Er organisierte Pressekonferenzen, Interviewtermine und bereitete Publikationen vor. Auch wenn er 1988 keine nahe Wende in Ungarn erwartet hatte, waren gewisse Zeichen des Zerfallsprozesses schon damals sichtbar. »Ich habe gespürt, dass man jetzt schon internationale Pressekonferenzen führen kann.« Auf eine entsprechende Anfrage beim Außenministerium erhielt der Duna Kör tatsächlich eine Liste mit KorrespondentInnen.

»Wir haben diese Journalisten dann von Anfang an zu den Pressekonferenzen eingeladen. Zuerst kamen fünf bis zehn Korrespondenten, später wurden es immer mehr. Dann habe ich auch eine Übersetzung organisiert.«[1062]

Die Kritik des Duna Kör an dem Projekt GNV war für Szekfü eine Möglichkeit, seiner Unzufriedenheit mit dem kommunistischen Regime Luft zu machen. Schon in den 1970er Jahren kam er mit der demokratischen Opposition in Kontakt, hatte Samisdat-Material verbreitet und sich bei Unterschriftenaktionen zu Menschenrechtsthemen engagiert.

»Unsere Familie wurde im kommunistischen Regime verfolgt. Trotzdem bin ich um 1968 ein neuer Linker geworden. Das war eine Lösung, um antikommunistisch zu sein ohne die schönen Prinzipien des Sozialismus verlieren zu müssen. Dann war die Invasion der Tschechoslowakei und das war eine kalte Spritze für uns. In den 1970er Jahren bin ich der damals beginnenden demokratischen Opposition nähergekommen.«[1063]

1981 wurden Szekfüs Tätigkeiten an seinem damaligen Arbeitsplatz bekannt. »Ich habe so eine Art letzte Warnung bekommen.« Der Soziologe und Medienwissenschaftler kam mit einem Publikationsverbot und der Absage eines schon genehmigten Reisestipendiums davon. Seine Ausreise zur Lehre in Salzburg wurde 1983 aber bewilligt. »Eigentlich bin ich in die Emigration nach Österreich gegangen.« Während seine Familie in Ungarn blieb, arbeitete und lebte Szekfü im Nachbarland. Erst ab der Einführung des Weltpasses pendelte er regelmäßig zwischen den beiden Ländern.

1061 Interview der Verfasserin mit A. Szekfü (a), Budapest 2018.
1062 Ebd.
1063 Ebd.

»Die Umweltbewegung war für mich gewissermaßen eine Art Mittelweg zwischen nichts tun und politischer Opposition. [...] Es ist vielleicht eine Illusion gewesen, aber ich habe das sehr oft gespürt, dass Leute in der Umweltbewegung ihre politische Opposition im Umweltschutz ausgeübt haben. Das heißt nicht, dass man sich nicht für die Umwelt interessierte.«[1064]

Szekfü sah in GNV ein massenwirksames Thema, »weil es sehr viele Gesichtspunkte gab, bei denen man diese große Investition opponieren kann«. Neben den ökonomischen und ökologischen Kritikpunkten sah der Aktivist im Kraftwerkstandort Visegrád eine »patriotische Gedenkstelle« Ungarns.

»Für mich war es die historische Unempfindlichkeit von offizieller Seite, was mich am meisten gestört hat, das Heiligtum zu entwürdigen. [...] das hat mich am meisten emotional gestört.«[1065]

Obwohl Szekfü sehr gute Deutsch- und Englischkenntnisse besaß, blieb Vargha der zentrale Ansprechpartner für ausländische PartnerInnen. Sein Verständnis für die ungarische und ausländische Medienlandschaft war für die Bewegung dennoch sehr wichtig. Szekfü zufolge gab es unter ungarischen JournalistInnen damals einige, die »schon einen Freiheitskampf geführt« haben.

»Ich wusste Bescheid, was professionelle Journalisten brauchen: Sie brauchen Daten und Dokumente und sie brauchen visuelle Sensationen oder Spektakel. Also war ich stark bemüht, vor jeder Pressekonferenz einen visuellen Köder zu stellen: Fotos, ein Plakat oder Modell etc.«[1066]

Das Duna Kör-Emblem sowie das Dracula-Plakat (Abbildung 10) gehörten zu diesen Symbolen, die den Wiedererkennungswert der Bewegung sichern sollten. Eine wichtige Rolle zur Verbreitung der Kritikpunkte nahmen auch die ungarischsprachigen Programme von Radio Free Europe und der BBC ein:

»Im kommunistischen Ungarn war es sehr wichtig, dass es ausländische Kurzwellensender (in ungarischer Sprache) gab [...] Diese waren sehr an Umweltproblemen interessiert, sehr viel war in der Umweltbewegung auf Budapest konzentriert, obwohl einige Mitglieder aus anderen Städten kamen. Aber im ganzen Land wusste man vom Donaukreis dank Radio Free Europe & BBC etc.«[1067]

Im Jahr 1989 schlug das Führungsteam des Duna Kör für einige Monate seine Zelte in Szekfüs Wohnung auf. Sein Anrufbeantworter bildete eine wichtige Schnittstelle für die bis dahin bereits sehr heterogenen Gruppierungen gegen GNV. Szekfü bestätigt, dass der Fall Hainburg für die Mobilisierung und die Strategie der Bewegung wichtig war. »Hainburg war damals eine Art glorreicher

1064 Interview der Verfasserin mit A. Szekfü (a), Budapest 2018.
1065 Ebd.
1066 Ebd.
1067 Ebd.

Sieg der Umweltbewegung, ein Vorbild.« Der Dokumentationsfilm »Widerstand am Strom« wurde vom Duna Kör bei Veranstaltungen gezeigt (Szekfü hatte den ungarischen Text dazu eingesprochen), um auf die Problematik der Donaukraftwerke aufmerksam zu machen. So wurden nicht nur die Fronten der Donaubewegung ähnlich zum Hainburg-Protest abgesteckt, auch die Terminologie (»Betonierer«) der österreichischen AktivistInnen blieb im Wortschatz einiger AktivistInnen verhaftet:

> »Wir haben auf zwei Ebenen gefochten: Gegen die ungarische Partei und den Staat, aber auch gegen die ungarische Großbaugesellschaft, die Betonierer, wie wir damals sagten [...], auch die Österreicher waren unsere Feinde: die Donaukraftwerke und jene österreichischen politischen Kräfte, die das unterstützt haben. Eines der größten Argumente, die wir von den österreichischen Umweltschützern mitbekommen haben, war, dass die DOKW wegen der Umweltproteste keine Aufträge mehr in Österreich hatte, deswegen mussten sie die Umweltzerstörung nach Ungarn exportieren. [...] Das war ein Zentralpunkt unserer Ideologie.«[1068]

Die Kontakte nach Österreich waren laut Szekfü eine Schule für zivilen Protest gewesen. Neben dem Beispiel Hainburgs sei es jedoch ebenso wichtig gewesen, als unpolitisch bzw. politisch neutral zu wirken. »Viele der Menschen wären nicht Mitglieder geworden, wenn es eine politische Bewegung gewesen wäre.« Für Szekfü und einige andere MitstreiterInnen des Duna Kör war der Protest dennoch eine politische Angelegenheit, weshalb die Frage des Politischen zu heftigen Konflikten innerhalb der Bewegung führte.

> »Damals hatten wir im Donaukreis viele Unstimmigkeiten. Der Donaukreis hatte zwei Identitäten oder Prinzipien: Einerseits war er sehr stark basisdemokratisch geführt [...], zum Beispiel gab es keinen Präsidenten oder Generalsekretär, sondern nur ein Führungsgremium. János Vargha war dort einer wie der andere. In der Realität war das aber eine Gruppe, die von einem charismatischen Führer angeführt worden ist. János Vargha hatte eine fantastische Autorität. Das führte manchmal zu komischen Auseinandersetzungen. [...] 1989 war er sogar für einige Wochen vom Donaukreis ausgetreten. Das war als wäre Gott aus der katholischen Kirche ausgetreten.«[1069]

Vargha kam kurze Zeit später wieder zum Duna Kör zurück, doch der Konflikt »Grüne Politik vs. Umweltaktivismus« blieb bestehen. Vargha, der selbst 1989 bei der SZDSZ aktiv war, wollte keine eigene Grün-Partei, so Szekfü. Ende des Jahres 1989 entschied sich eine Gruppe, darunter einige Duna-Kör-Mitglieder unter anderem Gábor Hraskó, Adrienne Hajósy sowie Szekfü und seine damalige Partnerin Zsuzsa Béres, dazu, die erste Grüne Partei Ungarns zu gründen, die »Magyarországi Zöld Párt«. Die ParteigründerInnen versuchten einerseits Natur- und UmweltschützerInnen gemeinsam in ein Boot zu holen, andererseits sollten

1068 Interview der Verfasserin mit A. Szekfü (a), Budapest 2018.
1069 Ebd.

damit auch die ideologische Gräben zwischen ReformkommunistInnen und antikommunistischen Teilen der Opposition überbrückt werden.

> »Leute wie [Erzsebet] Schmuck mussten schlucken, dass wir so antikommunistisch sind und auch wir mussten schlucken, dass sie kommunistisch sind. [...] Während der vierzig Jahre der Diktatur schienen die ideologischen Richtungen der Horthy-Zeit verschwunden zu sein, das waren sie aber nicht. Als die Freiheit kam, hatten wir das Gefühl, man hat einen Stein vom Boden weggerissen und darunter waren verschiedene Käfer. Alles was da rauskam, war auch unter den Naturschützern. Darunter Antisemitismus, ungarisch faschistische Ideen usw. [...] In der Führung der grünen Partei waren sie nicht vertreten, aber bei den Mitgliedern schon.«[1070]

Nachdem die Grün-Partei bei den Parlamentswahlen nur 0,34 Prozent erreicht hatte, änderte sich die Ausrichtung der Partei. »Das war das Ende meiner politischen Karriere«, so der Umweltschützer später. In den Jahren danach habe er »vom Umweltaktivisten zum Sympathisanten« gewechselt. »Bei der Parteigründung versuchten wir eine Allianz zwischen Naturschützerinnen und UmweltschützerInnen zu verwirklichen, das war auch ein Grund warum es so schnell auseinanderging«, erklärt Szekfü das Scheitern der Partei Jahrzehnte später.[1071]

Als Kontinuität seiner Aktivitäten gegen GNV setzte sich lediglich die Freundschaft zu Franz Meister und Michael Köcher über die Wende fort. Szekfüs damalige Lebensgefährtin tauchte im Zuge der Parteigründung auch einmal in österreichischen Medien auf. So berichtete Kurt M. Mayer für den *Kurier* 1989 über neue Grün-Bewegungen in Osteuropa.

> »Bürger nehmen ihre Geschicke selbst in die Hand. So wurden nach zahlreichen Protesten die Pläne für einen Ausbau des Atomkraftwerks bei Páks an der Donau fallengelassen. In Ófalu im Südwesten leisten die Anrainer einem Lager für radioaktiven Müll hinhaltenden Widerstand. Nur im Osten, in Gyöngyös, verloren Bürger ihren ›Kampf‹ gegen eine Blei-Wiederverwertungsanlage. Deswegen sieht die 37-jährige Übersetzerin Zsuzsa Béres eine der Führungsfiguren der ungarischen Grünen, die einzige Chance der Partei darin, eine Dachorganisation für möglichst alle Bürgerinitiativen des Landes zu werden. Auch für sie hat die sozialistische Planwirtschaft die meisten der katastrophalen Umweltschäden verursacht. Und doch warnt Béres vor dem, was sie einen ›Ausverkauf an den Westen‹ nennt: ›Wir dürfen nicht zum sozialen und ökologischen Einkaufsparadies werden. Ungarn braucht zwar Geld vom Westen, aber auch für diese Firmen müssen strengere Schadstoff-Auflagen her.‹ Jiran und Sapak, die beiden tschechischen Gesinnungsgenossen, die sich einen Ruck geben mußten, bevor sie der Veröffentlichung ihrer Namen zustimmten, wollen von derlei Feinheiten (noch?) nichts wissen: ›Nur eine wirklich freie Marktwirtschaft kann unsere Umwelt retten‹.«[1072]

1070 Ebd.
1071 Interview der Verf. mit A. Szekfü (c), Online 2021.
1072 Kurt M. Mayer, Im Block des Waldsterbens, Kurier, 20. 11. 1989, 5.

Diese und andere Äußerungen von AktivistInnen lassen darauf schließen, dass hinsichtlich der Folgen der Transformation Uneinigkeit darin bestand, was ein kapitalistisches Wirtschaftssystem für die post-sozialistischen Gesellschaften leisten könne.

In der Budapester Wohnung von Anna Perczel war auch Judit Vásárhelyi zu Gast. Die Philologin hatte als Bibliothekarin gearbeitet, als sie gemeinsam mit anderen UmweltschützerInnen den Duna Kör gründete. Ab 1986 war Vásárhelyi, die über Kontakte in die USA verfügte, für die Soros-Stiftung tätig.

> »In 1988, Bill Moody of Rockefeller came by and asked her what was needed in Hungary. She suggested many things but stressed environmental education: ›There are people in school who can't recognize a squirrel. Really!‹ No literature existed; no environmental literacy. She also stressed the need for funds to allow scientists to have an independent professional existence ›so that they could be more courageous.‹ The Soros Foundation partly fulfilled these needs.«[1073]

In einem Interview mit John Feffer bezeichnete sich Vásárhelyi selbst als »durch und durch zivile Person«. Im Zuge der politischen Wende stand auch sie vor der Wahl ein politisches Amt anzustreben. Die Gründe, warum sie schließlich doch im NGO-Bereich blieb erklärte sie 2014 wie folgt:

> »On the one hand, I thought I was not well prepared for that, and it was too much responsibility for me. The other thing was Zoltan asked two women to be the head of the international department of the environmental ministry. He told us Zsuzsa Foltanyi was the other woman – that we must decide among ourselves. This was obviously impossible. Another part of the answer is that, basically, I am a deeply rooted civic person. I was never a member of a political party though I always voted. I also refused the invitation to be the director of the Regional Environmental Center (REC) offered by the U.S. ambassador, Mark Palmer, who just died recently. I thought that was too much. In my mind, I was in an ideal job in the Independent Ecological Center (IEC) with an ideal potential for the Hungarian environment.«[1074]

Auf Einladung des schwedischen Parlaments sollten Vársárhelyi und Vargha gemeinsam zur Übergabe des Alternativen Nobelpreises reisen. Als Bibliothekarin war sie bereits seit den frühen 1960er Jahren in ost- wie west- und nordeuropäischen Ländern unterwegs. Aufgrund von Schwierigkeiten bei der Beantragung einer Ausreisebewilligung musste sie jedoch ihre Teilnahme in Stockholm absagen. Die Reisepläne wurden von der Staatspolizei aktiv mitverfolgt. In den Akten findet sich ein Tagesreport vom 10. November 1985, nach dem die beiden AktivistInnen planten, sich über die Preisverleihung hinaus noch für mehrere Tage in Westeuropa aufzuhalten. Auch eine Pressekonferenz sei geplant. Man sei sich nicht sicher, ob ein Pass ausgestellt werden sollte, heißt es in

1073 Feffer, Toward Local Resilience, 2014.
1074 Ebd.

einem Aktenvermerk des Reports.[1075] Samisdat-Berichten zufolge lud Eva Gisslar, die Präsidentin der schwedischen Sektion der Right Livelihood Foundation, Vásárhelyi später zu einem privaten Besuch nach Schweden ein. Im gleichen Jahr sollte sie einen Vortrag zur ungarischen Umweltbewegung auf einer Konferenz in Coventry halten. In beiden Fällen wurde die Ausreise unter Angabe formeller Mängel nicht bewilligt.[1076] Vásárhelyi nahm ebenso wie ihr damaliger Ehemann, Iván Bába, vor allem in den Anfangsjahren des Duna Kör eine zentrale Rolle ein.[1077] Wenig später gründete Vásárhelyi die Donau-Stiftung, unterstützte aber weiterhin Publikationen des Kreises. Im Rückblick erinnert sie sich an einen Streit zweier Flügel innerhalb der Gruppe. So berichtet der Journalist John Feffer von seinem mit der Aktivistin geführten Interview:

> »There were two tendencies in the circle: the fundamentalists and the pragmatists. The former emphasized ecological harm, and defined the Circle activities as pro-nature, not political. The leader of this wing, Janos Vargha, always stressed that pollution belongs to no particular political regime. The second tendency, to which Vasarhelyi belonged, was more political, recognizing that the lack of information they had about the Hungarian environment was intrinsically connected to government policies.«[1078]

Obwohl Vásárhelyi keine politische Funktion übernahm und sich als »civic« bezeichnete, betrachtete sie die Anliegen der Donaubewegung als eine politische Angelegenheit. Als am 27. September 1987 zahlreiche Intellektuelle und AnhängerInnen der Opposition wie auch ReformkommunistInnen nach Lakitelek fuhren, war auch Vásárhely unter den RednerInnen.[1079] Das Vermächtnis der Protestbewegung schätze sie heute[1080] eher bescheiden ein. Natürlich sei es ein großer Erfolg gewesen, Nagymaros zu verhindern. Die anfängliche Euphorie und die Hoffnung, durch die Transformation den Umweltschutz in Ungarn zu einem prioritären Status zu verhelfen, sei aber gescheitert.

> »The Danube Circle is no more. Instead there is the Danube Charta, which emerged when Gyula Horn came to power in 1994. There were rumors of secret negotiations with the Slovaks on this issue. So immediately we established the Danube Charta in case we needed to make noise if necessary. It exists, and makes noise when necessary in this respect.«[1081]

1075 ÁBTL – 2.7.1. NOIJ – III/3-2/1/1985.I.14, Duna Kör (274 lap) 20.11.1985.
1076 Vgl. Miklós Haraszti, Esetgyűjtemény [Fallsammlung], in: Beszélő (1987) 1, 21.
1077 Vgl. Interview der Verfasserin mit A. Szekfü (a), Budapest 2018.
1078 Feffer, Towards Local Resistance 2014.
1079 Vgl. Gyula Kozák, Megzápult-e a Lakitelki gondolat, in: Beszélő 47 (1991) 47, URL: http://beszelo.c3.hu/cikkek/megzapult-e-a-lakitelki-gondolat (abgerufen 30.8.2022).
1080 Das Interview wurde 2014 geführt.
1081 Feffer, Toward Local Resilience (2014).

Während in Österreich eine weitere Änderung des Energieanleihegesetzes beschlossen wurde[1082], formierte sich auch in den USA Widerstand gegen GNV. Béla Lipták, ein in Amerika lebender ungarischer Ingenieur und Professor an der Yale University gründete im Februar 1987 zur Unterstützung ungarischer UmweltschützerInnen einen Fonds.[1083] Der 1956 aus Ungarn geflüchtete Automatisierungs-Experte wurde nach eigenen Angaben 1984 von einem Mitglied der MTA über die Staudammplänen informiert.[1084]

> »Mr. Lipták investigated the report and decided to found the Magyar Környezet Védelmi Alap (Hungarian Environment Defence Foundation) in 1986. In 1987, the M.K.V. [Abbkürzung für die gegründete Umweltschutz-Stiftung, Anm. der Verf.] drafted a petition with 26 arguments against the construction of the GNDS. It was signed by about 10,000 individuals, and 232 Hungarian and foreign environment protection groups representing a total of about 3 million members. The petition was presented to the Presidium of the Hungarian Communist Party on January 2, 1988, asking for a referendum on the decision to build the GNDS.«[1085]

Kopien der Petition schickten die AktivistInnen auch an die *New York Times*, die diese im März 1988 publizierte.[1086] Die österreichische Wochenzeitung *Die ganze Woche* berichtete darüber, dass auch Boykott-Aufrufe aus den USA eintrafen. »So ruft die US-Zeitung ›New York Times‹ zum Boykott Österreichs auf: ›Wer die Donau retten will, sollte in die Schweiz auf Skiurlaub fahren.‹«[1087]

> »Wegen Österreichs Beteiligung am Donaukraftwerk Nagymaros in Ungarn und der drohenden Zerstörung der ungarischen Donau-Auen rufen die deutschen Grünen nun alle Westdeutschen auf, Österreich als Urlaubsland zu boykottieren. Das Nagymaros-Symposium in Budapest ging mit der Forderung, das Projekt einzustellen und die Verträge Ungarns mit Österreich und der ČSSR aufzukündigen, zu Ende.«[1088]

Im Oktober 1988 organisierte Lipták einen internationalen Protesttag, der für große Medienaufmerksamkeit sorgte:

> »The decision was followed by an even more heated public debate. On October 30, an international day of protest was held, coordinating simultaneous demonstrations

1082 Änderung des Energieanleihegesetzes (Bgbl. 1987-322-0 ausgegeben 21.7.1987).
1083 Vgl. Galambos, Conflict on the Danube, 182.
1084 Vgl. Fuchs, Environmental Protest, 17. Weitere Akten zu Béla Liptáks Protestaktivitäten gegen das Kraftwerksprojekt sind sowohl im ÁBTL als auch im MNL in Budapest verfügbar. Vgl. etwa: MNL OL XIX-J-40-Csehszlovákia IV-29-55 00511/8 1989 Bös-Nagymarosi vizilépcsörendszer elleni akció; ÁBTL – 2.7.1. NOIJ – III/III-217/4/1987.XII.4.
1085 Ebd.
1086 Vgl. ebd.
1087 So exportieren wir die Zerstörung der Donau. Die ganze Woche, 11.8.1988, 14.
1088 N.N., Nagymaros: Ruf nach Boykott Österreichs, Kurier, 5.9.1988, 3.

against the GNBS in 27 capitals of the world, organized by a Hungarian American, Bela Liptak and his Foundation to Protect the Hungarian Environment.«[1089]

Zu den ungarischen OrganisatorInnen der Kampagne zählte auch der Elektroingenieur und SZDSZ-Mitbegründer Imre Mécs, der damit den GNV-kritischen Stimmen innerhalb der Regierung Rückenwind verschaffen wollte.[1090]

> »On August 10, 1988, Lipták's organization M.K.V., asked Western countries and Hungarians living abroad to stage boycotts, protests and demonstrations against the GNDS. Lipták was interviewed by Hungarian State Radio for a program broadcast on May16, 1988. He said that the interview was highly distorted in the editing and tried to correct it in an interview with the magazine H.V.G.. He said that all his interviews were manipulated.«[1091]

Zusammenfassend ist zu bemerken, dass der von Mitchell Cohen und Sidney Tarrow in die Bewegungsforschung eingeführte Begriff des »Rooted Cosmopolitism« nicht zwangsläufig auf alle genannten AktivistInnen vollständig zutrifft. Allein die nationalen Beschränkungen der Reisefreiheit, welche etwa bei ungarischen AktivistInnen wie Judit Vasárhelyi zu konkreten Hindernissen führten, müssen hier bemerkt werden. Auch wenn der Idealtypus des Kosmopoliten bzw. der Kosmopolitin als eine Person, die der Definition nach frei von nationalen Einschränkungen lebt, nicht vollends auf die genannten AktivistInnen zutrifft, so weisen ihre internationalen Kontakte und Einflüsse darauf hin, dass sie sich über die Grenzen des Lokalen und Nationalen hinaus orientierten und engagierten.[1092] Ihr grenzübergreifendes Engagement gegen GNV macht sie Sidney Tarrow zufolge zu »Transnational Activists«, die über spezielle Ressourcen und Mobilisationspotential verfügen.[1093]

> »Transnational activists are a subgroup of rooted cosmopolitans, whom I define as individuals and groups who mobilize domestic and international resources and opportunities to advance claims on behalf of external actors, against external opponents, or in favor of goals they hold in common with transnational allies.«[1094]

Für den grenzüberschreitenden Austausch waren ohne Zweifel auch Spenden und Unterstützungsleistungen aus Österreich von zentraler Bedeutung. So wurden neben Publikations- und Druckkosten auch die Besuche ungarischer AktivistInnen im Nachbarland von österreichischer Seite, etwa vom WWF, finanziert.[1095] Neben diesen Förderungen und den persönlichen Kontakten waren

1089 Galambos, Environmental Conflict, 182.
1090 Vgl. Fuchs, Environmental Protest, 17.
1091 Ebd., 18.
1092 Vgl. Tarrow, New Transnational Activism, 42f.
1093 Vgl. ebd., 43.
1094 Ebd.
1095 Interview der Verfasserin mit A. Szekfü (c), online, 2021.

auch die Ressourcen und Infrastruktur bereits bestehender Netzwerke von großer Bedeutung. Ein Sammelbecken für junge, idealistische und neugierige Personen boten hierbei die Netzwerke linker Gruppierungen, wie etwa der trotzkistischen Linken in Wien, die die Vorgänge hinter dem Eisernen Vorhang mit hoffnungsvollem Interesse mitverfolgten. »Perfekt funktionierte die Vierte Internationale als Reisebüro für jugendliche Aktivisten: Man hatte nicht nur fast überall Bleibe und Anschluss, sondern stand über politische Gemeinsamkeiten sofort voll im Leben des besuchten Landes«, erinnert sich der österreichische Journalist Raimund Löw in seiner 2007 veröffentlichten Anthologie »Die Fantasie und die Macht. 1968 und danach«[1096] In vielen europäischen Hauptstädten bildeten sich neue Gruppierungen der sogenannten »Neuen Linken«, welche sich in der Blütezeit sozialer Bewegungen intensiv mit neuen Formen des Widerstandes und Erneuerungsprozessen des Sozialismus auseinandersetzten.[1097] Eine für den Fall GNV wesentliche Gruppierung war das sogenannte Sozialistische Osteuropakomitee (SOK) in Wien, zu dessen AnhängerInnen und SympathisantInnen unter anderem auch emigrierte UngarInnen zählten. Im Folgenden soll gezeigt werden, wie das Netzwerk dieser Gruppierung im Zuge der Kraftwerksproteste zu einem Brückenbauer zwischen Ost und West wurde.

6.2.3 Trotzkistische »Gegenstimmen« als Brückenbauer[1098]

Mit seiner Gründung im Jahr 1978 wollte das Sozialistische Osteuropakomitee (SOK) »alle unterschiedlichen Strömungen der Arbeiterbewegung« integrieren. Das in Wien ansässige Komitee betrachtete sich als österreichische Sektion der Vierten Internationale, welche ihren Sitz in Brüssel hatte und von Ernest Mandel geleitet wurde.[1099] Die Gründung der SOK war eng mit den damaligen Spaltungsprozessen der radikalen Linken innerhalb der Österreichischen Studierendenvertretung (ÖH) verknüpft. Der Verband Sozialistischer Studenten in Österreich (VSStÖ) galt als sozialistische Organisation der ÖH, war jedoch aufgrund von Konfliktthemen wie die Beziehungen zur Kommunistischen Partei (KPÖ) sowie durch die antistalinistische Haltung einiger seiner Mitglieder ge-

1096 Löw, Der Charme der Widersprüche, 113.

1097 Vgl. dazu u. a.: Detlef Siegfried, Das Subversive retten. Eine Denkfigur der 1980er, in: Aus Politik und Zeitgeschichte 65 (2015) 46, 13–18.

1098 Die zentralen Erkenntnisse dieses Unterkapitels, in dem das Sozialistische Osteuropakomitee sowie das *gegenstimmen*-Redaktionsteam und dessen Kontakte nach Ungarn im Zentrum stehen, basieren im Wesentlichen auf den Sammelband-Beitrag der Verfasserin: Vgl. Neubacher, Gegenstimmen (2019).

1099 Vgl. *gegenstimmen* Nr. 0 (1980) [Verfügbar in der Österreichischen Nationalbibliothek (ÖNB)].

spalten. Mehrere Mitglieder der VSStÖ, darunter auch der junge Wiener Hans Ljung, verließen Ende der 1970er Jahre die Organisation und schlossen sich der trotzkistischen Gruppe Revolutionärer Marxisten (GRM) an. 1986 änderte die GRM ihren Namen in Sozialistische Alternative (SOAL).[1100]

Mit dem erklärten Ziel, »eine Zeitschrift über die Opposition in Osteuropa zu veröffentlichen«, veröffentlichte das SOK im April 1980 seine erste Ausgabe der *gegenstimmen*. Bis zu ihrer letzten Ausgabe im Jahr 1987 veröffentlichte die Redaktion, bestehend aus dem Kernteam Hans Ljung[1101], Imma Palme und Béla Rásky, insgesamt 27 Ausgaben, die gesellschaftspolitische Entwicklungen in Polen, Jugoslawien, Ungarn, Rumänien, Bulgarien und in der UdSSR abdeckten. Mit Unterstützung von Pressesubventionen, privaten Spenden und einem Netzwerk von AktivistInnen gelang es der kleinen Redaktion Kontakte zu zahlreichen lokalen DissidentInnen, Oppositionellen und weiteren AktivistInnen in Ost- und Südosteuropa aufzubauen, über ihre Aktionen zu berichten sowie fremdsprachige Inhalte zu übersetzen und abzudrucken. Bekannte JournalistInnen, wie Georg Hoffmann-Ostenhoff und Raimund Löw (»Genosse Fred«), schrieben für die *gegenstimmen*.[1102]

»Die Utopie der Weltrevolution und eines künftigen menschlichen, demokratischen Sozialismus schien in der historischen Figur Leo Trotzkis inkarniert zu sein. Und so gründete eine Hand voll junger Linker die ›Gruppe Revolutionäre Marxisten, Sektion der Vierten Internationale‹ (GRM)«, erinnert sich Hoffmann-Ostenhoff, damals bekannt als »Genosse Lampe,« an den Gründungsgeist der GRM.[1103] Die jungen IdealistInnen orteten ein Informationsdefizit innerhalb der österreichischen Öffentlichkeit über die Opposition in Osteuropa. Sie kritisierten den Mangel an Solidarität und die, ihrer Meinung nach, ignorante Haltung der SozialdemokratInnen gegenüber der Zunahme der Opposition in der Region.[1104] Die *gegenstimmen* sollten diese Defizite ausgleichen und »Solidarität mit der demokratischen und sozialistischen Opposition in Osteuropa« fördern, so lau-

1100 Im Netzwerk der GRM fanden sich zahlreiche Personen, die in den Folgejahren und -jahrzehnten aufgrund ihrer Karrieren Bekanntheit erlangen sollten, darunter der Journalist Robert Wiesner, der Historiker Siegfried Mattl, der Politikwissenschaftler Anton Pelinka sowie der ehemalige Grün-Politiker Peter Pilz.

1101 Hans Ljung, der damals mit Imma Palme liiert war, hatte eine amerikanische Schule besucht und sich dort politisiert. Bücher von Ernest Mandel hatten ihn mit dem Trotzkismus vertraut gemacht. Nach Zerwürfnissen innerhalb des VSStÖ tratt Ljung dem GRM bei. Vgl. Interview der Verfasserin mit H. Ljung, am 19.12.2017, Pressbaum, Sprache: Deutsch, Tonqualität gut, Audioaufzeichnung im Besitz der Verfasserin. Näheres zu Ljungs Rolle in der GRM bzw. in den *gegenstimmen* bei: Neubacher, Gegenstimmen – Transnational activism beyond the Iron Curtain.

1102 Vgl. Georg Hoffmann-Ostenhoff, Ohne Gott, in: Raimund Löw (Hg.), Die Fantasie und die Macht. 1968 und danach, Wien 2007, 151–176, hier: 164.

1103 Ebd., 149.

1104 N.N., Editorial, gegenstimmen, (1980) 0, 3.

tete der Untertitel der Zeitschrift.[1105] Die Redaktionsmitglieder der Zeitschrift berichteten nicht nur über den Dissens in der Region, sondern beteiligten sich auch selbst an Protestaktionen. »Unser Ziel muss es daher sein, eine Solidaritätsbewegung in Österreich zu schaffen«, heißt es in der 1980 veröffentlichten Erstausgabe.[1106]

Die Berichterstattung orientierte sich vor allem an den aktuellen politischen Ereignissen in Osteuropa und umfasste die Themen Menschenrechte, Arbeiterbewegungen, staatliche Repressionen und Polizeigewalt, Feminismus, Umweltschutz, Naturschutz und Gesundheit, Musik- und Jugendkultur, Zensur, Sozialpolitik und Armut, Minderheiten, Religion, Antimilitarismus, Demokratisierung sowie Sexualität. Während Anfang der 1980er Jahre vor allem die Entwicklungen in Polen im Mittelpunkt standen, rückten ab Mitte des Jahrzehnts zunehmend die Länder Jugoslawien, Ungarn und die ČSSR in den Fokus. Dies ließ auch andere Medien in West- und Mitteleuropa auf die Gruppe aufmerksam werden.

> »Im Unterschied zu den ›Ost-Nachrichten‹, die sich allen pluralistisch-demokratischen Oppositionsgruppen Osteuropas verpflichtet fühlen, bauen die seit nunmehr drei Jahren ebenfalls in Wien erscheinenden ›Gegenstimmen‹ auf einer *sozialistischen Strategie* im Westen auf. Ihrem vornehmlich aus Wienern bestehenden Redaktionsteam mit starkem Juso-Einschlag geht es zunächst um eine Rehabilititerung des Begriffs ›Sozialismus‹, der von den stalinistischen Regimen in Osteuropa in Misskredit gebracht worden sei. Die ›Gegenstimmen‹ erscheinen viermal jährlich; ihr Ziel besteht in der Verbreitung von Hintergrundartikeln, Analysen, Dokumenten. Der Inhalt ist weniger selektiv oder sektiererisch, als die apodiktische Programmplattform der Gruppe vermuten liesse. Der Umstand, dass die von allgemein-humanitärem, nicht in erster Linie sozialistischem Gedankengut getragene ›Solidarität‹ einen weit grösseren Einfluss auf

1105 Die Wiener Gruppe war im Wesentlichen eine kleine Schwester des deutschen Sozialistischen Osteuropakomitees, welches sich Anfang der 1970er Jahre in der Bundesrepublik Deutschland (BRD) gegründet hatte. Das Wiener Komitee hielt darüber hinaus auch zu Redaktionen und Gruppen in Frankreich und Großbritannien Kontakt. Ihnen gemeinsam war das Ziel, die Aufmerksamkeit auf die oppositionellen Aktivitäten in Osteuropa zu lenken. Ausführlicher in: Neubacher, Gegenstimmen (2019).

1106 In Österreich waren die Trotzkisten nie stark genug, um die Dominanz der Sozialdemokraten in der österreichischen Linken zu destabilisieren. Von 1970 bis 1983 wurde Österreich vom sozialdemokratischen Bundeskanzler Bruno Kreisky regiert, danach folgte Fred Sinowatz, der 1986 von Franz Vranitzky abgelöst wurde. Erst im Jahr 2000 wurde die Ära durch Wolfgang Schüssel (ÖVP) unterbrochen. Im Gegensatz zu den Bemühungen konservativer Politiker wie des damaligen Vizebürgermeisters von Wien, Erhard Busek, war die österreichische Regierung unter Bundeskanzler Bruno Kreisky vorwiegend an der Fortsetzung der Entspannungspolitik interessiert. Gerade im Hinblick auf die polnische Arbeiterbewegung, die stark mit der katholischen Kirche in Verbindung stand, herrschte bei den österreichischen Sozialdemokraten Zurückhaltung. Unzufrieden mit dieser Haltung der Sozialdemokratie versuchten die Aktivitäten der österreichischen Trotzkisten, diese Lücke zu schließen.

die Massen hatte als die Prager Reformbewegung von 1968, blieb den jungen Linken in Wien im Unterschied zu den Linken in der Schweiz nicht verborgen, und dass sie dieser Tatsache in der Gestaltung ihrer Zeitschrift Rechnung tragen, kommt dieser sehr zugute.«[1107]

Die ungarische Opposition nahm von Beginn an eine wichtige Rolle in der Berichterstattung ein. So veröffentlichte die Redaktion bereits in der Erstausgabe 1980 ein sechsseitiges Interview mit dem Dissidenten und Schriftsteller György Dalos.[1108] Interviews u. a. mit dem Samisdat-Verleger György Krassó, dem Schriftsteller und Menschenrechtsaktivisten Miklós Haraszti, dem Architekten László Rajk, dem Philosophen Miklós Gáspár Tamás sowie ein Bericht der Soziologin und Gründerin des Armenhilfefonds (Szegényeket Támogató Alap – SZETA) Ottilia Solt, ein offener Brief des Umweltschützers, Wehrdienstverweigerers und Publizisten Károly Kiszely sowie intensive Auseinandersetzung mit dem Volksaufstand von 1956 folgten. Die nötige Ungarn-Expertise kam hierbei oft von Béla Rásky,[1109] der mit seiner Familie dem Aufstand von 1956 entkommen war und seither in Wien wohnt.[1110] Der Historiker wuchs in einem »politischen Haus« auf und wurde während des Studiums politisch aktiv. »Ich bin durch die Basisgruppen an der Universität links geworden«, erzählt Rásky mehr als drei

1107 St. R., Neue Osteuropa-Zeitschrift in Wien, Neue Züricher Zeitung, 3. 6. 1983 (ohne Seite).

1108 N.N., »Wir sind eine kulturelle Opposition«, gegenstimmen (1980) 1, 33–38.

1109 Rásky war auch an einem der Hauptprojekte ungarischer Intellektueller beteiligt, der Erstellung und Übersetzung einer Publikation zum Gedenken an den Denker und Staatsmann István Bibó, der 1956/57 vom Kádár-Regime wegen seiner Zugehörigkeit zur Regierung Imre Nagys strafrechtlich verfolgt wurde. Anlässlich des Treffens bei Bibós Beerdigung beschlossen mehrere Intellektuelle und Freunde das Bibó-Gedenkbuch zu produzieren. Ein Jahr später wurde der umfassende 1.001-seitige Band, nachdem er von offiziellen Verlagen abgelehnt worden war, in der Samisdat-Presse in der Schweiz veröffentlicht und umfasste 76 Autoren. Der Beitrag des ungarischen Historikers Jenő Szűcs zur Idee einer mitteleuropäischen Region als einer von drei Hauptregionen in Europa wurde von Bela Rásky ins Deutsche übersetzt. »Für uns war er [Bibó] ein Bürgerlicher im Originalzitat, aber ich habe angefangen, es zu lesen, und ich habe viel gelernt.« Interview der Verfasserin mit dem Historiker und Aktivisten Béla Rásky, am 12. 1. 2018, Wien. Sprache: Deutsch, Tonqualität gut, Audioaufzeichnung im Besitz der Verfasserin.

1110 Für ausführliche Studien zu Österreichs Rolle beim Volksaufstand und seinen Folgen siehe u. a.: Ibolya Murber/Wolfgang Weber, Heimat-Fremde-Heimat? Deskriptive Aspekte der Migrationsgeschichte ungarischer Flüchtlinge 1956/57 in Vorarlberg, in: Montfort. Zeitschrift für Geschichte Vorarlbergs (2001) 2, 201–216; Ibolya Murber, Arcok a tömegből. Az ötvenhatos magyar menekültek társadalom-statisztikai vizsgálata. [Gesichter aus der Menge. Sozialstatistische Analyse der Ungarnflüchtlinge 1956], in: József Jankovics/Judit Nyerges (Hg.), Hatalom és kultúra (Az V. Nemzetközi Hungarológiai Kongresszus, Jyväskylä 2001, augusztus 6–10. előadásai. II.), Budapest 2001, 959–966; Ibolya Murber, 1956 és Ausztria [1956 und Österreich], in: János M. Rainer/Katalin Somlai (Hg.), Az 1956-os Intézet Évkönyve. XIV. 2006–2007, Budapest 2007, 91–108; Ibolya Murber (2017): Österreich und die Ungarnflüchtlinge 1956, in: Mitteleuropazentrum an der Andrassy Universität Budapest (Hg.), Jahrbuch für Mitteleuropäische Studien 2015/2016, Wien 2017, 19–43.

Jahrzehnte später. Als ihn die GRM anfragte, hätte er sich der Gruppe gegenüber jedoch »sehr ambivalent« gefühlt. »Ich war nie Trotzkist. Ich bin kein Parteimensch«, erklärt Rásky. Trotzdem engagierte er sich in der Redaktion der *gegenstimmen* und unterstützte die Gruppe bei Kontakten nach Ungarn. »Die ungarische Opposition hat über uns gelacht, als wir von der Weltrevolution gesprochen haben«, so Rásky heute. Zu internen Differenzen sei es bei der Debatte um den nationalkonservativen Schriftsteller und späteren MDF-Mitbegründer István Csurka gekommen. Die Redaktion entschloss sich schließlich trotz der ideologischen Differenzen dazu, über die »völkischen« Forderungen zu berichten.[1111] Die erste Geschichte über das GNV-Projekt wurde 1984 publiziert.[1112] Der Artikel beschreibt das Staudammprojekt sowie die damit zusammenhängenden Risiken für die Grundwasserversorgung Budapests und die zu erwartenden Umweltschäden.[1113] Weitere Artikel zu GNV folgten, vor allem als die österreichische Finanzierung bekannt wurde. Die Berichterstattung stellte dabei die negativen Auswirkungen des Projekts dar und bezog sich in der Kritik vor allem auf ökologische und antikapitalistische Argumente. Rásky zufolge seien es vor allem politische und weniger ökologische Gründe gewesen, die für das journalistische Interesse an GNV ausschlaggebend waren. »Wir haben das alles eher politisch, nicht auf der Ebene des Umweltschutzes, gesehen«, so Rásky, der über Franz Meister Kontakt zu Wolfgang Rehm hatte und den eine Freundschaft mit András Szekfü vom Duna Kör verband. Mit dem Staudamm nahe Visegrád sahen sie eine Chance, den »ungarischen Patriotismus« zu wecken und Österreichs Rolle als Einmischung anzuklagen.[1114]

Béla Rásky konnte sich an den Schmuggelaktionen und Treffen aufgrund eines Einreiseverbots nach Ungarn nicht beteiligen, äußerte seine Solidarität aber in Form von Übersetzungen und im Zuge der grenzüberschreitenden Kommunikation. Als am 16. April 1986 ungarische Intellektuelle in der Tageszeitung *Die Presse* zum Protest gegen das Kraftwerksprojekt GNV aufriefen, druckten die *gegenstimmen*, insbesondere Rásky und Dalos, nicht nur den Aufruf ab, sondern versuchten auch, eine ähnliche Anzeige in der ungarischen Tageszeitung *hvg* zu schalten (diese war Bela Rásky zufolge »relativ offen« für derartige Aktionen). Die Gruppe hatte bereits mit *hvg* über die Preisgestaltung verhandelt und das nötige Geld gesammelt, als der Herausgeber sich abrupt per Brief ohne Angabe von Gründen weigerte, zu veröffentlichen.[1115] Szekfü zufolge zeigten sich dabei die

1111 Vgl. Interview der Verfasserin mit B. Rásky, Wien 2018.

1112 N.N., Kraftwerk – nein danke! Information über die Nachteile und die zu erwartenden schädlichen Folgen des Staustufensystems von Gabcikovo-Nagymaros (GNS), gegenstimmen 5 (1984) 16, 11–12, hier: 11 f.

1113 Vgl. ebd.

1114 Vgl. Interview der Verfasserin mit B. Rásky, Wien 2018.

1115 Vgl. ebd.

»Grenzen der Bewegungsfreiheit« und die »letzten Versuche der Parteidiktatur« bei Entscheidungen der Redaktionen zu intervenieren.[1116]

Zu den Samisdat-Übersetzungen zum Thema Umweltschutz in den *gegenstimmen* zählen ein Hírmondó-Interview, ein offener Brief an den österreichischen Bundeskanzler Fred Sinowatz sowie ein 1987 erschienenes Vízjel-Interview mit dem Duna-Kör-Sympathisanten Imre Mécs, der später die Allianz der Freien Demokraten (SZDSZ) mitbegründete. Die Sprachkenntnisse von Béla Rásky halfen auch bei einer Protestaktion österreichischer AktivistInnen in Budapest. Im Mai 1987 organisierten UmweltschützerInnen aus Österreich und Ungarn (mit Unterstützung des SOK) – allen voran Michael Köcher – eine Verteilung von Flugblättern (übersetzt von Rásky) in der U-Bahnstation Marx tér (heute Nyugati tér) sowie am Batthány Tér, die in Österreich Schlagzeilen machte. Die TeilnehmerInnen wurden schnell von der ungarischen Polizei festgenommen.[1117] Laut dem Umweltschützer Wolfgang Rehm hatten die AktivistInnen die drei österreichischen Grün-Abgeordneten Peter Pilz, Andreas Wabl und Walter Geyer eingeladen, sich dieser Aktion gegen den »Energieimperialismus« Österreichs anzuschließen, um damit Solidarität über Systemgrenzen hinaus auszudrücken. Flugblätter wurden auch in der Wiener Einkaufsstraße, der Mariahilfer Straße, verteilt. Die AktivistInnen gaben insbesondere Flugblätter in ungarischer Sprache aus, um UngarInnen, die zum Schaufensterbummel nach Wien gekommen waren, zu informieren.

Auf Initiative des Duna Kör besuchte zwischen 22. und 24. Mai 1989 eine Delegation mehrerer ungarischer Abgeordneter und oppositioneller PolitikerInnen Wien, um mit österreichischen PolitikerInnen sowie mit dem Generalunternehmer DoKW über das GNV-Projekt zu diskutieren. Mit dabei war auch András Szekfü, der die Gespräche allerdings als »completely useless« bezeichnete. Nur mit dem Grün-Abgeordneten Peter Pilz habe es einen fruchtbaren Austausch gegeben, woraufhin er auch nach Ungarn eingeladen wurde.[1118] Béla Rásky wurde gebeten, für die Delegierten zu dolmetschen. Später beschrieb er diesen Besuch als »seltsame Situation«. Die ungarische Gruppe wäre »voller Konflikte« gewesen, eine »sehr unangenehme Spannung« wäre zwischen ihnen fühlbar gewesen, so Rásky.[1119] Szekfü zufolge handelte es sich dabei um eine »natürliche Sache«, da die politischen Einstellungen große Unterschiede aufwiesen und die Kritik an Nagymaros der »kleinste gemeinsame Nenner war«.[1120]

1116 Vgl. Interview der Verfasserin mit A. Szekfü, online, 2021.
1117 Vgl. dazu auch Kapitel 5.1.1 in diesem Buch.
1118 Vgl. Interview der Verfasserin mit A. Szekfü (b), Budapest 2019.
1119 Vgl. Interview der Verfasserin mit B. Rásky, Wien 2018.
1120 Vgl. Interview der Verfasserin mit A. Szekfü (c), online, 2021.

Die *gegenstimmen*-Redaktion betrachtete sich selbst als »eine Gruppe von Internationalisten«[1121] und kritisierte die damalige österreichische Regierung für ihre Beziehungen zu Ungarn. Der dänische Historiker Bent Boel misst in seinen Studien den transnationalen Netzwerken der TrotzkistInnen große Bedeutung beim Aufbau von dissidentischen und zivilgesellschaftlichen Ost-West-Kontakten bei. So bildeten sie aufgrund ihrer Reisetätigkeiten und kommunikativen Netzwerke eine wichtige Stütze für oppositionelle und subversive Aktionen hinter dem Eisernen Vorhang. Boel unterstreicht ihren »transnationalen Charakter«, der die Grundlage für ihre profunde Expertise und ihre Kontakte in den Osten bildet. Ein wichtiges Merkmal der trotzkistischen Gruppen bildete dabei der Migrationshintergrund ihrer Mitglieder.[1122]

> »Many activists had some kind of family connection to Eastern Europe. In the French case, it was often a Jewish eastern European background, as for example, the LCR [Ligue communiste révolutionaire, Anm. d. Verf.] leadership. Within the OCI [Organisation communiste internationalist, Anm. d. Verf.] several Jews (e. g. Pierre Lambert and Boris Fraenkel) had a prominent role. [...] More often, especially in France, it was central Europeans with a Jewish background, who came to the West as children or grew up in the West and became Trotskyists in their new homeland. This once again illustrates the fact that an active involvement in the support for Soviet Bloc oppositionists was stimulated by a personal connection. [...] Finally, quite a few acquired a personal link in still another way, namely a romantic one.«[1123]

Boels Beobachtungen schließen damit an Sidney Tarrows Konzept der »Rooted Cosmopolitans«[1124] an. Das *gegenstimmen*-Netzwerk zeigt somit auf, wie Sprachkenntnisse und Netzwerke von AkteurInnen mit Migrationshintergrund zu wichtigen Ressourcen von zivilgesellschaftlichen Bewegungen wie der Donaubewegung wurden.

1121 Amália Kerekes, Béla Rásky, Wir waren schon echte Internationalisten. Die ungarische zweite Öffentlichkeit und die österreichischen Parallel- und Alternativöffentlichkeiten, Kakanien Revisited, 2006, 1–8.

1122 Bent Boel, Western Trotskyists and subversive travelling in Soviet Bloc countries , 1956–1989, in: Journal of Contemporary Central and Eastern Europe 25 (2017) 2, 237–254, hier: 243 f.

1123 Ebd.

1124 Vgl. Tarrow, New Transnational Activism (2005).

6.3 Im Bann des Duna Dracula: Gemeinsame und trennende Deutungsrahmen

Zusätzlich zu den bisher erläuterten grenzübergreifenden Aktivitäten und Netzwerken der AktivistInnen der Donaubewegung geben ihre verwendeten Symboliken und Deutungsrahmen Aufschluss über die fördernden und hindernden Faktoren zur Transnationalisierung der Proteste.

> »Exploring the visual expression of social movements seems particularly important when it comes to transnational protest events and processes, where actors can not necessarily rely on a shared language.«[1125]

Visuelle Protestmaterialien, Publikationen sowie historische und räumliche Referenzpunkte zeigen dabei verbindende wie auch trennende Elemente der grenzüberschreitenden Zusammenarbeit auf. Im Fall der Donaubewegung wurden zahlreiche Protestsymbole dazu genutzt, sowohl die AdressatInnen des Protests als auch den Gegenstand selbst – das Kraftwerksprojekt GNV – zu visualisieren und mit Emotionen zu behaften. Hinter den sprachlichen und visuellen Ausdrucksformen der Donaubewegung stand dabei oftmals der Kampf gegen das Monster aus Beton. Der Fokus der AktivistInnen auf das Material Beton gründet sich auf kulturgeschichtliche Kontexte, die bis heute für grenz- und systemübergreifende Proteste von zentraler Bedeutung sind.

Wasserkraftwerke galten ab den 1950er Jahren als Leuchtturmprojekte des »sozialistischen Aufstiegs«[1126] und Beton galt als Baustoff dieses Erfolges. Bereits unter Wladimir Iljitsch Lenin erhielt Beton seine Symbolkraft als Bindemittel des Sozialismus. In seinem kulturhistorisch geprägten Werk »Concrete and Culture« zeigt Adrian Forty auf, welche historischen und kulturellen Einflüsse Beton aufweist:

> »The sense that reinforced concrete offered a means to draw people closer together, and by so doing enhance their collective social consciousness, was further endorsed following the October Revolution in 1917 in Russia. Not only were many of the new buildings of the regime built in concrete, but the synthetic nature of reinforced concrete made it a symbol for Lenin's view of the ›indissoluble unity‹ of the proletariat, formed through the process of revolution. In Fyodor Gladkov's classic socialist realist novel Cement (1925), set in a cement plant during and after the civil war in Russia, the significance of cement is that, like socialism, it creates a bond between a mass of loose

1125 Nicole Doerr/Simon Teune, Visual Codes in Movement. When the Protest Imagery Hits the Establishment. European Protest Movements, University of Calabria, Italy 2008, 157–170, URL https://protestkuriosa.files.wordpress.com/2008/05/doerr-teune.pdf (abgerufen 30. 8. 2020).

1126 Leidinger, Lenins Traum, 165.

particles. As the hero, Gleb Chumalov puts it, ›We produce cement. Cement is a firm bond. Cement is us, comrades – the working class.‹«[1127]

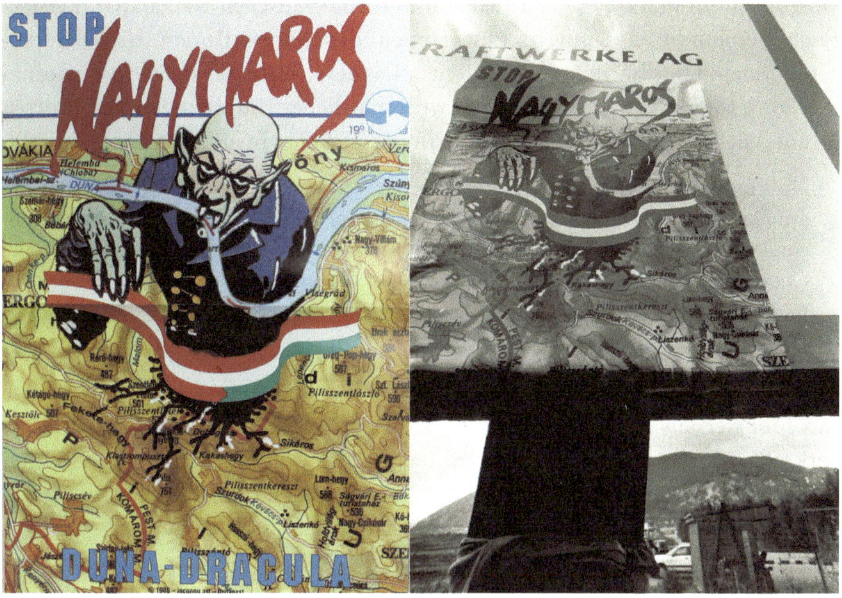

Abbildung 10: Das Protestplakat (siehe links) wurde u. a. bei der Demonstration am 12. September 1988 in Budapest verwendet (siehe rechts).[1128]

In der Sowjetunion gab Nikita Sergejewitsch Chruschtschow den Startschuss für die Karriere des Baustoffs. Seine Bedeutung zeigte sich beispielsweise in der Rede des Generalsekretärs am 7. Dezember 1954 im Zuge einer Fachkonferenz.

> »It cannot be overemphasized just what a remarkable event this speech was. Entitled ›On Wide-Scale Introduction of Industrial Methods, Improving the Quality and Reducing the Cost of Construction‹, it must have lasted the best part of two hours, and was almost entirely about construction in concrete. On no other occasion, before or since, has a head of state delivered such a lengthy and well-informed address about concrete.«[1129]

Selbst als im Ungarn der 1980er Jahre die sozialistischen Träume einer vereinten Arbeiterklasse nur mehr wenige mobilisieren konnten, blieb Beton das dominierende Material sozialistischer Architektur (Plattenbauten) und Grundstoff der sozialistischen Megaprojekte wie GNV. Im Wettkampf sowjetischer und westlicher Architekten und Ingenieure avancierte Beton schnell zum »Medium

1127 Adrian Forty, Concrete and culture: a material history, London 2012, 306.

1128 Links: inconnu, rechts: Hegedűs Judit/Fortepan, URL: https://fortepan.hu/hu/photos/?id=16066 (abgerufen 22. 1. 2021).

1129 Ebd., 309.

des Kalten Krieges«.[1130] Was für die Kraftwerksbauer und Ingenieure ein Meisterwerk aus Beton darstellte, tauften seine GegnerInnen ein Monster aus Beton. Doch auch im marktwirtschaftlichen und demokratischen Nachbarland Österreich beschimpften UmweltschützerInnen die AdressatInnen als »Betonierer«.[1131] Beton machte in beiden Systemen Karriere. Während sich der Baustoff in der Sowjetunion vor allem aufgrund wirtschaftlicher Bedingungen durchsetzen konnte, sieht Adrian Forty die Gründe im Westen eher in ideologischer Hinsicht:

> »In the Soviet bloc, it was the economic incentive, to create surpluses to fund the armaments programme, that was primarily responsible for the widespread use of concrete, while in the West the incentives were above all ideological, the need for social democratic governments to maintain their electoral advantage by keeping the scenery moving, even if life stood still.«[1132]

Beton sollte den Regierungen dabei helfen, die Versprechen von Fortschritt und dem Bau des Wohlfahrtsstaats einzulösen.[1133] Für die Ökologiebewegung bildete das Monster aus Beton ein Sinnbild für die Zerstörung der Natur durch Wasserkraftwerke.[1134] Im Kampf zwischen Technik und Natur nehmen AktivistInnen dabei die Rolle des Davids ein. Auf der Position des Goliaths stehen die Politik sowie Lobbies der Elektrizitäts- und Bauwirtschaft.

> »A parallel can be drawn between this contrast and the difference in the background symbolism of the movement against the barrage and of western anti-nuclear movements. **The barrage – the monster made of concrete – was the unintended symbol of political power running rampant over everything**; [Hervorhebung im Original, Anm. der Verf.] it signified the model of totalitarian party rule. The anti-nuclear movements also carry a very definite symbolic content, for atomic energy involves much more refined direction and control on a high technological level. The struggle directed against it symbolizes disillusionment with industrial society and a revolt against the value-system of this society, in favour of an environmentally friendly postindustrial value-system.«[1135]

Den AktivistInnen der Donaubewegung war bewusst, dass eine Bezwingung des »Monsters« aus Beton nur durch Allianzen und Zusammenarbeit möglich war. Mit einer »Menschenkette gegen Gabčíkovo« protestierten zehntausende Menschen aus der ČSSR, Ungarn und Österreich im Februar 1990 gegen die Inbetriebnahme der Variante C. Als Gegenentwurf fordern die UmweltschützerInnen

1130 Ebd., 321.
1131 Der Begriff war auch unter den ungarischen AktivistInnen geläufig. Vgl. Interview der Verfasserin mit A. Szekfü (a), Budapest 2018.
1132 Forty, Concrete and culture, 328.
1133 Vgl. ebd.
1134 Vgl. die Broschüre: WWF Österreich, Geschichte des Monsterprojektes Gabcikovo, 1991.
1135 Fleischer, Jaws on the Danube, 441.

(konkret der WWF) einen »Tri-Nationalpark statt Monsterprojekt«.[1136] Für seinen Dokumentarfilm »A Dunaszaurusz« aus dem Jahr 1988 begleitete der ungarische Filmemacher Ádám Csillag die Aktivitäten der Donaubewegung und spürte dabei die Hintergründe und Zusammenhänge des Kraftwerksprojekts auf. Seine Metapher des »Donau-Sauriers« bekam damit eine filmische Visualisierung. Die Monster-Referenz blieb als Protestsymbol im visuellen Repertoire. Die KünstlerInnengruppe inconnu gab dem Dinosaurier allerdings eine menschlichere Gestalt (Abbildung 10).[1137] Während bereits 1978 der bayrische Film »Die Zerstörung des Rheins«, welcher die Umweltauswirkungen des großen elsässischen Seitenkanals zwischen Basel und Breisach ausführlich behandelt, im ungarischen Fernsehen lief, wurde Csillags kontroverser Dokumentarfilm in Ungarn erst 1989 im Fernsehen ausgestrahlt. AktivistInnen führten die Dokumentation jedoch bei Protest- und Informationsveranstaltungen der Donaubewegung vor.[1138] Der Begriff »Dunaszaurusz« stammt ursprünglich von János Vargha, der seinen 1981 erschienen Artikel mit dem Titel »Wasserstufe oder Donausaurier?« versah.[1139] Der Biologe legte darin Argumente gegen den Bau dar. In seiner Schlussbemerkung setzte er ein Ultimatum, um den wirtschaftlichen und umweltspezifischen Gefahren des Staustufenprojektes ins Auge zu sehen. Nur so »können wir darauf vertrauen, dass wir unseren Nachkommen keinen elenden Drachen, einen Dunasaurus […] überlassen«.[1140] Csillag hatte im Gründungsjahr des Duna Kör seinen Abschluss an der Budapester Universität für Theater und Film gemacht und arbeitete danach im Balázs Béla Stúdió[1141], wo er den Dokumentarfilm produzierte und den ZeitzeugInnen der Donaubewegung damit auch ein visuelles Denkmal setzte.[1142] Auch in Österreich wurde der »Donausaurier« von AktivistInnen der *gegenstimmen* aufgenommen.[1143]

1136 WWF Österreich, Geschichte des Monsterprojektes Gabcikovo, 4.

1137 Vgl. etwa: Zoltán Huber, Dunaszarusz, URL: https://filmarchiv.hu/hu/alapfilmek/film/dunaszaurusz (abgerufen 22.01.2021).

1138 Vgl. A bős–nagymarosi vízlépcsőrendszer krónikája (1990).

1139 J. Vargha, Vízlépcső vagy Dunaszaurusz?, in: Új Tükör 18 (1981) 16, 6–8. Später auf Varghas Webseite veröffentlicht, URL: https://danube.org/hu/writing/vizlepcso-vagy-dunaszaurusz (abgerufen 11.12.2020).

1140 Im Original: »Ha így lesz, bízhatunk benne, hogy nem egy sanyargató sárkányt, egy Dunaszauruszt, »csupán« egy hasznot hajtó vízlépcsőrendszert hagyunk utódainkra.«

1141 Das Balázs Béla Stúdió (BBS) wurde 1959 als Bottom-up-Initiative junger FilmemacherInnen gegründet, die sich für eine Erneuerung des ungarischen Films einsetzten. In den 1980er Jahren galt das Studio als wichtige Anlaufstelle für freie Videokunst. Vgl. Webseite des BBS, URL_ http://www.bbsarchiv.hu (abgerufen 11.12.2020). Weitere Informationen zum Film »Dunaszaurusz«, URL: http://www.bbsarchiv.hu/hu/film/dunaszaurusz-96, (abgerufen 11.12.2020).

1142 Siehe dazu auch die Veranstaltung inkl. Filmscreening »Some Kind of Opposition«, http://somekindofopposition.org/adm-csillag-dunaszaurusz (abgerufen 11.12.2020).

1143 Vgl. N.N., Es grünt so grün, wenn Donausaurier blühen, gegenstimmen 7 (1986) 23, 6–8.

Zu einem zentralen Erkennungsmerkmal der KraftwerksgegnerInnen – in der Bewegungsforschung ist hierbei die Rede von »visual codes«[1144] – zählt das Donau-Sujet, welches in verschiedensten Formen und Adaptionen verbreitet wurde. Die simple, blaue Donauwelle fand sich auf zahlreichen Aufklebern und Broschüren der Donaubewegung wieder. Das Tragen des Aufklebers wurde zu einem Symbol subversiven Protests. Alle Versionen hatten gemeinsam, dass die blaue Linie darauf unterbrochen schien. In einer Broschüre zum Staustufensystem aus den späten 1980er Jahren der »Blauen Liste und des Duna Kör« wird der Fluss von einer Wäscheklammer zusammengeklemmt. Die Broschüre fasst die wirtschaftlichen und regionalen Auswirkungen des GNV-Projektes aus Sicht der AktivistInnen zusammen. Als Symbol der Donaubewegung (Abbildung 11) verbindet die Klammer den durch den Damm in zwei Hälften geteilten Strom – eine einfache Symbolik, die auf die bei GNV oft kritisierte, zerstörerische Mensch-Natur-Beziehung Bezug nimmt.

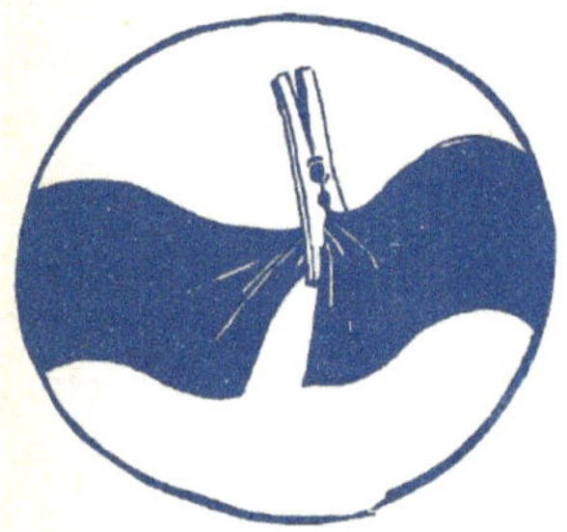

Abbildung 11: Cover-Sujet der Broschüre »Válaszol a Kék Lista és a Duna Kör«[1145]

Auch der »Nagymaros«-Schriftzug (die blutrote Schrift versinnbildlicht dabei vermutlich die Dramatik der Zerstörung) wurde auf Anstecker gedruckt und verteilt. Szekfü zufolge wurde der Schriftzug, der vermutlich auch von der Gruppe inconnu gestaltet wurde, dem Solidarność-Logo nachempfunden, um die Solidarität mit Polen auszudrücken.[1146] Viele Anstecker wurden nach Angaben von András Szekfü verkauft, um mit dem Geld die hohen Telefon- und Kopierkosten der Bewegung zu decken.[1147] Das typografische Design der Donaubewegung hat bis heute überlebt: So gründeten AktivistInnen, darunter auch Wolfgang Rehm, 1991 die Wiener Umweltorganisation »VIRUS – Verein Pro-

1144 Vgl. dazu u.a.: Doerr/Teune, Visual Codes in Movement (2008).
1145 Privatarchiv A. Szekfü.
1146 Vgl. Interview der Verfasserin mit A. Szekfü (c), online, 2021.
1147 Vgl. Interview der Verfasserin mit A. Szekfü (b), Budapest 2018.

jektwerkstatt für Umwelt und Soziales« und nutzten für das Vereinslogo den modifizierten Nagymaros-Schriftzug.[1148]

Abbildung 12: Anstecker der Donaubewegung[1149]

Der Duna Dracula bzw. Dunaszaurusz und das Donau-Sujet bildeten damit visuelle Codes für die subversive Haltung der KraftwerksgegnerInnen. Mit der Produktion und Distribution eigener Druckschriften wie den Duna Kör hírei (ab Dezember 1984) erschufen die AktivistInnen ihre eigene (wenn auch limitierte) Gegenöffentlichkeit.

> »The newsletter published confidential documents and released secret information printed in a few copies. The contents were greatly multiplied by Radio Free Europe. [...] Abstracts in the newsletter were also published in the Slovak, German, and English languages to communicate with others living along the river.«[1150]

Der Einfluss dieser Druckschriften auf die Meinungsbildung innerhalb der ungarischen Bevölkerung lässt sich aus heutiger Sicht unzureichend bewerten. Nichtsdestotrotz ist die Relevanz der Informationen des Duna Kör für die Rezeption zivilgesellschaftlicher und medialer AkteurInnen im Westen unbestritten. Österreichische JournalistInnen und UmweltschützerInnen nutzten die (auch von den *gegenstimmen*) übersetzten Samisdat-Berichte für ihre Berichterstattung über die Aktivitäten in Ungarn. Neben der trotzkistischen GRM und ihrem Periodikum galt auch der in Wien lebende Soziologe Zoltán Zsille als Schnittstelle für Informationsflüsse zwischen Ost und West. Zsille, der sich sowohl in der »fliegenden Universität« als auch bei SZETA[1151] engagierte, wurde in

1148 Vgl. Interview W. Rehm (b), Wien 2019. Weitere Informationen: VIRUS: Verein Projektwerkstatt für Umwelt und Soziales, URL: https://www.wuk.at/virus/ (abgerufen 12.1.2021).

1149 Digitalisierte Akten des ÁBTL vom 27. Mai 1988, Nagymaros feliratú jelvény – M.L. (Miklósi László Sammlung), URL: https://www.abtl.hu/szolgaltatasok/nyilt-ter/virtualis_kiallitas/tuntetesek_1988/1988.05.27 (abgerufen 22.1.2021).

1150 Vásárhelyi, Anatomy, 130f.

1151 2014 berichteten die Filmemacher Márton Ledniczky und Csaba Kardos in einem Dokumentarfilm über die Aktivitäten von RFE und interviewten u.a. Zoltán Zsille zur Rolle der

den 1970er Jahren aufgrund seiner Aktivitäten entlassen und wanderte 1980 nach Österreich aus. Mit seiner Presseagentur »Bibó-Press« galt er vor allem als Brücke zwischen westlichen Medien und Oppositionellen in Ungarn. Ab 1987 (bis 1991) war er als interner Mitarbeiter bei Radio Free Europe in München tätig.[1152]

Zahleiche JournalistInnen zeigten Interesse an den Vorgängen in Ungarn. Nicht selten verschwammen dabei die Grenzen zwischen Aktivismus und Journalismus. Péter Mártos, der als Achtjähriger mit seiner Familie in der Silvesternacht 1956/57 nach Österreich geflüchtet war, wurde zu einem von mehreren Journalisten mit guten Kontakten nach Ungarn.[1153] Auch österreichische ParlamentarierInnen verschiedenster Parteien folgten den Einladungen der ungarischen und österreichischen AktivistInnen, um sich mit dem Fall vor Ort auseinanderzusetzen. Auch der britische Journalist Nick Thorpe zählt zu den frühen BeobachterInnen des Duna Kör (laut W. Rehm war auch er beim Protestspaziergang am 8. Februar 1986 vor Ort[1154]) und berichtete von den Protesten in Budapest:

> »Als ich Mitte der 1980er Jahre nach Ungarn kam, handelten meine ersten Reportagen vom Donaukreis. Damals konnte man festgenommen oder von der Polizei zusammengeschlagen werden, wenn man bloß dessen Abzeichen trug – eine blaue Schlangenlinie mit einem weißen Strich in der Mitte. 1986 kamen österreichische Abgeordnete nach Budapest, um die Kampagne zu unterstützten, und wurden am Batthyány Tér beim Eingang zur U-Bahn festgenommen. Als ich versuchte, die Festnahme zu fotografieren, verhaftete man auch mich. Wir verbrachten drei Stunden eingesperrt in einem Klassenzimmer, während verlegene Polizisten und ihre vorgesetzten Politiker zu entscheiden versuchten, was sie mit uns anfangen sollten. Schließlich wurden wir mit einer Verwarnung entlassen. Illegale Demonstrationen von bis zu 20 000 Personen marschierten zum Parlament und verlangten, das Projekt aufzugeben.«[1155]

Betrachten wir die Donaubewegung und ihre AkteurInnen hinsichtlich der Herausentwicklung einer kollektiven Identität, so steht vor allem die Frage im Raum, inwiefern sich Identitäten durch die Transnationalisierung in ihrem Inhalt und in ihrer Struktur über die Jahre verändert haben. Im Rahmen der vorliegenden Arbeit können weder die Geschichte des Identitätsbegriffs, noch die zahlreichen Ansätze ausreichend diskutiert werden. Es sei angeführt, dass sich »soziale Identität […] gewöhnlich auf die Interaktionsprozesse bezieht, in denen

---

CIA in der Gründung von SZETA, »Szabad Európa«, 2. Teil, 48 Minuten, URL: https://www.youtube.com/watch?v=oo0hYxxW4AE&fbclid=IwAR2nYGToUwZsiIYyVOKhcTlkc7B9mv_zvXASlNko3l579xb453rJVMkLCJA (abgerufen 12.12.2020).

1152 Vgl. Tamás Rozgonyi, In memoriam Zsille Zoltán, in: Társadalomkutatás, 20 (2002) 3–4, 187–189.

1153 Vgl. Doris Manola, »Die Hilfe kam von Herzen,« ORF.at, 23.10.2016, URL: https://orf.at/v2/stories/2363200/2362938/ (abgerufen 10.5.2021).

1154 Vgl. Schriftliche Kommentare v. W. Rehm zum Manuskript, 17.5.2021.

1155 Thorpe, Die Donau: eine Reise gegen den Strom, 274.

Individuen andere identifizieren und von diesen identifiziert werden, wobei diese Prozesse auch die Grundlage für die Selbstidentifikation bilden.«[1156] Soziale Identitäten sollten hier im Plural verstanden werden, da Individuen über mehrere Identitäten verfügen.[1157] Im vorliegenden Fall kann anhand der Quellen nicht nur auf die Veränderung sozialer Identitäten einzelner AkteurInnen geschlossen werden, sondern auch auf gemeinsame Deutungsrahmen, die zur Bildung eines Gemeinschaftsgefühls und in Folge dessen zu kollektiven Identitäten beitragen bzw. auf bestehende Identitäten Bezug nehmen.[1158]

Die KraftwerksgegnerInnen selbst nutzten unterschiedliche Ansätze, um möglichst viele Menschen zu mobilisieren. Eine der wichtigsten und langfristigsten Strategien der Bewegung bestand darin, den erfolgreichen Protest gegen Hainburg als Referenz zu präsentieren. Hainburg wurde zum dem Schlüsselwort, um öffentliche Aufmerksamkeit in Österreich zu erzielen. Mit »Nagymaros. Eine Informationsbroschüre« stellte der WWF Österreich gemeinsam mit mehreren Naturschutzorganisationen eine vierzigseitige zweisprachige Broschüre (Deutsch und Ungarisch) mit umfassenden Informationen zu GNV und Argumenten dagegen.[1159] Die am 12. Jänner 1987 im Zuge eines Medientermins in Wien vorgestellte Publikation präsentiert die Donau als »Naturbild, das an Romantik seinesgleichen sucht«[1160] Der betroffene Abschnitt des Stroms sei durch seine Artenvielfalt, seine teils sogar »urwaldartigen« Auwälder und Uferzonen besonders schützenswert. Die Rolle des Donauraums als wichtiges Ziel des Fremdenverkehrs bzw. dessen touristisches Potential als »Erlebnisraum«[1161] Donau bildet einen zentralen Ansatz des Diskurses. Die Broschüre untermauert den touristischen Wert mit kulturellen Bezügen, die von Nikolaus Lenaus Liebe zur Landschaft der Moson-Donau, über den Dichter Lörinc Szabó bis zum von

1156 Martin Kohli, Die Entstehung einer europäischen Identität: Konflikte und Potentiale, in: Hartmut Kaelble/Martin Kirsch/Alexander Schmidt-Gernig (Hg.), Transnationale Öffentlichkeiten und Identitäten im 20. Jahrhundert, Frankfurt am Main 2002, 111–134, hier: 113.

1157 Vgl. ebd.

1158 Vgl. ebd., 118f.

1159 Wagner, Nagymaros. Eine Informationsbroschüre (o. J.). Im Impressum heißt es wie folgt: »Folgende Organisationen haben das Erscheinen dieser Broschüre ermöglicht: Forum Österreichischer Wissenschaftler, Freiheitliche Partei Österreich, Gewaltfreie Aktion Global 2000, Grüne Alternative Liste, Junge Generation (SPÖ), ÖGNU, ÖKO-Institut, Österreichische Hochschülerschaft, Österreichischer Naturschutzbund, pro Wien, Wiener Naturschutzjugend, WWF Österreich.«

1160 Ebd., 5.

1161 Ebd., 28.

den AktivistInnen auch an anderen Stellen zitierten Gedicht »An der Donau« von Attila József führen.[1162]

Das Ziel dieser schwärmerischen Erzählung, die mehr einem Reiseführer als einer Protestschrift ähnelt wird augenscheinlich, wenn es angesichts der befürchteten Dammbauten heißt »Falls nicht Besucher, die durch das einmalige Erlebnis Auliebhaber und Naturfreunde werden, doch noch eine Meinungsänderung herbeiführen.«[1163] Die AutorInnen konstruieren in der Broschüre einen Raum, in dem die »Völker beider Länder [Österreich und Ungarn]« durch Natur und ihre Geschichte verbunden sind. Mit Referenzen auf Proteste in Hainburg, aber auch in der Wachau (gegen das Kraftwerk Rührsdorf) schaffen die AutorInnen die Narration einer grenzüberschreitenden Region, die ihre einzigartige Landschaft schützen müsse (»Eine Region wehrt sich«).[1164] Die gesamte Problematik der Grenzüberschreitung wird in den folgenden einleitenden Sätzen zusammengefasst: »Das Band ist die Donau, an der das Staustufensystem Nagymaros/Gabčíkovo errichtet wird. Für die Ungarn bedeutet es den aufgezwungenen Ausverkauf der Landschaft, für die Österreicher einen indirekten Export an Umweltzerstörung.«[1165] Selbst die Ungarische Akademie der Wissenschaften beschäftigte sich in ihrem Bericht aus dem Jahr 1983 mit der Bedeutung der Donau für die ungarische Bevölkerung. Die Duna Kör hírei fassen die Studie kurz zusammen und beziehen sich dabei vor allem auf die Betonung der symbolischen Funktion der Donau. In der MTA-Studie hieß es demnach, dass der Wert der Donau nicht nur für die ungarische Wirtschaft und Denkweise zugenommen hat, sondern auch Offenheit für Europa sowohl im Westen als auch im Osten sowie freien Austausch von Waren, Ideen und Menschen bedeute. Übersetzt bedeute dies, »die nationalen Werte zu respektieren und die nationale Entfremdung abzulehnen […] der gute Wille zur Zusammenarbeit […] ein Symbol unserer europäischen Ausrichtung, des natürlichen und historischen Rahmens der ungarischen Existenz«.[1166]

Mit kapitalismuskritischen Metaphern (Landschaft als Ware, »ökologischer Imperialismus«) appellieren die AutorInnen an die Verantwortung der österreichischen StaatsbürgerInnen, sich an dieser vermeintlich moralisch falschen Tat nicht zu beteiligen. Zugleich beziehen sie sich auch auf ein Gefühl der Überlegenheit der ÖsterreicherInnen gegenüber Ungarn. »Gerade in den Län-

1162 Vgl. u.a. auch ein offener Brief österreichischer Grün-PolikerInnen an die »lieben ungarischen Freunde«, in denen sie sich solidarisch gegen GNV aussprechen, indem sie die letzten sechs Zeilen des berühmten Gedichts zitieren (Privatarchiv B. Rásky).

1163 Ebd., 9.

1164 Ebd., 39.

1165 Ebd., 9.

1166 N.N., Auszug aus »A Duna Kör hírei«, 1. szám, 1984, in: Beszélő, http://beszelo.c3.hu/cikkek/a-duna-kor-hirei (abgerufen 22.1.2021) [Übersetzung der Verfasserin].

dern, in denen Kritik nur bedingt möglich ist, sollte der Geldgeber besonders sorgfältig und verantwortungsbewußt vorgehen.«[1167] Diese Perzeption ändert sich, wenn es um die Verbundenheit der Bevölkerung mit der Donau geht. »Die Ungarn beleben und lieben noch ihre Donau. Darin unterscheiden sie sich von den Österreichern, die erst durch die Auseinandersetzung um das Kraftwerk Hainburg begonnen haben, die Donau wiederzuentdecken.«[1168] Die zu erwartenden Umweltschäden und mögliche Auswirkungen auf den Grundwasserspiegel werden in der Broschüre durch Bezugnahme auf österreichische Kraftwerksprojekte (Ottensheim, Ybbs, Altenwörth etc.) veranschaulicht. Neben diesen Bezügen stellen die AutorInnen eine Nähe der Erlebniswelt her, indem sie Hainburg als »Parallelfall« präsentieren.[1169] Die AdressatInnen der Kritik bilden einerseits die Regierungen Ungarns und der ČSSR, welche als irrational dargestellt werden[1170] sowie die österreichischen Banken, welche sich aus Eigennutz in nachbarschaftliche Angelegenheiten »einmischen«[1171]. Die DoKW wiederum übernimmt für die AktivistInnen die Rolle eines kapitalistischen Unternehmens, welches nicht vertrauenswürdig sei.[1172] In der Darstellung erscheint die österreichische Regierung als Marionette der Elektrizitätswirtschaft. Der Deal mit Ungarn wird als kurzsichtig kritisiert, da der Bedarf an Stromlieferungen aus Ungarn erst künstlich hergestellt werden müsse und dies weitere Probleme, etwa der Spannungsunterschiede und damit einhergehenden notwendigen Investments, mit sich bringe.[1173] Schließlich wird auch davor gewarnt, über die Beziehungen mit Ungarn Atomstrom nach Österreich zu importieren.

> »Der Traum der österreichischen Verbundgesellschaft, Österreich zur Stromdrehscheibe Europas zu machen, rückt der Erfüllung ein Stück näher. [...] Indirekt wird also Ungarn (oder die UdSSR) dem Westen Atomstrom über Österreich gegen Devisen verkaufen. Daneben profitieren natürlich die großen österreichischen Banken Creditanstalt Bankverein und Österreichische Länderbank AG vom Kraftwerk Nagymaros. Sie werden hohe Gewinne auf Kosten der österreichischen Stromverbraucher und der ungarischen Umweltsituation einstreichen.«[1174]

Zusätzlich zu den Informationen zu GNV wurde in der zweisprachigen Broschüre auch ein Unterstützungsstatement inklusive Namen prominenter AktivistInnen sowie ein Interview mit János Vargha abgedruckt. In dem Interview tritt Vargha für einen Perspektivwechsel ein, in dem die ökologischen Kritik-

1167 Wagner, Nagymaros. Eine Informationsbroschüre, 11.
1168 Ebd., 28.
1169 Ebd., 27.
1170 Vgl. ebd., 31.
1171 Ebd., 19.
1172 Vgl. etwa die trotzkistischen Aktivitäten gegen GNV im Kapitel 5.2.3 in diesem Buch.
1173 Wagner, Nagymaros. Eine Informationsbroschüre, 33.
1174 Ebd.

punkte der »Bürgerbewegung« gegen GNV zu Lasten der politischen Aspekte in den Vordergrund rücken sollten. »Meine persönliche Ansicht ist, daß es nicht nur Beziehungen zwischen Staaten gibt, sondern auch zwischen den Menschen. Und ich fürchte, dieses Projekt könnte schmerzliche Auswirkungen darauf haben.«[1175] Für Vargha sei der Ausstieg Österreichs aus dem Projekt das wichtigste Mittel, um den Bau Nagymaros zu verhindern. »Würde Österreich bei diesem Projekt den gleichen Maßstab anlegen wie bei Hainburg, würde sich zeigen, daß Gabčíkovo /Nagymaros noch weniger vertretbar ist, als Hainburg es war.«[1176]

Von Beginn an richteten die AktivistInnen des Duna Kör ihren Appell an Österreich, indem sie sich auf die Gemeinschaft der »Donauvölker« bezogen. »Sind doch die Pläne dieses Staustufensystems nicht vom Geist des so sehr gewünschten Zusammenwirkens der Donauvölker durchdrungen, vielmehr eine Ausgeburt des voluntaristischen Wirtschaftsdenkens der fünfziger Jahre.«[1177]

> »Doubtless the environmental defenders of the East European countries have as their goal this same world of ideas, the priority of ecological values, as their counterparts in more developed countries. Next to the appreciation of environmental viewpoints has come the globalization of such questions on a conscious level, that is the understanding that we live in a common world and must solve our problems in common. This outlook turns environmental protectionists into professional partners with the goal of analysing and solving conflicts.«[1178]

Eine Kehrseite dieser »Gemeinschaft der Donauvölker« bildete allerdings die ethnisch-nationalistische Dimension der GNV-Proteste.[1179] Dies bildet auch eine besondere Herausforderung für die Findung gemeinsamer visueller Codes. »In a transnational perspective also national cultural traditions appear on the screen as a factor that hampers a common deciphering of visual codes.«[1180] Ein Akteur mir nationalistischem Ansatz war die Bajcsy-Zsilinsky-Gesellschaft, welche über Verbindungen zur kommunistischen Partei verfügte.[1181]

> »It was established in 1986 under the auspices of the Patriotic People's Front as a discussion group promoting the radical and nationalist agenda of Bajcsy-Zsilinszky. Similar to the populists, one of its main goals was to focus public attention on the plight of Hungarian minorities, especially in Romania.[...] The Society had strong links to

1175 Vit, A senki zöldjén (1994).
1176 Ebd.
1177 Otmar Lahodynsky, Hainburg in Ungarn, Profil 47, 19.11.1984, 25.
1178 Fleischer, Jaws on the Danube, 441.
1179 Ausführlicher bei: Fitzmaurice, Damming the Danube (1998).
1180 Doerr/Teune, Visual Codes in Movement, 159.
1181 Es ist notwendig zu erwähnen, dass nationalistische Aspirationen jener Zeit auch als eine Reaktion auf anti-nationalistischen Druck seitens der kommunistischen Führung verstanden werden können und sich in dieser Form von späteren Formen unterscheiden.

both reformer Pozsgay and Central Committee Secretary (and conservative) György Fejti, and was certainly more of an ›official‹ nature than, for example, the MDF.«[1182]

Die Gruppe organisierte 1988 eine Demonstration gegen die Dorfzerstörungen in Rumänien, engagierte sich aber auch gegen GNV, indem sie u. a. eine Gedenktafel auf dem Predigerstuhl, einem berühmten Gipfel bei Visegrád an der Donau, errichten ließ, um auf die Zerstörung der Landschaft hinzuweisen.[1183] Szekfü zufolge habe die in den Protesten aktive Umweltgruppe der Gesellschaft nicht mit KommunistInnen verhandelt.[1184]

Während die ungarischen AktivistInnen die nationale Symbolkraft Visegráds sowie koloniale Rahmendeutungen gegenüber Österreichs Rolle in der Finanzierung Nagymaros' bewusst zur Mobilisierung einsetzten, wurden die slowakischen AktivistInnen Opfer nationalistischer Stigmatisierung. In Interviews mit der Verfasserin berichteten mehrere UmweltschützerInnen davon, als Feinde der Nation beschimpft worden zu sein.[1185] »Die kommunistische Regierung (und später auch die frei gewählte slowakische Regierung) hat es gut verstanden, aus dem Kraftwerksprojekt eine nationalistische Sache zu machen«, erinnert sich auch der ungarische Duna-Kör-Aktivist András Szekfü. Der ursprünglich als gemeinsames Projekt zweier sozialistischer Bruderstaaten vorgesehene Großbau wurde in den frühen 1990er Jahren in ein Sinnbild slowakischer Ingenieurskunst und Zeichen nationaler Unabhängigkeit verwandelt.[1186]

In der ČSSR waren vor allem Angehörige der ungarischen Minderheit von den Bauarbeiten an Gabčíkovo direkt betroffen. »Drei Ortschaften (Vojka n.D., Bodiky und Dobrohost) werden nach der Flutung des Kanals ihre Umgebung nur noch über große Umwege erreichen können«, warnte der WWF in einer Broschüre. »Sozusagen über ihre Köpfe hinweg werden sich vielleicht bald die Donauschiffe bewegen.«

»Opposition to the dam at Gabčíkovo failed for many reasons. Opponents were labeled ›disloyal Hungarians,‹ since most of the people living along the Danube in the area affected by the dam are irredenta, ethnic Hungarians left outside their country by the Treaty of Trianon. None of the three Prime Ministers of Slovakia, Carnogursky, Meciar or Moravcik were sympathetic to the complaints of the Hungarian minority, and Slo-

1182 Barbara J. Falk, The Dilemmas of Dissidence in East-Central Europe, Budapest, New York 2003, 145.

1183 Vgl. u. a.: Ebd., 176.

1184 Vgl. Interview der Verfasserin mit A. Szekfü (c), online, 2021.

1185 Vgl. Interviews der Verfasserin mit L'ubica Trubiníová, Jaromír Šíbl und Mikuláš Huba (Bratislava 2019.

1186 Vgl. Fitzmaurice, Damming the Danube, 62f.

vakia was criticized by the EC for its harassment and intolerance of its Hungarian minority.«[1187]

Im Juni 1992 wurde der slowakische Premierminister Ján Čarnogurský, dessen Bruder Ivan in der Generalunternehmer-Firma HYDROSTAV für den Bau verantwortlich war, durch Vladimir Mečiar ersetzt. Der politische Führungswechsel verstärkte die ethnische Dimension der Debatte, denn die Regierung Mečiar wusste den nationalen Aufwind jener Jahre dazu zu nutzen, um die Stimmung innerhalb der Bevölkerung zum Nachteil der bis dahin erstarkenden Umweltbewegung zu kippen.[1188] »Gabčíkovo has become a symbol of Slovak national independence and pride, to be defended equally against Prague and Budapest.«[1189]

Das Argument der Verletzung der Staatsgrenze wurde von der 1994 bereits unabhängigen slowakischen Seite vehement als »Schädigung des ›Image‹ der Slowakei«[1190] abgestritten. In einer Informationsbroschüre hieß es dazu: »[...] wenn es auch zu der proklamierten Staatsgrenzenänderung gekommen wäre [...], dann wäre es wahrscheinlich die erste Integritätsverletzung, bei der sich das verletzte Staatsgebiet vergrössert hätte!«[1191] Die Umweltfolgen der Variante C wurden von den unterschiedlichen Seiten naturgemäß diametral eingeschätzt. Die slowakischen Kraftwerksplaner bemühten sich bereits wenige Monate nach der Fertigstellung und Aktivierung des Kraftwerks, mit einer Informationskampagne die positiven Folgen hervorzuheben. Mit aufwendigen deutschsprachigen Broschüren und bildlichen Vorher-Nachher-Vergleichen wurde versucht, die »Rettung des Binnendeltas der Donau« dem Wasserkraftwerk Gabčíkovo zuzuschreiben. So schreibt darin Július Binder, Direktor des zuständigen Investitionsunternehmens Vodohospodárska výstavba [Wasserbaumanagement] im Vorwort der Broschüre:

> »In der vorliegenden Veröffentlichung möchten wir der Weltöffentlichkeit mit Argumenten und Tatsachen aus dem bisherigen, ungefähr dreivierteljährigen Betrieb des Wasserkraftwerks Gabčíkovo und aus dem langjährigen Betrieb der Wasserkraftwerke am Rhein beweisen, daß alle negativen Prognosen und Vorbehalte, die gegen das Wasserkraftwerk vorgebracht wurden, nicht der Wahrheit entsprachen, sondern auf Vermutungen aufgebaut anderen Zielen dienten als environmentalen [sic!].«[1192]

1187 Fuchs, Environmental Protest, 163; Mit Verweis auf: Károly Okolicsanyi, Hungary Cancels Treaty of Danube Dam Construction, in: Report, RFE/RL Research, 1 (1992) 26, 47.

1188 Vgl. Fuchs, Environmental Protest, 57.

1189 Ebd., 5.

1190 Miroslav Líška, Vorhersage und Wirklichkeit Auswirkungen des Gabcikovo Projekts auf die Natur der Donau, Bratislava 1994, 12.

1191 Ebd.

1192 Vojtech Hraško, Wasserkraftwerk Gabčíkovo – Rettung des Binnendeltas der Donau, Bratislava 1991, 5.

Der Direktor legte auch in der dreisprachigen Broschüre der Gabčíkovo-GegnerInnen seinen Standpunkt dar und erklärte seine Ablehnung der Besetzungsaktionen wie folgt:

> »Der Grund aller Aktionen, zu denen es in diesem Gebiet gekommen ist, liegt in der unzulänglichen Informiertheit der Bewohner, denn ohne dem Wasserstufenkraftwerk werden die am Fluss liegenden Wälder nicht mehr existieren können. Glauben Sie mir, es ist eine naive Vorstellung anzunehmen, dass es ohne diesem Wasserstufenwerk möglich ist, dieses Gebiet vor Hochwasser zu schützen, die Schiff-Fahrt [sic!] zu sichern und unabgesehen von der energetischen Nutzung der Ökologie dieses Landstrichs irgendwie zu dienen.«[1193]

Die slowakischen UmweltschützerInnen waren sich des nationalistischen Instrumentalisierungspotentials bewusst. So baten etwa slowakische Eurochain-AktivistInnen ihre ungarischen KollegInnen darum, den Demonstrationen in Šamorín besser fernzubleiben, um eine tendenziöse Berichterstattung und ein Schüren der ethnischen Spannungen zu verhindern.[1194] »They said that the Slovakian news reports were now ›correct and objective‹ but only if the demonstrations are organized by local residents.«[1195]

Der ethnische Aspekt des Konflikts bildete schon in den Jahren vor der Wende eine besondere Herausforderung für die Transnationalisierung der Protestbewegung. András Szekfü, der öfter mit »österreichischen Freunden« in die Slowakei gefahren war, um UmweltschützerInnen zu treffen, erinnert sich an eine Atmosphäre der Angst:

> »Dort herrschte eine viel schlimmere Diktatur als in Ungarn. Die Leute waren viel beängstigter als in Ungarn. Deswegen war dort die Umweltbewegung eher eine Naturschutzbewegung, viel weniger politisiert [...] es gab einige Umweltschützer, die auch umweltpolitisch dachten, aber die waren sehr isoliert. Vielleicht hatten auch die eigenen Landsleute Angst vor ihnen, weil sie beobachtet wurden. [...] Wahrscheinlich wussten sie, dass dieses Werk eine Umweltkatastrophe ist, aber wahrscheinlich hatten sie Angst vor den Behörden.«[1196]

Szekfü könne sich an keine AnhängerInnen der ungarischen Minderheit erinnern, die sich damals gegen das Kraftwerk einsetzten, »und die slowakischen Slowaken hatten tiefe Ressentiments gegen alles, was aus Ungarn kommt. [...] Hier bestand keine Möglichkeit der Solidarität.«[1197] Für den ungarischen Duna-Kör-Aktivisten war die Slowakei bloß »eine Nebengeschichte«. »Nichts war klar« gewesen bei den Treffen mit den AktivistInnen in der Slowakei so Szekfü. »Nichts

1193 Tuba, Stop Gabčíkovo, 36.
1194 Vgl. Fuchs, Environmental Protest, 52.
1195 Ebd.
1196 Interview der Verfasserin mit A. Szekfü (a), Budapest 2018.
1197 Ebd.

war politisch profiliert [...] Es gab keine Aktionen. Es war ganz offensichtlich, dass wir von der Slowakei keine Unterstützung für unseren Kampf bekommen werden, dass wir für sie nichts tun können und dass sie nicht eindeutig gegen das Kraftwerk sind.«[1198] Mit den ÖsterreicherInnen sei die Zusammenarbeit dagegen »sehr gut, aktiv und hilfreich« verlaufen. »Da sie nicht in diese ungarischen, slowakischen Ressentiments verwickelt waren, waren sie gut geeignet, um zu vermitteln«, so Szekfü. Die ethnischen Spannungen bzw. fehlenden Kooperationen blieben auch den österreichischen AktivistInnen nicht verborgen: Auf ungarischer Seite waren es die »Großungarn-Gedanken« einiger AnhängerInnen der Donaubewegung, die österreichische AktivistInnen wie Franz Meister irritierten. Der Österreicher erinnert sich an ein »Happening in Hainburg 1989/90«, bei dem sich Mikulaš Huba und János Vargha zum ersten Mal getroffen hätten. Meister habe Spannungen und »tiefgehende Barrieren« zwischen den beiden gespürt. Dieses und andere Erlebnisse im Zuge der Proteste verhalfen Meister schließlich dazu, ein »Sensorikum für die Mentalitäten« im Donauraum zu entwickeln.[1199] Ähnliche Erlebnisse finden sich auch in den Erinnerungen der interviewten TrotzkistInnen und *gegenstimmen*-Redakteure. Auch sie mussten bei der Schaffung ihres Netzwerks ideologische Barrieren überbrücken. Nachdem sie sich kennengelernt hatten, mussten sie zugeben, dass viele »gleichgesinnte« Brüder und Schwestern auf der anderen Seite des Eisernen Vorhangs nicht die gleichen ideologischen Einstellungen hatten. Weil die trotzkistischen Gruppen grundsätzlich über bewährtes Fachwissen und exzellente Kontakte verfügten, wurden sie manchmal von anderen um Unterstützung gebeten. Dies setzte nicht unbedingt eine ideologische Übereinstimmung voraus, aber eine solche Zusammenarbeit beruhte auf einer Form gegenseitiger Vertrautheit und Sympathie. Brent Boel zufolge wurde dieses Vertrauen mitunter auch missbraucht:

> »Those dreaming of brothers in spirit on the other side of the Iron Curtain, however, were happily surprised in 1985, when they learned that a Trotskyist cell had been established in Poland. Financial support was rapidly provided and there were subsequent reports about impressive and increasing membership figures until the group suddenly vanished into the blue together with a substantial amount of money.«[1200]

Während die RedakteurInnen lernen mussten, andere Meinungen zu tolerieren, zeigten sich einige davon überrascht, wie gespalten die ungarischen Kollegen waren.

1198 Ebd.
1199 Vgl. Interview der Verfasserin mit F. Meister (b), Wien 2018.
1200 Boel, Trotskyists, 246.

»Die heutige Spaltung in der ungarischen Gesellschaft war bereits damals sichtbar, zwischen der demokratischen Opposition und denen, die zusammenarbeiten oder das System von innen heraus verändern wollten.«[1201]

Raimund Löw erinnert sich an Momente der Desillusionierung:

»An unsere Weltrevolution wollten unsere klugen polnischen, ungarischen oder tschechischen Freunde sowieso nicht glauben. Die Revolutionen von 1989 haben schließlich auch mit Parolen gesiegt, die eher an das Jahr 1848 erinnern, als an die Träume der antistalinistischen Linken.«[1202]

Unwissenheit um die historischen und politischen Kontexte des jeweiligen Nachbarlands führte einerseits zu Missverständnissen zwischen den AktivistInnen, beispielsweise beim gescheiterten Umweltspaziergang im Februar 1986. Zugleich führte der Austausch zwischen zivilgesellschaftlichen AkteurInnen auch zu einem Lern- und Aushandlungsprozess, der konstruktiv auf Transnationalisierungsprozesse wirken kann. Ohne Zweifel führten die Erfahrungen im grenzübergreifenden Kommunizieren und Agieren zu persönlichen Reifeprozessen, die den Weg zu einer »Europäisierung« ebneten.

6.4 Phasen der Transnationalisierung

Phase	Zeitraum	Meilensteine
1	1981–1983	Problemerkennung und Formulierung gemeinsamer Kritik
2	1984–1986	Positionierung, internationale Anerkennung, erste grenzübergreifende Allianzen nach Österreich
3	1987–1989	Massenmobilisierung in Ungarn, Protestaktionen außerhalb Ungarns
4	1989–1991	Institutionalisierung bzw. Zersplitterung der einzelnen Gruppen in Ungarn, Verlagerung der Proteste nach Gabčíkovo

Abbildung 13: Zentrale Phasen des Transnationalisierungsprozesses der Donaubewegung

Inwiefern es im Fall GNV zu Prozessen der Transnationalisierung kam, lässt sich anhand verschiedener Fragestellungen nachvollziehen. In diesem Schritt soll durch eine Systematisierung geklärt werden, an welchem Punkt im Zuge der Formierung der Donaubewegung die nationalen Kontexte verlassen wurden und welche Auswirkung diese Grenzüberschreitung auf den Formierungsprozess der Bewegung hatte. Nach den Sozialisationsforschern Benjamin Görgen und

1201 Interview der Verfasserin mit B. Rásky, Wien 2018.

1202 Löw, Widersprüche, 93.

Björn Wendt ist es hilfreich, den Formierungsprozess einer Bewegung anhand von Phasen[1203] nachzuzeichnen (Abbildung 14).[1204] Als zentrales Kennzeichen der Transnationalisierung kann die Herstellung gemeinsamer, grenzüberschreitender Öffentlichkeit durch AkteurInnen der Donaubewegung angeführt werden. Diese Öffentlichkeit wird durch mehrere Faktoren erzeugt, dazu zählt etwa die Medienberichterstattung im Ausland zu Protestereignissen in Ungarn, der Austausch und die Kommunikation zwischen AkteurInnen unterschiedlicher Länder, die Schaffung eigener Medien und Kommunikationskanäle, gemeinsame Pressearbeit sowie gegenseitig abgestimmte Protestaktionen wie Demonstrationen, Kundgebungen und Vorträge. Im Fall der Donaubewegung verdeutlichen vier Phasen bzw. Entwicklungsstadien, welche durch Meilensteine gekennzeichnet werden, den Verlauf der Transnationalisierung während der 1980er Jahre.

Phase 1 reicht von der Entscheidung der AktivistInnen, die Sphäre der Wissenschaft und Fachkritik innerhalb der Communities zu verlassen, über die erste Formierung des Donaukomitees, Diskussionen in semi-freier Umgebung bis zur Sammlung erster Unterschriften gegen GNV. Mit der Veröffentlichung seines Artikels in der Zeitschrift *Valóság* setzte János Vargha 1981 einen Formierungsprozess in Gang, der vor allem Intellektuelle in Ungarn auf das Thema aufmerksam machte.[1205] Nichtsdestotrotz dauerte es mehrere Jahre bis zur Entstehung einer Aktionsgruppe, des Donaukomitees. Ab dem Frühjahr 1984 folgten Diskussionen und Debatten, die vor allem von dem Bestreben einer öffentlichen und transparenten Diskussions- und Informationskultur zum Thema GNV geprägt waren. Nachdem die Versuche scheiterten, einen Verein unter der Schirmherrschaft des OKTH zu bilden, waren die AkteurInnen des Donaukomitees gezwungen, ihr Anliegen weiterhin illegal fortzuführen. Etwa zeitgleich zur Gründung des Duna Kör 1984 erfolgte die erste Kontaktaufnahme zu österreichischen UmweltschützerInnen.

Dies leitete die **Phase 2** des transnationalen Formierungsprozesses ein. In diesem Entwicklungsstadium formulierte der Duna Kör, u.a. im Zuge der ersten Ausgabe der *Nachrichten des Duna Kör* im Dezember 1984 klare Kritikpunkte und Forderungen an die Entscheidungsträger. Die Gruppe übergab ihre erste Petition gegen GNV an das ungarische Parlament. Mit Unterstützung internationaler Berichterstattung formierten sich parallel zum Duna Kör zunehmend

1203 Anzumerken ist, dass diese Phasen als analytische Annäherung zu verstehen sind, welche aufgrund der Dynamik von Protestbewegungen Überlappungen beinhaltet. Die Aufteilung des Formierungs- bzw. Transnationalisierungsprozesses soll dabei zur besseren Verdeutlichung bzw. Vergleichbarkeit von Entwicklungsstadien dienen, wobei diese Entwicklung nicht auf allen Ebenen linear stattfindet, sondern auch Rückschritte beinhaltet.

1204 Vgl. Görgen/Wendt/Lessenich (Hg.), Formierungsprozesse (2017).

1205 Vgl. Kapitel 4.5 in diesem Buch.

mehrere kleinere Gruppen, die zusammen die »Donaubewegung« bildeten. Mitunter durch die subversive Kraft von Symbolen (etwa durch Donauemblem-Anstecker)[1206] entstand eine kleine, von der Geheimpolizei aber durchaus ernstgenommene, Gegenöffentlichkeit in Ungarn. Durch Forderung nach Partizipation und Transparenz bei Megaprojekten wie GNV sowie durch ihre gelebte offene Debattenkultur bei Veranstaltungen lockte die Gruppe in der Folge mehr und mehr Personen an, die ursprünglich wenig Interesse an Umweltthemen zeigten, der kommunistischen Führung aber kritisch gegenüberstanden. Auf eine Anfrage hin sicherten österreichische GrünpolitikerInnen den UmweltschützerInnen in Ungarn ihre Unterstützung zu. Mit dieser offiziellen Kontaktaufnahme, die auch von der Geheimpolizei interessiert mitverfolgt wurde, startete die mehrjährige Kooperation über den Eisernen Vorhang hinweg. Ende 1985 erlangten die Aktivitäten der Duna Kör AktivistInnen durch die Verleihung des Right Livelihood Awards zunehmend internationale Aufmerksamkeit. Während einerseits innere Differenzen, wie Führungskonflikte und Richtungsstreit, die Stabilität und Schlagkraft gefährdeten und der Druck, etwa am Arbeitsplatz einiger AktivistInnen, sowie das Misstrauen in den eigenen Reihen stieg, brachte die gesteigerte internationale Aufmerksamkeit neue Allianzen. Protestereignisse und Auftritte in der Medienöffentlichkeit warfen Fragen zur Radikalität und des politischen Selbstverständnisses auf. Der gescheiterte »Umweltspaziergang« im Februar 1985 führte dabei nicht nur unter den AkteurInnen zu Enttäuschungen und Konflikten, sondern ging auch an der noch frischen Beziehung zu österreichischen AktivistInnen nicht spurlos vorüber.[1207] Nichtsdestotrotz erhöhte die vor Ort erlebte Polizeigewalt das Mobilisierungspotential der Bewegung, indem sich der ökologische Protest mit dem Frust über das staatliche Machtmonopol summierte. Die Verurteilung der Polizeigewalt durch das Europaparlament eröffnete der Kontroverse eine neue Perspektive der Externalisierung. Spätestens mit Bekanntwerden der österreichischen Beteiligung am ungarischen Kraftwerksbau im Jahr 1985 verstärkten sich die Allianzen zwischen Österreich und Ungarn. Unterschiedliche AkteurInnen beteiligten sich an Aktionen, wie etwa Bildungsfahrten nach Ungarn, und richteten Appelle an die österreichische Regierung und die westliche Öffentlichkeit. Die grenzüberschreitend koordinierte Medienarbeit, darunter zeitgleich stattfindende oder gemeinsame Pressekonferenzen in Österreich und Ungarn, gehörte nun zu einem der schlagkräftigsten Instrumente der Bewegung.

Phase 3 kennzeichnete sich durch Allianzen zu international agierenden NGOs und die damit einhergehende Mobilisierung neuer Anhängergruppen im

1206 Vgl. Kapitel 5.3 in diesem Buch.
1207 Vgl. u. a. die Ausführungen in Kapitel 5.2.1 in diesem Buch.

Ausland sowie einer Ausweitung der Protestorte nach Österreich.[1208] Im Frühjahr 1987 protestierte Global 2000 vor der Creditanstalt in Wien. NGOs wie WWF und Friends of the Earth beteiligten sich immer stärker an der Protestbewegung und beeinflussten dadurch auch das Protestrepertoire und die Außenwahrnehmung.[1209] Das Mobilisierungspotential jener NGOs sowie die Ressourcen an Infrastruktur, Professionalisierung und tatkräftigen Mitgliedern und SpenderInnen bilden wesentliche Faktoren für den Wandel von einem lokalen Protest gegen ein Donaukraftwerk zu einer grenzübergreifenden Bewegung, die neben ökologischen Bedenken auch zunehmend Forderungen nach Partizipation und einem gesellschaftlichen Wandel in der Mensch-Natur-Beziehung stellten. Die Beteiligung eines demokratischen und kapitalistischen Landes wie Österreich an einem großräumigen Bauprojekt auf sozialistischem Territorium bot Zündstoff für einen Konflikt, der in seiner Symbolträchtigkeit weit über die lokale Betroffenheit hinaus reichte. Österreichische AktivistInnen sahen nicht die partizipativen Defizite in den östlichen Nachbarländern im Zuge des Kraftwerksbaus, sondern vielmehr die Beteiligung und Schuldzuweisung heimischer AkteurInnen als Anstoß zum solidarischen Handeln. Die Beteiligung unterschiedlicher OppositionspolitikerInnen in Österreich an der Kritik zeigt, dass GNV auch als Reibungspunkt für die innenpolitische Auseinandersetzung genutzt wurde.[1210] In Ungarn wiederum sahen ReformkommunistInnen und AkteurInnen der sich bildenden politischen Opposition – vor allem im Zuge des für die AktivistInnen legendären Massenprotestes am 12. September 1988 – ihre Chance in der Positionierung gegen GNV als Sinnbild kommunistischer Misswirtschaft.[1211] Die Donaubewegung entwickelte sich somit parallel zu einem Kristallisationspunkt kapitalistischer wie auch sozialistischer Systemkritik und wurde zum Sammelbecken für Menschen mit unterschiedlichen ideologischen Ansichten. Ein Ergebnis dieses Mobilisierungsprozesses war eine seit 1956 in Ungarn nicht dagewesene Demonstrationskaskade im Jahr 1988, die über das Kraftwerksprojekt hinaus weitere Themen bearbeitete. Zugleich formierten sich ab der zweiten Hälfte des Jahres 1987 erste politische Bewegungen, die versuchten, die zersplitterte Opposition in potentiellen Parteien zu vereinigen.

Phase 4 zeugt von einer hohen transformativen Dynamik, die sich politisch unter anderem in den ersten freien Wahlen 1990 und der legalen Formierung neuer Parteien äußerte. Zugleich erfolgte der Baustopp in Nagymaros, der

---

1208 Der WWF startete nach eigenen Angaben die Öffentlichkeitsarbeit gegen das Kraftwerk Nagymaros im Winter 1986. Vgl. WWF Österreich, Geschichte des Monsterprojektes Gabčíkovo.

1209 Vgl. u. a. Kapitel 3.3.2 in diesem Buch.

1210 Vgl. u. a. Kapitel 4.2 in diesem Buch.

1211 Vgl. Kapitel 5.1.2 in diesem Buch.

Spannungen zum tschechoslowakischen Nachbar auslöste.[1212] Durch die Dynamik der politischen Geschehnisse änderten sich auch die Rollen führender AkteurInnen der Donaubewegung. Durch die Parteigründungen und die damit einhergehende Zersplitterung in ideologische Lager zerbrach die Bewegung in unterschiedliche Teile, die sich mehrheitlich entlang bestehender Kluften innerhalb der ungarischen Elite nachzeichnen lassen. Nur ein geringer Teil der AktivistInnen identifizierte sich mit der neugegründeten grünen Partei, bei dessen Gründung vier Duna Kör-AkteurInnen sowie mehrere AnhängerInnen von Umwelt- und Naturschutzgruppen federführend beteiligt waren. Während sich im Zuge der ersten demokratisch gewählten Regierung ein Teil der AnhängerInnen der Bewegung für politische Ämter entschied, blieben andere der politischen Öffentlichkeit fern, wählten eine akademische Karriere oder übernahmen Aufgaben in den zahlreichen neu entstandenen NGOs.[1213] Mit der Gründung des Regional Environmental Center for Central and Eastern Europe (REC) und dem Engagement von AktivistInnen wie Judit Vásárhelyis im Independent Ecological Center (IEC) kam es zwar einerseits zu einer Institutionalisierung der ökologischen Anliegen der Donaubewegung, andererseits änderten sich aber durch die Verlagerung der Proteste ins Nachbarland die Themen des öffentlichen Diskurses in Ungarn.[1214]

> »When the policy of the government regarding the dam changed (the Hungarian party terminated the construction in 1989), the nature of the conflict changed; demonstrations and forums stopped when the general elections of 1990 were nearing. The opposition moved primarily from the relations of the state and the society to foreign relations. [...] The ›glamour‹ of the swift transition to capitalist market economy and freedom diverted attention from the importance of the environment, and members of society were occupied by issues of consumption and growth.«[1215]

Am Ende der 1980er Jahre kam es, wie bereits näher ausgeführt wurde, zur Verlagerung der Proteste nach Gabčíkovo bzw. in die Tschechoslowakei, was letztlich auch die Neuformierung der grenzüberschreitenden Netzwerke zur Folge hatte.[1216] Die Proteste gegen Gabčíkovo wurden vorwiegend von AnhängerInnen westlicher NGOs und slowakischen AktivistInnen dominiert. Die ungarische Umweltbewegung konnte nach dem Wegfall des Nagymaros-Projekts ihr Mobilisationspotential nicht aufrechterhalten. Verhalf kurz zuvor die heterogene Beschaffenheit der Bewegung noch zu einer breiten Mobilisierung gegen die kommunistische Führung, konnten Gruppen wie der Duna Kör ihre Anzie-

1212 Vgl. u.a. Kapitel 4.4 in diesem Buch.
1213 Vgl. u.a. Judit Vásárhelys weitere Karriere, Kapitel 4.6 in diesem Buch.
1214 Vgl. Glied, green movement, 211.
1215 Ebd.
1216 Vgl. Kapitel 5.1.3 in diesem Buch.

hungskraft in dem jungen pluralistischen System nicht beibehalten. Die politische Transformation riss nicht nur die vom Staatssozialismus geschlossen geglaubten Gräben zwischen den politischen Lagern auf, sondern brachte auch die unterschiedlichen Sichtweisen und Traditionen zentraler AktivistInnen zu Tage – etwa zu Fragen der Politisierung von Natur- und Umweltschutzfragen. Neben dieser Heterogenität bildeten auch die neuen Herausforderungen der politischen und wirtschaftlichen Umwälzungen Gründe für die Zersplitterung der Bewegung. So verschob sich aufgrund der drohenden Arbeitslosigkeit auch die Aufmerksamkeit vieler AkteurInnen.

> »Sehr viele Leute hatten die Illusion – ich selbst auch – Wir haben jetzt eine freigewählte Regierung und sowohl die Regierung als auch die Opposition war dagegen [Nagymaros, Anmerkung d. Verf.]. Wir dachten, die Sache sei jetzt in guten Händen. Jetzt haben wir eine Demokratie, wer braucht dann noch diese Bewegung?«[1217]

Mit der politischen Entscheidung gegen Nagymaros war ein wichtiger Vorwand für den Protest gegen die kommunistische Führung in Ungarn verschwunden. Und mit dem Ende des Machtmonopols der MSzMP verlor die Bewegung schließlich auch ihren größten gemeinsamen Gegner.

1217 Interview der Verf. mit A. Szekfü (c), online, 2021.

7. Zusammenfassung und Ausblick

7.1 Konflikt und Kooperation entlang der Donau

So wie KlimaaktivistInnen von *Fridays for Future* davon überzeugt sind, dass Emissionen nur durch globale Anstrengungen reduziert werden können, betrachteten auch viele AktivistInnen der Donaubewegung ihr Umweltengagement als grenzenlos. Nach genauerer Untersuchung der Bewegung zeigt sich jedoch ein vielfältiges Mosaik an Überzeugungen und Ausprägungen der geteilten Naturverbundenheit, welches sich anhand von Selbstbildern nachvollziehen lässt (etwa in der Konfliktlinie NaturschützerIn vs. UmweltschützerIn). Hinsichtlich der Massenmobilisierung in Ungarn war der Symbolcharakter des GNV-Projekts mindestens genauso ausschlaggebend wie die ökologischen Sorgen seiner GegnerInnen. Mit GNV bot die kommunistische Führung ihren BürgerInnen, die mit der wirtschaftlichen und politischen Situation unzufrieden waren, zahlreiche Angriffsflächen für Kritik. Die EntscheidungsträgerInnen der Donaubewegung, allen voran das Kernteam des Duna Kör, waren sich dieser Chancen bewusst. Zudem nutzten sie bestehende Ressourcen und Verbindungen zur grenzübergreifenden Kooperation, um Aufmerksamkeit für ihre Anliegen zu steigern und Druck auf die eigene Regierung aufzubauen. Von dem Protesterfolg gegen die Staustufe bei Hainburg erhofften sich die ungarischen AktivistInnen Rückenwind für den Kampf im eigenen Land. Für die österreichische Umweltbewegung war GNV ein Schauplatz von vielen. Bisherige Erfolge, das gestärkte internationale Netzwerk und die zunehmende politische Repräsentation durch die Grüne Partei verhalfen den österreichischen UmweltschützerInnen zu einem ausgeprägten Selbstbewusstsein, das in manchen Fällen einem Sendungsbewusstsein gleichkam. Für österreichische AktivistInnen versprach das Umweltengagement in Ungarn somit eine Möglichkeit der Legitimation und Stärkung des Selbstbildes. Während Parteien wie die SPÖ, FPÖ und ÖVP nur zögerlich an die vielfältigen Gruppen und Einzelpersonen der Opposition in Ungarn und der ČSSR herantraten (nur wenigen QuerdenkerInnen wie Erhard Busek gelang der Spagat), konnten sich die österreichischen Grünen, aber auch linke trotzkistische

Gruppierungen wie das SOK auf diesen Schauplätzen hinter dem Eisernen Vorhang profilieren. Mit dem Erfolg der Besetzung des Auwaldes bei Hainburg geriet ein lokaler österreichischer Protest zu einem entscheidenden Faktor für AktivistInnen im Nachbarland. Wenngleich die österreichische Seite wenig bis kein Wissen über die lokalen Gelegenheitsstrukturen und soziopolitischen Kontexte mitbrachte, profitierten die KraftwerksgegnerInnen in Ungarn vom österreichischen Aktionsrepertoire des friedlichen Protests und den Erfahrungswerten in der Kampagnenführung und der Organisation von Massenprotesten. Die vorliegende Studie näherte sich der Transnationalisierung der Protestbewegung gegen GNV anhand einer staatlichen und zivilgesellschaftlichen Ebene. Durch die Aufarbeitung der Protestkontexte in den beteiligten Donauländern (Österreich, Ungarn und Tschechoslowakei), war es möglich, die vorhandenen Gelegenheitsstrukturen beider Ebenen für die Transnationalisierung der Donaubewegung zu ergründen. Dabei wurden Gemeinsamkeiten und Unterschiede hinsichtlich vorhandener Möglichkeitsstrukturen der untersuchten AkteurInnen ersichtlich. Im Donauraum zwischen Wien und Budapest trafen in den 1980er Jahren Prozesse der Globalisierung, Ökologisierung und Transnationalisierung auf lokale Spielräume und AkteurInnen, die die Spätphase des Kalten Krieges aus einer lokalen Perspektive mitgestalteten. Es konnte gezeigt werden, wie es AkteurInnenen der Umweltbewegung trotz vorhandener Systemgrenzen gelang, grenzübergreifende Netzwerke und geteilte Kommunikationsräume zu bilden. Bestehende Kontaktnetzwerke, die eigene Mobilität sowie familiäre Prägungen begünstigten die Bildung und Professionalisierung dieser Netzwerke. Geteilte Ideen und Identifikationsbilder der Ökologisierung und Partizipation bei Mega-Bauprojekten förderten darüber hinaus die Transnationalisierung der Bewegung. Auf Basis von Interviews, Medienberichten und Archivmaterial wird deutlich, mit welchen Aktionen und Strategien die Massenmobilisierung in Ungarn gegen GNV mit der Transnationalisierung der Proteste einherging. Ausgehend von ungarischen AktivistInnen und ihren Kontakten zu österreichischen UmweltaktivistInnen, JournalistInnen sowie politischen AkteurInnen bestand die Donaubewegung aus einem dynamischen Netzwerk, das die gegensätzlichen öffentlichen Sphären mitteleuropäischer Nationalstaaten über den Eisernen Vorhang[1218] hinaus durchdringen konnte. Durch finanzielle

1218 Die in den Nachkriegsjahren beginnende und bis zum Zerfall der Sowjetunion andauernde Teilung Europas in »Ost« und »West« wurde von Winston Churchill 1946 als »Iron Curtain« bezeichnet. Die Zweiteilung wurde durch die Gründung der Militärallianz der North Atlantic Treaty Organization (NATO) und die darauffolgende Bildung des Warschauer Paktes institutionalisiert. Vor allem für die Bevölkerung Osteuropas hatte dies weitreichende Einschränkungen in der Mobilität (in den Westen) zur Folge, welche durch Propagandamaßnahmen legitimiert wurden. Vgl. u. a. Kirchhof/McNeill (Hg.), Nature and the

Unterstützungsleistungen aus Österreich, gemeinsame professionelle und koordinierte Medienarbeit und zielgruppengerechte Botschaften gelang es den AkteurInnen, Aufmerksamkeit für ihr Anliegen zu erlangen und eine gemeinsame Öffentlichkeit über die Grenzen des Nationalstaats zu schaffen. Presse- und Delegationsreisen ins Nachbarland wurden dazu genutzt, persönliche Beziehungen mit MultiplikatorInnen und potentiellen UnterstützerInnen aufzubauen. Sogenannte »Bildungsfahrten« dienten dazu, interessierte ÖsterreicherInnen nach Ungarn zu transportieren und in Zwischenstopps an den Baustellen des Staustufenprojekts auf die unmittelbaren Schäden aufmerksam zu machen. Die Aufklärungsarbeit der AktivistInnen, unter denen viele wissenschaftliche Expertise vorzuweisen hatten, war davon geprägt, den geführten Fachdiskurs für MedienvertreterInnen und interessierte Laien zu öffnen. Die Verschmelzung von Aktivismus und Wissenschaft spiegelte sich in den Materialien und Äußerungen der Donaubewegung wider. Für die Kampagnenführung waren die materiellen Ressourcen westlicher NGOs, die auch zahlreiche Spendenaufrufe für die Bewegung organisierten, sowie das Preisgeld des Right Livelihood Awards essentiell. Von ebenso großer Bedeutung waren jedoch auch die Erfahrungswerte westlicher Verbündeter. Während durch die gemeinsamen Feindbilder und die geteilte Überzeugung des Unrechts nationalistische Rahmendeutung überwunden werden konnten, erschwerten historische und ethnische Konfliktlinien die grenzüberschreitende Solidarität. Die Deutungsrahmen wurden dabei sehr flexibel und je nach Zielgruppe durchaus widersprüchlich für die Kampagnen gegen GNV eingesetzt: Mal appellierten österreichische AktivistInnen an das Gemeinschaftsgefühl der »Völker des Donauraums«, mal an die noch aus Hainburg bekannte David-Goliath-Narration der auflehnenden BürgerInnen gegen die Energie-Lobby. Während ungarische AktivistInnen mit Visegrád patriotische Gefühle weckten und die österreichische Beteiligung als kolonialistischen Akt präsentierten, wussten österreichische AktivistInnen an das Verantwortungsgefühl des demokratischen »Westens« gegenüber den »Demokratiemängeln im Osten« zu appellieren. Sämtliche Widersprüche wurden von dem gemeinsamen Ziel, der Verhinderung des Staustufenprojektes, überdeckt und bedurften keiner intensiveren Aushandlung unter den AktivistInnen. So blieb in der heißen Phase der Proteste wenig Zeit, um sich mit Konfliktthemen und gemeinsamen Zukunftsvisionen auseinanderzusetzen. Die genauere Betrachtung der Formierungsprozesse zeigt, dass im Fall der Donaubewegung vier zentrale Phasen der Transnationalisierung stattgefunden haben: In Phase 1 gelang es einzelnen KritikerInnen, einen lokalen Zirkel in Budapest zu gründen, gemeinsame Kritik an GNV zu formulieren und somit den Grundstein für weitere

Iron Curtain: Environmental Policy and Social Movements in Communist and Capitalist Countries, 1945–1990 Pittsburgh 2019.

Aktionen zu legen. In Phase 2 knüpften die AktivistInnen erste Allianzen mit österreichischen UmweltschützerInnen. Den zentralen Ansporn zur grenzübergreifenden Mobilisierung bildete aus Sicht der ÖsterreicherInnen zweifellos die sich ab 1985 abzeichnende Beteiligung heimischer Banken und Unternehmen an GNV. Innerhalb von wenigen Jahren entwickelte die Bewegung eine enorme Mobilisierungskraft, welche sich in Phase 3 durch öffentliche Protestaktionen bis hin zu Massendemonstrationen äußerte. In Phase 4 verlagerte sich die Aufmerksamkeit durch den Baustopp in Nagymaros ins Nachbarland. Anhand dieser Strukturierung des Protestgeschehens konnte die vorliegende Arbeit im Kontrast zu bisherigen Studien darlegen, wie bereits in Ungarns zivilgesellschaftlichen Ära der »gewaltlosen Illegalität«[1219] AktivistInnen internationale Netzwerke knüpften und den Protestverlauf damit wesentlich beeinflussten. Neben der zivilgesellschaftlichen Ebene fand auch auf staatlicher Seite eine Grenzüberschreitung im Zuge des Kraftwerksbaus statt. Die Beschäftigung mit der Geschichte der hydrologischen Nutzung der Donau ermöglichte Einblicke in die wirtschaftlichen, wissenschaftlichen und sozialen Verflechtungen in der Region. Die Auseinandersetzung machte die gemeinsamen Ambitionen zur Wasserkraftnutzung seitens Politik und Elektrizitätswirtschaft deutlich. Zwar wurden die Kraftwerkspläne in Ungarn und der ČSSR von wirtschaftlicher und ökologischer Fachkritik begleitet, die politischen Befürworter, Ingenieure und Wasserbauer wussten sich letztlich jedoch mit ihren energiewirtschaftlichen und verkehrstechnischen Argumenten durchzusetzen. Ökologische Bedenken fanden in diesen nichtöffentlichen Diskursen zwar Eingang, wurden aber nicht als Priorität angesehen. In Ungarn ermöglichte erst die von AktivistInnen erzwungene Medialisierung ökologischer Verantwortung über die Grenzen der nationalen Öffentlichkeit hinaus den Raum für entsprechende Diskussionen. Neben dem Wissensaustausch auf fachlicher Ebene trugen insbesondere auch persönliche Freundschaften und Kontakte zentraler Akteure der Energiewirtschaft zur Einigung über die Finanzierung Österreichs bei. Die besondere Position Ungarns innerhalb der RGW-Staaten nahm im Fall GNV eine nicht unbedeutende Rolle ein. Die wirtschaftspolitische Öffnung und Liberalisierungsschritte im Grenzregime der späten Kádár-Ära ermöglichten nicht nur engere Kontakte zwischen VertreterInnen von Wirtschaft und Politik[1220], sondern machten den Eisernen Vorhang auch für systemkritische AkteurInnen durchlässiger. Im Vergleich zu Österreich gestalteten sich die Beziehungen Ungarns zum Bruderstaat ČSSR komplizierter. Das bilaterale Projekt GNV lieferte dabei schon während der Planungsphase reichlich Konfliktstoff. Einerseits fehlte Ungarn in den 1980er Jahren schlichtweg das Eigenkapital, den vereinbarten Teil des Bauprojektes in

1219 Vgl. Kerényi/Szabó, Transnational influences, 806.
1220 Ungarns wie auch Österreichs wichtigster Handelspartner war Westdeutschland.

Nagymaros umzusetzen, andererseits weisen die mühsamen Verhandlungen und Verzögerungen in dieser Angelegenheit auf fehlenden politischen Willen hin. Unterstützt von Reformkräften innerhalb wie außerhalb der kommunistischen Arbeiterpartei gelang es den KraftwerksgegenerInnen, das Konfliktthema aus den Fachkreisen, privaten Zirkeln und der Untergrundpresse in die ungarische Öffentlichkeit zu tragen, wo es spätestens ab 1988 auch heiß diskutiert wurde. Im Vergleich zu ihrem ungarischen Pendant waren die Gelegenheitsstrukturen von UmweltschützerInnen und WissenschaftlerInnen in der ČSSR limitierter. Reformbewegungen konnten nach dem Prager Frühling 1968 im kommunistischen Regime in der Tschechoslowakei schwer Fuß fassen. Die vor allem auf Bratislava fokussierten UmweltschützerInnen sahen bis ins späte Jahr 1989 keine Möglichkeit für offenen Protest gegen das Kraftwerksprojekt. Zu klein schien die eigene Basis zur Mobilisierung, zu groß waren die Befürchtungen vor Repressionen. Die Argumente gegen GNV wurden unter der Oberfläche und in Grauzonen halböffentlicher Diskurse vorbereitet und fundiert. So konnte sich kurz nach der ersten Demonstration im Dezember 1989 die schlagkräftige Bürgerinitiative »Eurochain« als Kristallisationspunkt der KraftwerksgegnerInnen bilden. Gespräche mit slowakischen AktivistInnen konnten hierbei darlegen, wie nationalistische Rahmendeutungen sowohl zur Mobilisierung gegen GNV als auch zur Stigmatisierung von AktivistInnen seitens der KraftwerksbefürworterInnen genutzt wurden. Zusammenfassend fungierte die Donau im Fall GNV als Schauplatz von Konflikt und Kooperation. Mit ihr als konstituierendes Element bildeten die beteiligten Länder einen geteilten und doch umkämpften Raum, der zum Verhandlungsort unterschiedlicher Interessen erklärt wurde. Ohne Zweifel ist »Stop Nagymaros!« ein Kapitel gelungener wie auch gescheiterter Kooperation in Mitteleuropa. Den roten Faden dieser Geschichte bildet die Grenzüberschreitung – sei es jene der Technik, mit der die KraftwerksplanerInnen der Natur Einhalt gebieten wollten, oder jene der ideologischen Barrieren, die durch die Kooperation unterschiedlicher AkteurInnen überwunden wurde. Sie birgt die physische Grenzüberschreitung im geteilten Europa sowie die Überwindung kommunikativer Grenzen durch die Debatte um GNV. Schließlich wagten die AktivistInnen der Donaubewegung mit ihrem Protest den Sprung über sprachliche und kulturelle Hürden und testeten persönliche Grenzen durch zivilen Ungehorsam und Kritik am »System« aus. So wurden sie zu AkteurInnen einer grenzüberschreitenden Bewegung.

7.2 Braucht es eine mitteleuropäische Protestgeschichte?

Die Covid-19-Pandemie führte ab dem Frühjahr 2020 zu einer globalen Bedrohungslage, auf die die Regierungen Mitteleuropas neben vielen anderen Maßnahmen mit Grenzschließungen reagierten. Die massiv eingeschränkte Reisefreiheit, die auch die Mobilität zwischen den Hauptstädten Wien, Bratislava und Budapest betraf, hat in der Bevölkerung Erinnerungen an den Eisernen Vorhang geweckt. Zugleich weisen die jüngsten geopolitischen Spannungen zwischen der Russischen Föderation, den USA und der Europäischen Union darauf hin, dass die bipolare Konstellation und die Denkmuster des Kalten Krieges auch im Jahr 2022 nicht überwunden sind.

Mehr als drei Jahrzehnte nach der Grenzöffnung 1989 und über ein Vierteljahrhundert nach dem EU-Beitritt Österreichs fehlt es nach wie vor an Studien, die Österreichs Position in seinen Wechselwirkungen mit den Transformationsprozessen in den östlichen Nachbarländern aus zivilgesellschaftlichen Perspektiven untersucht.[1221] Die Vernachlässigung grenzübergreifenden Handelns jener AkteurInnen in der politischen Zeitgeschichte kann auf die schwierige Quellenlage, die geringe zeitliche Distanz sowie auf vorhandene Sprachbarrieren zurückgeführt werden. So stellten auch für die vorliegende Forschungsarbeit der lückenhafte Forschungsstand, die grenzüberschreitende Archivarbeit sowie die schrittweise Rekonstruktion von Netzwerken anhand von ZeitzeugInnen-Interviews Hindernisse dar. Nichtsdestotrotz bietet gerade die grenzübergreifende Perspektive mitteleuropäischer Protestgeschichte ein facettenreiches Forschungsdesiderat. Weitere Forschungsanstrengungen in diese Richtung würden nicht nur der Geschichte der Zweiten Republik neue Kapitel abseits der bekannten Protestereignisse wie Hainburg und Zwentendorf hinzufügen, sondern könnten auch einen Beitrag zum gemeinsamen Erinnern in der Region leisten. ForscherInnen sollten Berührungsängste aufgrund der geringen zeitlichen Distanz zu den 1970er und 1980er Jahren ablegen, um mit Methoden der Oral History verstärkt den akteurszentrierten Fokus auf gesellschaftliche Randgruppen und Graswurzel-Initiativen legen zu können. Die Protest- und Bewegungsforschung wendet bis heute vorwiegend westeuropäische Maßstäbe an, weshalb eine genauere Beschäftigung mit ostmittel- und südosteuropäischen Entwicklungen wertvolle Perspektivwechsel mit sich bringen würde. Gerade hinsichtlich Umweltbewegungen ergeben sich spannende Forschungsfragen, die für die Analysen gegenwärtiger Entwicklungen (beispielsweise der Klimabewegung) von Nutzen sein können. Die vorliegende Arbeit hat sich aufgrund der

---

1221 Vgl. hierzu die geschilderten Forschungsdesiderata in: Michael Gehlert/Andrea Brait, Grenzöffnung 1989 – Offene Grenzen?, in: Andrea Brait/Michael Gehler (Hg.), Grenzöffnung 1989: Innen- und Außenperspektiven und die Folgen für Österreich, Wien 2014, 9–44.

Vielschichtigkeit des GNV-Projektes auf die Auseinandersetzung mit einer regional aktiven Single-Issue-Bewegung konzentriert. Weitere Forschungsarbeiten sind notwendig, um die darin identifizierten Wechselwirkungen, Gelegenheitsstrukturen und Ansätze für Typologien um komparative Studien zu ergänzen. Künftige Auseinandersetzungen zur Transnationalisierung von Umweltprotesten könnten beispielsweise entlang eines historischen Längsschnittes betrachtet werden. Darüber hinaus würden synchrone Analysen zur zivilgesellschaftlichen Netzwerkbildung über die Grenzen autokratischer und demokratischer Staaten hinweg neue Erkenntnisse hinsichtlich gegenwärtiger illiberaler Tendenzen ermöglichen.

8. Literatur- und Quellenverzeichnis

8.1 Ungedruckte Quellen

8.1.1 Archivalien

Magyar Nemzeti Levéltár (MNL) / Országos Levéltár (OL) [Ungarisches Nationalarchiv/ Nationalarchiv Ungarns]

MNL OL XIX-J-40-Csehszlovákia-IV-29-5-00993/6/1976 43. doboz – Magyar-csehszlovák Dunai Vízierőmű beruházás terve 1972–1973.

MNL OL XIX-J-40-Csehszlovákia-IV-29-5-002550/2 1977 43. doboz A magyar-csehszlovák Dunai Vízierőmű megvalósitásáról és üzmeltetéséről szóló államközi szerzödésben foglalt épitési feladatok végrehajtását elősegitő kölcsönös segitségynyújtás.

MNL, OL XIX-J-44-Csehszlovákia-IV-29-532-002550/1 1977 Dunai Vízlépcsőrendszer épitésének kezdete.

MNL, OL XIX-J-44-Csehszlovákia-IV-29-532-005640 1980 44. doboz Az Együttmüködési Bizottság csehszlovák tagozatának ülése.

MNL OL XIX-J-40-Csehszlovákia-IV-29-532-00308/1 1983 48. doboz A Csehszlovák Szövetségi Kormány 346-os határozata a duna vízlépcsőrendszer építésének munkálatairól.

MNL OL XIX-J-40-Csehszlovákia-IV-29-532-003116/1 1986 48. doboz A nagymarosi vízlépcső osztrák vállalkozásban történő megépítéséről magánjogi szerződésről és garanciáiról.

MNL OL XIX-J-40-Csehszlovákia IV-29-55 00511/8 1989 Bős-Nagymarosi vizilépcsőrendszer elleni akció.

Open Society Archive (OSA)

OSA-HU-357-1-4 Box2, A Duna Kör hírei 4 (1986).

OSA-HU-300-40-1 Box 276F137, B-Wire vom 8.2.1986, 20:51 Uhr »Hungarian Police break up environmental demonstration«.

OSA-HU-300-40-1 Box 276, Auszüge aus der englischen Übersetzung der ungarischsprachigen Anzeige in der Tageszeitung »Népszabadság« vom 19.4.1986, 6.

OSA-HU-205-4-140 Box 37, Egyesületek ›D‹ Duna Kör 1987–1991, Zeitungsausschnitt, Zs. Sz., »MUK – montja a Dunakör«, Magyar Hírlap, Budapest (1991), ohne Seite.

Digitalisierte Archivalien (OSA)

OSA-HU-205-4-140 Box 37, A Dunai hírei sz.1, 1984. APA-Meldung vom 20.9.1984, URL: http://beszelo.c3.hu/cikkek/a-duna-kor-hirei (abgerufen 18.9.2020).

OSA-HU-205-4-140 Box 37, A Dunai hírei sz.1, 1984. Botschaft des Duna Kör, URL: http://beszelo.c3.hu/cikkek/a-duna-kor-hirei (abgerufen 18.9.2020).

OSA-HU-300-40-1 Box 276, Bericht in »Die Welt« vom 17.4.1986, Carl Gustaf Ströhm, Protest kommt per Inserat, URL: http://pa.ceu.hu/document/4314 (abgerufen 27.11.2020).

OSA-HU-300-40-1 Box 276F137. Bericht (ohne AutorIn) der Süddeutschen Zeitung vom 10. Februar 1986, Umweltschützer-Demonstration in Budapest aufgelöst, URL: http://pa.ceu.hu/document/4310?terms=Umweltschützer-Demonstration%3B (abgerufen 18.1.2021).

OSA-HU-300-40-1 Box 276, Bericht »Die Presse« vom 17.4.1986, Peter Martos, Ungarns Donauschützer kämpfen weiter »Presse«-Inserat erregt Aufsehen, URL: http://pa.ceu.hu/document/4314 (abgerufen 27.11.2020).

Állambiztonsági Szolgálatok Történeti Levéltára (ÁBTL) [Historisches Archiv der Staatssicherheitsdienste]

ÁBTL 2.7.1. NOIJ – III/3-2/1/1985.I.14, Duna Kör dosszié (274 lap) (20.11.1985).

ÁBTL 2.7.1. NOIJ – III/3-2/1/1985.I.14 (14.1.1985).

ÁBTL 2.7.1. NOIJ – III/3-2/1/1985.I.14 (23.10.1985).

ABTL 2.7.1.NOIJ – III/III-149a/1/1986.IX.8 (8.9.1986).

ÁBTL 2.7.1.NOIJ – III/III-28/2/1986.II.22 (21.5.1986).

ÁBTL 2.7.1.NOIJ – III/III-217/4/1987.XII.4

Digitalisierte Archivalien (www.abtl.hu)

Netzwerk freier Initiativen, Állásfoglalás, in: Beszélő 3 (1988) 25, 86–88, URL: https://www.abtl.hu/sites/default/files/1988.09.12_13_1_1.jpg (abgerufen 18.9.2020).

N.N., Tüntetés a vízlépcső ellen. Népszabadság/ MTI, 13.9.1988, URL: https://www.abtl.hu/sites/default/files/kepek/virtualis_kiallitasok/1988.09.12_39.jpg (abgerufen 22.1.2021).

»Nagymaros feliratú jelvény« (Badge mit Nagymaros-Schriftzug), 27.5.1988, M.L. (Miklósi László Sammlung), URL: https://www.abtl.hu/szolgaltatasok/nyilt-ter/virtualis_kiallitas/tuntetesek_1988/1988.05.27, (abgerufen 22.1.2021).

N.N., Szabadságot a Dunának – 1988. Szeptember 12 (Bericht auf der ÁBTL-Webseite), URL: https://www.abtl.hu/szolgaltatasok/nyilt-ter/virtualis_kiallitas/tuntetesek_1988/1988.09.12, (abgerufen 22.1.2021).

»Transzparensek, feliratok« (Transparente und Slogans) ÁBTL – 2.7.3. – 6.7/szn/1988 [65-9/181/1988], URL: https://tuntetes-archivum.hu/sites/default/files/esemenyek/pdf/1988.09.12_32_0.pdf (abgerufen 22.1.2021).

ÁBTL – III.-1.22.-Kriston Péter gyűjteménye (Aufruf des Nagymaros-Kommitees zur Demonstration am 12. September 1988, um 17 Uhr am Vörösmarty-Platz, Budapest), URL: https://www.abtl.hu/sites/default/files/1988.09.12_11.jpg, (abgerufen 22.1.2021).

ÁBTL – 2.7.3. – 6.7/641/1988, 10. Doboz, Az MDF 1988. szeptember 10-i esztergomi környezetvédelmi tanácskozásáról, URL: https://tuntetes-archivum.hu/sites/default/files/esemenyek/pdf/1988.09.12_17.pdf (abgerufen 22.1.2021).

ÁBTL – 2.7.3.-6-7/szn/1988. [65-9/181/1988] (Vorlage für einen Protestbrief an den Ministerpräsidenten Ungarns Károly Grósz), URL: https://www.abtl.hu/sites/default/files/kepek/virtualis_kiallitasok/1988.09.12_24_2.jpg (abgerufen 22.1.2021).

ÁBTL – 2.7.3.-6-7/641/1988, (Bericht über das MDF-Treffen in Esztergom), URL: https://tuntetes-archivum.hu/sites/default/files/esemenyek/pdf/1988.09.12_17.pdf (abgerufen 22.1.2021).

ÁBTL – 2.7.3-6-7/602/1988, (Solidaritäts-Schrift der Grünen Nationalratsabgeordneten mit Ungarn), URL: https://tuntetes-archivum.hu/sites/default/files/esemenyek/pdf/1988.09.12_23_0.pdf (abgerufen 22.1.2021).

ÁBTL – 2.7.3.-6-7/szn/1988. Röplap az vízlépcső ellen (Flyer gegen die Staustufe), URL: https://www.abtl.hu/sites/default/files/kepek/virtualis_kiallitasok/1988.09.12_24_2.jpg (abgerufen 22.1.2021).

Österreichisches Staatsarchiv (ÖStA), Archiv der Republik (AdR)

ÖStA AdR BMLFW 14.201/10-I4/80, Kraftwerksgruppe Gabčíkovo-Nagymaros; Einleitung bilateraler Gespräche, zu finden in: 14.201-I4/1980.

ÖStA AdR BM H,GuI 54.360/2V Blg.1, Memorandum betreffend die Staustufe Gabčíkovo, ein Gemeinschaftskraftwerk der ČSSR und Ungarn, Wien, 6.2.1980.

ÖStA AdR BM H,GuI 54.360/2V Blg. 1, Brief des Verbund-Chefs an Minister Staribacher, Wien, 24.6.1980.

ÖStA AdR BM H,GuI 54.360/9V, Vortrag an den Ministerrat, Bericht über die anlässlich des ČSSR -Reise von Herrn Bundesminister Dr. Josef Staribacher geführten Gespräche, Wien, 30.7.1980.

ÖStA AdR BM H,GuI 54.360/9V Blg. 1, Brief des Bundesministeriums für Auswärtige Angelegenheiten an das Bm H, GuI, Wien, 24.10.1980.

ÖStA AdR BM H,GuI 54.360/9V Blg.1, Brief der Österreichischen Botschaft in Prag an das Bundesministerium für Auswärtige Angelegenheiten, Prag, 29.1.1981.

ÖStA AdR BM H,GuI 59509/1986, Kopie der Beantwortung der Parlamentarischen Anfrage vom 6. August 1986 von Dr. Marga Hubinek an den Bundesminister für Gesundheit und Umweltschutz betreffend österreichische Beteiligung am Donaukraftwerk Nagymaros in Ungarn (Nr. 2138/3).

ÖStA AdR BMwA 59.506/27-V/3/85, Verbund-Schreiben vom 20.11.1985 an Finanzminister F. Vranitzky.

ÖSTA AdR BMH,GuI 59509/1986, Zeitungsausschnitt: R.E., »Kraftwerksprojekt verhindern«, Wiener Zeitung, 11.11.1986 (ohne Seite).

ÖStA, BM H,GuI 59508/1986 diverse Presseberichte.

ÖSTA BMH, GuI 59508/1986, Volker Kier (Leiter des Büros des BMH, GuI), Dienstzettel an die Sektion V,6.5.1998.

ÖStA AdR BM H, GuI 59.506/6-V/3/861. Generalunternehmervertrag, 7.5.1986.

ÖStA AdR BMwA 59.506/3-V/3/87, Bericht zur Pressekonferenz am 4.12.1986.

ÖStA AdR BMwA 59.506/3-V/3/87, Bericht vom 10.12.1986.

ÖStA AdR BMwA 559.508, Dienstzettel z1.559.506/17-VIII/3/88, Blatt 3–4, 1987.
Sowie Bundesgesetzblatt für die Republik Österreich (BGBl.) Nr. 491, ausgegeben am 11.9. 1986.
ÖStA AdR BMwA 59.506/3-V/3/87, Vorstandsbrief der DoKW, 20.2.1987, 1–4.
ÖStA AdR BMwA 59.506/3-V/3/87, Antwortschreiben and DoKW, März 1987.
ÖStA AdR Bundesministerium für wirtschaftliche Angelegenheiten (BMwA) 559.508, Dienstzettel z1.559.506/17-VIII/3/88, Blatt 3, 1987.
ÖStA AdR BMLFW 14.575/20-I 4/88, zu finden in: 14.575-I4/1988.
ÖStA AdR BMH, GuI 59.506/7-VIII/3/87, Notiz über das Projekt Nagymaros, 1988, 3.
ÖStA AdR BMwA 559.506, Abt 3/1, BMwA-Dienstzettel vom 7. September 1988.
ÖStA AdR BMH, GuI 559.506/16-VIII/3/88, Im Zusammenhang mit dem Kraftwerk Nagymaros abgeschlossenen Verträge, 14.9.1988, 2.

Digitales Fotoarchiv – Fortepan.hu

Philipp Tibor/Fortepan, URL: https://fortepan.hu/hu/photos/?id=60461 (abgerufen 21.1. 2021).
Hegedűs Judit/Fortepan, URL: https://fortepan.hu/hu/photos/?id=16066 (abgerufen 22.1. 2021).
TM/Fortepan, URL: https://fortepan.hu/hu/photos/?id=77494 (abgerufen 22.1.2021).

Sonstige digitalisierte Archivalien

George Kolt, The Waning of the Kadar Era, Director of Central Intelligence, Hungary, National Intelligence Estimate, CIA-RDP90T00155R000900120002-0, 1986, URL: https://www.cia.gov/readingroom/docs/CIA-RDP87R00529R000100050032-4.pdf (abgerufen 20.8.2022).

8.1.2 Privatbestände

András Szekfü

Allgemein: Protestmaterialien des Duna Kör, darunter Plakate, Briefe, Medienberichte, Notizen, Konzepte.
Zitiert: Aufruf zur Demonstration am 26.5.1988 »ohne Transparente und Inschriften«
Még nem késő [Es ist nicht zu spät] – Einladung zur Kundgebung und zum Kickoff der Konferenz am 2. bis 3.9.1988 in Budapest.
Mitgliederliste des Duna Kör, 1989, als anonymisierte Kopie vorhanden.

Wolfang Rehm

Allgemein: Protestmaterialien zu GNV, darunter Plakate, Flyer, Anstecker, gesammelte Zeitungsausschnitte, Fotografien und Aufnahmen von Radioberichten, Informationsbroschüren von beteiligten NGOs und Umweltgruppen sowie umfassendes Protestmaterial zu Hainburg.

Zitiert: Anzeige ungarischer AktivistInnen gegen GNV-Beteiligung Österreichs, »Die Presse«, 16.4.1986, 11.

Karl Wagner, Nagymaros. Eine Informationsbroschüre, Wien 1987.

Das Projekt Donaukraftwerk Hainburg, herausgegeben von der Aktionsgemeinschaft gegen das Kraftwerk Hainburg, Wien 1984.

Ludovit Tuba, Stop Gabčíkovo. Ein Monat am Damm, Bratislava 1991.

Nagymaros News (1987) 1, 4.

»Einladung zur Pressefahrt nach Ungarn am 6. und 7. September 1986«.

Michael Köcher (Hg.), Nagymaros, Wien/Budapest 1987.

Michael Köcher, Vorwort, in: Michael Köcher (Hg.), Nagymaros, Wien/Budapest 1987, 1–2.

László Sólyom, Die Geschichte des Donau-Kreises, in: Michael Köcher (Hg.), Nagymaros, Wien/Budapest 1987, 33–39.

Flyer für die Demonstration am 12.9.1988.

WWF Österreich, Geschichte des Monsterprojektes Gabčíkovo, 1991.

Sowie: Schriftliche Kommentare W. Rehm zum Manuskript der Verf., 17.5.2021.

Béla Rásky

Allgemein: Zeitungsauschnitte der *gegenstimmen*, Protestmaterialien zu GNV.

Zitiert: Offener Brief österreichischer UmweltschützerInnen zu GNV (O.J.).

St. R., Neue Osteuropa-Zeitschrift in Wien, Neue Züricher Zeitung, 3.6.1983 (ohne Seite).

8.1.3 Oral History Interviews

Interview-PartnerIn	**Datum**	**Ort**	**Anmerkungen**
Erhard Busek	13.11.2015	Budapest	Sprache: Deutsch, Tonqualität gut, Audioaufzeichnung im Besitz der Verfasserin
János Vargha	4.8.2017	Budapest	Englisch, Tonqualität mittelmäßig, Audioaufzeichnung im Besitz der Verfasserin
Hans Ljung	19.12.2017	Pressbaum, Niederösterreich	Sprache: Deutsch, Tonqualität gut, Audioaufzeichnung im Besitz der Verfasserin
Béla Rásky	12.1.2018	Wien	Sprache: Deutsch, Tonqualität gut, Audioaufzeichnung im Besitz der Verfasserin
Franz Meister (a)	12.1.2018	Telefonisches Vorgespräch	Sprache Deutsch, schriftliche Aufzeichnungen im Besitz der Verfasserin

(Fortsetzung)

Interview-PartnerIn	Datum	Ort	Anmerkungen
Franz Meister (b)	9.3. 2018	Wien	Sprache: Deutsch, Tonqualität schlecht, Audioaufzeichnung im Besitz der Verfasserin
András Szekfü (a)	6.4. 2018	Budapest	Sprache: Deutsch, Tonqualität mittelmäßig, Audioaufzeichnung im Besitz der Verfasserin
Emil Brix	19.4. 2018	Wien	Sprache: Deutsch, schriftliche Aufzeichnungen im Besitz der Verfasserin
Valerie Fasching	22.6. 2018	Hainburg, Niederösterreich	Gemeinsames Interview der beiden Zeitzeuginnen, Sprache: Deutsch, Tonqualität mittelmäßig, Audioaufzeichnung im Besitz der Verfasserin
Annemarie Höferle	22.6. 2018	Hainburg, Niederösterreich	
Günter Schobesberger	22.6. 2018	Hainburg, Niederösterreich	Sprache: Deutsch, Tonqualität mittelmäßig, Audioaufzeichnung im Besitz der Verfasserin
Wolfgang Rehm (a)	23.7. 2018	Wien	Sprache: Deutsch, schriftliche Aufzeichnung im Besitz der Verfasserin
András Szekfü (b)	27.10. 2018	Budapest	Sprache: Englisch und Deutsch, Tonaufnahme mittelmäßig. Audioaufzeichnung im Besitz der Verfasserin
György Dalos	11.11. 2018	Berlin	Sprache: Deutsch, Tonqualität mittelmäßig, Audioaufzeichnung im Besitz der Verfasserin
Wolfgang Rehm (b)	8.2. 2019	Wien	Sprache: Deutsch, Tonqualität gut, Audioaufzeichnung im Besitz der Verfasserin
Mikuláš Huba	12.4. 2019	Bratislava	Sprache: Englisch, Tonqualität gut, Audioaufzeichnung im Besitz der Verfasserin
L'ubica Trubíniová	12.4. 2019	Bratislava	Sprache: Englisch, schriftliche Aufzeichnungen im Besitz der Verfasserin.
Jaromír Šíbl	23.7. 2019	Bratislava	Sprache: Englisch, Tonqualität mittelmäßig, Audioaufzeichnung im Besitz der Verfasserin
András Szekfü (c)	23.04. 2021	Online	Sprache: Deutsch, Ton- und Bildqualität gut, Videoaufzeichnung im Besitz der Verfasserin

Fremdinterviews

Viktor Vida, Pajkossy Gábor-interjú, 19.4.2006, 1956-OS INTÉZET ÉS ORAL. HISTORY ARCHÍVUM [Das Oral History Archive des 1956er Instituts], 30 Seiten. 2006.

John Feffer, Toward Local Resilience, [Interview with Judit Vásárhelyi] 2014, URL: https://www.johnfeffer.com/toward-local-resilience/ (abgerufen 19.8.2022).

8.1.4 Internetquellen

Fach- und Presseberichte (online)

Markus Becker, Gerupfte Volksparteien, grüne Gewinner, Der Spiegel, 26.5.2019, URL: https://www.spiegel.de/politik/ausland/europawahl-2019-gerupfte-volksparteien-gruene-gewinner-a-1269390.html (abgerufen 22.1.2021).

Sándor Kerekes/József Kindler/Miklós Koloszár/Péter Sándor/László Zsolnai/Mária Csutora, Árpád Baranyai/Eszter Kovács, A Bős-Nagymarosi Vízlépcsővel Kapcsolatos Gazdasági Megfontolások Elemzése [Ökonomische Evaluation des Bös-Nagymaros-Projekts] (Budapest 1994), URL: https://core.ac.uk/download/pdf/12355476.pdf (abgerufen 22.1.2021).

Péter Kien, A Nagy Szlovák Csatorna [Der Große Slowakische Kanal], Beszélő 1 (1984) 9, 1–17, URL: http://beszelo.c3.hu/cikkek/a-nagy-szlovak-csatorna (abgerufen 22.1.2021).

Philipp Kienzl, »Wir wollen kein Kraftwerk«, Kurier, 5.4.2012, URL: https://kurier.at/chronik/niederoesterreich/wir-wollen-kein-kraftwerk/773.344 (abgerufen 22.1.2021).

Klara Köttner-Benigni, Das Projekt einer Brücke über den Neusiedler See, Burgenländische Heimatblätter 4 (2007), 214–231, URL: https://www.zobodat.at/pdf/Burgenlaendische-Heimatblaetter_69_0214-0231.pdf (abgerufen 22.1.2021).

Simon B. Krisztián, Zöldpártok Magyarországon – Örök ígéretek, Magyar Narancs, 2009, URL: https://magyarnarancs.hu/belpol/zoldpartok_magyarorszagon_-_orok_igeretek-71449 (abgerufen 22.1.2021).

David Krutzler, Wiener Sternwartepark: Ein Naturdenkmal, das zum Park wird, Der Standard, 25.4.2013, URL: https://www.derstandard.at/story/1363709084126/ein-naturdenkmal-das-zum-park-wird (abgerufen 22.1.2021).

Doris Manola, »Die Hilfe kam von Herzen,« ORF.at, 23.10.2016, URL: https://orf.at/v2/stories/2363200/2362938/ (abgerufen 10.5.2021).

N.N., Geburtsstunde der Umweltbewegung. noev1.orf.at, 6.12.2009, URL: https://noev1.orf.at/stories/407916 (abgerufen 30.8.2022).

H.P. Nachtnebel, Wasserwirtschaftliche Planungsmethoden: Naturschutz und Wasserkraft Untere Donau. Konferenzpräsentation, Institut für Wasserwirtschaft, Hydrologie und konstruktiver Wasserbau, URL: https://iwhw.boku.ac.at/LVA816106/PDFs_der_Praesentationen/7_Mehrzielplanung_Untere_Donau.pdf (abgerufen 10.9.2020).

N.N., Auszug aus »A Duna Kör hírei«, 1. szám, 1984), Beszélő, URL: http://beszelo.c3.hu/cikkek/a-duna-kor-hirei (abgerufen 22.1.2021).

N.N., Riesiger Schwall. Der Spiegel (1989) 21, 196–200, URL: https://www.spiegel.de/spiegel/print/d-13495592.html (abgerufen 17.8.2022).

Projekt Donaukraftwerk Wolfsthal II: Ökologische Auswirkungen auf die Slowakei, Studie der Universität Bratislava für WWF Österreich (Bratislava 1992), URL: https://www.zobodat.at/pdf/WWF-Studien_97_1992_0001-0100.pdf (abgerufen 18.9.2022).

Joachim Riedl, Es grünt so grün, Die Zeit, 15.11.2019, URL: https://www.zeit.de/2019/47/koalitionsverhandlungen-oesterreich-regierung-oevp (abgerufen 17.8.2020).

Miriam Rürup, Historikertag 2012: Transnationale Geschichte / Neue Diplomatiegeschichte. H-Soz-Kult, 12.2.2013, URL: https://www.hsozkult.de/debate/id/diskussionen-2022 (abgerufen 22.2.2021).

Katharina Schuler, Wie grün wird Europa?, Die Zeit, 20.5.2019, URL: https://www.zeit.de/politik/ausland/2019-05/gruene-parteien-europawahl-klimapolitik-umweltschutz-wahlkampf-eu?utm_referrer=https%3A%2F%2Fwww.google.com%2F (abgerufen 22.2.2021).

János Vargha, Egyre távolabb a jótól. Dokumentumok a Gabčíkovo–Nagymarosi Vízlépcsőrendszer történetéből [Weiter und weiter vom Guten entfernt. Dokumente aus der Geschichte des Gabčíkovo-Nagymaros-Staudammsystems], in: Valóság 24 (1981) 11, 1–23, URL: http://danube.org/hu/writing/egyre-tavolabb-jotol#footnote44_5whku07 (abgerufen 11.1.2021).

–, Vízlépcső vagy Dunaszaurusz?, in: Új Tükör 18 (1981) 16, 6–8. Später auf Varghas Webseite veröffentlicht, URL: https://danube.org/hu/writing/vizlepcso-vagy-dunaszaurusz (abgerufen 11.12.2020).

Johanna Bethge/Max Gawlich, Von Knoten und Kanten? Netzwerktheoretische Ansätze zur Untersuchung der osmanischen und deutschen Geschichte im 19. und 20. Jahrhundert, 2014, URL: https://www.hsozkult.de/conferencereport/id/tagungsberichte-5394 (abgerufen 17.8.2022).

Peter Weish, Der Geist von Hainburg: Rede anläßlich der Sternwanderung am 8. Dezember 1994 in der Stopfenreuther Au, URL: https://homepage.univie.ac.at/peter.weish/schriften/aurede1994.pdf (abgerufen 10.9.2020).

Österreichischer Rechnungshof, Wahrnehmungsbericht des Rechnungshofes über die Österreichische Donaukraftwerke AG, Wien 1995, III-18 der Beilagen XIX. GB – Bericht – 01 Hauptdokument (gescanntes Original), URL: https://www.parlament.gv.at/PAKT/VHG/XIX/III/III_00018/imfname_537939.pdf (abgerufen 30.8.2022).

Sonstige Internetquellen

Ausstellung »Liquid horizons« bei tranzit.sk, 2019, URL: http://www.erstestiftung.org/de/events/liquid-horizons-bei-tranzit-sk/ (abgerufen 17.8.2022).

A bős–nagymarosi vízlépcsőrendszer krónikája [Die Chronik von Bős–Nagymaros], Arcanum Adatbázis, URL: https://www.arcanum.hu/hu/online-kiadvanyok/TenyekKonyve-tenyek-konyve-1/1990-7B2E/magyarorszag-A343/a-bos-A614/?list=eyJmaWx0ZXJzIjogeyJNVSI6IFsiTkZPX0tPTllfVGVueWVrS29ueXZlXzEiXX0sICJxdWVyeSI6ICJXb2xmc3RoYWwifQ (abgerufen 8.1.2021).

A Reflex javaslatai Duna ügyben. Webseite der Gruppe »Reflex«, URL: http://reflexegyesulet.hu/index.php/vizvedelem/336-a-reflex-javaslatai-duna-uegyben-2 (abgerufen 18.1.2021).

Beszélő Online, URL: http://beszelo.c3.hu (abgerufen 8.1.2021).

»Der Mensch und der See«, Broschüre zur Ausstellung des Nationalparks Neusiedler See (2004), URL: http://www.nationalpark-neusiedlersee-seewinkel.at/tl_files/images/downloads/Ausstellungen/MenschUndSee.pdf (abgerufen 17.8.2022).

Der streitbare Umweltschützer Anton Klein – seine Geschichte. Weblog des Lobau-Museums, 2016, URL: https://www.lobaumuseum.wien/cms/biografie-der-streitbare-umweltschuetzer-anton-klein/ (abgerufen 17.8.2022).

Die Liste Hainburg (kurz »LH«), Webseite des Vereins LH, URL: http://www.liste-hainburg.at/liste/de/die-liste.php (abgerufen 18.1.2021).

Elektrizitätswirtschaftsgesetz, BGBl. Nr. 260/1975, NR: GP XIII RV 867, URL: https://www.ris.bka.gv.at/Dokumente/BgblPdf/1975_260_0/1975_260_0.pdf (abgerufen 17.7.2020).

»Environmental movements«, Oxford Reference, URL: https://www.oxfordreference.com/view/10.1093/oi/authority.20110803095753651 (abgerufen 22.2.2021).

Gyula Kozák, Megzápult-e a Lakitelki gondolat, Beszélő 47 (1991) 47, URL: http://beszelo.c3.hu/cikkek/megzapult-e-a-lakitelki-gondolat (abgerufen 30.8.2022).

Hnutí Brontosaurus, Webseite der NGO, URL: https://brontosaurus.cz (abgerufen 21.5.2021).

Lastverteilungsgesetz (BGBl. Nr. 83/1946) https://www.ris.bka.gv.at/Dokumente/BgblPdf/1946_83_0/1946_83_0.pdf (abgerufen 22.1.2021).

Juraj Mesík. Webseite des Oral History-Projekts Memory of Nations, URL: https://www.memoryofnations.eu/en/mesik-juraj-1962 (abgerufen 18.1.2021).

Nationalparkgeschichte mit umfassender Chronologie der Hainburger Aubesetzung, URL: https://www.donauauen.at/nationalpark/chronologie-der-aubesetzung/19429 (abgerufen 10.9.2020).

Faszination Wasserkraft, Interview (ohne AutorIn), URL: https://www.verbund.at/de-at/artikel/2012/06/19/kuchler-geschichte-buch-interview (abgerufen 12.1.2021).

Internment Camp, Tiszalök (1951–1953). Labour camps, URL: https://munkataborok.hu/en/tiszalok/ (abgerufen 12.1.2021).

Our History – Three Key People. Open Spaces Society, URL: https://www.oss.org.uk/about-us/our-history/ (abgerufen 12.1.2021).

László Sólyom, Hungary: Citizens' participation in the environmental movement, in: ifda dossier 64 (1988) March/April, 23–34, URL: https://www.burmalibrary.org/sites/burmalibrary.org/files/obl/docs19/ifda_dossier-64.pdf (abgerufen 1.9.2022).

Soros évkönyv 1988, URL: http://www.kka.hu/_Kozossegi_Adattar/Azadatt.nsf/99b0698cd023d1018525670c0080e328/d0c87c335e3a052dc12571aa00414568/$FILE/Soros évkönyv 1988.pdf (abgerufen 12.1.2021).

Sándor Szilágyi, A környezetvédelem: Politika. Interjú Szekeres László fotografikussal, a szeptember 12-i tüntetés egyik szervezőjével, Beszélő 1 (1988) 26, URL: http://beszelo.c3.hu/cikkek/a-kornyezetvedelem-politika (abgerufen 12.1.2021).

Treaty of Trianon (1920), URL: https://wwi.lib.byu.edu/index.php/Treaty_of_Trianon.

Treaties of Peace with Italy, Bulgaria, Hungary, Roumania and Finland (Digitalisierte englische Version, Hathi Trust Digital Library) (Washington D.C. 1947), URL: https://hdl.handle.net/2027%2Fosu.32435066406612 (abgerufen 17.8.2022).

Tüntetések, demonstrációk 1988–1989, URL: https://tuntetes-archivum.hu/ (abgerufen 8.1.2021).

Umweltdachverband, Geschichte & Meilensteine, URL: https://www.umweltdachverband.at/ueber-uns/wer-wir-sind/geschichte/ (abgerufen 8.1.2021).

Unterrichtung durch das Europäische Parlament, Entschließung zum Polizeiüberfall auf die friedliche Demonstration von Umweltschützern von »Duna Kör« in Budapest, Drucksache 10/5278, 3. April 1986 (Berlin 1986), URL: http://dipbt.bundestag.de/dip21/btd/10/052/1005278.pdf (abgerufen 8.1.2021).

János Vargha, Speech at the Right Livelihood Awards: 9.12.1985, URL: https://www.rightlivelihoodaward.org/speech/acceptance-speech-janos-vargha-duna-kr/ (abgerufen 18.9.2020).

– /Duna Kör (1985, Hungary), Begründung zur Verleihung des Right Livelihood Awards 1985, URL: https://rightlivelihood.org/the-change-makers/find-a-laureate/janos-vargha-duna-kr/ (abgerufen 2.9.2022).

László Vit, A senki zöldjén...., Beszélő 5, Nr. 38 (1994), URL: http://beszelo.c3.hu/cikkek/a-senki-zoldjen...(abgerufen 30.8.2022).

VIRUS: Verein Projektwerkstatt für Umwelt und Soziales, URL: https://www.wuk.at/virus/ (abgerufen 12.1.2021).

Webseite der Sozialpartner, URL: https://www.sozialpartner.at/ (abgerufen 16.7.2020).

Österreichische Mediathek, URL: https://www.mediathek.at (abgerufen 8.1.2021).

Österreich – Tschechische Republik, Webseite der Österreichischen Botschaft Prag, URL: https://www.bmeia.gv.at/oeb-prag/bilaterale-beziehungen/vertraege/ (abgerufen 12.1.2021).

Videos und TV-Beiträge

Roberto A. Epple, Widerstand am Strom (Schweiz 1987), URL: https://www.youtube.com/watch?v=6qx-K7jI2Lk#t=15m20 (abgerufen 17.8.2022).

Robert Friess, 25 Jahre Hainburg: Bevölkerung gegen Kraftwerk in der Au. ORF TVThek, 2009, URL: https://tvthek.orf.at/history/Skandale-und-Aufreger/9627284/25-Jahre-Hainburg-Bevoelkerung-gegen-Kraftwerk-in-der-Au/9497101 (abgerufen 17.8.2022).

P. Gabriel, B., Schörner, G., Wedl, K. und Weish, Kraftwerk Hainburg- Nationalpark Ost. Bericht über die Experten-Diskussion an der Akademie für Umwelt und Energie in Laxenburg (1984), URL: https://homepage.univie.ac.at/peter.weish/schriften/Hainburg_1984.pdf (abgerufen 22.1.2021).

Stefan Havranek, Abschied: Ein Leben für die Umwelt. Niederösterreichische Nachrichten, 9.1.2019, URL: https://www.noen.at/gaenserndorf/donau-auen-abschied-ein-leben-fuer-die-umwelt-orth-an-der-donau-nationalpark-donau-auen-noen-interview-carl-manzano-131197466 (abgerufen 10.5.2021).

Zoltán Huber, Dunaszarusz. Webseite des Ungarischen Filmarchivs, URL: https://filmarchiv.hu/hu/alapfilmek/film/dunaszaurusz (abgerufen 22.1.2021).

25 Jahre Hainburg: Bevölkerung gegen Kraftwerk in der Au, ORF (2009), URL: https://tvthek.orf.at/history/Landeshauptleute-und-Politik/8378973/25-Jahre-Hainburg-Bevoelkerung-gegen-Kraftwerk-in-der-Au/8365870 (abgerufen 22.1.2021).

Márton Ledniczky/Csaba Kardos, Dokumentarfilm über die Aktivitäten von RFE (Interview u.a. mit Zoltán Zsille zur Rolle der CIA in der Gründung von SZETA), »Szabad Európa«, 2. Teil, 48 Minuten, URL: https://www.youtube.com/watch?v=oo0hYxxW4AE&fbclid=IwAR2nYGToUwZsiIYyVOKhcTlkc7B9mv_zvXASlNko3l579xb453rJVMkLCJA (abgerufen 12.12.2020).

8.1.5 Dissertationen und Diplomarbeiten

Christopher Fabre, La dimension environnementales des politiques énergétiques française et allemande de 1973 aux années 2000: de l'antagonisme à la convergence des modèles? [Die Umweltdimension der französischen und deutschen Energiepolitik von 1973 bis 2000], phil. Diss., Université Sorbonne Paris IV 2017.

Richard von Fuchs, Comparing Environmental Protest Movements in Democratic and Non-Democratic Countries: The Gabčíkovo Nagymaros Dam System and the Hainburg Dam, phil. Diss., Universität Wien 1995.

Samuel Jr. Hale, Economic Restructuring in Hungary: Environmental Implications and Policy Choices, phil. Diss., Wirtschaftsuniversität Wien 1994.

Andreas Kuchler, Die Entwicklung der österreichischen Wasserkraft nach Zwentendorf und Hainburg, phil. Diss., Universität Wien 2015, http://othes.univie.ac.at/37807/1/2015-05-31_9611696.pdf (abgerufen 19.8.2022).

Marion Marmorat, Controverse socio-technique autour des barrages danubiens Gabčíkovo-Nagymaros 1977–2004 (Hongrie / Slovaquie), [Sozio-technische Kontroverse um die Donaudämme Gabčíkovo-Nagymaros 1977–2004 (Ungarn / Slowakei], phil. Diss., SciencesPo 2006, http://spire.sciencespo.fr/hdl:/2441/53r60a8s3kup1vc9kd4chgdj7%5Cnhttp://foxfellowship.yale.edu/marion-marmorat (abgerufen 19.8.2022).

Julia Martinovsky, Repräsentative Demokratie in Österreich am Beispiel der Volksabstimmung über das Kernkraftwerk Zwentendorf, Dipl. Arb., Universität Wien 2012.

Anton Peskoller, Nachhaltigkeitsgruppen als Orte der Bildung und des Lernens in einer flüssigen Gesellschaft, phil. Diss., Karl-Franzens-Universität Graz 2014.

Christoph Retter, Die österreichischen Banken und der Donauraum – Geschichte einer Strategie, phil. Diss., Wirtschaftsuniversität Wien 2017.

Sophia Leona Rut, Die Heldinnen von Hainburg Ein umwelthistorischer und frauengeschichtlicher Blick auf die Aubesetzung von Hainburg 1984, Masterarbeit, Alpen-Adria-Universität Klagenfurt 2018.

Viktor Vida, A Duna Kör. A Duna Kör története a résztvevők emlékeiben [Der Donaukreis. Die Geschichte des Donaukreises in den Erinnerungen der Beteiligten], Dipl. Arb., Eötvös Loránd Tudományegyetem 2006.

Niklas Wittmann, From Red to Green? The Relationship between Democratic Opposition and Environmentalism in the Hungarian People, Masterarbeit, Central European University, Budapest 2008.

8.2 Gedruckte Quellen

8.2.1 Presse- und Fachberichte

Peter Baldinger, Wir lassen und die Natur nicht einfach zerstören, Kronen Zeitung, 14.9.1988, 10–11.

Beirat für Wirtschafts- und Sozialfragen, Bericht zur Zahlungsbilanz, Wien, München, Zürich 1980.

–, Empfehlungen aus Studien und Kurzgutachten 1984–1988, Wien 1988.

–, Kurz- und mittelfristige Fragen der Zahlungsbilanzentwicklung, Wien 1978.
Wolfgang Broer, »Grüne« kämpfen auch im Kommunismus für die Donau, Kurier, 10.2. 1985, 5.
–, Warum Ungarn nun den Bauplan für Nagymaros ändert, Kurier, 9.9.1988, 3.
–, Zweiter Akt im Kampf um Donau, Kurier, 4.8.1988, 5.
Walter Darmstädter, Bauarbeiter: Sanierung der Umwelt hat Vorrang. Arbeit und Wirtschaft 42, (1988) 11, 6–8.
Gottfried Duval, Das aktuelle A&W-Gespräch mit Adolf Czettel, Arbeit und Wirtschaft (1982) 10, 12–17.
Franz Eder, Au-weh an der roten Donau, Kurier, (unvollständiges Datum) 1985, 5.
György Dalos, Ein perfekter Romanheld, Der Standard, 8.11.2003, 38.
Sharon Fisher, The Gabčíkovo-Nagymaros Dam Controversy Continues, RFE&RL Research Report 2, Nr. 37 (1993), 8–9.
Margarete Freisinger, Peter Martos, Damit Strom die Donau aufwärts fließt, Die Presse, 7.9.1988, 3.
Walter Göhring, Schritte zur Freiheit. Der Umbruch in Ostmittel- und Südosteuropa, Einflußfaktoren und Veränderungen, Arbeit und Wirtschaft 45, Nr. 12, »AWSpezial« (1991) 1–28.
Miklós Haraszti, Esetgyűjtemény [Fallsammlung], Beszélő (1987) 1, 21.
Franz Hintermayer, Die österreichische Elektrizitätswirtschaft – Vergangenheit und Zukunft, Arbeit und Wirtschaft 19, Nr. 4 (1965) 9–14.
Petri Holtari, Donaumeer: Östereichische Großbaufirmen rüsten, finanziert von einem österreichischen Bankenkonsortium, zum Kraftwerksbau in Ungarn, Falter (1986) 1, 13.
Vojtech Hraško, Wasserkraftwerk Gabčíkovo – Rettung des Binnendeltas der Donau, Bratislava 1991.
Michael Jäger, Tödliche Umklammerung, Falter (1986) 5, 8–9.
M. K., So exportieren wir die Zerstörung der Donau, Die ganze Woche, 11.8.1988, 14.
Amália Kerekes, Béla Rásky, Wir waren schon echte Internationalisten. Die ungarische zweite Öffentlichkeit und die österreichischen Parallel- und Alternativöffentlichkeiten, Kakanien Revisited, 2006, 1–8.
Otmar Lahodynsky, Hainburg in Ungarn, Profil 47, 19.11.1984, 25.
Bernd Lötsch, Das Wunder von Hainburg: 30 Jahre nach Hainburg – Faktoren des Erfolgs, natur & land 100 (2014) 4, 12–15.
N. N.[Ohne Angabe der/des Autorin/Autors], An die Nationalversammlung und die Regierung der Ungarischen Volksrepublik!, Vízjel,. 2. Oktober (1986), ohne Seite.
–, Donaukraftwerk: Umweltschützer protestieren, Kurier, 20.1.1985, 3.
–, Es grünt so grün, wenn Donausaurier blühen, gegenstimmen 7 (1986) 23, 6–8.
–, Janos Vargha, Kurier, 8.2.1986, ohne Seite.
–, Umweltprotest in Ungarn und Litauen, Kurier, 19.9.1988, 3.
–, Auch in ČSSR Zweifel an Nagymaros-Kraftwerk, Kurier, 19.9.1988, ohne Seite.
–, Baustopp in Nagymaros, Kurier, 10.3.1989, ohne Seite.
–, CA: Heftige Kritik an Krediten für Ungarn, Kurier, 9.4.1987, 7.
–, Donau-Kraftwerk: Proteste, Kronen Zeitung, 20.1.1986, 10.
–, Donaukraftwerk: Keine Klage wegen KW Nagymaros, Kurier, 19.9.1988, 2.
–, Editorial, gegenstimmen (1980) 0, 1.
–, Hainburg-Ersatz, Falter (1986) 1, 4.

–, Kippen und Schwellen, Der Spiegel (1984) 51, 122–123.
–, Kletterer protestieren gegen Donaukraftwerk, Kurier, 9.4.1987, 18.
–, Kraftwerk – nein danke! Information über die Nachteile und die zu erwartenden schädlichen Folgen des Staustufensystems von Gabčíkovo-Nagymaros (GNS), gegenstimmen 5 (1984) 16, 11–12.
–, »Krieg in der Au«, Profil, 22.12.1984, 1.
–, Lehetöségek és realitások, Új Magyarország, 6.8.1994, 1.
–, Nagymaros: Ruf nach Boykott Österreichs, Kurier, 5.9.1988, 3.
–, Naturschutz kämpft gegen Nagymaros, Die ganze Woche, 29.1.1987, 34.
–, Ungarn: DOKW baut Staustufe, Kurier, 24.5.1986, 6.
–, Ungarn stellt Nagymaros nun die Frage, Kurier, 24.8.1988, 3.
–, »Wir sind eine kulturelle Opposition«, gegenstimmen (1980) 1, 33–38.
–, Wirtschaftsspiegel, Arbeit und Wirtschaft (1988) 1, 44.
–, ÖNB appellierte 1987 an die österreichischen Volksvertreter, natur & land 75 (1989) 5/6, 159.
Károly Okolicsanyi, Hungary Cancels Treaty of Danube Dam Construction, Report, RFE/RL Research 1 (1992) 26, ohne Seite.
Walter Oswalt, Mit Macht gegen den Strom, Die Zeit, 16.9.1988, ohne Seite.
St. R., Neue Osteuropa-Zeitschrift in Wien, Neue Züricher Zeitung, 3.6.1983, ohne Seite.
R.E., »Kraftwerksprojekt verhindern«, Wiener Zeitung, 11.11.1986, ohne Seite.
Hans Rauscher, »Besetzung«, Kurier, 7. 9.1988, Titelseite.
Helmut Schliesselberger, Au-weh – und der Kampf geht weiter, Salzburger Nachrichten, 3.12.2012, 10.
Kurt Seinitz, Budapest: So sprengte die Polizei »Umwelttreffen« Österreich-Ungarn, Kronen Zeitung, 10.2.1985, 3.
Imre Vajda, Der Ost-West-Handel, Arbeit und Wirtschaft 19 (1965) 4, 6–9.

8.2.2 Beiträge in wissenschaftlichen Zeitschriften und Jahrbüchern

Arjun Appadurai, Disjuncture and Difference in the Global Cultural Economy, in: Theory, Culture & Society 7 (1990), 295–310.
Bent Boel, Western Trotskyists and subversive travelling in Soviet Bloc countries , 1956–1989, in: Journal of Contemporary Central and Eastern Europe 25, (2017) 2, 237–254.
Olivier van Bogaert, Nagymaros fällt ins Wasser!, in: Journal Franz Weber 11 (1990) 1, 26–27.
Aron Buzogány, Representation and Participation in Movements. Strategies of Environmental Civil Society Organizations in Hungary, in: Südosteuropa 63 (2015) 3, 491–514.
Patricia Clavin, Defining transnationalism, in: Contemporary European History 14 (2005) 4, 421–439, doi:10.1017/S0960777305002705.
Mario Diani, The Concept of Social Movement, in: The Sociological Review 40 (1992) 1, 1–25, doi:10.1111/j.1467-954X.1992.tb02943.x.
Marjolein C.J. Van Eerd/Mark A. Wiering/Carel Dieperink, Solidarity in Transboundary Flood Risk Management: A View from the Dutch North Rhine–Westphalian Catchment Area, in: Climate Policy 17 (04/03/2017) 3, 261–279, doi:10.1080/14693062.2015.1075376.

Adam Fagan, Transnational aid for civil society development in post-socialist Europe: Democratic consolidation or a new imperialism?, in: Journal of Communist Studies and Transition Politics 22 (2006) 1, 115–134, doi:10.1080/13523270500508437.

Helmut Fehr, Umbrüche – Eliten und zivile Gesellschaft in Ostmitteleuropa, in: Forschungsjournal Soziale Bewegungen 31 (2018) 1–2, 354–364, doi:10.1515/fjsb-2018-0040.

Tamás Fleischer, Jaws on the Danube: Water Management, Regime Change and the Movement Against the Middle Danube Hydroelectric Dam, in: International Journal of Urban and Regional Research 17 (1993) 3, 429–443, doi:10.1111/j.1468-2427.1993.tb00231.x.

Éva Fodor, Smiling Women and fighting men. The Gender of the Communist Subject in State Socialist Hungary, in: GENDER & SOCIETY 16 (2020) 2, 240–263.

Wilhelm Frank, Zur Geschichte der Energieplanung in Österreich, in: Wirtschaft und Gesellschaft 8 (1982) 2, 235–270.

Alexander C.T. Geppert, Forschungstechnik oder historische Disziplin? Methodische Probleme der Oral History, in: Hartmut Boockmann/Joachim Rohlfes/Winfried Schulze (Hg.), Geschichte in Wissenschaft und Unterricht 48 (1994) 5/6, 303–323, ULR: http://www.geschkult.fu-berlin.de/e/fmi/arbeitsbereiche/ab_nolte/geppert/Geppert_-_Oral_History.pdf (abgerufen 30.8.2020).

Viktor Glied, From the green movement to a party. The Effect of the crisis and democratic movements in Hungary, in: Politeja 11 (2014) 28, 31–61, doi:10.12797/Politeja.11.2014.28.02.

Maximilian Graf, Eine Neue Geschichte Des »Falls« Des Eisernen Vorhangs, in: Mitteleuropazentrum an der Andrássy Universität Budapest (Hg.), Jahrbuch für Mitteleuropäische Studien 2014/2015, Wien 2016, 347–372.

Jürgen Habermas/Thomas McCarthy/Hannah Arendt's Communications Concept of Power, in: Social Research 44 (1977) 1, 3–24, http://www.jstor.org/stable/40970268.

Krista Harper, »Wild Capitalism« and »Ecocolonialism«: A Tale of Two Rivers, in: American Anthropologist 107 (2008) 2, 221–233, doi:10.1525/aa.2005.107.2.221.

László Heller, Energiagazdálkodásunk időszerű kérdései [Aktuelle Fragen unseres Energiemangements], in: MTA Műszaki Tudományok Osztályának Közleményei 1 (1951) 1.

Erich Hörl, Die Ökologisierung des Denkens, in: Zeitschrift für Medienwissenschaft 8 (2016) 1, 33–45, doi:10.25969/mediarep/1713.

Gyula Jolánkai, A Tisza-völgy északi része vízhiányának pótlása a Dunából átvezetett víz dombvidéki tározásával [Ausgleich des Wassermangels im nördlichen Teil des Theiß-Tals durch die hügelige Speicherung von Wasser aus der Donau], in: Vízügyi Közlöny 1 (1957) 3, 3–21.

Stefan Karner, Der Kampf zwischen »weißer« und schwarzer Kohle. Zu den Anfängen einer gesamtsteirischen Elektrizitätswirtschaft, in: Blätter für Heimatkunde 51 (1977), 122–135.

Herbert P. Kitschelt, Political Opportunity Structures and Political Protest: Anti-Nuclear Movements in Four Democracies, in: British Journal of Political Science 16 (01/27/1986) 1, 57–85, doi:10.1017/S000712340000380X.

Bernd H. Kortschak, Rhein-Main-Donau-Kanal. Ein Traum ist Wirklichkeit. Der Donauraum (1993) 4.

Szabina Kerényi, Máté Szabó, Transnational influences on patterns of mobilisation within environmental movements in Hungary. Environmental Politics 15 (2006) 5, 803–820.
Heiner Keupp, Renate Höfer, Anil Jain, Wolfgang Kraus, Florian Straus, Zum Formenwandel sozialer Landschaften in der reflexiven Moderne: Individualisierung und posttraditionale Ligaturen, in: Psychologie und Gesellschaftskritik 24 (2000) 3/2, 11–34, URL: http://nbn-resolving.de/urn:nbn:de:0168-ssoar-287934 (abgerufen 2.9.2022).
Jürgen Kocka, Zivilgesellschaft in historischer Perspektive, in: Forschungsjournal Neue Soziale Bewegungen 16 (2003) 22, 9–37, doi:10.1007/978-3-322-98428-9.
Leszek Kołakowski, Hope and Hopelessness, in: Survey: a journal of Soviet and East European studies. 17 (1971) 3, 38–52.
P. Koopmans, New Social Movements and Changes in Political Participation in Western Europe, in: West European Politics 19 (1996), 28–50.
Milan Kundera, Un occident kidnappé ou la tragédie de l'Europe centrale. Le Débat 5 (1983) 27, 3–23.
–, Un occident kidnappé oder die Tragödie Zentraleuropas, in: Kommune. Forum für Politik und Ökonomie 2 (1984) 7, 43–52.
Simon Laakkonen, Viktor Pál, Richard Tucker, The Cold War and environmental history: complementary fields, in: Cold War History 16 (2016) 4, 377–394, doi:10.1080/14682745.2016.1248544.
Christian Lahusen, Internationale Kampagnen. Grundmuster und Kontextfaktoren globalen kollektiven Handelns, in: Forschungsjournal Neue Soziale Bewegungen 9 (1996) 2, 42–51.
–, Joining the Cocktail Circuit: Social Movement Organizations at the European Union, in: Mobilization: An International Quarterly 9 (2004) 1, 55–71, doi:10.17813/maiq.9.1.l06w4m11367600w4.
–, Transnationale Kampagnen Sozialer Bewegungen, in: Forschungsjournal Neue Soziale Bewegung 15 (2002) 1, 40–46.
Hans-Joachim Lauth, Wolfgang Merkel, Zivilgesellschaft und Transformation. Ein Diskussionsbeitrag in revisionistischer Absicht, in: Forschungssjournal Neue Soziale Bewegungen 10 (1997) 1, 12–34.
Ursula Lehmkuhl, Diplomatiegeschichte als internationale Kulturgeschichte: Theoretische Ansätze und empirische Forschung zwischen Historischer Kulturwissenschaft und Soziologischem Institutionalismus, in: Geschichte und Gesellschaft. Zeitschrift für Historische Sozialwissenschaft 27 (2001) 3, 394–423.
Ladislav Macháček, Slovak republic and its Hungarian Ethnic Minority: Sociological Reflections, in: Slovak Journal of Political Sciences 11 (2011) 3, 187–210.
László Maróthy, Karl Ruppert (Hg.), Umweltschutz und räumliche Aspekte, in: Südosteuropa Aktuell Landesentwicklung (1989) 6, 83–95.
Wiktor Marzec, Civil society and the public sphere. Historical trajectories in Poland, Hungary and Bulgaria, in: Journal of Contemporary Central and Eastern Europe 28 (2020) 1, 7–28, doi:10.1080/25739638.2020.1812941.
Doreen Massey, Places and their Pasts. History Workshop Journal 39 (1995), 183–192.
Albert Melucci, The Symbolic Challenge of Contemporary Movements, in: Social Research 52 (1985) 4, 789–816, doi:10.2307/40970398.
–, The new social movements: A theoretical approach, in: Social Science Information 19 (1980) 2, 199–226, doi:10.1177/053901848001900201.

Dieter Mersch, Ökologie und Ökologisierung, in: Internationales Jahrbuch für Medienphilosophie 4 (2018) 1, 187–220, doi:10.1515/jbmp-2018-0011.

Ferenc Miszlivetz, Civil Society in Eastern Europe? The case of Hungary, in: World Futures 29 (1990) 1–2, 81–94, doi:10.1080/02604027.1990.9972168.

–, Emerging grassroots movements in Eastern Europe: toward a civil society?, in: State and Civil Society (1989) 99–113.

Emil Mosonyi, Magyarország elméleti vízerőkészlete [Theoretische Wasserkraftressourcen Ungarns], in: Magyar Technika (1946) 5, 165–166.

Ibolya Murber, Österreich und die Ungarnflüchtlinge 1956, in: Mitteleuropazentrum an der Andrassy Universität Budapest (Hg.), Jahrbuch für Mitteleuropäische Studien 2015/2016, (2017) 19–43.

Ibolya Murber, Wolfgang Weber, Heimat-Fremde-Heimat? Deskriptive Aspekte der Migrationsgeschichte ungarischer Flüchtlinge 1956/57 in Vorarlberg, in: Montfort. Zeitschrift für Geschichte Vorarlbergs (2001) 2, 201–216.

Michael G. Müller, Die Historisierung des bürgerlichen Projekts – Europa, Osteuropa und die Kategorie der Rückständigkeit, in: Tel Aviver Jahrbuch für deutsche Geschichte 29 (2000) 163–170.

Mari Nakamichi, The International Court of Justice Decision Regarding the Gabčíkovo-Nagymaros Project, in: Fordham Environmental Law Review 9 (2017) 2, 337–372.

Daniela Neubacher, Gegenstimmen – Transnational activism beyond the Iron Curtain, in: Silvia Nadjivan/Sebastian Schäffer (Hg.), Cross-border cooperation in Central and South East Europe, Der Donauraum 59 (2019) 25–46.

Miklós Persányi, A környezetvédelem közgazdasági, jogi eszközei – és a politikai gyarkorlat [Die wirtschaftlichen und rechtlichen Instrumente des Umweltschutzes – und die politische Praxis], in: Társadalmi Szemle 39 (1984) 2, 25–38.

Donatella della Porta, Manuela Caiani, Europeanization from below?, in: Social movements and Europe. Mobilization: An International Quarterly 12 (2007) 1, 1–20.

Allan Pred, Place as Historically Contingent Process: Structuration and the Time- Geography of Becoming Places, in: Annals of the Association of American Geographers 74 (1984) 279–297.

Tamás Rozgonyi, In memoriam Zsille Zoltán, in: Társadalomkutatás 20 (2002) 3–4, 187–189, doi:10.1556/Tarskut.20.2002.3-4.1.

Jan Aart Schlote, Cautionary Reflections on Seattle, in: Millenium. Journal of international Studies 29 (2000) 1, 115–121.

Detlef Siegfried, Das Subversive retten. Eine Denkfigur der 1980er, in: Aus Politik und Zeitgeschichte 65 (2015) 46, 13–18.

László Sólyom, A társadalom részvétele a környezetvédelemben, in: Medvetánc (1985) 4, 217–242.

–, Hungary: Citizens' participation in the environmental movement, in: ifda dossier 64 (1988) March/April, 23–34.

Jan Stankovsky, Österreichs Osthandel im Umbruch, in: WIFO Monatsberichte 63 (1990) 6, 365–377.

Susan Strange, Transnational Relations, in: International Affairs 52 (1976) 3, 333–45.

Štefan Šutaj, Transfer of Hungarians from Slovakia in Czechoslovak Politics before Paris Peace Conference 1946, in: Central European Papers 3, (2015) 1, 63–87, doi:10.25142/cep.2015.005.

Sidney Tarrow, Outsiders inside and insiders outside: Linking transnational and domestic public action for human rights, in: Human Rights Review 11 (2010) 2, 171–182, doi:10.1007/s12142-009-0115-5.

Kateřina Vnoučková, The Iron Curtain Could Stop People, But Not the Environment, in: Silvia Nadjivan/Sebastian Schäffer (Hg.), Cross-border cooperation in Central and South East Europe, Der Donauraum 59 (2019) 1–2 , 47–58.

Christian Wenkel, Barbara Lambauer, Entstehung und Entwicklung transnationaler Kommunikationsräume in Europa zu Kriegszeiten, 1914–1945, in: Special issue of Comparative 28 (2018) 1.

Charles W. J. Withers, Place and the »spatial turn« in geography and in history, in: Journal of the History of Ideas 70 (2009) 4, 637–658.

8.2.3 Monografien und Sammelwerke

Doug McAdam/John D. McCarthy/Zald N. Mayer (Hg.), Comparative Perspectives on Social Movements. Political Opportunities, Mobilizing Structures, and Cultural Framings, Cambridge 1996.

John Agnew, Place and Politics, Boston 1987.

– /James S. Duncan, The Power of Place, RLE Social and Cultural Geography, London 2014, doi:10.4324/9781315848617.

Martin Albrow, The Global State and Society Beyond Modernity, Cambridge 1996.

Svetlana Alexievich, Voices from Chernobyl. The Oral History of a Nuclear Disaster, US edition, übersetzt von Keith Gesser, New York 2005.

Swetlana Alexijewitsch, aus dem Russischen übersetzt von Ingeborg Kolinko (Hg.), Tschernobyl : eine Chronik der Zukunft, Berlin 1997.

Elmar Altvater (Hg.), Vernetzt und Verstrickt. Nicht-Regierungs-Organisationen als gesellschaftliche Produktivkraft, Münster 1997.

Richard N. L. Andrews, Environmental Policy in the Czech and Slovak Republic, in: Anna Vari/Pal Tamas (Hg.), Environment and Democratic Transition, Dordrecht 1993, 5–48, doi:10.1007/978-94-015-8120-2.

Hannah Arendt, Elemente und Ursprünge totaler Herrschaft, Frankfurt am Main 2008.

–, The Origins of Totalitarianism, New York 1955.

Bálint Balkay, Die Energiewirtschaft Ungarns, Wien 1981.

György Baló/Iván Lipovecz, Tények könyve [Buch der Tatsachen], Budapest 1990.

Jan C. Behrends/Friederike Kind, Vom Untergrund in den Westen: Samizdat, Tamizdat und die Neuerfindung Mitteleuropas in den Achtzigerjahren, in: Archiv fur Sozialgeschichte 45, Bonn 2005, 427–448.

Csaba Békes, Hungary and the Prague Spring, in: Günter Bischof/Stefan Karner/Peter Ruggenthaler (Hg.), The Prague Spring an the Warsaw Pact Invasion of Czechoslovakia in 1968, Plymouth 2010, 371–396.

Sándor Békési, Verklärt und verachtet. Wahrnehmungsgeschichte einer Landschaft: Der Neusiedler See, Frankfurt am Main 2007.

Georg M. Berrisch, Construction and Operation of Variant C of the Gabčíkovo-Nagymaros Project under International Law. Legal Study for the World Wide Fund for Nature (WWF), Hamburg/Berlin/Brüssel/Dresden/Rostock 1992.

Günter Bischof/Stefan Karner/Peter Ruggenthaler, Introduction, in: Günter Bischof/Stefan Karner/Peter Ruggenthaler, The Prague Spring an the Warsaw Pact Invasion of Czechoslovakia in 1968, Plymouth 2010, 3–34.

Petr Blažek, Typologie von Opposition und Widerstand gegen das kommunistische Regime, in: Niklas Perzi/Beata Blehova/Peter Bachmeier (Hg.), Die samtene Revolution: Vorgeschichte - Verlauf - Akteure, Frankfurt am Main 2009, 110–131.

Beata Blehova, Von Breznev zu Gorbačev, von Štrougal zu Adamec: Die wirtschaftlichen Reformideen in der Tschechoslowakei und der sowjetische Einfluss, in: Niklas Perzi/Beata Blehova/Peter Bachmeier (Hg.), Die samtene Revolution: Vorgeschichte - Verlauf - Akteure, Frankfurt am Main 2009, 57–70.

Wlodzimierz Borodziej/Jerzy Kochanowski/Joachim Puttkamer (Hg.), »Schleichwege«, Köln 2010, doi:10.7788/boehlau.9783412213060.

Andrea Brait/Michael Gehler, Grenzöffnung 1989 - Offene Grenzen?, in: Andrea Brait/Michael Gehler (Hg.), Grenzöffnung 1989: Innen- und Außenperspektiven und die Folgen für Österreich, Wien/Köln/Weimar 2014, 9–44, doi: 10.7767/boehlau.9783205793236.9.

Karl-Werner Brand, Neue soziale Bewegungen: Entstehung, Funktion und Perspektive neuer Protestpotentiale. Eine Zwischenbilanz, Opladen 1982, doi:10.1007/978-3-322-85982-2.

Fritz Breuss, Auswirkungen der Ostöffnung 1989 auf Österreichs Wirtschaft, in: Andrea Brait/Michael Gehler (Hg.), Grenzöffnung 1989: Innen- und Außenperspektiven und die Folgen für Österreich, Wien/Köln/Weimar 2014, 67–108, doi: 10.7767/boehlau.9783205793236.9.6.

–, Die österreichische Wirtschaft seit der Ostöffnung, in: Dieter Stiefel (Hg.), Der »Ostfaktor« - Österreichs Wirtschaft und die Ostöffnung 1989 bis 2009, Wien/Köln/Weimar 2010, 115–157.

–, Wirtschaftliche Auswirkungen von »1989« auf Österreich, in: Wolfgang Müller (Hg.), Österreich und die Folgen von 1989, Wien 2016, 124–154.

Emil Brix, Austria and Central Europe, in: Günter Bischof/Fritz Plasser/Anton Pelinka/Alexander Smith (Hg.), Global Austria. Austria's Place in Europe and the World 20, Innsbruck 2011, 200–211.

Ernst Bruckmüller u. a. (Hg.), Bürgertum in der Habsburgermonarchie, Wien/Köln 1990.

– / Ernst Hanisch/Roman Sandgruber (Hg.), Geschichte der österreichischen Land- und Forstwirtschaft im 20. Jahrhundert (2 Bände), Wien 2003.

Erhard Busek/Emil Brix, Projekt Mitteleuropa, Wien 1987.

Anne Buttimer/David Seamon, The Human Experience of Space and Place, London 1980.

Rachel Carson, Silent Spring. Encyclopedia of Toxicology, 1. Aufl., Boston/New York 1962.

Edward Casey, Getting Back into Place: Toward a Renewed Understanding of the Place-World, Bloomington 1993.

–, The Fate of Place: A Philosophical History, Berkeley 1998.

Nikolaj Stepanovič Černyh, Očerki istorii Kujbyševskoj organizacii KPSS, Samara 1967.

Andra-Octavia Cioltan-Draghiciu, »Gut gekämmt ist halb gestutzt«: Jugendliche im sozialistischen Rumänien, Münster 2019.

Blanka Císařovská/Vilém Prečán (Hg.), Charta 77: Dokumenty 1977–1989, 1. Aufl., Prag 2008.
Jean L. Cohen/Andrew Arato, Civil Society and Political Theory, 4. Aufl., Cambridge/ London 1997.
Eckart Conze, Abschied von Staat und Politik? Überlegungen zur Geschichte der internationalen Politik, in: Eckart Conze/Ulrich Lappenküper/Guido Müller (Hg.), Geschichte der internationalen Beziehungen, Köln/Weimar/Wien 2004, 15–44.
– /Ulrich Lappenküper/Guido Müller (Hg.), Geschichte der internationalen Beziehungen: Erneuerung und Erweiterung einer historischen Disziplin, Köln 2004.
Chris Corrin, Hungarian Women's Lives, 1960s–1990s, London 1994.
Tim Cresswell, Place: a short introduction, Malden/Oxford/Carlton 2004.
György Dalos, Ungarn: Die intellektuelle Formierung der Opposition seit den 1970er Jahren, in: Hans-Joachim Veen/Ulricht Mählert/Peter März (Hg.), Wechselwirkungen Ost-West. Dissidenz, Opposition und Zivilgesellschaft 1975–1989, 61–64, Köln/Weimar/ Wien 2007.
Nicole Doerr/Simon Teune, Visual Codes in Movement. When the Protest Imagery Hits the Establishment. European Protest Movements, University of Calabria 2008, 157–170, URL https://protestkuriosa.files.wordpress.com/2008/05/doerr-teune.pdf (abgerufen 30.8.2020).
P. Dörfner/J. Hoffer, Assessment of alternative electricity system expansion strategies for Hungary, in: Electricity, health and the environment: Comparative Assessment in support of decision making, 698–712, Wien 1996.
Dietrich Dörner, Die Logik des Mißlingens: Strategisches Denken in komplexen Situationen, Reinbek bei Hamburg 1989.
Michael Edwards, The Oxford Handbook of Civil Society, Oxford/New York 2011.
Christof E. Ehrhart, Transformation in Ungarn und der DDR: Eine vergleichende Analyse, Wiesbaden 1998.
László Erdős (Hg.), Green Heroes. From Buddha to Leonardo DiCaprio, Basel 2019, doi:10.1007/978-3-030-31806-2_32.
Adam Fagan, Environment and democracy in the Czech Republic: the environmental movement in the transition process, Cheltenham 2004.
Kathrin Fahlenbrach/Martin Klimke (Hg.), Protest, Culture & Society, 21 Bände, New York/Oxford.
Barbara J. Falk, The Dilemmas of Dissidence in East-Central Europe, Budapest/New York 2003.
Helmut Fehr, Unabhängige Öffentlichkeit und soziale Bewegungen: Fallstudien über Bürgerbewegungen in Polen und der DDR, Wiesbaden 1996.
–, Von der Planungseuphorie zur systemischen Organisationsberatung – Alte und neue Probleme des »Interventionismus«, in: Aida Bosch/Helmut Fehr/Clemens Kraetsch/ Gert Schmidt (Hg.), Sozialwissenschaftliche Forschung und Praxis, Wiesbaden 1999, 53–70.
Murray Feshbach/Alfred Jr. Friendly, Ecocide in the USSR: Health and Nature Under Siege, New York 1992.
Marina Fischer-Kowalski, Sozialer Wandel in den 1970er Jahren, in: Reinhard Sieder/Heinz Steinert/Emmerich Tálos, Österreich 1945–1995: Gesellschaft, Politik, Kultur, Wien 1995, 200–212.

John Fitzmaurice, Damming the Danube. Gabčikovo and Post-Communist Politics in Europe, Oxford 1998.

Robert Foltin, Und wir bewegen uns doch: Soziale Bewegungen in Österreich, Wien 2004.

Adrian Forty, Concrete and culture: a material history, London 2012.

Michel Foucault, Power/Knowledge: Selected Interviews and Other Writings, 1972–1977, Brighton 1980.

Christine Frantz/Holger Kolb (Hg.), Transnationale Zivilgesellschaft in Europa. Traditionen, Muster, Hindernisse, Chancen, Münster 2009.

Walter Fremuth, Auf der Bühne und hinter den Kulissen. Mein Leben als Troubleshooter, Wien 2012.

Judit Galambos, An International Environmental Conflict on the Danube: The Gabčíkovo-Nagymaros Dams, in: Anna Vári/Pál Tamás (Hg.), Environment and Democratic Transition, Dordrecht 1993, 176–226, doi:10.1007/978-94-015-8120-2.

Markus Gamper, Linda Reschke, Marten Düring (Hg.), Knoten und Kanten III: Soziale Netzwerkanalyse in Geschichts- und Politikforschung, Bielefeld 2015.

Till Geiger, Europeanization on the Periphery: Irish Elite Responses to European Integration, 1929–1963, in: Robert Harmsen/Thomas M. Wilson (Hg.), Europeanization: institution, identities and citizenship, Amsterdam u.a. 2016, 105–134, doi: 10.1163/9789004333369_007.

Jürgen Gerhards/Friedhelm Neidhardt, Strukturen und Funktionen moderner Öffentlichkeit. Fragestellungen und Ansätze, Berlin 1990, 1–56, URL: http://skylla.wzb.eu/pdf/1990/iii90-101.pdf (abgerufen 30.8.2020).

András Gerő, Modern Hungarian Society in the Making. The unfinished Experience, Budapest 1995.

Klaus Gestwa, Die Stalinschen Großbauten des Kommunismus. Sowjetische Technik- und Umweltgeschichte, Oldenbourg 2010, doi:10.1524/9783486707250.

Benjamin Görgen/Matthias Grundmann/Björn Wendt, Gesellschaft von unten: Grassroots-Praxis in Bewegung, in: Ingmar Hagemann/Johanna Leinius/Judith Vey (Hg.), Handbuch Poststrukturalistische Perspektiven auf soziale Bewegungen: Ansätze, Methoden und Forschungspraxis, Bielefeld 2019, 123–137.

Benjamin Görgen/Björn Wendt, Formierungsprozesse zivilgesellschaftlicher Initiativen. Impulse aus sozialisationstheoretischer Perspektive, in: Stephan Lessenich (Hg.), Geschlossene Gesellschaften. Verhandlungen des 38. Kongresses der Deutschen Gesellschaft für Soziologie in Bamberg 2016, Bamberg 2017, 1–10, URL: http://publikationen.soziologie.de/index.php/kongressband_2016/issue/view/17 (abgerufen: 30.8.2020).

Johann Götz, Die Hauptstufe des Tauernkraftwerk Glockner-Kaprun der Tauernkraftwerke A.G., Zell am See 1951.

Maximilian Graf/Agnes Meisinger (Hg.), Österreich im Kalten Krieg. Neue Forschungen im internationalen Kontext, Wien 2016.

Giorgio Grimaldi, Will Europe Ever Become »Green«? The Green Parties' Pro-European and Federalist Turning Point since the 1990s, in: Christian Wenkel/Eric Bussière/Anahita Grisoni/Hélène Miard-Delacroix (Hg.), The Environment and the European Public Sphere: Perceptions, Actors, Policies, Armonk/London 2020, 181–194.

Jürgen Habermas, Strukturwandel der Öffentlichkeit Untersuchungen zu einer Kategorie der bürgerlichen Gesellschaft. Mit e. Vorw. zur Neuaufl., Berlin 1990.

Jörg Hackmann, Zivilgesellschaft und die osteuropäische Geschichte – einführende Bemerkungen zur Forschungsdiskussion, in: Jörg Hackmann/Klaus Roth (Hg.), Zivilgesellschaft im östlichen und südöstlichen Europa in Geschichte und Gegenwart, München 2011, 9–28.

– /Klaus Roth (Hg.), Zivilgesellschaft im östlichen und südöstlichen Europa in Geschichte und Gegenwart, München 2011.

A. D. Hall/R. E. Fagen, Definition of Systems, in: L. von Bertalanffy/A. Rapaport (Hg.), General Systems I, the Yearbook of the Society for Advancement of General Systems Theory, Ann Arbor 1956, 18–28.

Paula Hamilton/Linda Shopes (Hg.), Oral History and Public Memories, Philadelphia 2008.

L'udovit Haraksim, Slovak Slavism and Panslavism, in: Mikulás Teich (Hg.), Slovakia in history, Cambridge/London 2011, 101–119.

Péter Hardi, The Hardi Report. Summary for the Council of Ministers of an expert review concerning the ecological, environmental, technical, economic, international and legal issues of the Bos-Nagymaros Barrage System, Budapest 1989.

Peter Haslinger, Hundert Jahre Nachbarschaft: Die Beziehungen zwischen Österreich und Ungarn 1895–1994, Frankfurt am Main/Berlin/New York u. a. 1996.

Václav Havel, Am Anfang war das Wort: Texte von 1969 bis 1990, Hamburg 1990.

Duco Hellema, The Global 1970s: Radicalism, Reform, and Crisis, New York 2018.

Ulrike v. Hirschhausen/Kiran Klaus Patel, Europeanization in History: An Introduction, in: Martin Conway/Kiran Klaus Patel (Hg)., Europeanization in the Twentieth Century. Historical Approaches, Houndmills/Basingstoke/Hampshire 2010, 1–18.

Georg Hoffmann-Ostenhoff, Ohne Gott, in: Raimund Löw (Hg.), Die Fantasie und die Macht. 1968 und danach, Wien 2007, 151–176.

Richard Hufschmied, »Weißes Gold« in der Donaumonarchie, in: Oliver Rathkolb/Richard Hufschmied/Andreas Kuchler (Hg.), Wasserkraft, Elektrizität. Gesellschaft. Kraftwerksprojekte ab 1880 im Spannungsfeld, Wien 2012, 27–55.

Michail Iljin, Berge und Menschen. Erzählungen von der Umgestaltung der Natur, Wien 1946.

Akira Iriye, Culture and International History, in: Michael J. Hogan/Thomas G. Paterson (Hg.), Explaining the History of American Foreign Relations, Cambridge 2004, 241–256.

Jiří Janáč, European Coasts of Bohemia: Negotiating the Danube-Oder-Elbe Canal in a Troubled Twentieth Century, Amsterdam 2012.

Barbara Jancar-Webster, Environmental Action in Eastern Europe: Responses to Crisis. Environmental Action in Eastern Europe: Responses to Crisis, Armonk/London 1993, doi:10.4324/9781315486932.

Ralph Jessen/Sven Reichardt, Einleitung, in: Ralph Jessen/Sven Reichardt/Ansgar Klein (Hg.), Zivilgesellschaft als Geschichte. Studien zum 19. und 20. Jahrhundert, Wiesbaden 2004, 7–28.

Stefan Jordan, Theorien und Methoden der Geschichtswissenschaft, Paderborn/München/Wien/Zürich 2009.

Pieter M. Judson, Habsburg: Geschichte eines Imperiums. Aus dem Englischen übersetzt von Michael Müller, München 2017.

Mathias Jungwirth/Gertrud Haidvogl/Severin Hohensinner/Herwig Waidbacher/Gerald Zauner, Österreichs Donau: Landschaft – Fisch – Geschichte, Wien 2014.

Margaret E. Keck/Kathryn Sikkink, Activists beyond Borders: Advocacy Networks in International Politics, New York 1998 (ebook ohne Seitenangaben).

Astrid Mignon Kirchhof/John R. McNeill, Introduction: Environmentalism, Environmental Policy, Capitalism, and Communism, in: Astrid Mignon Kirchhof/John R. McNeill (Hg.), Nature and the Iron Curtain: Environmental Politcy and Social Movements in Communist and Capitalist Countries, 1945–1990, Pittsburgh 2019, 3–14.

– (Hg.), Nature and the Iron Curtain: Environmental Policy and Social Movements in Communist and Capitalist Countries, 1945–1990, Pittsburgh 2019.

Ibolya Murber, Arcok a tömegből. Az ötvenhatos magyar menekültek társadalom-statisztikai vizsgálata. [Gesichter aus der Menge. Sozialstatistische Analyse der Ungarnflüchtlinge 1956], in: József Jankovics/Judit Nyerges (Hg.), Hatalom és kultúra (Az V. Nemzetközi Hungarológiai Kongresszus, Jyväskylä 2001, augusztus 6–10. előadásai. II.), Budapest 2001, 959–966.

Ibolya Murber, 1956 és Ausztria [1956 und Österreich], in: János M. Rainer/Katalin Somlai (Hg.), Az 1956-os Intézet Évkönyve. XIV. 2006–2007, Budapest 2007, 91–108.

Arpád von Klimó, Ungarn seit 1945, Göttingen 2006.

Hubertus Knabe, Umweltkonflikte im Sozialismus: Möglichkeiten und Grenzen gesellschaftlicher Problemartikulation in sozialistischen Systemen, Köln 1993.

Jürgen Kocka, Zivilgesellschaft aus historischer Perspektive, in: Ralph Jessen/Sven Reichardt/Ansgar Klein (Hg.), Zivilgesellschaft als Geschichte. Studien zum 19. und 20. Jahrhundert, Wiesbaden 2004, 29–44.

Martin Kohli, Die Entstehung einer europäischen Identität: Konflikte und Potentiale, in: Hartmut Kaelble/Martin Kirsch/Alexander Schmidt-Gernig (Hg.), Transnationale Öffentlichkeiten und Identitäten im 20. Jahrhundert, Frankfurt am Main 2002, 111–134.

György Konrád, Antipolitik: Mitteleuropäische Meditationen, Frankfurt am Main 1985.

Reinhart Koselleck, Einleitung, in: Reinhart Koselleck/Otto Brunner/Werner Conze (Hg.), Geschichtliche Grundbegriffe. Historisches Lexikon zur politisch-sozialen Sprache in Deutschland, Stuttgart 1979.

Hara Kouki/Eduardo Romanos (Hg.), Protest Beyond Borders. Contentious Politics in Europe since 1945, Oxford/New York 2011.

Dusan Kovac, The Slovak political programme: from Hungarian patriotism to the Czecho-Slovak state, in: Mikulas Teich/Dusan Kovac/Martin D. Brown, Slovakia in history, Cambridge/London 2011, 120–136.

Eva Kowalská, The Enlightenment and the beginnings of the modern Slovak nation, in: Mikulas Teich/Dusan Kovac/Martin D. Brown, Slovakia in history, Cambridge/London 2011, 87–100.

Robert Kriechbaumer/Franz Schausberger, Nur ein Zwischenspiel (?). Die Grünen in Österreich von den Anfängen bis 2017, Wien 2018.

André Krischer/Barbara Stollberg-Rilinger/Hillard Thiessen/Christian Windler (Hg.), Externa: Geschichte der Außenbeziehungen in neuen Perspektiven, Köln o. J.

Éva Kuti, The nonprofit sector in Hungary, Manchester 1996.

Christian Lahusen, Die Organisation kollektiven Handelns – Formen und Möglichkeiten internationaler Kampagnen, in: Elmar Altvater (Hg.), Vernetzt und Verstrickt. Nicht-Regierungs-Organisationen als gesellschaftliche Produktivkraft, Münster 1997, 175–194.

Martin Langwiler, Praxisbuch Geschichte: Einführung in die historischen Methoden, Zürich 2011.

Henri Lefebvre, La production d'espace, Paris 1974.

Hannes Leidinger, Lenins Traum, in: Oliver Rathkolb/Richard Hufschmied/Andreas Kuchler (Hg.), Wasserkraft, Elektrizität, Gesellschaft. Kraftwerksprojekte ab 1880 im Spannungsfeld, Wien 2012, 159–171.

Claire Lemercier, Formal network methods in history: why and how? Social Networks, Political Institutions, and Rural Societies, Brepols 2015, 281–310, URL: https://halshs.archives-ouvertes.fr/halshs-00521527/document (abgerufen 30. 8. 2020).

Miroslav Liška, »Sypte!« – vývoj a riešenie sporu MR a SR o plnenie Zmluvy 77 o výstavbe a prevádzke Sústavy vodných diel Gabčíkovo-Nagymaros [»Schüttet!« – Entwicklung und Lösung des Streites zwischen der Ungarischen und Slowakischen Republik über die Erfüllung des Vertrages 77 über den Bau und Betrieb des Wasserleitungssystems Gabčíkovo-Nagymaros], Bratislava 2009.

Miroslav Líška, Vorhersage und Wirklichkeit Auswirkungen des Gabčíkovo Projekts auf die Natur der Donau, Bratislava 1994.

Martina Löw, Raumsoziologie, Frankfurt am Main 2001.

Raimund Löw, Der Charme der Widersprüche, in: Raimund Löw (Hg.), Die Fantasie und die Macht. 1968 und danach, Wien 2007, 81–126.

John McNeill, Something New Under the Sun: An Environmental History of the 20th-Century World, New York 2000.

Donella H. Meadows/Dennis L. Meadows/ Randers Jorgen/William W. III Behrens, The Limits to Growth: A Report for the Club of Rome's Project on the Predicament of Mankind, New York 1972.

Freda Meissner-Blau, Die Frage bleibt: 88 Lern- und Wanderjahre, Wien 2014.

Wolfgang Merkel, Struktur oder Akteur, System oder Handlung: Gibt es einen Königsweg in der sozialwissenschaftlichen Transformationsforschung?, in: Wolfgang Merkel (Hg.), Systemwechsel 1. Theorien, Ansätze und Konzepte der Transformationsforschung, Opladen 1996, 303–331.

Jan-Henrik Meyer, Umweltpolitik, in: Éric Bussière/Piers Ludlow/Federico Romero/Dieter Schlenker/Vincent Dujardin/Antonio Varsori (Hg.), Die Europäische Kommission 1986–2000: Geschichte und Erinnerungen einer Institution, Luxemburg 2019, 403–421.

Ján Mlynárik, Ekológia po slovensky. Otázky životného prostre- dia na Slovensku [Ökologie auf Slowakisch- Umweltfragen in der Slowakei] (1948–1988), Prag 1994.

Melanie Nagel, Polarisierung im politischen Diskurs: Eine Netzwerkanalyse zum Konflikt um »Stuttgart 21«, Wiesbaden 2016.

Friedrich Naumann, Mitteleuropa, Berlin 1915.

Oskar Negt/Alexander Kluge, Öffentlichkeit und Erfahrung: zur Organisationsanalyse von bürgerlicher und proletarischer Öffentlichkeit, Frankfurt am Main 1972.

Fedor Ja. Nesteruk, Razvitie gidroenergetiki SSSR, Moskau 1963.

Daniela Neubacher, Mitteleuropa von unten, in: Réka Szentiványi/Béla Teleky (Hg.) Brüche – Kontinuitäten – Konstruktionen. Mitteleuropa im 20. Jahrhundert, Wien 2017, 269–292.

Max Nicholson, The Environmental Revolution: A Guide for the New Masters of the World, London 1970.

Guillermo O'Donnell/Philippe C. Schmitter/Laurence Whitehead (Hg.), Transitions from Authoritarian Rule: Comparative Perspectives, Baltimore 1986.

Andreas Kuchler/Oliver Rathkolb/Hannes Leidinger/Richard Hufschmied (Hg.), Wasserkraft. Elektrizität. Gesellschaft: Kraftwerksprojekte ab 1880 im Spannungsfeld, Wien 2012.

Kiran Klaus Patel, Überlegungen zu einer transnationalen Geschichte, in: Jürgen Osterhammel (Hg.), Weltgeschichte: Basistexte, Stuttgart 2008, 67–90.

Harald Payer, Der Nationale Umweltplan (NUP) für Österreich, in: Martin Jänicke/Alexander Carius/Harald Payer (Hg.), Nationale Umweltpläne in ausgewählten Industrieländern, Berlin/Heidelberg/New York 1997, 121–139.

Anton Pelinka, Die Kleine Koalition, in: Reinhard Sieder/Heinz Steinert/Emmerich Tálos (Hg.), Österreich 1945–1995: Gesellschaft, Politik, Kultur, Wien 1995, 279–289.

Michel Perottino, The Green Party: An undeserved success?, in: Pascal Marty/Sandrine Devaux (Hg.), Social Movements and Public Action: Lessons from Environmental Issues, Prague 2009, 55–71.

Niklas Perzi, Einleitung, in: Niklas Perzi/Beata Blehova/Peter Bachmeier (Hg.), Die samtene Revolution: Vorgeschichte – Verlauf – Akteure, Frankfurt am Main 2009, 17–56.

Niklas Perzi/Ota Konrád/Hildegard Schmoller/Václav Šmidrkal (Hg.), Nachbarn. Ein österreichisch-tschechisches Geschichtsbuch, Weitra 2019.

Niklas Perzi/Václav Šmidrkal, Die langen 1970er Jahre: Die Sattelzeit an der Systemgrenze zwischen »Ost« und »West«, in: Niklas Perzi/Hildegard Schmoller/Ota Konrád/Václav Šmidrkal (Hg.), Nachbarn. Ein Österreich-Tschechisches Geschichtsbuch, Weitra 2019, 265–290.

Dieter Pesendorfer, Paradigmenwechsel in der Umweltpolitik. Von den Anfängen der Umwelt- zu einer Nachhaltigkeitspolitik: Modellfall Österreich?, Wiesbaden 2007.

Wolfgang Petritsch, Bruno Kreisky: Die Biografie. 4. Aufl., St. Pölten/Salzburg 2010.

Donatella della Porta, Social Movements & Europeanization, Oxford/New York 2009.

Donatella della Porta/Mario Diani, Social Movements: An Introduction. 2. Aufl., Boulder, CO 2004.

Donatella della Porta/Hanspeter Kriesi/Dieter Rucht (Hg.), Social Movements in a Globalizing World, London 1999, doi:10.1007/978-1-349-27319-5.

Joachim von Puttkamer, Ostmitteleuropa im 19. Jahrhundert, München 2010.

Joachim Radkau, Die Ära der Ökologie. Eine Weltgeschichte, München 2011 (ebook).

Shalini Randeria, Geteilte Geschichte und verwobene Moderne, in: Jörn Rüsen/Hanna Leitgeb/Norbert Jegelka (Hg.), Zukunftsentwürfe: Ideen für eine Kultur der Veränderung, Frankfurt am Main 1999, 87–96.

Oliver Rathkolb, Einleitung, in: Oliver Rathkolb/Richard Hufschmied/Andreas Kuchler (Hg.), Wasserkraft, Elektrizität. Gesellschaft. Kraftwerksprojekte ab 1880 im Spannungsfeld, Wien 2012, 21–26.

Manfried Rauchensteiner, Unter Beobachtung. Österreich seit 1918, Wien/Köln/Weimar 2017.

Edward Relph, Place and placelessness, London 1976.

Andreas Resch, Österreichische Privatbanken von 1919 bis 1945, in: Peter Eigner/Helmut Falschlehner/Andreas Resch (Hg.), Geschichte der österreichischen Privatbanken, Wiesbaden 2018, 81–211.

Donald A. Ritchie, Doing Oral History: A Practical Guide. 2. Aufl., Oxford 2003.

Ulrich Rödel/Günter Frankenberg/Helmut Dubiel, Die demokratische Frage. 1. Aufl., Frankfurt am Main 1989.
Ignác Romsics, Hungary in the Twentieth Century, Budapest 1999.
Jochen Roose, Die Europäisierung von Umweltorganisationen. Die Umweltbewegung auf dem langen Weg nach Brüssel, Wiesbaden 2003.
Christopher Rootes, A Limited Transnationalization? The British Environmental Movement, in: Donatelle della Porta/Sidney Tarrow (Hg.), Transnational Protest and Global Activism, Lanham u. a. 2005, 21–44.
Ray Rühle, Entstehung von politischer Öffentlichkeit in der DDR, Münster/Hamburg/London 2003.
Anja Schlottmann, RaumSprache. Ost-West-Differenzen in der Berichterstattung zur deutschen Einheit. Eine sozialgeographische Theorie, Stuttgart 2005.
Martin Schmid/Ortrun Veichtlbauer/Hubert Christian Ehalt (Hg.), Vom Naturschutz zur Ökologiebewegung. Umweltgeschichte Österreichs in der Zweiten Republik. Österreich-Zweite Republik. Befund, Kritik, Perspektive, 19. Aufl., Wien 2007.
Andreas Schmidt-Schweizer, Politische Geschichte Ungarns 1985–2002. Von der liberalisierten Einparteienherrschaft zur Demokratie in der Konsolidierungsphase, 132. Aufl., München 2007.
Erich Schmidt, Längerfristige Aspekte der Energieversorgung, Wien 1982.
Hans-Dietrich Schultz, »Natürliche Grenzen« als politisches Programm, in: Claudia Honegger/ Stefan Hradi/Franz Traxler (Hg.), Grenzenlose Gesellschaft?, 1. Aufl., Opladen 1999, 328–343.
Ingo Schulz-Schaeffer, Akteur-Netzwerk-Theorie. Zur Koevolution von Gesellschaft, Natur und Technik, in: Johannes Weyer (Hg.), Soziale Netzwerke: Konzepte und Methoden der sozialwissenschaftlichen Netzwerkforschung, Oldenbourg 2000, 187–210, URL: https://www.ssoar.info/ssoar/handle/document/12215 (abgerufen 30. 8. 2020).
John Scott, Social Network Analysis: A Handbook. 2. Aufl., London/Thousand Oaks/New Delhi 2000.
Adam Seligman, The Idea of Civil Society, New York 1992.
Walter Siebel (Hg.), Festivalisierung der Stadtpolitik: Stadtentwicklung durch große Projekte, Wiesbaden 1993.
Brian Slocock, The East European Environment Crisis: its extent, impact and solutions, London 1992.
Edward K. Snajdr, Nature Protests: The end of Ecology in Slovakia, Washington 2008.
Arnošt Štanzel, Wasserträume und Wasserräume im Staatssozialismus. Ein umwelthistorischer Vergleich anhand der tschechoslowakischen und rumänischen Wasserwirtschaft 1948–1989, Göttingen 2017.
Štefan Šutaj, The Magyar minority in Slovakia before and after the Second World War, in: Mikulas Teich/Dusan Kovac/Martin D. Brown (Hg.), Slovakia in history, Cambridge/London 2011, 269–283.
–, Key Issues of Slovak and Hungarian History : a View of Slovak Historians, Prešov 2011.
Nigel Swain, Hungary: The Rise and Fall of Feasible Socialism, London/New York 1992.
Viktoria Szirmai, The Structural Mechanisms of the Organization of Ecological-Social Movements in Hungary, in: Anna Vári/Tamas Pál (Hg.), Environment and Democratic Transition, Dordrecht 1993, 146–156.

Viktória Szirmai, György Enyedi, Environmental movements and civil society in Hungary, in: Andrew Tickle/Ian Welsh (Hg.), Environment and Society in Eastern Europe, London 1998, 146–155.

Jakob Tanner, Motions and Emotions, in: Martin Klimke/Joachim Scharloth (Hg.), 1968 in Europe: A History of Protest and Activism, 1956–1977, New York 2008, 71–80.

Sidney Tarrow, The New Transnational Activism, Cambridge 2005.

Verta Taylor/Mark Traugott (Hg.), Repertoires and Cycles of Collective Action, Durham NC. 1995.

Simon Teune, The Transnational Condition. Protest Dynamics in an Entangled Europe, New York/Oxford 2010.

Paul Thompson/Joanna Bornat, The Voice of the Past: Oral History. 4. Aufl., Oxford 2017.

Nick Thorpe, Die Donau: eine Reise gegen den Strom, Wien 2003.

Charles Tilly, Big structures, large processes, huge comparisons, New York 1984.

Rudolf Tőkés, Hungary's Negotiated Revolution. 1957–1990, Cambridge, Mass. 1996.

Alexander Tollmann, Desaster Zwentendorf, Wien 1983.

Andrew S. Tompkins, Better Active than Radioactive! Anti-nuclear protest in 1970s France and West Germany, Oxford 2016, doi:10.1093/acprof:oso/9780198779056.001.0001.

Heinrich Treichl, Fast ein Jahrhundert, Wien 2003.

Yi-Fu Tuan, Space and place: The Perspective of Experience, Minneapolis 1977.

–, Topophilia: A Study of Environmental Perception, Attitudes and Values, Englewood Cliffs, N.J. 1974.

Herbert et. al. Tumpel, Umweltpolitik, Wien 1986.

Wim van Meurs/Robin de Bruin/Liesbeth van de Grift/Carla Hoetink/Karin van Leeuwen/Carlos Reijnen, The Unfinished History of European Integration, Amsterdam 2018, doi.org/10.2307/j.ctv8pzc5h.

Miroslav Vaněk, Nedalo se tady dýchat. Ekologie v českých zemích v letech 1968–1989 [Man konnte hier nicht atmen: Ökologie in den Böhmischen Ländern in den Jahren 1968 bis 1989]. Hirstoria Nova, Prag 1996.

Janos Vargha, Vízerő és politika, in: A hágai döntés, 221–287, Budapest 1997.

– (Hg.), A Magyar Kormány Nyilatkozata az 1977-es zerződés megszüntetéséről, in: A hágai döntés, 107, Budapest 1997.

Antonio Varsori/Guia Migani, Europe in the International Arena during the 1970s. L'Europe sur la scène internationale dans les années 1970, Brüssel 2011.

Judit Vásárhelyi, The Anatomy of the Slovak-Hungarian Underground Protection of the Danube in the Eighties, in: Osamu Ieda (Hg.), Transboundary Symbiosis over the Danube: EU integration between Slovakia and Hungary from a local border perspective, 27. Aufl., Sapporo 2014, 127–133.

Ortrun Veichtlbauer, Donau-Strom. Über die Herrschaft der Ingenieure, in: Christian Reder /Erich Klein (Hg.), Graue Donau, Schwarzes Meer, Wien 2008, 171–173.

Tomáš Vilímek, Das magische Jahr 1989: Zu den Ursachen des Sturzes des kommunistischen Regimes in der ČSSR, in: Armin Laussegger/Reinhard Linke/Niklas Perzi (Hg.), Österreich. Tschechien. Unser 20. Jahrhundert: Begleitband zum wissenschaftlichen Rahmenprogramm der Niederösterreichischen Landesausstellung 2009 »Österreich. Tschechien. geteilt – getrennt – vereint«, Wien 2009, 137–142.

–, Die Ursachen des Zusammenbruchs des kommunistischen Regimes in der ČSSR im Jahre 1989, in: Bernd Florath (Hg.), Das Revolutionsjahr 1989: Die demokratische Revolution in Osteuropa als transnationale Zäsur, Göttingen 2011, 105–122.
Herwart Vorländer (Hg.), Oral History: Mündlich erfragte Geschichte, Göttingen 1990.
Jessica Wardhaugh, Ruth Leiserowitz, Christian Bailey, Intellectual Dissidents and the Construction of European Spaces, 1918–1988, in: Martin Conway/Kiran Klaus Patel (Hg.), Europeanization in the Twentieth Century. Historical Approaches, New York 2010, 21–43.
Hans-Ulrich Wehler, Die Zielutopie der »Bürgerlichen Gesellschaft« und die »Zivilgesellschaft« heute, in: Peter Lundgreen (Hg.), Sozial- und Kulturgeschichte des Bürgertums, Göttingen 2000, 85–92.
Elisabeth Wehling, Politisches Framing: Wie eine Nation sich ihr Denken einredet – und daraus Politik macht, Köln 2016.
Reinhard Weißhuhn, Die ungarische demokratische Opposition und ihre Kontakte zur DDR-Opposition, in: Bernd Florath (Hg.), Das Revolutionsjahr 1989. Die demokratische Revolution in Osteuropa als transnationale Zäsur, Göttingen 2011, 187–196.
Christian Wenkel/Eric Bussière/Anahita Grisoni/Hélène Miard-Delacroix, Editors' Introduction, in: Christian Wenkel/Eric Bussière/Anahita Grisoni/Hélène Miard-Delacroix (Hg.), The Environment and the European Public Sphere: Perceptions, Actors, Policies, Armonk/London 2020, 1–16.
– (Hg.), The Environment and the European Public Sphere: Perceptions, Actors, Policies, Cambridgeshire, UK 2020.
Julius Wilczynski, Comparative Monetary Economics, London 1978.
Jeffrey Wimmer, Gegen-)Öffentlichkeit in der Mediengesellschaft. Analyse eines medialen Spannungsverhältnisses, Wiesbaden 2007.
Lieselotte Wohlgenannt, Arm und reich: Österreich auf dem Weg zur Zweidrittelgesellschaft, in: Reinhard Sieder/Heinz Steinert/Emmerich Tálos (Hg.), Österreich 1945–1995: Gesellschaft, Politik, Kultur, Wien 1995, 253–267.
Andreas Wörgötter, Der Wandel des wirtschaftspolitischen Leitbildes in Österreich seit den siebziger Jahren, in: Michael Chaloupek/Günther Mesch (Hg.), Der Wandel des wirtschaftspolitischen Leitbildes in Österreich seit den siebziger Jahren, 1. Aufl., Wien 1993, 79–98.
Anthony Zito, Environmental Policy and Governance: Bringing the State Back In (Again)?, in: Giliberto Capano/Michael Howlett/M. Ramesh (Hg.), Varieties of Governance: Dynamics, Strategies and Capacities, London 2015, 74–100.

9. Abbildungsverzeichnis

10. Abkürzungsverzeichnis

Abkürzung	Original	Übersetzung
ÁBTL	Állambiztonsági Szolgálatok Történeti Levéltára	Historisches Archiv der Staatssicherheitsdienste
AdR	Archiv der Republik	
AG	Aktiengesellschaft	
AKW	Atomkraftwerk	
ALÖ	Alternative Liste Österreichs	
APA	Austria Presse Agentur	
ARGE	Arbeitsgemeinschaft	
BGBl	Bundesgesetzblatt	
BME	Budapesti Műszaki és Gazdaságtudományi Egyetem	Technische- und Wirtschaftswissenschaftliche Universität
BMH, GuI	Bundesministerium für Handel, Gewerbe und Industrie	
BMwA	Bundesministerium für wirtschaftliche Angelegenheiten	
BRD	Bundesrepublik Deutschland	
CA	Creditanstalt	
CIA	Central Intelligence Agency	Zentraler Nachrichtendienst
CMEA / RGW	Council for Mutual Economic Assistance / Rat für gegenseitige Wirtschaftshilfe	
ČSSR	Československá socialistická republika	Tschechoslowakische Republik
DDR	Deutsche Demokratische Republik	
DOKW / DoKW	Österreichischen Donaukraftwerke AG	
E-Wirtschaft	Elektrizitätswirtschaft	
EKA	Ellenzéki Kerekasztal	Runder Tisch

(Fortsetzung)

Abkürzung	Original	Übersetzung
ENGO	Environmental Non-Governmental Organization	
EWG	Europäische Wirtschaftsgemeinschaft	
FIDESZ	Fiatal Demokraták Szövetsége	Ungarischer Bürgerbund
FKgP	Független Kisgazda-, Földmunkás- és Polgári Párt	Unabhängige Partei der Kleinlandwirte
FPÖ	Freiheitliche Partei Österreichs	
GKT	Gemeinschaftskraftwerk Tullnerfeld GmbH	
GNV	Gabčíkovo–Nagymaros Vízlépcső	Gabčíkovo–Nagymaros Wasserstufe
GRM	Gruppe Revolutionärer Marxisten	
HGÜ	Gleichstromkurzkupplung	
HNF	Hazafias Népfront	Ungarische Volksfront
HVG	Heti Világgazdaság	Wöchentliche Weltwirtschaft
IAEO	Internationale Atomenergie-Organisation	
ICALD	International Coalition Against Large Dams	Internationale Allianz gegen große Dämme
IWF	Internationaler Währungsfonds	
Kčs	Koruna česko-slovenská	Tschechoslowakische Kronen
KDNP	Kereszténydemokrata Néppárt	Christlich-Demokratische Volkspartei
KOR	Komitet Obrony Robotnikow	
KPÖ	Kommunistische Partei Österreichs	
KSČ / KPTsch	Komunistická strana Československa	Kommunistische Partei der Tschechoslowakei
kV	kilo Voltage	
KW	Kraftwerk	
LMP	Magyarország Zöld Pártja	Ungarische Grüne Partei
MDF	Magyar Demokrata Forum	Ungarisches Demokratisches Forum
MNB	Magyar Nemzeti Bank	Ungarische Nationalbank
MNL/MOL	Magyar Nemzeti Levéltár / Magyar Országos Levéltár	Nationalarchiv Ungarns/ Ungarisches Nationalarchiv/
MSZMP / USAP	Magyar Szocialista Munkáspárt	Ungarische Sozialistische Arbeiterpartei
MSZP	Magyar Szocialista Párt	Ungarische Sozialistische Partei
MTA	Magyar Tudományos Akadémia	Ungarische Akademie der Wissenschaften

(Fortsetzung)

Abkürzung	Original	Übersetzung
MVMT	Magyar Villamos Müvek Tröszt	Ungarische Elektrizitätswerkstiftung
MW	Megawatt	
MZP	Magyarországi Zöld Párt	Ungarische Grüne Partei
NATO	North Atlantic Treaty Organization	Nordatlantikpakt-Organisation
NGOs	Non-Governmental Organisations	
NOIJ	Napi operativ jelentések és informaciók	Tägliche Betriebsberichte und Informationen
ÖAW	Akademie der Wissenschaften	
ÖBK	Österreichisch-Bayrischen Kraftwerke	
ÖStA	Österreichisches Staatsarchiv	
OECD	Organisation for Economic Co-operation and Development	Organisation für wirtschaftliche Zusammenarbeit und Entwicklung
OeKB	Österreichische Kontrollbank	
OF	Občanské fórum	Ziviles Forum
ÖGB	Österreichischer Gewerkschaftsbund	
ÖH	Österreichische Hochschülerschaft	
OKTH	Országos Környezet- és Természetvédelmi Hivatal	Nationales Amt für Umwelt- und Naturschutz
OMFB	Országos Műszaki Fejlesztési Bizottság	Nationales Komitee für Technische Entwicklung
ÖNB	Österreichischer Naturschutzbund	
ÖNB	Österreichische Nationalbank	
OPEC	Organization of the Petroleum Exporting Countries	Organisation der erdölexportierenden Länder
ORF	Österreichischer Rundfunk	
öS	Österreichische Schilling	
ÖStA	Österreichisches Staatsarchiv	
ÖVG	Österreichische Verbundgesellschaft	
OVH	Országos Vízügyi Hivatal	Nationales Wasseramt
OVIBER	Országos Vízügyi Beruházási Vállalat	Nationale Wasserinvestitionsgesellschaft
ÖVP	Österreichische Volkspartei	
REC	Regional Environmental Center for Central and Eastern Europe	
RFE	Radio Free Europe	Freies Radio Europa
RGW	Rat für gegenseitige Wirtschaftshilfe	
SALT	Strategic Arms Limitation Talks	

(Fortsetzung)

Abkürzung	Original	Übersetzung
SAV	Slovenská akadémia vied	Slowakische Akademie der Wissenschaften
SCD	Social Committee for the Danube	
SOAL	Sozialistische Alternative	
SOK	Sozialistisches Osteuropakomitee	
SPÖ	Sozialdemokratische Partei Österreichs	
ŠtB	Státní bezpečnost	Staatssicherheit
SZ	Strana zelených	Partei der Grünen
SZDSZ	Szabad Demokraták Szövetsége	Bund Freier Demokraten
SZETA	Szegényeket Támogató Alap	Armenhilfefonds
SZKH	Szabad Kezdeményezések Hálózata	Netzwerk freier Initiativen
SZOPK	Slovenský zväz ochrancov prírodya krajiny	Slowakische Union für Natur- und Landschaftsschutz
TVA	Tennessee Valley Authority	
UCPTE	Union for the Co-ordination of Transmission of Electricity	Union für die Koordinierung des Transports von Elektrizität
UdSSR / USSR	Union der Sozialistischen Sowjetrepubliken / Union of Soviet Socialist Republics	
UNO / VN	Organisation der Vereinten Nationen / United Nations	
USA / US	United States of America	Vereinigte Staaten von Amerika
VGÖ	Vereinte Grüne Österreich	
VHJ	Výrobně hospodářská jednotka	Produktionswirtschaftseinheit
VIRUS	Verein Projektwerkstatt für Umwelt und Soziales	
Viti	Vízerőmű-tervező Iroda	Büro für Wasserkraftdesign
VÍZITERV	Vízügyi Tervező Vállalat	Wasserplanungsunternehmen
VPN	Verejnosť proti násiliu	Öffentlichkeit gegen Gewalt
VSStÖ	Verband Sozialistischer Studenten in Österreich	
WdU		Wahlpartei der Unabhängigen
WUK	Arena oder das Werkstätten- und Kulturhaus	
WWF	seit 1986 World Wide Fund For Nature, davor World Wildlife Fund	

11. Danksagung

Bildung ist nicht nur die Leistung von Einzelpersonen, sondern auch die Summe an Chancen, die uns gegeben werden. Daher möchte ich dieses Buch allen voran meinen Eltern widmen, die den Grundstein in mir legten, Neues entdecken zu wollen. Neben ihnen hat mir allen voran mein bester Freund und Ehemann, Dr. Doğukan Hazar Apaydin, mit seiner Geduld und Rücksichtnahme den Rücken gestärkt. *Çok teşekkür ederim, hayatım!*

Meine Doktorarbeit, auf die das vorliegende Buch basiert, hätte nie ohne meine Doktormutter Dr. habil. Ibolya Murber das Licht der Welt erblickt. Sie hat mich dank ihrer Gründlichkeit und ehrlicher Kritik über diese lehrreiche Zeit hinweg begleitet. Ich bedanke mich besonders bei PD Dr. habil. Helmut Fehr für sein Vertrauen und seine Unterstützung. Zusätzlich zu den MitarbeiterInnen der besuchten Archive war mir mein Kollege Róbert Balogh bei den Recherchen in Ungarn eine große Hilfe. Er ist meinem damaligen Hilferuf nach grenzüberschreitender Zusammenarbeit zwischen Studierenden in Ungarn und Österreich ohne Zögern gefolgt und stand mir daraufhin immer wieder bei sprachlichen und bürokratischen Hindernissen geduldig bei.

Auf meinem Weg zur Promotion haben mich zahlreiche Menschen begleitet, von denen ich im Zuge von Publikationsprojekten, Konferenzen und bei vielen anderen Gelegenheiten lernen durfte. Ich möchte mich insbesondere bei all meinen Interview-PartnerInnen für ihre Bereitschaft, ihre Zeit und ihr Vertrauen in mich bedanken. Ohne ihre Erinnerungen, kritischen Hinweise und gesammelten Materialien wäre dieses Buch nicht möglich gewesen.

Meinen KollegInnen am Institut für den Donauraum und Mitteleuropa (IDM) danke ich herzlich für die kontinuierliche Unterstützung bei der Vereinbarkeit von Beruf und Forschung. Gerade die Ermöglichung einer Bildungskarenz durch Mag. Sebastian Schäffer, MA hat mich der Finalisierung des Manuskripts einen großen Schritt nähergebracht.

Schließlich möchte ich mich bei meinen engsten Wegbegleiterinnen, Doris Merkle und Angelika Rappold, für ihre mentale Unterstützung bedanken, insbesondere bei Mag.[a] Judith Wolfframm und Mag.[a] Iris Rehklau für Ihre Mühen beim Korrektorat meiner Manuskripte. Nur mit dem Rückhalt dieser und vieler weiterer Menschen konnte dieses Buch seinen Weg vom Schreibtisch in die Hände seiner LeserInnen finden.